Gramática básica do português brasileiro

Gramática básica do português brasileiro

Ana Paula Huback
José Antonio Castellanos-Pazos
Ricardo Antônio Moreira

Autores:
Ana Paula Huback
José Antonio Castellanos-Pazos
Ricardo Antônio Moreira

Redator: Roberto Castón (www.ilusionoptica.es)
Coordenação editorial: Roberto Castón, Pablo Garrido
Revisor do manuscrito: Rodolfo Ilari
Assessor pedagógico: Roberto Castón
Designer: Jordi Sadurní Ventura
Designer das capas: Oscar García Ortega
Diagramador: Aleix Tormo
Ilustrações: David Revilla (www.artesania-digital.com)
Revisor: Sandro Bezerra Viana

Fotografias: Pág. 37: ismotionprem/Fotolia.com. Pág. 39: os autores. Pág. 48: 1: Rasmus Evensen, Didvision, 2: John Pring (john@johnpringphotography.com), 3: Franco Giovanella (franco@revistanossa.com.br), 4: San San (san@loungefrog.com). Pág. 78: reneberger123/ Fotolia. Pág. 116: João Estevão A. de Freitas (jefras@ netmadeira.com). Pág. 117: wonderwomanfilm. com. Pág. 145: ananaline/Fotolia. Pág. 150: Aguina/ Dreamstime. Pág. 160: Zigf/Dreamstime. Pág. 184: guiaviajarmelhor.com.br. Pág. 191: Antii/Fotolia. Pág. 195: valcaf/Fotolia. Pág. 205: beguima/Fotolia. Pág. 214: wandersonpicui.wixsite.com/wgourmet1/quem-somos. Pág. 242 e 259: os autores da GBE. Pág. 262: annanahabed/Fotolia.

ISBN: 978-84-16943-03-6
Reimpressão: março 2022
Impresso na UE

MISTO
Papel proveniente de fontes responsáveis
FSC www.fsc.org FSC® C125125

Este livro foi baseado nas linhas didáticas e metodológicas desenvolvidas pelos criadores da *Gramática básica del estudiante de español* (Rosario Alonso Raya, Alejandro Castañeda Castro, Pablo Martínez Gila, Lourdes Miquel López, Jenaro Ortega Olivares e José Plácido Ruiz Campillo), publicada por Difusión, Centro de Investigación y Publicaciones de Idiomas, S. L.

difusión
Centro de Investigación y Publicaciones de Idiomas, S. L.

C/ Trafalgar, 10, entlo. 1ª
08010 Barcelona
Tel. (+34) 93 268 03 00
Fax (+34) 93 310 33 40
editorial@difusion.com

www.difusion.com

Agradecimentos

O português brasileiro tem percorrido um longo caminho no qual seus falantes lutam, cada vez com mais força, para se libertarem das amarras que querem confiná-lo a moldes normativos de uma língua idealizada e conservadora. Ele é o fruto da contribuição cultural de todos os povos que fazem parte da nossa história e é um idioma que está sempre mudando e sendo mudado por seus usuários. Com esse caráter multifacetado e de constante mudança, é de se estranhar que os livros didáticos do português brasileiro como língua estrangeira ainda apresentem a gramática prescritiva quase que exclusivamente como o único parâmetro a ser seguido no ensino da língua. Esta obra que aqui se apresenta nasceu do desejo de delinear uma alternativa linguística mais moderna e compatível com a realidade do português culto falado e escrito no Brasil. Aqui se oferecem explicações claras e didáticas para os tópicos gramaticais, bem como exercícios em que o aluno é convidado a se pôr dentro de situações comunicativas. No processo de elaborar um livro que fornecesse um retrato fiel do português brasileiro tal como ele é falado por homens e mulheres do Brasil, deparamo-nos com a Gramática básica del estudiante de español. *Esse livro nos serviu como inspiração para darmos corpo àquilo que tínhamos em mente: uma gramática do português brasileiro amparada nos preceitos da linguística cognitiva. Na longa caminhada de elaboração deste livro, encontramos algumas pessoas com bússolas mais precisas para nortear nossa viagem. Aqui vão nossos agradecimentos àqueles que participaram desta caminhada:*

Agradecemos, primeiramente, àqueles que são a origem desta nossa jornada: nossos alunos e alunas, que, durante seu processo de aprendizagem do português, nos deram o manuscrito sobre como ensinar bem essa língua. Agradecemos em especial ao nosso guia e mestre, Prof. Rodolfo Ilari. Sua intimidade com a língua portuguesa e sua paciência e amabilidade únicas levaram nosso livro à qualidade de um manual muito mais apurado do português brasileiro. Agradecemos, também, a Agustín Garmendia, por ter nos ajudado a traçar o tratado que separava o português do espanhol. Nosso obrigado a Pablo Garrido, por ter dado corpo àquilo que era antes só um manuscrito. Agradecemos a Roberto Castón, pelo apoio e direção que deu ao nosso itinerário e também pelos seus olhos de águia que nos fizeram ver relevos que não tínhamos notado antes. Nosso muito obrigado ao ilustrador David Revilla, que imprimiu humor às figuras que personificam os conceitos cognitivos do livro. Ao diagramador Aleix Tormo, obrigado por sua paciência dando forma às nossas ideias. Obrigado a José Plácido Ruiz Campillo, que foi quem primeiro nos estimulou a içar as velas e nos lançar nesta aventura de desvendar o português brasileiro. Agradecimentos incontáveis a Sandro Bezerra Viana e a Simone Ferreira Bueno, pela capacidade de detectar e corrigir em tempo recorde as mínimas linhas distorcidas do nosso roteiro. De forma especialmente carinhosa agradecemos àqueles que não necessariamente puseram as mãos neste livro, mas que nos deram paragem quando a tarefa de caminhantes se mostrou cheia de tormentas e turbulências: Carmela, Edenir, Emylce, Enrique, Gabriel Giorgi, Luiza, Luiza Lopes, María del Pilar, María de los Ángeles, Marion, Patrícia, Sylvia, Terry, Thom.

Índice

10 **Apresentação**

11 **Organização e funcionamento da GBPB**

CAPÍTULO 1 **Substantivos e adjetivos**

14 **1. Substantivo. Gênero dos nomes das coisas**
14 A Regra geral: *o edifício, a casa,* etc.
14 B Regras especiais: *o problema, a mão,* etc.

17 **2. Substantivo. Gênero dos nomes de pessoas e animais**
17 A Regra geral: *doutor, doutora,* etc.
18 B Regras especiais para o gênero com que as pessoas se identificam: *marido, mulher, etc.*
19 C Regras especiais para o gênero dos animais: *boi, vaca,* etc.
20 D Feminino dos substantivos terminados em *–ão*: *patroa, campeã, comilona*

21 **3. Substantivo. Número**
21 A Formação do plural: *mapa, mapas, país, países,* etc.
23 B Usos específicos – substantivos não contáveis: *a família, os óculos*

25 **4. Adjetivo**
25 A Gênero: *bonito – bonita; interessante,* etc.
26 B Número: *bonitos, bonitas, interessantes,* etc.
27 C Concordância: *uns amigos gregos,* etc.
28 D Adjetivo depois do substantivo: *Vinho tinto ou vinho branco?*
29 E Adjetivo antes do substantivo: *Meu apartamento pequeno. / Meu pequeno apartamento.*

CAPÍTULO 2 **Determinantes**

32 **5. Artigos: *um, o,* etc.**
32 A Formas
33 B Usos: *Pegue uma carta. / Pegue a carta.*
35 C *Um* ou *o* ou *Ø: Tem um telefone tocando. / Quebrei o telefone. / A gente já tem telefone.*
38 D *Um alto, o de Maria, o que você leu*
39 E Artigos antes de nomes de países, estados ou cidades: *O Brasil é lindo. / Adoro a Bahia. / O Rio de Janeiro é maravilhoso.*

41 **6. Demonstrativos: *este, esse, aquele,* etc.**
41 A *Esse / aquele livro*
43 B Uso em relação ao tempo: *esse dia, aquele fim de semana*
43 C *Esse, aquele,* etc.: *Vou comprar essa vermelha.*
44 D Demonstrativos neutros: *Não fala isso. / O que é aquilo?*

47 **7. Possessivos: *meu,* teu, *seu, nosso,* etc.**
47 A Possessivos antes do substantivo: *meu amigo, minha amiga,* etc.
47 B Possessivos depois do substantivo: *o livro da gente, a casa dela,* etc.
49 C Possessivos para *eu, tu, você* e *nós* depois do substantivo: *um amigo meu, uma amiga nossa,* etc.
50 D *Meu amigo é do Brasil. E o seu?*

51 **8. Indefinidos: *todos, algum, alguém, nada, outro,* etc.**
51 A *Algum aluno, nenhuma casa, todo dia,* etc.
53 B *Alguém, ninguém; algo, nada; tudo*
55 C Dupla negativa: *Não tem nenhum. / Não tem ninguém. / Não tem nada.*
56 D *Outro, outra, outros, outras*

58 **9. Numerais cardinais: *um, dois, três,* etc.**
58 A De 0 a 19
59 B De 20 a 99
60 C De 100 a 999
61 D De 1.000 a 999.999
62 E *Milhão, milhões*
63 F Como escrever e ler quantias de dinheiro em português

64 **10. Numerais ordinais: *primeiro, segundo, terceiro,* etc.**
64 A Significado e formas
65 B Usos (I)

65 C Usos (II)
66 D Ordinais a partir do 10º

67 **11. Quantificadores: *demais, muito, bastante,* etc.**
67 A Com substantivos: *muito chocolate / muitas bolachas*
68 B *Pouco / um pouco de* + substantivos incontáveis: *Tem um pouco de comida, mas tem pouca bebida.*
69 C *Muito, demais, bastante, bem, pouco* e *nada* como advérbios

CAPÍTULO 3 Pronomes pessoais

72 **12. Sujeito, objeto direto e objeto indireto**
72 A Sujeito, objeto direto e objeto indireto
74 **13. Pronomes de sujeito: *eu, tu, ele,* etc.**
74 A Formas: *eu, tu, ele, etc.*
75 B Presença e ausência de pronomes. *Nós vs. a gente*

76 **14. Pronomes com preposição: *sem mim, para ti, com ele,* etc.**
76 A Formas
77 B Contrações de preposições e pronomes: *comigo, dele, nela,* etc.

79 **15. Pronomes de objeto: *me, te, o,* etc.; *me, te, lhe,* etc.**
79 **15.1. Pronomes de objeto no discurso monitorado**
79 A Formas dos pronomes de objeto direto no discurso monitorado: *me, te, o,* etc.
80 B Formas dos pronomes de objeto indireto no discurso monitorado: *me, te, lhe,* etc.
82 C Colocação dos pronomes de objeto no discurso monitorado – Regra geral: *Eu a vi na praia.*
83 D Colocação dos pronomes de objeto no discurso monitorado – Exceções: *Vi-a na praia. / Vou vê-la na praia.*

85 **15.2 Pronomes de objeto no discurso não-monitorado**
85 A Formas dos pronomes de objeto direto no discurso não-monitorado: *me, te, você,* etc.
86 B Formas dos pronomes de objeto indireto no discurso não-monitorado: *me, para ela, para a gente,* etc.
87 C Colocação dos pronomes de objeto no discurso não-monitorado: *Ela me viu ontem. / Vi ela ontem.*
88 D Omissão pronominal no discurso não-monitorado: *Aquele vestido é lindo. Quero comprar para mim.*

89 **16. Construções reflexivas**
89 A Construções reflexivas: *Eu me chamo Luana. / Ela não está se sentindo bem.*
90 B A reciprocidade pronominal: *Nós nos conhecemos. / Eles se amam.*
91 C Construções impessoais com *se*: *Aluga-se uma casa. / Fala-se espanhol.*

CAPÍTULO 4 Verbos

94 **17. Conjugação. Elementos básicos**
94 A Referir-se a um verbo: o infinitivo
95 B Conjugando um verbo
96 C Concordar o verbo com o sujeito

98 **18. Formas impessoais: *falar, falando, falado,* etc.**
98 A Significado e forma do infinitivo: *falar, comer, decidir,* etc.
98 B O infinitivo como substantivo
99 C Significado e forma do gerúndio: *falando, comendo, decidindo,* etc.
100 D Usos do gerúndio: *Ele está comendo.*
101 E Significados, forma e usos do particípio: *falado, comido, decidido,* etc.
102 F Uso como adjetivo: *Um trabalho terminado. / O trabalho está terminado.*
103 G Uso nas formas compostas dos verbos: *eu tenho saído, eu tinha saído, eu vou ter saído,* etc.
104 H Verbos com particípio duplo: As luzes estão acesas. / Eu tinha acendido as luzes.

106 **19. Presente do indicativo**
106 **19.1. Verbos regulares**
106 A Verbos totalmente regulares: *falo, como, decido,* etc.
107 B Verbos regulares com mudanças ortográficas na forma *eu* para preservar o fonema original: *conheço, reajo, sigo,* etc.

108 **19.2. Verbos irregulares sistemáticos**
108 A Verbos com mudanças vocálicas na forma *eu*: *consigo, descubro,* etc.

109 B Verbos com mudanças consonantais na forma *eu*: *ouço, posso*, etc.
109 C Verbos com mudanças na 2ª e 3ª pessoas do singular e do plural
110 D Verbos terminados em *–ear*: *eu penteio, nós penteamos*, etc.
111 E Verbos terminados em *–iar* ou *–uir*: *eu odeio, eu construo*, etc.

112 19.3 Verbos irregulares assistemáticos
112 A Terceira pessoa do singular em *–z*: *dizer, fazer, trazer*, etc.
112 B Verbos que terminam em *–ou* na forma *eu* e *em –ão* nas formas *vocês, eles* e *elas*: *dar, estar, ir, ser*
113 C Verbos que têm vogal nasal em todas as formas: *pôr, ter, vir*
114 D Verbos com *–io* na forma eu: *crer, ler, rir, sair*
114 E Outras irregularidades: *querer, saber, ver*

115 19.4 Usos
115 A Afirmar o presente: *Pedro está em Manaus.*
115 B Afirmar o futuro: *Pedro volta amanhã de Manaus.*
116 C Afirmar em geral: *Os homens são assim.*

118 20. Pretérito perfeito do indicativo
118 A Significado e formas regulares: *comprei, bebi, decidi*, etc.
119 B Mudanças ortográficas para preservar o fonema da forma de infinitivo
119 C Verbos com alternância entre *–e–* e *–i–* na raiz: *estar, fazer, ter*
120 D Verbos com alternância entre *–o–* e *–u–* na raiz: *poder, pôr*
121 E Verbos irregulares com somente uma raiz: *caber, dizer, querer, saber* e *trazer*
122 F Outros verbos irregulares: *dar, ver, vir, ir, ser*

123 21. Pretérito perfeito composto
123 A Significado e formas: *tenho falado, tenho lido, tenho comprado*, etc.

125 22. Pretérito imperfeito
125 A Significado do Pretérito imperfeito
126 B Formas regulares: *falava, comia, decidia*, etc.
126 C Formas totalmente irregulares: *ser, ter, pôr* e *vir*
127 D Usos do Pretérito imperfeito. Descrever características: *Ela era uma atriz muito bonita.*
128 E Usos do Pretérito Imperfeito. Descrever situações regulares: *Antes eu dormia muito.*
129 F Usos do Pretérito imperfeito. Descrever situações momentâneas: *Ontem eu estava cansada.*

130 23. Pretérito perfeito ou imperfeito
130 A Descrever situações momentâneas (Pretérito imperfeito) ou relatar um acontecimento completo (Pretérito perfeito)
131 B Processos completos (Pretérito perfeito) e partes de um processo (Pretérito imperfeito)
132 C Qualidades estáticas (Pretérito imperfeito) e qualidades dinâmicas (Pretérito perfeito)
134 D Descrever situações habituais (Pretérito imperfeito)
134 E Contar histórias

137 24. Pretérito mais-que-perfeito composto
137 A Significado e formas: *tinha / havia falado, tinha / havia comido, tinha / havia decidido*, etc.
138 B Uso: o passado do passado

141 25. Futuro do presente
141 A Significado
142 B Formas regulares: *vou falar, vou comer, vou decidir*, etc.
143 C Verbos irregulares: *dizer, fazer, trazer*
145 D Usos. Prever o futuro: *Meu namorado vai voltar voltará amanhã.*
146 E Imaginar o que está acontecendo, o que aconteceu ou o que vai acontecer: *Será que Carol está em Brasília agora? Carol deve estar em Brasília agora.*

148 26. Futuro do presente composto
148 A Significado e formas: vou ter falado, vou ter comido, vou ter decidido, etc.
149 B Usos. Predizer algo a ser concluído no futuro: *Amanhã vou ter terminado o projeto para a aula.*

150 27. Futuro do pretérito
150 A Formas regulares e irregulares: *falaria, ia falar, faria, ia fazer*, etc.
151 B Fazer declarações hipotéticas sobre o presente e o futuro: *Eu não diria nada.*

152 28. Futuro do pretérito composto
152 A Formas: *teria falado, teria comido, teria decidido*, etc.
153 B Fazer declarações hipotéticas sobre o passado: *Eu não teria dito nada.*

154 **29. Infinitivo pessoal**
154 A Formas do Infinitivo pessoal: *Eu falar / comer / decidir*, etc.
154 B Usos do Infinitivo pessoal

157 **30. Formas do subjuntivo: *fale, tenha falado*, etc.**
157 A Formas regulares do Presente do subjuntivo: *fale, coma, decida*, etc.
158 B Verbos com mudanças vocálicas na raiz: *sentir, dormir*, etc.
160 C Verbos com radical irregular: *faça, diga, ponha*, etc.
161 D Verbos totalmente irregulares: *ser, dar, querer, estar, ver, ir, haver* e *saber*

162 **31. Indicativo ou subjuntivo?**
162 A Declarar (indicativo) ou não declarar (subjuntivo)
163 B Expressar desejos e objetivos: *Quero que você venha aqui amanhã.*
166 C Declarar ou questionar informações: *Acho que ele vem. / Não acho que ele venha.*
169 D Emitir juízos de valor sobre informações: *É importante que vocês venham cedo.*
171 E Identificar ou não identificar pessoas: *O professor que tem... / Um professor que tenha...*
173 F O Presente do subjuntivo com conjunções

175 **32. Formas do Pretérito perfeito do subjuntivo: *tenha falado / comido / decidido*, etc**
175 A Forma e uso

177 **33. Pretérito imperfeito do subjuntivo: *falasse, comesse, decidisse*, etc.**
177 A Forma
178 B Usos: *O professor pediu que a gente estudasse essa parte.*
180 C Usos: o Pretérito imperfeito do subjuntivo com conjunções

181 **34. Futuro do subjuntivo: *falar, comer, decidir*, etc.**
181 A Forma
182 B Uso: *Quando você chegar, vamos conversar.*
184 C O Futuro do subjuntivo com pedidos ou possibilidades: *Telefone para mim se precisar de ajuda.*

185 **35. Futuro composto do subjuntivo: *tiver cantado / comido / decidido*, etc.**
185 A Forma e uso

186 **36. Orações condicionais com Futuro do subjuntivo ou Pretérito imperfeito do subjuntivo**
186 A Forma e uso

188 **37. Orações condicionais compostas**
188 A Forma e uso

189 **38. Verbos modais em orações compostas**
189 A Forma e uso
191 B Suposição sobre o passado com o verbo modal *dever*

192 **39. Imperativo**
192 A Usos
192 B Imperativo afirmativo
193 C Imperativo negativo: *não coma, não comam*, etc.
194 D O Imperativo na língua menos monitorada

196 **40. *Ser* e *Estar***
196 A Conjugação
196 B *Ser: Joca é um gato.*
197 C *Estar: Joca está dormindo.*
199 D Descrição de estados: *estar, ficar* e *ter*

201 **41. *Haver, ter* e *estar***
201 A Formas de haver e ter: *Há um gato na árvore. / Tem um gato na árvore.*
204 B *Haver / ter* vs *ser / ficar.*

206 **42. Voz passiva**
206 A Forma e uso

208 **43. Perífrases verbais**
208 A Pretérito imperfeito de *ir* + INFINITIVO: *Eu ia sair.*
209 B *Ter que* + INFINITIVO: *Você tem que comer.*
209 C *Estar* + GERÚNDIO
210 D *Dever / Poder* + INFINITIVO

CAPÍTULO 5 Preposições

212 44. **Preposições (I): *a, até, de, desde, em, entre, por*, etc.**
212 A *De, a*
215 B Crase
216 C *Até, desde*
217 D *Em, entre*
220 E *Para, por*
223 F *Com, sem*
224 G *Contra, a favor de*

225 45. **Preposições (II): *debaixo (de), em cima (de), etc.***
225 A *Atrás (de), debaixo (de), em cima (de)*, etc.
226 B *Em frente (ao, de)* ou *na frente (de)* ou *atrás (de)*
227 C *Dentro (de), depois (de), no começo (de), no final (de)*, etc.

CAPÍTULO 6 Orações

230 46. **Perguntar e exclamar**
230 A Perguntas *sim/não: Você quer vir com a gente?*
231 B Lugar, tempo e modo: *Onde...? Quando...? Como...?*
232 C Quantidade. *Quanto...?*
233 D Causa: diferentes tipos de *por que*
235 E Coisas: *O que a gente compra? Que CD a gente compra? Qual é seu CD favorito?*
236 F Pessoas: *Quem? Que menino? Qual?*
238 G *Qual é a capital de Portugal? / O que é escafandro?*
239 H *De onde...? Até quando...? Por quanto...? Para que...?*
240 I Perguntas indiretas: *Não sei se te conheço. / Não sei qual é o nome dela.*
241 J Exclamar: *Ventou esta noite? Que estranho!*

243 47. **Comparar**
243 A *Mais* ou *menos?*
244 B *Igual, tão / tanto, o mesmo*
247 C Superlativo relativo: *O homem mais rápido do mundo.*
248 D Superlativo absoluto: *Uma mulher carinhosíssima.*
250 E *Melhor, pior, maior, menor*

251 48. **Juntar frases: *e, ou, mas, porque, quando, se, que*, etc.**
251 A *E, ou, nem*
253 B *Mas*
254 C *Porque, como, é que*
256 D *Que, onde, como, quando*
260 E *Quando, até que, desde que, enquanto, sempre que, antes de (que), depois de (que)*
263 F Expressar condições com *se*: *Se você tiver tempo, me telefone.*

CAPÍTULO 7 Ortografia

268 49. **Letras e sons**
268 A Grupos de letras que representam apenas um som: dígrafos
269 B Letras que podem representar sons diferentes
272 C Letras diferentes que representam o mesmo som

276 50. **Acentuação**
276 A O acento gráfico
280 B Acento diferencial
281 C Ditongos

Verbos conjugados
284

Chave de respostas
329

Índice temático
348

Apresentação

O que é a GBPB?
A ***Gramática Básica do Português Brasileiro*** é uma gramática para estudantes da variante brasileira do português como língua estrangeira, nos níveis elementar e intermediário. Este livro apresenta uma descrição clara, útil e operativa do funcionamento dos aspectos gramaticais do português brasileiro. As características fundamentais da GBPB são:

- Explica as regras gramaticais do português brasileiro considerando sempre - tanto na descrição gramatical quanto nos exercícios - o significado e o uso real das formas gramaticais apresentadas.
- Usa, de forma recorrente, uma série de elementos figurativos (desenhos, cores e outras convenções gráficas) para ajudar e facilitar a compreensão dos significados gramaticais.
- Apresenta uma descrição minuciosa, prática e confiável das formas gramaticais: o(a) aluno(a) poderá aplicar de forma significativa e sistemática todas as regras descritas, assim como prevenir possíveis erros.
- A variante brasileira da língua portuguesa apresenta grande variabilidade linguística, sobretudo devido a fatores como região geográfica, situação de comunicação e questões sociolinguísticas. Sempre que possível, a GBPB tenta estabelecer um diálogo entre o português monitorado e o não-monitorado. Em alguns casos, no entanto, optamos por seguir apenas a norma urbana culta do português brasileiro, por considerarmos que o interesse maior do(a) estudante de português é falar de acordo com as regras adotadas pela maioria dos(as) falantes nativos(as), não seguir abordagens prescritivas.

Estrutura da GBPB
Este livro é organizado em sete capítulos que abordam os principais aspectos do sistema gramatical do português do Brasil: SUBSTANTIVOS e ADJETIVOS, DETERMINANTES, PRONOMES PESSOAIS, VERBOS, PREPOSIÇÕES, ORAÇÕES e ORTOGRAFIA.
Esses capítulos contêm diversas subseções. Em cada uma delas se alternam partes teóricas que explicam um determinado conteúdo gramatical (acompanhadas de vários exemplos e ilustrações) com exercícios de aplicação imediata (que permitem que o(a) aluno(a) pratique e verifique se assimilou a explicação precedente). As subseções se conectam mutuamente através de muitas remissões de uma à outra.

Além disso, a GBPB contém uma chave de respostas, tabelas de verbos conjugados (onde se encontram as conjugações dos verbos regulares e, em ordem alfabética, a dos principais verbos irregulares) e um índice temático que facilita a consulta sobre tópicos específicos.

Instruções gramaticais e amostras de língua
As instruções gramaticais (com poucos termos técnicos e vocabulário adequado ao nível), os esquemas, as amostras de língua que acompanham as explicações e as ilustrações foram elaborados levando sempre em consideração a perspectiva do(a) estudante. Foi considerada sempre a necessidade de se ensinar gramática de uma forma que atente para o caráter sistemático da língua, mas que também promova a produtividade das formas linguísticas abordadas.

Exercícios
A GBPB oferece amplas opções de exercícios de automatização, interpretação e produção, bem como de correção dos erros de interlíngua que os(as) alunos(as) possam ter. Todos os exercícios foram elaborados e ordenados de modo que o trabalho seja interessante, ameno e centrado no significado. Os exercícios apresentam a língua em contextos reais e verossímeis e, desse modo, permitem que se compreenda melhor o funcionamento da gramática. Além disso, os exercícios também apresentam respostas objetivas, para que o(a) aluno(a) possa controlar de forma autônoma sua aprendizagem, consultando a chave de respostas apresentada no final do livro.

Contextos educativos
A GBPB, por sua facilidade de uso e consulta, é um instrumento eficaz para a aprendizagem autônoma dos(as) alunos(as) de níveis elementar e intermediário. Apesar desse foco, a GBPB também é útil para qualquer estudante com um domínio mais avançado do português brasileiro, porque apresenta de forma inovadora os problemas mais típicos e recorrentes da gramática do português brasileiro, bem como proporciona explicações mais concretas das regras gramaticais.
Por sua clareza de explicações e praticidade de exercícios, a GBPB também pode ser usada por estudantes autodidatas e pessoas que não estejam matriculadas em cursos regulares de português. Nesses casos, a chave de respostas dos exercícios e as tabelas de verbos serão especialmente úteis.

Organização e funcionamento da GBPB

- A GBPB é dividida em sete capítulos que discutem os principais aspectos do sistema gramatical do português brasileiro. Esses capítulos, assim como as seções e subseções pertencentes a cada um deles, são marcados por cores distintas.

- Os **capítulos** são organizados em **seções** e, em cada uma delas, são apresentadas **explicações** e **exercícios**:

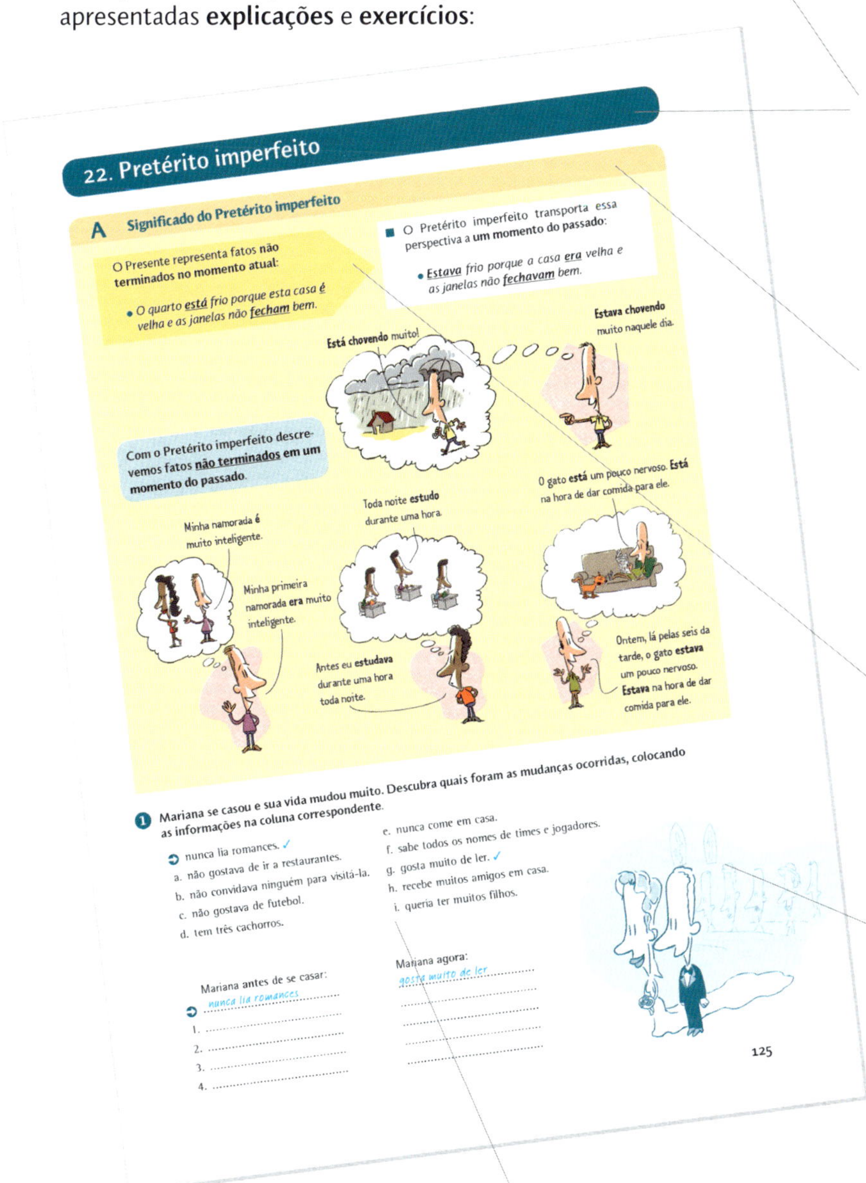

22. Pretérito imperfeito

A Significado do Pretérito imperfeito

O Presente representa fatos **não terminados no momento atual**:

- *O quarto **está** frio porque esta casa **é** velha e as janelas não **fecham** bem.*

- O Pretérito imperfeito transporta essa perspectiva a **um momento do passado**:

  - ***Estava** frio porque a casa **era** velha e as janelas não **fechavam** bem.*

Com o Pretérito imperfeito descrevemos fatos **não terminados em um momento do passado**.

1 **Mariana se casou e sua vida mudou muito. Descubra quais foram as mudanças ocorridas, colocando as informações na coluna correspondente.**

➲ nunca lia romances. ✓
a. não gostava de ir a restaurantes.
b. não convidava ninguém para visitá-la.
c. não gostava de futebol.
d. tem três cachorros.
e. nunca come em casa.
f. sabe todos os nomes de times e jogadores.
g. gosta muito de ler. ✓
h. recebe muitos amigos em casa.
i. queria ter muitos filhos.

Mariana antes de se casar:	Mariana agora:
➲ nunca lia romances	gosta muito de ler
1.	....
2.	....
3.	....
4.	....

125

Número e **nome** da seção. A **cor** da seção indica o capítulo a que ela pertence.

Cada **subseção** é indicada por uma letra (**A**, **B**, **C**, etc.) e contém **explicações** com **exemplos** e **exercícios**. Cada uma dessas subseções aparecem, também, no índice.

As **explicações** com **exemplos** são apresentadas em quadros que se destacam com um fundo amarelo claro.

As **formas linguísticas** são conectadas ao **significado** em todos os exercícios: o(a) aluno(a) deve estar atento à situação, ao sentido das frases e aos textos.

Depois de cada explicação há exercícios de automatização, compreensão e produção para praticar os conteúdos abordados. Na **chave de respostas** no final do livro, o(a) aluno(a) poderá conferir as respostas dos exercícios.

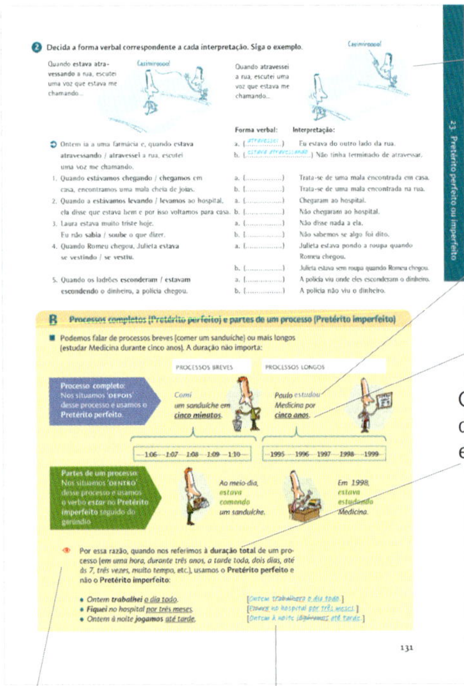

As **imagens** ajudam a compreender mais facilmente cada um dos temas.

Dentro do texto, algumas **formas linguísticas** têm cores diferentes de outras, a fim de facilitar a compreensão do conceito que está sendo explicado.

Os elementos diretamente relacionados com o ponto gramatical são sublinhados.

A informação gramatical mais importante é marcada com o símbolo ■.

Os pontos mais importantes das explicações são destacados em **negrito**.

O **fundo branco** serve para destacar informações importantes: estruturas, formas, categorias, classificações, etc.

Um 👁 destaca uma determinada informação que merece atenção especial.

Referências a outras subseções aparecem na cor do capítulo correspondente.

Os erros que devem ser evitados são marcados em *azul* e ~~riscados~~ com linhas vermelhas.

Os exemplos são destacados em *itálico* e, entre colchetes de cor cinza [....], ficam as explicações dos exemplos.

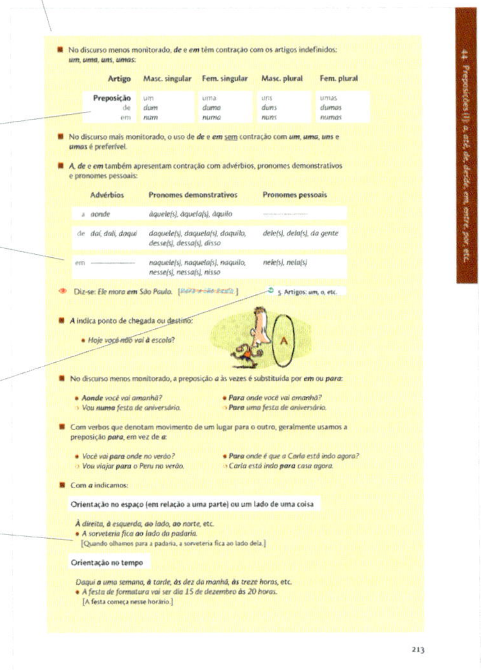

■ Além dos capítulos, esta gramática contém, também, uma tabela de **verbos conjugados**, uma **chave de respostas** dos exercícios e um **índice temático** completo:

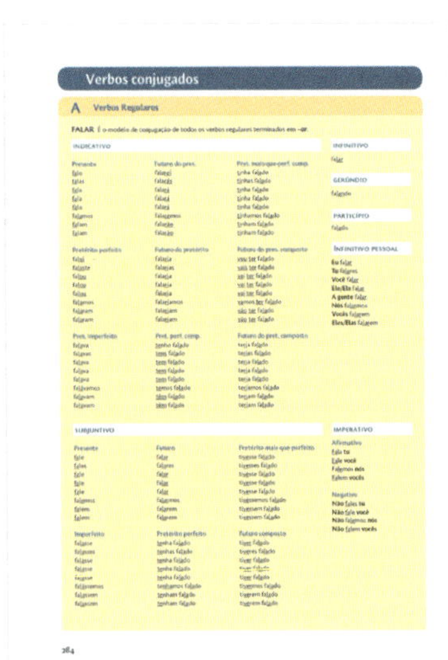

As tabelas de **verbos conjugados** reúnem os paradigmas de conjugação dos verbos regulares e irregulares mais frequentes. A sílaba tônica de cada forma verbal é sublinhada. As irregularidades aparecem na cor verde.

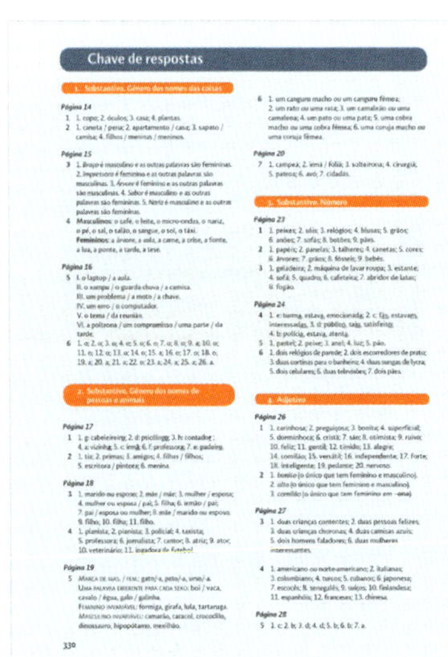

A **chave de respostas** mostra a página, o número da seção e o número do exercício em que cada resposta se encontra.

O **índice temático** serve para que o aluno ou a aluna encontre com mais facilidade qualquer tema abordado na gramática.

CAPÍTULO 1

Substantivos e adjetivos

1 Substantivo. Gênero dos nomes das coisas
2 Substantivo. Gênero dos nomes de pessoas e animais
3 Substantivo. Número
4 Adjetivo

1. Substantivo. Gênero dos nomes das coisas

Em português, **todos os substantivos sempre têm gênero**, que pode ser **masculino** ou **feminino** (não existem substantivos neutros). É muito importante saber se um substantivo é masculino ou feminino, porque todos os elementos que se referem a ele (artigos, adjetivos, pronomes demonstrativos, etc.) devem ter o mesmo gênero. Os artigos ***o, a, os, as, um, uma, uns, umas*** indicam o gênero de um substantivo:

- *Esse é **o** edifício mais alto dessa cidade.*
- *A casa dos meus pais é muito velha.*

A Regra geral: *o edifício, a casa,* etc.

- Os substantivos que designam coisas (objetos concretos, conceitos, sentimentos, etc.) **só têm um gênero**: são sempre masculinos ou femininos. Geralmente, o masculino termina em **–o** e o feminino termina em **–a**:

MASCULINO EM *-o*: no singular ou ***–os*** no plural: *o númer**o**, o dinheir**o**, os edifíci**os**, o quadr**o**, os livr**os**, o cop**o**, os ri**os***, etc.

FEMININO EM *-a*: no singular ou ***–as** no plural: a roup**a**, as cas**as**, a mes**a**, as palavr**as**, a praç**a**, as port**as**, a janel**a**, as cadeir**as***, etc.

1 **Relacione cada enunciado com o objeto a que se refere.**

➲ Tenho dois assim, vermelhos, muito parecidos com esses. — quadros
1. Você tem que lavá-lo, porque está um pouco sujo.
2. Não são feios, são bonitos, mas estão meio caros.
3. A minha é maior que a sua.
4. Essas são muito baratas.

- casa
- quadros
- óculos
- copo
- plantas

2 **Ponha a terminação dos substantivos. Todos estes substantivos seguem a regra geral.**

➲ Carmela tem o cabel.o.. muito preto e o rost.o.. muito branco.
1. Nunca escrevo com canet.... azul nem preta. Escrevo com uma pen.... antiga que minha avó me deu.
2. Nosso apartament.... é bem pequeno, mas temos uma cas.... em Búzios que é bem grande e bonita.
3. Quero comprar esse sapat.... maravilhoso e essa camis.... linda para ir a uma festa de aniversário.
4. A família Silva tem oito filh.... : quatro menin.... e quatro menin.... .

B Regras especiais: *o problema, a mão,* etc.

- Contrariamente à regra geral, existem alguns substantivos **masculinos que terminam em *–a*** (entre eles, a maioria dos terminados em ***–ema***, ***–oma*** e ***–á***):

MASCULINO EM *-a*: *o clim**a**, o di**a**, o esqu**ema**, o idi**oma**, o guaran**á**, o map**a**, o planet**a**, o po**ema**, o probl**ema**, o program**a**, o sof**á**, o sist**ema**, o sint**oma***, etc.

- Também existem alguns **femininos que terminam em *–o***:

FEMININO EM *-o*: *a fot**o** (fotografia), a mã**o**, a mot**o** (motocicleta), a rádi**o** (estação de rádio), a trib**o***, etc.

👁 O ***rádio*** é o aparelho; a ***rádio*** é a estação de rádio.

- Os substantivos que terminam em *–or* geralmente são **masculinos**: *o amor, o elevador, o sabor, o terror*, etc. (MAS: ***a** cor, **a** dor, **a** flor*).

- Em geral, as palavras terminadas em *–ase, –ese, –ise* ou *–ose* são femininas: *a fase, a frase, a hipótese, a síntese, a análise, a crise, a esclerose, a neurose*, etc.

- Os substantivos que terminam em *–agem, –ção, –são, –ssão* e *–dade* geralmente são **femininos**:

–agem:	*a garagem, a mensagem, a paisagem, a passagem*, etc.	*–são:*	*a mansão, a prisão, a televisão*, etc.
–ção:	*a canção, a relação, a tradução*, etc.	*–ssão:*	*a missão, a permissão, a repressão*, etc.
		–dade:	*a bondade, a cidade, a verdade*, etc.

- Nos demais casos, não é possível saber o gênero a partir da forma da palavra. Lembre-se, no entanto, de que o dicionário sempre indica o gênero de cada substantivo. Além disso, observando como os nativos falam e escrevem é possível identificar o gênero dos substantivos a partir do artigo:

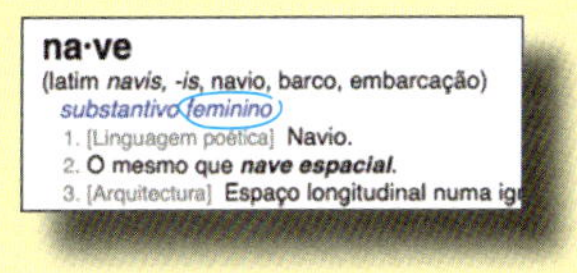
na·ve
(latim *navis, -is*, navio, barco, embarcação)
substantivo feminino
1. [Linguagem poética] Navio.
2. O mesmo que ***nave espacial***.
3. [Arquitectura] Espaço longitudinal numa ig

MASCULINOS	*o café, o esqui, o pé, o sangue, o tabu, o táxi, o xampu, o guarda-chuva, o salão*, etc. *o celular (telefone), o nariz, o sal, o lápis, o metal, o micro-ondas (forno), o país, o papel, o sol*, etc.
FEMININOS	*a carne, a chave, a classe, a febre, a fome, a frente, a gente, a morte, a nave, a noite, a parte, a sorte, a tarde, a sede, a couve*, etc. *a ordem, a nuvem, a fuligem, a margem, a origem*, etc.

- Em geral, as palavras terminadas em *–triz* são femininas: *a atriz, a cicatriz, a imperatriz, a matriz*, etc.

3 Qual é diferente? Nas listas abaixo, decida que combinação de substantivo e adjetivo não tem o mesmo gênero que os demais.

➔ dia lindo, pentagrama místico, clima frio, ~~praça linda~~, idioma arcaico.
(praça é feminino e as outras palavras são masculinas.)

1. mão feia, foto velha, braço musculoso, moto rápida, nuvem branca.
2. mapa antigo, impressora colorida, planeta vermelho, idioma bonito, sofá amarelo.
3. problema complicado, esquema confuso, poema romântico, tema apropriado, árvore nova.
4. canção poética, sabor amargo, paisagem inspiradora, fonte majestosa, ponte comprida.
5. garagem branca, liberdade necessária, prisão perpétua, expressão dinâmica, nariz pontudo.

4 Masculino ou feminino? Acrescente o artigo apropriado a cada substantivo abaixo. Depois coloque os substantivos e os artigos nos quadros a seguir, de acordo com o gênero.

noite ✓ xampu ✓ salão crise lua tese táxi aula nariz sangue ponte
fonte micro-ondas café tarde sal pé leite árvore carne sol

Masculino	Feminino
➔ o xampu,	➔ a noite,

5 Todos os pequenos textos a seguir são recados deixados por pessoas que precisaram sair. Escolha as formas adequadas dos artigos.

I

➲ Deixei o/a carro na garagem e peguei o/a laptop. Vou chegar tarde para o/a aula das sete.

Um beijo,
Cláudio

II

O caldo verde está no micro-ondas. Compra o/a xampu para o cachorro e pega o/a guarda-chuva, porque está chovendo muito. Ah! Você tem que pôr o/a camisa verde pra lavar.

Obrigada, te adoro!
Carla

III

Estamos com um/uma problema com o/a moto. Além disso, não consigo encontrar o/a chave.

José

IV

Tem um/uma erro na tradução do senhor Weiss. Acho que o/a computador estava com problema no teclado. Você pode corrigir, por favor?
Obrigada,

Ana

V

Vamos falar amanhã sobre o/a tema do/da reunião?
Você me telefona?
Me dê notícias quando puder.
Beijos, Raquel

VI

Você pode ir às Lojas Brasileiras pegar o/a poltrona? Tenho um/uma compromisso que vai me tomar um/uma parte do/da tarde.
Telefono para seu celular.

Lúcia

6 O compositor Carlos Alberto Souza compôs a letra da música abaixo. Complete-a com os artigos definidos ***o*** ou ***a***.

Vende-se uma música

➲ Compra ...o.... batom,
1. compra .... celular,
2. compra .... creme para rugas,
3. compra .... guarda-chuva para a chuva.
4. Mas você nunca vai poder comprar .... poema que não te escrevi,
5. nem .... amor que nunca senti,
6. nem .... cheiro da flor que nunca te dei.
7. Compra .... batom,
8. compra .... xampu,
9. compra .... camisa,
10. compra .... sal,
11. compra .... papel.
12. Mas você nunca vai poder comprar .... beijo
13. quando começou .... dia,
14. nem .... sabor
15. que .... noite de verão tinha.
16. Compra .... café,
17. compra .... relógio,
18. compra .... leite,
19. compra .... couve.
20. Mas você nunca poderá comprar .... tarde em que nos conhecemos,
21. nem .... paisagem,
22. nem .... planeta em que você e eu vivemos.
23. Se você não ama .... liberdade,
24. .... vida,
25. .... música que estou cantando para você,
26. .... nuvem passando.

O que será que você ama?

2. Substantivo. Gênero dos nomes de pessoas e animais

A Regra geral: *doutor, doutora,* etc.

- Os substantivos que designam pessoas ou animais têm, geralmente, **duas formas**: uma **masculina** e outra **feminina**. O masculino é a forma que aparece no dicionário.

- Geralmente, se o masculino termina em vogal *–o*, o feminino é feito mudando essa vogal para*–a*; se o masculino termina em *–ês*,*–l*, *–r*, *–z*, o feminino é feito acrescentando-se *–a*:

MASCULINO EM *-o*	FEMININO EM *-a*
o menino, o gato	*a menin**a**, a gat**a***
MASCULINO EM CONSOANTE	**FEMININO COM ACRÉSCIMO de *-a***
o freguês, o bacharel, o doutor, o juiz	*a fregues**a**, a bacharel**a**, a doutor**a**, a juíz**a***

1 **Relacione as colunas abaixo. Depois sublinhe as marcas de gênero dos substantivos e adjetivos que te ajudaram a decidir que colunas deveriam estar juntas. Observe o exemplo.**

➲ A síndica do meu edifício... — b.
1. Meu cabeleireiro...
2. Meu psicólogo...
3. Meu contador...
4. Minha vizinha...
5. Minha irmã é uma vidente...
6. Minha professora de espanhol...
7. O padeiro...

a. cozinha muito bem. Todas as pessoas na minha casa adoram a comida que ela faz!
b. é especialista em energias alternativas e, por isso, temos energia solar nos apartamentos.
c. fabulosa. Sempre sabe o que vai acontecer no futuro.
d. é muito nervoso. Na terapia, ele fala mais que eu.
e. é muito talentoso. Faz uns pães integrais deliciosos.
f. é louca. Ontem veio para a aula vestida de baiana.
g. é maravilhoso. Ele corta cabelo muito bem.
h. entende muito bem as leis trabalhistas.

2 **Complete como no exemplo.**

➲ O marido da minha irmã é meu cunhado e a mulher do meu irmão é minha cunhad*a*...... .
1. Meu tio paterno foi para Cuba com minha ti...... . Depois os dois se casaram lá.
2. Tenho muitos primos: dez primos e sete prim...... .
3. Na verdade, tenho mais amigas que amig...... .
4. Meu irmão tem duas filh...... e dois filh...... .
5. A escritor...... brasileira mais famosa é Clarice Lispector e a pintor...... mais conhecida é Tarsila do Amaral.
6. Tenho dois filhos gêmeos. Um casal: um menino e uma menin...... .

B Regras especiais para o gênero com que as pessoas se identificam: *marido, mulher*, etc.

- Em alguns casos, temos **duas palavras diferentes** para indicar o gênero:

> *um **homem** / uma **mulher**; o **pai** / a **mãe***
> *o **padrasto** / a **madrasta**; o **genro** / a **nora***

Há algumas palavras com terminações especiais para o feminino:

> *o ator / a a**triz**, o imperador / a impera**triz***

- Em outros casos, temos substantivos que têm a **mesma forma** para os dois gêneros (como os terminados em ***–ante***, ***–ente*** ou ***–ista***). As palavras que se referem a esses substantivos (artigos, adjetivos, etc.) são usadas no masculino ou feminino, dependendo do gênero com que a pessoa se identifica:

o / a *adolescente / estudante*
artista / dentista
cônjuge / mártir

- *Anita Malfatti foi **uma** artista muito conhecida.*
- *Sim, mas Di Cavalcanti também é **um** artista muito conhecido, ou não?* [Um artista]

3 **Complete os enunciados abaixo com palavras do quadro a seguir. Em alguns casos é necessário repetir as palavras. Há várias soluções possíveis.**

homem ✓	mulher	marido / esposo ✓	mulher / esposa	pai	mulher / esposa	mãe	filho	filha		
filha	filho	marido / esposo	mãe	pai	pai	irmão	mãe	esposa	marido / esposo	

➲ O homem com quem sou casada é meu marido / esposo .
1. O .... de minha avó é meu avô.
2. A .... de minha .... é minha avó.
3. A .... com quem sou casado é minha ....
4. A segunda .... do meu .... é minha madrasta.
5. Minha .... é a neta dos meus pais.
6. O .... do meu .... é meu tio.
7. O .... da minha .... é meu sogro.
8. A .... do meu .... é minha sogra.
9. Meu .... é o neto dos meus pais.
10. Minha mulher é a mãe de minha única ....
11. Meu marido é o pai do meu único ....

4 **As crianças da Escola do Futuro já sabem o que querem ser quando crescerem, mas ainda não sabem o nome da profissão. Você pode ajudá-las, seguindo o exemplo abaixo? Lembre-se de que são meninos e meninas.**

pintor ✓	cantor	professor	jornalista	taxista
pianista (x2)	ator (x2)	policial	veterinário	jogador de futebol

➲ Adélia quer pintar quadros. Ela quer ser pintora .
1. Paulinho quer tocar piano e fazer concertos. Ele quer ser ....
2. Irene também quer tocar piano e fazer concertos pelo mundo todo. Ela quer ser ....
3. Lucas quer pôr os bandidos na cadeia. Ele quer ser ....
4. Elvira quer dirigir carros pela cidade. Ela quer ser ....
5. Carmen quer dar aulas. Ela quer ser ....
6. Miguel quer escrever nos jornais. Ele quer ser ....
7. Artur quer cantar. Ele quer ser ....
8. Helena quer representar a vida de Carmen Miranda. Ela quer ser ....
9. David quer ser como Denzel Washington. Ele quer ser ....
10. Mateus quer curar os animais. Ele quer ser ....
11. Luana quer jogar futebol. Ela quer ser ....

C Regras especiais para o gênero dos animais: *boi, vaca*, etc.

- Da mesma forma que acontece com os substantivos que se referem a nomes de pessoas, em alguns casos também há **uma palavra diferente** para cada sexo de certos animais:

*o **cavalo** / a **égua***	*o **boi** (ou **touro**) / a **vaca***
*o **carneiro** / a **ovelha***	*o **cão** (ou **cachorro**) / a **cadela***

- Muitos nomes de animais apresentam **somente uma forma**, masculina ou feminina, sendo necessário acrescentar *macho* ou *fêmea* quando se quer especificar o sexo do animal:

o *rinoceronte, jacaré, caracol, crocodilo, dinossauro, javali, canguru, polvo*

a *cegonha, coruja, formiga, girafa, águia, cobra, mosca, tartaruga*

o *crocodilo fêmea* [~~a~~ crocodilo]
a *girafa macho* [~~o~~ girafa]

5 **Classifique os nomes de animais abaixo de acordo com o gênero de cada um. Procure no dicionário os nomes que você não conhecer.**

girafa cachorro ✓ mosca ✓ tartaruga pato hipopótamo polvo ✓ porca ✓ vaca crocodilo cadela ✓ galinha porco ✓ gato dinossauro cavalo lula boi ursa égua pata gata formiga caracol mexilhão camarão galo urso

Marca de mas. / fem.: (-o/-a ou outras terminações)	**Uma palavra diferente para cada sexo**	**Feminino invariável**	**Masculino invariável**
➲ porco / porca	➲ cachorro / cadela	➲ mosca	➲ polvo

6 **No zoológico do Rio de Janeiro há animais em excesso. Machos e fêmeas não devem estar juntos, por isso dois ajudantes novos têm que classificar os animais. Complete de acordo com o exemplo.**

➲ Ajudante 1: Esse aqui é um urso ou uma ursa ?

Ajudante 2: Não tenho nem ideia. E esse, o que é?
➲ Um pinguim macho ou um pinguim fêmea?

1. Ajudante 1: Que difícil! Esse é .... ?

2. Ajudante 2: Não sei... e esse, o que é? É .... ?

3. Ajudante 1: E esse aqui, o que será .... ?

4. Ajudante 2: Esse parece mais fácil, mas não sei. O que é? .... ?

5. Ajudante 1: Esse aqui é impossível de adivinhar. É .... ?

6. Ajudante 2: Esse trabalho é uma loucura. E esse aqui? .... ?

D Feminino dos substantivos terminados em *–ão*: *patroa, campeã, comilona*

SINGULAR EM ***–ão*** E FEMININO EM ***–oa***	*patrão – patr**oa**, leitão – leit**oa**, pavão – pav**oa***
SINGULAR EM ***–ão*** E FEMININO EM ***–ã***	*an**ão** – an**ã**, anci**ão** – anci**ã**, anfitri**ão** – anfitri**ã**, campe**ão** – campe**ã**, cidad**ão** – cidad**ã**, cirurgi**ão** – cirurgi**ã**, irm**ão** – irm**ã***
SINGULAR EM ***–ão*** E FEMININO EM ***–ona***	*comilão – comil**ona**, folião – foli**ona**, amigão – amig**ona**, solteirão – solteir**ona***

- Conforme a tabela acima demonstra, os femininos em *–**ona*** são geralmente aumentativos.
- Algumas palavras, como ***sogro*** e ***porco***, têm uso de *–**a*** e metafonia no feminino:

sogro [o] – *sogra* [ɔ]

porco [o] – *porca* [ɔ]

O feminino de ***avô*** [o] é ***avó*** [ɔ].

7 O Carnaval no Brasil é uma festa muito popular. Uma das partes mais importantes dessa festa é o desfile e concurso das Escolas de Samba. Complete as frases a seguir com palavras do quadro abaixo flexionadas na forma feminina.

campeão	irmão	patrão	cirurgião	solteirão	anfitrião ✓	cidadão	folião	avô

➔ Minha tia é uma excelente anfitriã e adora receber convidados em casa no Carnaval.

1. No Carnaval desse ano, a .... foi a Beija-Flor.
2. Minha .... mais nova é uma .... que adora Carnaval: vai aos desfiles e bailes todos os dias.
3. A tia do meu melhor amigo já tem mais de 50 anos e nunca se casou. Acho que ela vai ficar .... Mesmo sozinha, ela também aproveita o Carnaval.
4. Até mesmo a .... plástica dela, que geralmente é superdiscreta, vai brincar no Carnaval.
5. Até as pessoas mais caladas gostam do Carnaval. Minha ...., dona da loja onde eu trabalho, nunca sai de casa, mas nesse ano comprou uma fantasia de bailarina!
6. Minha .... por parte de mãe também adora os desfiles. .
7. Todos os cidadãos e as .... brasileiras adoram as festas de Carnaval.

3. Substantivo. Número

Em português, além do gênero (masculino ou feminino), os substantivos também têm **número (singular** ou **plural)**. O número indica **a quantidade** de objetos a que nos referimos com o substantivo. O **singular** é a forma que aparece no dicionário. O **plural** se marca sempre com, no mínimo, a **letra –s no final da palavra:**

- *Você trouxe o carro?*
  [*Carro* é singular: se refere a **só um** objeto.]

- *Quantos carros você tem?*
  [*Carros* é plural: se refere a **vários** objetos.]

A Formação do plural: *mapa, mapas, país, países,* etc.

■ Quando **o singular termina em vogal**, o plural é feito acrescentando-se uma letra **–s** ao final da palavra:

SINGULAR EM *-a*, *-e*, *-i*, *-o*, *-u*:	*mapa*	*sofá*	*aula*	*café*	*bicicleta*	*rei*	*moto*	*tabu*
PLURAL EM *-s*:	*mapas*	*sofás*	*aulas*	*cafés*	*bicicletas*	*reis*	*motos*	*tabus*

■ Algumas palavras que terminam em vogal **–o** são pluralizadas através do acréscimo de **–s** e de metafonia: o som fechado da letra **–o** da penúltima sílaba é pronunciado como aberto [ɔ]. As palavras mais frequentes dessa categoria são:

caroço – car[ɔ]ços	*olho – [ɔ]lhos*	*posto – p[ɔ]stos*
corpo – c[ɔ]rpos	*osso – [ɔ]ssos*	*povo – p[ɔ]vos*
esforço – esf[ɔ]rços	*ovo – [ɔ]vos*	*reforço – ref[ɔ]rços*
fogo – f[ɔ]gos	*poço – p[ɔ]ços*	*socorro – soc[ɔ]rros*
imposto – imp[ɔ]stos	*porco – p[ɔ]rcos*	*tijolo – tij[ɔ]los*
jogo – j[ɔ]gos	*porto – p[ɔ]rtos*	

■ Quando **o singular termina em vogal e *–m***, o plural é feito com ***–ns*** e se mantém a nasalidade da vogal antes do ***–m*** (no singular) ou ***–ns*** (no plural):

SINGULAR EM vogal e *-m*:	*trem*	*fim*	*som*	*atum*
PLURAL EM *-ns*:	*trens*	*fins*	*sons*	*atuns*

■ Quando **o singular termina em consoante *–n*, *–r*, *–s* ou *–z***, o plural é feito acrescentando-se ***–es***:

SINGULAR EM *-n*, *-r*, *-s*, *-z*:	*cânon*	*motor*	*país*	*nariz*
PLURAL EM *-es*:	*cânones*	*motores*	*países*	*narizes*

Quando o singular termina em *–l*, há regras diferenciadas de acordo com a vogal precedente e a tonicidade da palavra:

- Se a palavra termina em *–al*, *–el*, *–ol* ou *–ul*, substituímos o *–l* por *–is*:

SINGULAR EM *-al*, *-el*, *-ol*, *-ul*:	*animal*	*papel*	*farol*	*azul*
PLURAL EM *-is*:	*animais*	*papéis*	*faróis*	*azuis*

No caso das palavras terminadas em *–el* ou *–ol*, a regra é a mesma, mas as vogais *–e* e *–o* recebem acento agudo (´) porque têm sons abertos ([ɛ] e [ɔ]) nas formas plurais: *fiel – fiéis*, *pastel – pastéis*, *anzol – anzóis*, *cachecol – cachecóis*. Palavras terminadas em *–ul* não são comuns no português.

Cônsul tem plural em *cônsules*.

- Se a palavra termina em *–il* e é oxítona (ou seja, sua sílaba mais forte é a última), substituímos o *–l* pelo *–s*:

SINGULAR EM *-il*:	*funil*	*barril*
PLURAL EM *-is*:	*funis*	*barris*

- Se a palavra termina em *–il* e é paroxítona (ou seja, sua sílaba mais forte é a penúltima), a terminação *–il* é substituída por *–eis*:

SINGULAR EM *-il* (em palavras paroxítonas):	*fóssil*	*réptil*
PLURAL EM *-eis*:	*fósseis*	*répteis*

- Se a palavra termina em *–ão* no singular, há três possibilidades de plural: *–ões* (a mais frequente), *–ãos* e *–ães* (as duas terminações menos frequentes). Todas as palavras terminadas em *–ção*, *–são* e *–ssão* têm plural em *–ções*, *–sões* ou *–ssões*:

SINGULAR EM *-ção*, *-são* ou *-ssão* (em palavras oxítonas):	*educação* *prisão* *missão*	*posição* *televisão* *profissão*	*ação* *mansão* *permissão*	*opção* *confusão* *emissão*
PLURAL EM *-ções*, *-sões* ou *-ssões*:	*educações* *prisões* *missões*	*posições* *televisões* *profissões*	*ações* *mansões* *permissões*	*opções* *confusões* *emissões*

- As palavras mais frequentes terminadas em *–ão* e com plural em *–ães* ou *–ãos* são:

SINGULAR EM *-ão*, e PLURAL EM *-ãos*:

cidadão – cidadãos	*cristão – cristãos*
grão – grãos	*irmão – irmãos*
mão – mãos	*pagão – pagãos*
órfão – órfãos	*órgão – órgãos*
sótão – sótãos	

SINGULAR EM *-ão*, e PLURAL EM *-ães*:

alemão – alemães	*cão – cães*
capitão – capitães	*catalão – catalães*
escrivão – escrivães	*guardião – guardiães*
pão – pães	*sacristão – sacristães*

O plural das palavras ***anão***, ***verão*** e ***vulcão*** é ***anões***, ***verões*** e ***vulcões***.
Bênção termina em *–ção*, mas seu plural é ***bênçãos***.

1 **Quantos objetos há em cada desenho?**

➔ Três flor.es...

1. Dois peixe.....
2. Três so.....
3. Dois relógio.....
4. Duas blusa.....
5. Seis gr.....
6. Dois an.....
7. Dois sofá.....
8. Cinco bot.....
9. Dois p.....

2 **Abaixo está um fragmento do diário de uma menina de seis anos. Complete o plural das palavras desse texto.**

Meus pais não me deixam pintar
➔ as paredes..... nem escrever nos
(1) pap...... deles, nem pegar as
(2) panela...... nem os três
(3) talher...... quando eu quero.
Além disso, só posso usar lápis preto:
as (4) caneta...... e os lápis de
outras (5) cor...... são proibidos.
Também não me deixam subir nas
(6) árvore...... nem brincar com os
(7) gr...... de arroz e feijão, nem
mexer nos (8) fóss...... do museu que
sempre visitamos. Quando eles vão
entender que as crianças de seis
anos já não são (9) bebê......?

3 **Bia e Miguel se casaram recentemente e receberam muitos presentes. Eles ganharam alguns presentes repetidos e decidiram dá-los a outros amigos. Que presente eles devem dar para cada amigo?**

➔ Alexandre precisa de um objeto para pôr no centro da sala: vai ganhar uma ...mesa... .

1. Rafael precisa de uma coisa para conservar a comida: uma ....
2. Luíza quer um eletrodoméstico para lavar roupa: uma ....
3. Joaquim precisa de um objeto para guardar livros: uma ....
4. Carlos quer um móvel para sentar e ver televisão: um ....
5. Júlia quer alguma coisa para enfeitar as paredes da casa: um ....
6. Cláudia precisa de uma máquina para preparar café: uma ....
7. Lucia quer algo para abrir latas: um ....
8. Maria quer alguma coisa para cozinhar: um ....

2 geladeiras
3 cafeteiras
2 fogões
2 sofás
6 estantes
4 abridores de lata
6 quadros
2 máquinas de lavar roupa
4 mesas ✓

B Usos específicos – substantivos não-contáveis: *a família, os óculos*

■ Os substantivos **não-contáveis** (que se referem a coisas que não podem ser contadas) são usados no singular quando se referem à **matéria em geral** ou a uma **quantidade não determinada**. Quando usados no plural, servem para definir **tipos distintos** ou **unidades diferentes** da mesma matéria:

água, arroz, carne, chá, luz, madeira, música, papel, plástico, vinho, etc.

SINGULAR
- *Que carne você vai comprar hoje?*
  [*Carne*, tipo de alimento.]

PLURAL
- *Quais são as melhores carnes para churrasco?*
  [Diferentes variedades de carnes.]

- Alguns substantivos no singular se referem a grupos com vários elementos, mas a concordância é feita no singular quando queremos falar de um único grupo:

a família, *o grupo*, *a turma*, etc.

- *A família de João gosta muito de dar festas, né?*
[A família de João ~~gostam~~ muito de dar festas, né?]

- Outros substantivos são usados normalmente no plural:

os óculos, *os arredores*, *as olheiras*

- *Posso te emprestar meus óculos para você cobrir essas olheiras.*

4 **Sucesso ou fracasso do músico Carlos de Souza? Encontre a reação de cada grupo e sublinhe o que te ajudou a encontrar a resposta correta.**

➲ As pessoas... — a. estavam, em geral, encantadas.
1. Sua turma do coral...
2. Suas fãs...
3. O público...
4. A polícia...

a. estavam, em geral, encantadas.
b. estava atenta para qualquer emergência.
c. estavam muito interessadas.
d. saiu muito satisfeito.
e. estava muito emocionada.

5 **Rosa não estava bem hoje de manhã, por isso nada estava dando certo para ela. Observe o que aconteceu e complete como no exemplo.**

➲ Sem querer ela quebrou dois vasos chineses. Só sobrou um vaso chinês .
1. Ela queimou dois pastéis de queijo. Agora só sobrou um .... para o almoço.
2. Sem perceber, jogou três peixes do aquário pelo encanamento. Agora só ficou um ....
3. Não encontrou os dois anéis que queria usar. Felizmente tinha outro .... bonito.
4. Quase todas as luzes de casa queimaram. Agora só uma .... no corredor funciona.
5. Estava com muita fome e comeu cinco pães. Agora ela só tem um .... para o jantar.

6 **Tem uma grande promoção nas "Lojas Cariocas". Para cada coisa comprada, o cliente leva o dobro. Complete com os plurais das palavras abaixo.**

GRANDES OFERTAS!!! COMPRE UM E LEVE DOIS!!!

NA COMPRA DE:	VOCÊ LEVA:	NA COMPRA DE:	VOCÊ LEVA:
➲ um quilo de arroz...	dois quilos de arroz .	4. Uma sunga de lycra...	....
1. Um relógio de parede...	....	5. Um celular...	....
2. Um escorredor de prato...	....	6. Uma televisão...	....
3. Uma cortina para o banheiro...	....	7. Um pão...	....

4. Adjetivo

O adjetivo serve para designar as propriedades dos objetos que nomeamos com um substantivo:
um rapaz ***bonito*** *uma gata* ***carinhosa*** *uma casa* ***grande*** *uma ideia* ***interessante***

A Gênero: *bonito – bonita, interessante, etc.*

■ Alguns adjetivos têm uma forma para o masculino e outra para o feminino. O masculino é a forma que aparece no dicionário. Se a forma masculina terminar em *–o*, o feminino é feito a partir da troca do *–o* por *–a*. Se o masculino terminar em *–or*, acrescenta-se a terminação *–a*:

-o		-~~o~~ -a	
bonito	• *Meu namorado é tão bonito!*	*bonita*	• *Minha namorada é tão bonita!*
italiano	• *Esse senhor parece italiano.*	*italiana*	• *Essa senhora parece italiana.*
preto	• *Não gosto de sapato preto.*	*preta*	• *Não gosto de roupa preta.*

-or		+ -a	
encantador	• *Meu namorado é encantador!*	*encantadora*	• *Minha namorada é encantadora!*
trabalhador	• *Esse senhor parece trabalhador.*	*trabalhadora*	• *Essa senhora parece trabalhadora.*
contestador	• *Esse aluno é muito contestador.*	*contestadora*	• *Essa aluna é muito contestadora.*

■ Adjetivos masculinos terminados em *–oso* fazem feminino através da troca do *–o* pelo *–a* e também de metafonia, ou seja, pronúncia aberta, em vez de fechada, do *–o–* tônico:

MASCULINO EM ***-oso*** [ozʊ]:	*ambicioso*	*ansioso*	*bondoso*	*carinhoso*	*fabuloso*
FEMININO EM ***-osa*** (*com –o– aberto*: [ɔzə]):	*ambiciosa*	*ansiosa*	*bondosa*	*carinhosa*	*fabulosa*

Os adjetivos terminados em *–ão* formam o feminino em *–ã* ou *–ona*: *chorão – chorona, cristão – cristã, glutão – glutona, são – sã*, etc.

Os adjetivos ***maior***, ***menor***, ***melhor***, ***pior***, ***superior***, ***inferior***, etc. não variam em gênero:

- *Esse é meu irmão* ***maior*** *e essa é minha irmã* ***menor***.
- *Essa lanchonete é* ***melhor*** *que aquela.*

■ Alguns adjetivos têm somente uma forma para **masculino** e **feminino**. Esses adjetivos podem terminar em:

–a, ***–e***, ***–ente***, ***–vel***, ***–ista*** ou ***consoante*** (***–l***, ***–m***, ***–r***, ***–z***)

belga, hipócrita, persa, etc.	• *Ela é belga e ele é canadense, né?*
forte, pobre, verde, etc.	• *Olha que linda essa caneta verde!*
paciente, contente, intransigente, etc.	• *Cláudia é uma pessoa sempre paciente e contente.*
amável, incrível, responsável, etc.	• *Raul é um homem muito amável.*
pacifista, progressista, socialista, etc.	• *Angélica é muito pessimista, mas o namorado dela é otimista.*
azul, principal, jovem, familiar, feliz, etc.	• *Ela sempre gosta de usar cores iguais. Hoje está de saia azul e sapato azul.*

- Os adjetivos de nacionalidade ou procedência que terminam em consoante formam o feminino a partir do acréscimo de **–a** à forma masculina:

-**l**:	*espanhol* → *espanhol**a***
-**s**:	*francês* → *frances**a**, português* → *portugues**a***

- No caso de adjetivos de nacionalidade terminados em **–ês**, a forma singular másculina é a única que tem acento: *inglês, ingleses, inglesa, inglesas*.

1 **Paulo, Clara e Joana estão procurando um namorado ou namorada exatamente igual a eles. Como devem ser os casais?**

Paulo é...	Ela deve ser...	Clara é...	Ele deve ser...	Joana é...	Ele deve ser...
➲ falador	faladora	7. sã	....	14. comilona	....
1. carinhoso	....	8. otimista	....	15. versátil	....
2. preguiçoso	....	9. ruiva	....	16. independente	....
3. bonito	....	10. feliz	....	17. forte	....
4. superficial	....	11. gentil	....	18. inteligente	....
5. dorminhoco	....	12. tímida	....	19. pedante	....
6. cristão	....	13. alegre	....	20. nervosa	....

2 **Nas listas abaixo, qual é o adjetivo que se comporta de forma diferente na formação do feminino?**

➲ inglês, francês, espanhol, português, canadense (Canadense é o único adjetivo que não muda de gênero)
1. feliz, alegre, impaciente, otimista, bonito, amável
2. realista, pessimista, ecologista, socialista, alto
3. alemão, cristão, cidadão, comilão

B Número: *bonitos, bonitas, interessantes, etc.*

- Os adjetivos formam o plural seguindo as mesmas regras que os substantivos:

SINGULAR TERMINADO EM ***vogal*** + **–s**	*faladora* → *falador**as*** *importante* → *important**es*** *simpático* → *simpátic**os***
SINGULAR TERMINADO EM ***consoante*** + **–es**	*falador* → *falador**es*** *feliz* → *feliz**es***

Palavras que terminam em **–oso** ou **–osa** no singular têm metafonia no plural: *ambiciosas – ambiciosos, ansiosas – ansiosos*, etc., todas pronunciadas na forma plural com [ɔ] aberto.

➲ 4.A. Gênero

- Quando os adjetivos terminam em **–l**, há regras diferenciadas de acordo com a vogal precedente:

Como regra geral, palavras terminadas em **–al**, **–el**, **–ul** são pluralizadas em **–ais**, **–eis**, **–uis**:	*corporal* → *corpor**ais*** *amável* → *amáv**eis*** *azul* → *az**uis***
SINGULAR TERMINADO EM **–*i* *tônico*** + **–l**: descartamos **–l** e acrescentamos somente **–s**, já que a palavra singular tem **–il**:	*civil* → *civis* *gentil* → *gentis* *hostil* → *hostis* *viril* → *viris*

SINGULAR TERMINADO EM *–i átono + –l*: *descartamos o* ***–il*** *e acrescentamos* ***–eis***:	*ágil* → *ág**eis*** *difícil* → *difíc**eis*** *fácil* → *fác**eis***
SINGULAR TERMINADO EM ***–ol***: *descartamos o* ***–l*** *e acrescentamos* ***–is*** *(com acento no* ***–o*** *para manter a vogal aberta* [ɔ]:	*espanhol* → *espanh**óis*** *mongol* → *mong**óis***

3 **Mauro começou a usar óculos agora e está vendo tudo em dobro. O que ele vê nos casos abaixo?**

Quando...	Mauro vê...
➔ tem um carro verde...	dois carros verdes
1. tem uma criança contente...	....
2. tem uma pessoa feliz...	....
3. tem uma criança chorona...	....
4. tem uma camisa azul...	....
5. tem um homem falador...	....
6. tem uma mulher interessante...	....

C Concordância: *Uns amigos gregos, etc.*

■ O adjetivo deve ter o mesmo gênero e número que a palavra a que ele se refere:

- *Amanhã uns <u>amigos</u> gregos vêm me visitar.*
- *Aqueles simpáticos que estavam na festa do Marcos?*

- *Essa <u>novela</u> é muito boa, mas um pouco confusa.*
- *Sim, confusa, lenta e chata...*
- *Mas interessante.*

- *Olha só: aqui tem essas jaquetas e esses <u>vestidos</u>. Você quer comprar algum deles?*
- ***O amarelo** está bonito.*

[Sabemos que <u>amarelo</u> se refere a um <u>vestido</u> (masc.) porque o artigo e o adjetivo estão na forma mascullina.]

■ Quando o adjetivo se refere, ao mesmo tempo, a substantivos **masculinos** e **femininos**, o plural é feito na forma **masculina**:

- *Olha **esse** <u>sapato</u> e **essa** <u>jaqueta</u>. São maravilhos**os**, mas caríssim**os**.*

- *Rafael tem quatro irmãos: três <u>mulheres</u> e um <u>homem</u>. Os quatro são muito simpátic**os**.*

4 **Qual a origem das coisas abaixo? Complete as lacunas abaixo tomando cuidado com o gênero e o número dos substantivos.**

alemão ✓	espanhol	francês	escocês	finlandês	senegalês	japonês
colombiano	cubano	italiano	chinês	turco	suíço	americano

➔ Se o carro é da Alemanha, é alemão .

1. Se o computador é dos Estados Unidos, é ....
2. Se as pizzas são da Itália, são ....
3. Se o café é da Colômbia, é ....
4. Se os tapetes são da Turquia, são ....
5. Se os charutos são de Cuba, são ....
6. Se a máquina fotográfica é do Japão, é ....
7. Se o uísque é da Escócia, é ....
8. Se o cacau é do Senegal, é ....
9. Se os relógios são da Suíça, são ....
10. Se a sauna é da Finlândia, é ....
11. Se os vinhos são da Espanha, são ....
12. Se os perfumes são da França, são ....
13. Se a porcelana é da China, é ....

5 **Cláudia está em dúvida entre comprar uma casa na praia ou um apartamento na cidade. Analise as opções abaixo e ajude-a a decidir.**

➲ Na casa da praia vai poder ter uma vista... 1. Com um apartamento vai ter uma vista...	a. linda do mar. b. maravilhosas do pôr-do-sol. c. um pouco feia por causa dos edifícios. d. amplas da cidade.
4. Na casa da praia vai ouvir as ondas... 5. No apartamento vai ouvir os carros...	a. alto. b. barulhentos. c. animado. d. espumosas.
2. Na praia vai ter uma vida mais... 3. Na cidade vai ter uma vida mais...	a. estressado. b. tranquila. c. barulhentos. d. agitada.
6. Na praia vai se sentir... 7. Na cidade vai se sentir...	a. estressada. b. relaxada. c. cansado. d. esgotado.

6 **Associe as frases das duas colunas e complete as lacunas com as marcas apropriadas de gênero e número.**

➲ O carpaccio e a salada de macarrão...	são meios de transporte mais ecológic..... . Os carros poluem muito.
1. Meu pai e minha mãe...	estão delicios.os.. . Você quer provar?
2. A cidade e os subúrbios...	estão molhad..... e você pode cair.
3. A rádio e a imprensa...	são meios de comunicação mais objetiv..... que a televisão.
4. A moto e a bicicleta...	são argentin..... , mas eu nasci no Brasil.
5. O cigarro e as bebidas alcoólicas...	são muito perigos..... para a saúde.
6. Vai com cuidado, o piso e a banheira...	são maravilhos..... e têm casas lindas.

D Adjetivo depois do substantivo: *Vinho tinto ou vinho branco*?

- Os adjetivos podem ser postos **antes** ou **depois** do substantivos. É mais comum colocá-los **depois** do substantivo.

- **Depois** do substantivo, os adjetivos são usados geralmente **para distinguir** o objeto de que falamos de outros objetos semelhantes:

  - *Afinal, você vai comprar a mesa* ***quadrada*** *ou a* ***redonda****?*
  - *O escritório dele fica em um edifício* ***alto, vanguardista****, realmente* ***maravilhoso****.*
  - *Então, o que você prefere? A casa, o apartamento* ***grande*** *ou o apartamento* ***pequeno****?*
  - *É uma menina* ***inteligente, carinhosa*** *e* ***educada****. Não é como a irmã dela.*

  Alguns adjetivos normalmente são colocados **somente depois** do substantivo, como aqueles que expressam:

Cor:	*um carro* ***azul*** (*preto, vermelho, branco, verde*, etc.)
Forma:	*um objeto* ***quadrado*** (*redondo, comprido, retangular, oval*, etc.)
Estado:	*uma caixa* ***aberta*** (*fechada, cheia, amassada, vazia*, etc.)
Tipo:	*um tema* ***complicado*** (*familiar, internacional, socialista, portátil*, etc.)

7 **Ponha os elementos das seguintes frases em ordem.**

➲ [uma / sueco / Tenho / noivo] Tenho um noivo sueco e, por isso, esse verão vou a Estocolmo.
1. [aberta / uma / Tem / torneira] .... A água está vazando.
2. [a / Veste / laranja / camisa] .... Você fica muito bem com ela.
3. [prato / vazio / Me /dá / um] .... ? Esse está cheio de caroços de azeitona.
4. [a / suja / Trouxe / roupa] .... Vou pô-la na máquina de lavar roupas.
5. [garrafa / cheia / Põe / a] .... na geladeira e tira a vazia, por favor.
6. [carro / espaçoso / um / É] .... Cabem pelo menos oito pessoas.
7. [universitária / Moro / uma / em / moradia] .... , mas no próximo ano quero mudar para um apartamento fora da universidade.
8. [carta / A / um / envelope / está / em / fechado] .... porque é confidencial.

E Adjetivo antes do substantivo: *Meu apartamento pequeno. / Meu pequeno apartamento.*

■ Antes do substantivo, os adjetivos são usados normalmente para destacar uma qualidade do objeto, mas não para distingui-lo de outros:

[Existem duas baleias e o adjetivo é usado para distingui-las.]

[O adjetivo destaca a característica da baleia.]

Alguns adjetivos que podem ser usados antes do substantivo são: **curto-comprido / longo, frio-quente, pequeno-grande, forte-fraco, leve-pesado, rápido-lento, largo-estreito, velho-jovem, alegre-triste, mole-duro, áspero-suave, bonito-feio**, etc. Todos eles têm significado relativo: uma coisa é *grande* ou *pequena*, *rápida* ou *lenta*, etc., segundo a coisa com que é comparada.

8 **Decida se nas frases abaixo o adjetivo destaca uma propriedade do objeto ou serve para distinguir esse objeto de outros de sua mesma classe.**

	Distingue	Destaca
➲ O **velho rádio** ainda funciona.	....	✓
➲ Me dá minhas **sapatilhas velhas**, por favor?	✓	....
1. Olha, tenho uma **pequena dúvida** sobre o preço do hotel.	....	....
2. Me dá a **chave pequena**, por favor, essa não serve.	....	....
3. Um **garçom muito devagar** nos atendeu, por isso estamos três horas atrasados.	....	....
4. Amélia e eu demos uma **rápida volta** pela cidade e depois fomos para o hotel.	....	....
5. Da porta se via um **largo corredor** que dava para o terraço.	....	....
6. É melhor você entrar pelo **corredor largo**, para não se perder.	....	....
7. Tenho uma **leve suspeita** de que ele está mentindo para nós.	....	....
8. Traga as **sobremesas geladas** para a mesa, por favor.	....	....

- Com os adjetivos de significado relativo (***comprido*** – ***curto***, ***escuro*** – ***claro***, etc.), a posição antes do substantivo é uma opção formal (linguagem jornalística, literária, etc.). Os adjetivos que não têm significado relativo (cor, forma, estado, etc.) são usados antes do substantivo somente na linguagem poética:

LINGUAGEM COTIDIANA	LINGUAGEM FORMAL	LINGUAGEM POÉTICA
• *A menina de olhos curiosos estava no fundo de um quarto **escuro**.*	• *Os **revoltados** manifestantes caminhavam em silêncio pelas **largas** avenidas do centro.*	• *No fundo de um **escuro** quarto brilhavam os **curiosos** olhos da menina.*

9 **O texto jornalístico abaixo tem alguns erros: alguns adjetivos (o exemplo e mais cinco) devem ser colocados depois do substantivo. Encontre-os e escreva-os na ordem correta na segunda coluna.**

O presidente da França fez uma grande viagem diplomática por distantes países, acompanhado de seu ministro de ~~exteriores~~ assuntos e sua jovem esposa. Durante os dois últimos dias, numerosas anedotas foram contadas sobre essa viagem. Na inauguração de um industrial edifício, por exemplo, alguém entregou à esposa do presidente um redondo objeto que era um japonês relógio de parede. Mas também houve maus momentos. Quando iam no oficial carro para a inauguração de um novo edifício por uma estreita rodovia montanhosa, o carro do presidente sofreu um pequeno acidente e bateu em uma vazia casa.

assuntos exteriores
....
....
....
....
....

- Os adjetivos que indicam ordem em uma série (*primeiro, segundo, último, próximo, futuro*, etc.) normalmente são postos antes do substantivo:

• *Ana foi minha **primeira** namorada.*
• *Vamos ver isso tudo na **próxima** reunião.*
• *Só estou te pedindo uma **segunda** oportunidade.*
• *Vou conversar sobre isso com meu **futuro** esposo.*

Os adjetivos *anterior, posterior* e *seguinte* são postos depois do substantivo:

• *Faltei à aula **anterior** de geografia.*
• *Esta parte deve ficar no capítulo **posterior**.*
• *No dia **seguinte** ele me telefonou de novo.*

Os algarismos romanos são usados depois de nomes de reis, papas, etc.:

Pedro I [primeiro] *Dom João VI* [sexto] *Luís XV* [quinze]

10 **Esta é a história sentimental de Catarina Barba Azul. Coloque os adjetivos do quadro no lugar adequado, decidindo se eles devem ser postos antes ou depois do substantivo.**

➲ Meu primeiro marido era arquiteto. Construía .... chalés geminados. Caiu do segundo andar. (1) Meu .... marido .... era marinheiro. Se afogou nas (2) .... praias .... e se salvou, mas morreu no (3) .... dia .... em (4) uma .... rodovia .... (5) Meu .... marido .... era bombeiro. Morreu apagando um incêndio em (6) uma .... festa .... (7) Meu .... marido .... vai ser (8) o .... presidente .... do país. Não sei o que vai acontecer. Nesse momento ele já abriu várias contas em meu nome em (9) um .... banco .... Infelizmente, ele não tem estado muito bem de saúde. Com base nas minhas (10) .... experiências ...., espero não ficar viúva dessa vez. Vou chamar o Papa (11) .... Lucas .... para oficializar nosso casamento.

próximo (x2)
primeiro ✓
segundo
terceiro
anteriores
geminados ✓
perigosa
particular
caribenhas
suíço
seguinte
sétimo

CAPÍTULO 2

Determinantes

5 Artigos: *um, o*, etc.
6 Demonstrativos: *este, esse, aquele*, etc.
7 Possessivos: *meu, minha, seu, sua, nosso, nossa*, etc.
8 Indefinidos: *todos, alguns, alguém, nada, outros*, etc.
9 Numerais cardinais: *um, dois, três*, etc.
10 Numerais ordinais: *primeiro, segundo, terceiro*, etc.
11 Quantificadores: *demais, muito, bastante*, etc.

5. Artigos: *um*, *o*, etc.

Determinantes são palavras que acompanham (vêm antes ou depois de) substantivos, adjetivos, numerais, etc. e adicionam alguma informação periférica, como quantidade, especificidade, intensidade, etc. Os determinantes mais comuns em português são os artigos.
Todos os substantivos sempre têm gênero, que pode ser masculino ou feminino (não existem substantivos neutros). Todos os elementos que se referem a um substantivo (artigos, adjetivos, demonstrativos, etc.) devem seguir o mesmo gênero desse substantivo, por isso é muito importante saber o gênero dos substantivos:

- *Esse é **o** edifício mais alto da cidade.*
- *A casa dos meus pais é muito velha.*

A Formas

- Os artigos são classificados como **definidos** ou **indefinidos**. As formas de cada grupo **variam de acordo com o gênero e com o número do substantivo**:

	DEFINIDOS		INDEFINIDOS	
	MASCULINO	FEMININO	MASCULINO	FEMININO
SINGULAR	***o*** *amigo*	***a*** *amiga*	***um*** *amigo*	***uma*** *amiga*
PLURAL	***os*** *meninos*	***as*** *meninas*	***uns*** *meninos*	***umas*** *meninas*

- Quando usamos os artigos ***o*** ou ***a*** junto com as preposições ***a***, ***de***, ***em*** e ***por***, uma só palavra é formada através da contração:

a + o(s) = ***ao(s)***	• *Preciso ir* ***ao*** *supermercado.* • *Antes de fazer compras, meus pais vão* ***aos*** *supermercados do bairro fazer uma pesquisa de preços.*
a + a(s) = ***à(s)******	• *Meu pai sempre vai* ***à*** *igreja no domingo.* • *Vou* ***às*** *palestras na universidade sempre que tenho tempo.*
de + o(s) = ***do(s)***	• *Eu vou ver a programação* ***do*** *teatro no domingo.* • *Gosto muito* ***dos*** *temperos indianos.*
de + a(s) = ***da(s)***	• *Maria e eu gostamos* ***da*** *biblioteca municipal porque ela é mais moderna.* • *Gosto* ***das*** *bibliotecas do Rio porque têm um acervo enorme.*
em + o(s) = ***no(s)***	• *Deixei minha agenda* ***no*** *escritório.* • *Gosto de estudar* ***nos*** *cafés da universidade.*
em + a(s) = ***na(s)***	• *Ela estava* ***na*** *cozinha quando o telefone tocou.* • *Vou trabalhar* ***nas*** *provas finais hoje.*
por + o(s) = ***pelo(s)***	• *Sua irmã vai passar* ***pelo*** *escritório antes de voltar para casa.* • *Passei* ***pelos*** *bares que eu conhecia, mas não encontrei vocês.*
por + a(s) = ***pela(s)***	• *Luíza e Clara passaram* ***pela*** *praça ontem, mas não te viram lá.* • *Vou passar* ***pelas*** *casas das minhas amigas para dar uma carona para elas.*

* ➲ 50. Acentuação

1 **O detetive Rodrigo Trigo chega à cena de um crime e vê muitas pessoas suspeitas. Ele sai para chamar a polícia e, ao voltar, só encontra objetos no chão. Ajude-o a completar seu relatório.**

Quando entrei no quarto, vi:

➲ ..Um... professor de português caído no chão e cheio de sangue.

1. .... alunas que pareciam muito nervosas, escondendo .... papéis.
2. .... rapaz jovem que segurava .... tesoura na mão.
3. .... mulher muito tranquila com .... vestido branco.
4. .... menino chorando perto de .... caixa de brinquedos.

Quando voltei, só encontrei:

➲ ..O... sangue ..do... professor.

5. .... papéis .... alunas.
6. .... tesoura .... rapaz jovem.
7. .... vestido branco .... mulher.
8. .... caixa que pertencia .... menino.

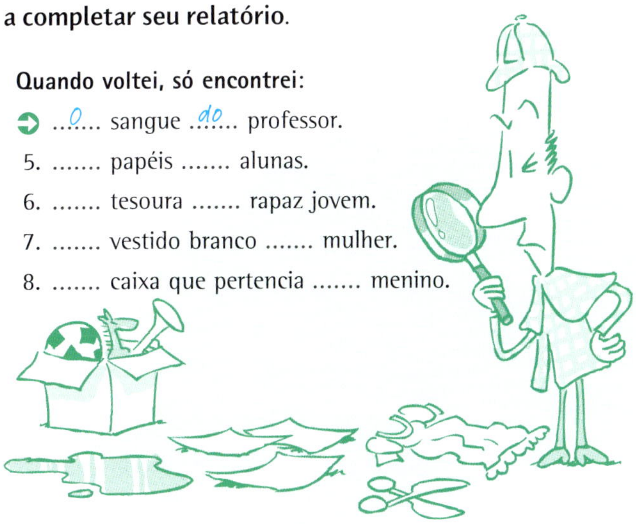

2 **Complete as lacunas abaixo com as formas adequadas do artigo. Se necessário, complete também o gênero e número do adjetivo.**

➲ Vamos procurar ..uma.. sala vazia para fazer a prova.

1. Estou com .... fome terrível.
2. Olhe .... últim.... sala onde você esteve e tente encontrar seu dicionário.
3. Papai, ... fadas existem de verdade?
4. Na porta da casa dele tem .... estátua horroros...., de pedra e de madeira. Nunca vi coisa mais feia na minha vida.
5. Na história, havia ...... fada boa e ...... fada ruim. ...... fada boa transformou o sapo feio em um lindo príncipe.
6. .... água dessa lagoa é excelente para .... pele.
7. Ela matou o policial com .... mesm.... arma roubada que tinha usado para matar seu namorado.
8. Mamãe, onde fica .... alma?
9. Segure .... dois lados da xícara, ou ela vai cair e quebrar.

3 **Complete as lacunas abaixo com as formas adequadas das contrações de preposições e artigos.**

Eu gosto muito ➲ ..dos.. amigos do meu filho Luís, por isso sempre deixo leite e biscoitos (1) .... mesa quando eles vêm visitá-lo. Eles fazem parte (2) .... vida dele, já que vão (3) .... ginásio todos os dias para jogar basquete, passam (4) .... biblioteca para estudar, vão juntos para a cantina e batem um papo descontraído que faz com que eles relaxem e se distraiam um pouco (5) .... estudos e (6) .... aulas. Eles geralmente se encontram (7) .... fim de semana para ir (8) .... praia. Eles gostam de andar de bicicleta (9) .... orla e, como a gente mora perto (10) .... Praia do Flamengo, deixam as coisas deles (11) .... dormitório do Luís.

B Usos: *Pegue uma carta. / Pegue a carta.*

■ Usamos ***um, uma, uns, umas*** para nos referirmos a algo que não é totalmente identificável para o ouvinte, devido às seguintes razões (dentre outras):

I. Há vários objetos do mesmo tipo:

- *Essa aqui é **uma** das tortas que fiz para o Natal.*
  [A pessoa que fala fez várias tortas e está mostrando uma.]
- *Preciso de **um** celular novo.*
  [Esta pessoa não está procurando um celular específico. Muitos podem servir para o que ela quer.]

■ Usamos ***o, a, os, as*** para nos referirmos a algo que é identificável para o ouvinte, dentro de uma categoria de objetos, como, por exemplo:

I. Não há outros objetos como esse:

- *Essa é **a** torta que fiz para o Natal.*
  [Esta pessoa só fez uma torta.]
- ***O** meu celular está com defeito. Vocês consertam?*
  [A pessoa está se referindo ao seu próprio celular.]

II. Falamos deste objeto pela primeira vez.

- ***Uns*** *amigos de Ana vêm para a festa também: Pedro e Júlio.* [São ***uns amigos*** específicos, mas não os identificamos porque não falamos deles antes.]

II. Este objeto já foi mencionado antes.

- *Quem vem para a festa?*
- *Rosa, Carlos, Paula, você,* ***os*** *amigos de Ana e eu. Vem pouca gente.*
  [Falamos ***os amigos*** porque eles já foram mencionados antes.]

4 **Carmem e Lúcia têm que fazer um trabalho para a aula. Você sabe do que elas estão falando? Leia as frases e relacione cada uma delas com a situação correspondente.**

➲ a. **Carmem:** Um amigo de Júlia pode nos ajudar.	a. Lúcia e Carmem já falaram do amigo de Júlia.
b. **Carmem:** O amigo de Júlia pode nos ajudar.	b. Lúcia e Carmem não falaram antes sobre esse homem.
1. a. **Lúcia:** Trouxe uns livros que tinha em casa.	a. Carmem já sabe quais são os livros.
b. **Lúcia:** Trouxe os livros que tinha em casa.	b. Carmem não sabe quais são os livros.
2. a. **Carmem:** Temos que entregar um trabalho terça-feira.	a. Elas estão falando do trabalho que estão fazendo.
b. **Carmem:** Temos que entregar o trabalho terça-feira.	b. Elas estão falando de outro trabalho diferente.
3. a. **Lúcia:** Um professor de Filosofia deixou essa revista para você.	a. Elas estão falando do professor de Filosofia que dá aula para elas.
b. **Lúcia:** O professor de Filosofia deixou essa revista para você.	b. Elas estão falando de outro professor de Filosofía.
4. a. **Carmem:** Você pode me emprestar a caneta?	a. Lúcia tem só uma caneta.
b. **Carmem:** Você pode me emprestar uma caneta?	b. Lúcia tem mais de uma caneta.
5. a. **Lúcia:** Um menino de São Paulo chamado Luiz ligou para você.	a. Carmem e Lúcia já falaram muitas vezes sobre Luiz.
b. **Lúcia:** O menino de São Paulo chamado Luiz ligou para você.	b. Lúcia não conhece Luiz.

5 **Carmem e Lúcia têm uma amiga que se chama Júlia. De acordo com o contexto abaixo, decida que artigo deve ser usado nas lacunas.**

➲ Na sala de visitas da casa de Lúcia tem só um quadro na parede.	**Carmem:** ...o... quadro é muito bonito. Sempre quis ter ..um.. quadro parecido na minha casa.
1. Carmem e Lúcia terminaram de fazer o trabalho de história.	**Lúcia:** Posso levar .... trabalho para casa para revisar mais uma vez? Se você quiser, posso fazer .... cópia.
2. Carmem chega com um bolo muito grande. Lúcia não sabia de nada.	**Carmem:** Olha só, minha mãe fez .... bolo. Você quer .... pedaço?
3. Carmem cortou o bolo. Tem um pedaço grande e outro pequeno.	**Lúcia:** Por favor, eu quero .... pedaço pequeno.
4. Júlia está chamando Carmem e Lúcia para sair com ela.	**Júlia:** Meninas, vocês querem jantar em .... restaurante comigo? Aqui perto da minha casa tem .... italiano muito bom.
5. Carmem tem um relógio que ela sempre usa e que suas colegas já viram.	**Carmem:** Lúcia, você não sabe o que aconteceu... Perdi .... relógio. **Lúcia:** Bom, eu vi .... relógio pequeno em cima da cama. Não sei se é .... relógio que você está procurando.

6 **Leia o começo deste conto e marque se as seguintes interpretações são corretas.**

Pedro Pedroca II, o rei de Ouro Verde (➲), saiu sábado para passear em um cavalo da rainha (1). Na porta, um soldado se despediu dele. Ao chegar a um rio (2), atravessou uma ponte e se encontrou com os duendes da água (3), que lhe disseram: "Virá um mensageiro (4) do país vizinho (5). Ele vai trazer uma mensagem do mago Derlin (6)". O rei não acreditou nas palavras dos duendes, mas atravessou a ponte (7) e voltou para o palácio. Logo na porta de entrada estava o soldado (8) que, muito animado, lhe disse: "Majestade, acaba de chegar um mensageiro do mago Derlin!".

➲. Em Ouro Verde só existe um rei.	(Sim)	Não
1. A rainha tem vários cavalos.	Sim	Não
2. Pedro provavelmente ia a esse rio todo dia.	Sim	Não
3. Certamente Pedro não tinha ouvido falar desses duendes.	Sim	Não
4. Esse mensageiro vem muito a Ouro Verde.	Sim	Não
5. Ouro Verde tem fronteira com cinco países.	Sim	Não
6. O rei provavelmente conhece o mago Derlin.	Sim	Não
7. Essa ponte é a mesma de antes.	Sim	Não
8. É o mesmo soldado de quem ele tinha se despedido antes.	Sim	Não

C *Um ou o ou ø: Tem um telefone tocando. / Quebrei o telefone. / A gente já tem telefone.*

- Quando usamos um substantivo **sem artigo** (artigo Ø), não nos referimos a nenhum objeto concreto:
  - *A gente já tem Ø telefone em casa! Nem acredito que tivemos que esperar tantos meses!*
    [Não falamos de nenhum objeto particular, mas sim do telefone enquanto meio de comunicação.]

■ Quando usamos um substantivo com um artigo (***um...*** ou ***o...***), nos referimos a objetos individuais: indefinidos (***um...***) ou definidos (***o...***):

[Essa pessoa não está falando de um telefone específico, mas do meio de comunicação.]

- *Andar de bicicleta é a melhor forma de fazer exercício.*
- *Entrei na aula de violão.*
- *Fiz um avião de papel.*
- *Nesse restaurante exigem terno e gravata.*

[Esta pessoa está falando de um telefone específico, mas que não é identificado neste momento.]

- *Vou comprar **uma** bicicleta para fazer exercício.*
- *Vi **um** violão perfeito para você.*
- *Anote isso em **um** papel.*
- *Vou comprar **um** terno e **uma** gravata para mim. Tem **uma** loja fazendo promoção.*

[Já está implícito de que telefone esta pessoa está falando.]

- *Antes de sair tenho que consertar **a** bicicleta porque ela está com o pneu furado.*
- *Quando você terminar de tocar, guarde **o** violão na caixa.*
- *Esse é **o** papel que usei para fazer aquele origami.*
- *Manchei **o** terno e **a** gravata com molho de tomate. Não sei se vai sair quando eu lavar.*

■ Quando falamos de uma quantidade indeterminada de alguma coisa e não precisamos especificar nem identificar nenhum objeto concreto, usamos **substantivo sem artigo (Ø)**:

- *Se você for ao supermercado, você pode comprar **café** e **açúcar** para mim?*
- *Não, não tenho **dinheiro**. Infelizmente não vou poder ir ao show!*

■ Mesmo com substantivos contáveis (***casa***, ***computador***, ***livro***, etc.), quando queremos nos referir a uma quantidade indeterminada (plural) de alguma coisa, o uso do singular é muito comum:

- *Vocês vendem **copo**?*
  [A categoria "copo".]

- *Meu vizinho conserta **computador**.*
  [A categoria "computador".]

👁 Nesses casos, a forma de plural também é correta, mas o singular é usado com mais frequência.

👁 Além disso, quando generalizamos elementos contáveis ou não contáveis, o **sujeito** da oração pode vir ***acompanhado ou não*** de **artigo**:

A laranja tem muita vitamina C.		*Laranja tem muita vitamina C.*
O café me deixa muito agitado.	*ou*	*Café me deixa muito agitado.*
O cachorro é muito fiel ao dono.		*Cachorro é muito fiel ao dono.*

7 **Nas frases abaixo, elimine a opção incorreta e relacione as frases das duas colunas.**

➲ Me dá Ø / o tomate, por favor!
1. Ø / O tomate está com sal?
2. Você não gosta de molho de Ø / um tomate?
3. Miguel, você não pode ficar de Ø / um pijama para receber os convidados.
4. Miguel, coloque Ø / o pijama na lavadora.
5. Miguel, vou comprar Ø / um pijama para você.
6. Ø / O pé direito dele está doendo muito e ele não consegue andar.
7. Vamos a Ø / o pé. O museu fica bem perto.
8. Vi Ø / um apartamento lindo.
9. Perdi a chave Ø / do apartamento.
10. Conheci meu professor de Ø / um piano hoje.
11. Feche Ø / o piano com cuidado.

a. É bom fazermos exercício.
b. Tem uma liquidação ótima em uma loja chamada "Bons Sonhos", que vende roupas para dormir.
c. Está muito sujo e precisa lavar.
d. Parece que está sem gosto.
e. É falta de educação. Põe já uma calça e uma camisa.
f. Fui eu que fiz, com azeite extra virgem, tomates frescos e sem conservantes.
g. Vou fazer uma salada.
h. Assim você não machuca os dedos.
i. A essa hora da noite, não vou encontrar um chaveiro. Posso dormir na sua casa?
j. Acho que vou alugar para mim e morar lá por um ano.
k. Ele ensina muito bem e é muito paciente.
l. Ele se machucou jogando futebol.

8 **Sabrina e João são duas crianças. Eles vão passar um dia na casa dos avós e os pais deles estão dando várias recomendações para eles. Decida se essas recomendações devem ter artigo definido (*o*, *a*, *os*, *as*), artigo indefinido (*um*, *uma*, *uns*, *umas*) ou nenhum artigo.**

Mãe: ➲ ...O...... clima está ótimo! Vocês vão passar .... dia maravilhoso na casa da vovó e do vovô.
João: É verdade! .... casa deles tem muito .... espaço para brincar do lado de fora.
Pai: Sabrina, você pegou .... remédio para .... bronquite?
Sabrina: Peguei, sim, papai! Peguei também .... maçã para comer durante .... viagem.
Mãe: Isso mesmo! Comer .... frutas faz muito bem para .... saúde.
João: Mamãe, você acha que .... vovó vai fazer .... biscoitos deliciosos para a gente?
Mãe: Acho que sim! .... biscoitos dela são maravilhosos mesmo! Você também pode pedir para ela fazer .... torta de maçã. Mas .... doce demais faz mal. É melhor vocês comerem .... sobremesa só!

9 **Alguns monstros do país Copanema estão aprendendo português, mas ainda têm dificuldades. Às vezes eles se esquecem de usar os artigos. Corrija as frases abaixo usando *o, a, os, as* onde for preciso.**

➲ Quando noite chega, monstros da cidade saem para passear e assustar as pessoas. Pessoas daqui sempre têm medo. *a noite chega – os monstros saem – As pessoas daqui sempre têm medo.*

1. Depois de uma noite de terror, de tanto gritar, dói muito garganta, mas vida continua normal no dia seguinte. ....
2. Monstros dessa cidade são como morcegos que vivem nas cavernas e respeitam seres vivos. Sócomem animais para tomar seu espírito. ....
3. Monstros gostam de olhar para céu nublado, enquanto velho vampiro Crápula toca no piano músicas tristes que sua mãe compôs. ....
4. Para monstros daqui, medo é sentimento mais belo, por isso vão a cemitério e brincam entre tumbas. ....
5. Monstros também fazem magia e dançam quando sai lua cheia. ....
6. Durante todas noites de tempestade, esqueletos do cemitério local saem para celebrar dança da chuva. Monstros se divertem como loucos. ....
7. Vampiros sabem que são assustadores porque pessoas sempre estão com medo deles. ....

D *Um alto, o de Maria, o que você leu*

■ Quando está claro sobre o que estamos falando, podemos usar ***um, uma, uns, umas*** sem mencionar o substantivo a que se referem:

- *Me empreste uma caneta. Qualquer **uma** dessas. **Uma** vermelha serve.*
- *Preciso de tomate. Pega **uns** que estão dentro da geladeira, por favor.*
- *Você viu meus livros? **Uns** que eu comprei ontem no shopping?*
- *Essas camisas são lindas. Compre **uma** para você.*
- *Tenho vários amigos, mas só saio com **um**.*

■ Os artigos ***o, a, os, as*** também podem ser usados sem mencionar o substantivo, porém é necessário que estejam seguidos por ADJETIVO / ***de*** + SUBSTANTIVO / ***que*** + ORAÇÃO:

o, a, os, as +	ADJETIVO ***de*** + SUBSTANTIVO ***que*** + ORAÇÃO

- *Só gosto de um terno: **o** azul.*
- *Essa mesa não é feia, mas prefiro **a de** mármore.*
- *Quer um sanduíche? **Os que** vendem aqui são deliciosos.*

10 **Nas frases abaixo, risque o substantivo quando ele não for necessário.**

➲ ● Prove uma coxinha.
○ Obrigado. Eu já comi uma ~~coxinha~~.

1. ● Que horror! Minha meia está rasgada. Você pode me emprestar uma meia?
2. ● Esses envelopes são pequenos. É melhor a gente usar os envelopes amarelos, os envelopes que estão ali em cima do armário.
3. ● Quer uma limonada?
○ Não, acabo de tomar uma limonada.
4. ● Me deram um relógio com alarme.
○ Ah, que bom. Eu tenho um relógio que tem cronômetro.
5. ● Qual dessas meninas é a sua irmã?
○ A menina de óculos, a menina alta, a menina que está em pé.
6. ● Tem umas blusas superbaratas no shopping.
○ É mesmo? Preciso de umas blusas para trabalhar.
7. ● Vocês pediram um café?
○ Dois: para mim um café puro e para ele um café com leite.

11 Os indivíduos abaixo são autores de livros. Complete as lacunas para descobrir quem eles são.

➲ Os que ...usam óculos... são o Ricky e o José Antonio.
1. O que é .... é o Ricky.
2. A de .... é a Ana Paula.
3. O de .... é o José Antonio.
4. O que .... é o Ricky.
5. O de .... é o José Antonio.
6. A que .... é a Ana Paula.
7. A .... é a Ana Paula.

usam óculos ✓
cabelo comprido
usa peruca
magro
mais charmosa
camiseta apertada
está fazendo ioga
cachecol azul

E Artigos antes de nomes de países, estados ou cidades: *O Brasil é lindo. / Adoro a Bahia. / O Rio de Janeiro é maravilhoso.*

- Os nomes de países, estados e cidades têm três possibilidades de combinação com determinantes: com artigo feminino, masculino e sem artigo.
  - *A Itália é linda!*
  - *Minha família sempre viaja para* ***o*** *Brasil nas férias.*
  - *Portugal tem uma cultura riquíssima.*

- Quando a palavra anterior ao nome do país ou da cidade exige preposição, o artigo sofre contração com as preposições ***a***, ***de*** e ***em***:
  - *Vou* ***à*** *Inglaterra no mês que vem.*
  - *Gostei muito* ***da*** *Espanha.*
  - *A família dele morou* ***no*** *Canadá por muitos anos.*

- Não existe uma regra clara para saber se um país, um estado ou uma cidade usa ou não artigo. Em geral, os nomes de países têm artigo e os nomes de cidades, não:

	Países...		***e suas capitais***
a	*África do Sul*	–	*Pretória*
a	*Alemanha*	–	*Berlim*
a	*Argélia*	–	*Argel*
a	*Argentina*	–	*Buenos Aires*
a	*Austrália*	–	*Camberra*
a	*Bolívia*	–	*La Paz*
o	*Brasil*	–	*Brasília*
o	*Canadá*	–	*Ottawa*
o	*Chile*	–	*Santiago*
a	*China*	–	*Pequim*
a	*Colômbia*	–	*Bogotá*
a	*Coreia do Sul*	–	*Seul*
o	*Egito*	*o*	*Cairo*
a	*Espanha*	–	*Madrid*
os	*Estados Unidos*	–	*Washington*
a	*França*	–	*Paris*
a	*Grécia*	–	*Atenas*
a	*Guiné-Bissau*	–	*Bissau*
a	*Índia*	–	*Nova Deli*

	Países...		***e suas capitais***
a	*Inglaterra*	–	*Londres*
o	*Irã*	–	*Teerã*
o	*Iraque*	–	*Bagdá*
a	*Itália*	–	*Roma*
o	*Japão*	–	*Tóquio*
o	*México*	*a*	*Cidade do México*
a	*Rússia*	–	*Moscou*
o	*Timor-Leste*	–	*Díli*
a	*Turquia*	–	*Ancara*
–	*Angola*	–	*Luanda*
–	*Cabo Verde*	–	*Praia*
–	*Cuba*	–	*Havana*
–	*Israel*	–	*Tel Aviv*
–	*Honduras*	–	*Tegucigalpa*
–	*Moçambique*	–	*Maputo*
–	*Porto Rico*	–	*San Juan*
–	*Portugal*	–	*Lisboa*
–	*São Tomé e Príncipe*	–	*São Tomé*

Outras cidades importantes

– *Nova York, nos Estados Unidos*	*o Porto, em Portugal*
– *Los Angeles, nos Estados Unidos*	*o Rio de Janeiro, no Brasil*
– *Salvador da Bahia, no Brasil*	*a Cidade do Cabo, na África do Sul*

- Os estados também podem ter ou não artigo.

Uso de artigo com estados brasileiros

o	*Acre*	*o*	*Pará*
–	*Alagoas*	*a*	*Paraíba*
o	*Amapá*	*o*	*Paraná*
o	*Amazonas*	–	*Pernambuco*
a	*Bahia*	*o*	*Piauí*
o	*Ceará*	*o*	*Rio de Janeiro*
o	*Distrito Federal*	*o*	*Rio Grande do Sul*
o	*Espírito Santo*	–	*Rondônia*
–	*Goiás*	–	*Roraima*
o	*Maranhão*	–	*Santa Catarina*
–	*Mato Grosso*	–	*São Paulo*
–	*Mato Grosso do Sul*	–	*Sergipe*
–	*Minas Gerais*	*o*	*Tocantins*

12 Janaína e Felipe gostam muito de viajar pelo mundo através do projeto CouchSurfing. Veja abaixo a lista de amigos que eles conheceram e diga de que países eles são, dependendo das cidades em que esses novos amigos moram. Acrescente artigos e preposições, caso seja necessário.

Amigos	País: são de	Cidade: moram em
➲ Jerônimo e Piedade	de Portugal	no Porto
1. Juan e Lupe	....	.... Cidade .... México
2. Fritz e Greta	....	.... Berlim
3. Aaron e Este	....	.... Tel Aviv
4. Felizardo e Neusa	....	.... Luanda
5. Ramsés e Ísis	....	.... Cairo
6. Richard e Evelyn	....	.... Londres
7. Fidel e Arturo	....	.... Havana
8. Pierre e Michel	....	.... Paris
9. Natasha e Vladimir	....	.... Moscou
10. Giovanna e Alessandra	....	.... Roma

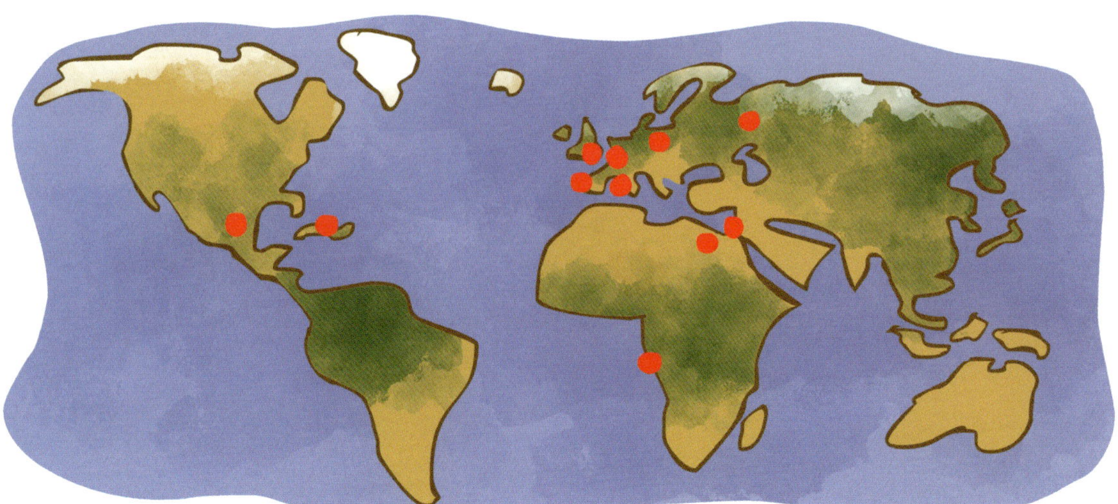

6. Demonstrativos: *este, esse, aquele*, etc.

A *Esse / aquele livro*

- Os demonstrativos podem ser masculinos, femininos ou neutros:

	SINGULAR		PLURAL	
MASCULINO	***esse*** *menino*	***aquele*** *carro*	***esses*** *meninos*	***aqueles*** *carros*
FEMININO	***essa*** *menina*	***aquela*** *casa*	***essas*** *meninas*	***aquelas*** *casas*
NEUTROS	*isso*	*aquilo*		

As formas de **masculino** e **feminino concordam em gênero e número com o substantivo** a que se referem.

- Os demonstrativos servem para assinalar coisas, identificando-as em relação a dois espaços diferentes:

Esse (e variações) indica que o objeto está no **espaço próximo à pessoa que fala** (*aqui*) **ou à pessoa com quem se fala** (*aí*).

Aquele (e variações) indica que o objeto **não** está no **espaço próximo às pessoas que estão falando** (*ali* – um pouco distante; *lá* – mais distante).

- O que você quer de presente: ***essa*** *bola*, ***esse*** *carrinho* ou ***aquele*** *robô*?

  [A pessoa disse ***essa*** e ***esse*** para mostrar uma bola e um carrinho que estão **aqui** (junto da pessoa que fala) ou **aí** (junto da pessoa com quem se fala) e ***aquele*** para mostrar um robô que está **lá** (distante das duas pessoas).]

- No discurso mais monitorado (principalmente escrito), além de ***esse*** e ***aquele*** (e suas respectivas variações), usa-se também ***este*** (***esta***, ***estes***, ***estas***). Nesse caso, ***este*** é usado para objetos próximos de quem fala, ***esse*** é usado para objetos próximos da pessoa com quem se fala e ***aquele*** se refere a objetos que estão distantes das duas pessoas. No discurso menos monitorado, ***este*** (e suas variações) não é usado.

1 **Maria José está com muita fome e foi jantar em um restaurante japonês. Ela já comeu o primeiro prato, mas quer comer mais. Complete as lacunas abaixo com o que ela disse. Use os pronomes demonstrativos na forma menos monitorada.**

➲ ......Esse...... atum está muito gostoso e (1) .... camarões estão deliciosos! (2) .... macarrão está fantástico e (3) .... molho de soja está perfeito!

Por favor, eu quero também (4) .... salmão, (5) .... truta, (6) .... sardinhas e (7) .... lulas.

Ah, por favor, já ia me esquecendo, mas quero também (8) .... raiz forte, (9) .... gengibre, (10) .... sushi e (11) .... sopa de missô.

2 **Relacione cada diálogo com uma imagem.**

➲ **Maria:** Essa camisa é muito bonita.
Ana: Sim, e **esse** sapato também é fofo.

1. **Maria**: Olha só, **essa** camisa é linda.
   Ana: Mas é meio cara, né? É melhor você comprar **esse** sapato.
   Maria: Sim, ou **essa** jaqueta marrom.
2. Ana: **Essa** camisa é linda, mas é caríssima.
   Maria: E **aquelas** jaquetas, o que você acha?
   Ana: Quais? As do fundo?
3. Ana: **Esses** sapatos são muito bonitos, não são?
   Maria: Sim, são lindos, mas gostei mais das camisas.
   Ana: **Essas** camisas? Vamos ver quanto custam.

A ➲......

B ......

C ......

D ......

3 **Observe o contexto em que cada uma das frases abaixo é dita e sublinhe o demonstrativo adequado.**

➲ [Luiz está lendo um livro.]	Luiz: Esse / **aquele** livro é fantástico. Você conhece?
1. [Luiz e Pedro estão na cozinha comendo um pedaço de torta.]	Luiz: Sua mãe fez **essas** / **aquelas** tortas? Que delícia!
2. [Pedro está tirando umas latas de refrigerante da geladeira. Luiz está sentado perto dele.]	Luiz: Não sei se **essas** / **aquelas** latas de refrigerante estão geladas.
3. [Luiz e Pedro estão viajando de carro. Um pouco à frente eles veem uma pequena floresta.]	Luiz: Que tal se formos até **essa** / **aquela** floresta de pinheiros?
4. [Luiz e Pedro estão andando. Luiz mostra uma mulher que está bem longe.]	Luiz: Olha só, Pedro, **essa** / **aquela** mulher é a Laura, a que teve trigêmeos.
5. [Pedro está segurando uns CDs na mão.]	Luiz: **Esses** / **aqueles** CDs me trazem más lembranças. Se você gostar, pode levar para você.

B Uso em relação ao tempo: *esse dia, aquele fim de semana*

- Os demonstrativos também servem para situar algo em relação ao tempo:

Esse, **essa**, **esses**, **essas** servem para referir-se ao presente e também ao passado ou futuro mais próximos:

- ***Esse*** *verão foi um desastre;* ***esse*** *mês está sendo meio conturbado, mas* ***esse*** *Natal eu vou a Florianópolis.*
- *De 1 a 8 de julho não vou trabalhar. Vou estar de férias* ***nessa*** *semana.* [A semana futura já identificada.]

➔ 44.D. *Em, entre*

Aquele, **aquela**, **aqueles**, **aquelas** marcam um passado distante:

- ***Aquela*** *semana foi a mais feliz de minha vida.* [Uma semana específica, distante no tempo.]
- ***Aquele*** *namorado que você tinha era muito estranho.* [Um namorado que você teve no passado.]

No discurso mais monitorado (principalmente escrito), ***este*** e suas variações são usados para fazer referência ao presente e ao futuro próximo.

4 Relacione cada frase com sua continuação.

➔ Há dez anos, eu vendi um Fusca ano 60. — e
1. Podemos ir depois de amanhã, se você quiser.
2. Nos conhecemos durante a Semana Santa de 1989.
3. Vou me casar dia 15 de fevereiro.
4. O outro professor de português era muito melhor que o de agora.
5. Voltei para casa no dia de Natal, depois de dois meses trabalhando no navio.

a. Espero que você esteja aqui nesse dia.
b. Naquele mesmo dia, soube que minha esposa estava grávida.
c. Me lembro porque naquela época estava fazendo muito calor.
d. Essa semana não tenho muito trabalho.
e. Aquele carro era fantástico, de verdade.
f. Eu adorava aquelas atividades criativas que ele preparava.

C *Esse, aquele,* etc.: *Vou comprar essa vermelha.*

- Quando está claro sobre o que estamos falando, os demonstrativos podem ser usados sem mencionar o substantivo a que se referem:

- *Estão lindas* ***essas*** *flores. Vou levar* ***essa*** *vermelha e* ***aquela*** *amarela.*
- ***Esse*** *copo está limpo, mas* ***esse****, não.*

- *Qual é sua sala?*
- ***Essa*** *da direita.*

- *Você se lembra da Raquel, aquela namorada antiga do Marcelo?*
- *Sim, claro,* ***aquela*** *que era linda e supereducada.*

5 A que se referem estes demonstrativos?

➔ **Aquelas** são mais bonitas.	jaqueta	óculos	(sandálias)	relógios
1. São **esses**?	amigo	pessoa	menina	livros
2. Vou ver **essa**.	calculadora	livros	lápis	plástico
3. **Aquele** era muito mais interessante.	mochila	romances	discos	rapaz
4. **Esse** está bom, obrigado.	tesoura	caderno	cadernos	bolsa
5. **Esses** são para você, e **esses** para mim.	relógio	cadeira	brincos	moedas

D Demonstrativos neutros: *Não fala isso. / O que é aquilo?*

■ Os demonstrativos neutros **são sempre singulares** e **nunca** se usam com substantivo:

	SINGULAR		PLURAL	
MASCULINO	*esse*	*aquele*	*esses*	*aqueles*
FEMININO	*essa*	*aquela*	*essas*	*aquelas*
NEUTRO	*isso*	*aquilo*		

■ Usamos as **formas neutras** dos pronomes demonstrativos quando queremos fazer referência a algo em relação ao espaço ***aqui***, ***ali*** ou ***lá***, mas:
1) não sabemos o nome dessa coisa,
2) o nome dessa coisa não faz diferença ou
3) não falamos de um objeto concreto, mas de um fato, uma situação, daquilo que alguém disse, etc.

NÃO SABEMOS O NOME DO OBJETO

- *Você quer uma "spoon"? Como se chama **isso** em português?* [O falante não sabe o nome desse objeto.]
- *Você viu **isso**? Parecia um morcego, né?* [O falante não sabe exatamente o que é essa coisa.]

[O falante não sabe o que há dentro da caixa de presente, por isso não pode falar o nome desse objeto usando um substantivo.]

O NOME DO OBJETO NÃO FAZ DIFERENÇA

- *Tenho que ir embora agora. Você pode recolher **isso** tudo?* [Todas as coisas que precisam ser recolhidas.]
- *Olha só, **isso** você põe em cima do armário, **isso** dentro da gaveta e **aquilo** no outro quarto.* [Três coisas que apontamos com o dedo.]

NÃO É UM OBJETO CONCRETO

- *Não te entendo. Te pedi perdão e você continua sem falar comigo.* [O fato de pedir perdão.]
- ○ *É que **isso** não é suficiente.*
- *Durante nossa briga ela disse que não gostava mais de mim. **Aquilo** me magoou muito.* [Que ela tenha dito que não gostava mais de mim.]
- *Acho que vou sair desse trabalho.* [Que vai sair do trabalho.]
- ○ *Por que você está dizendo **isso**?*

👁 **Não usamos** formas neutras para falar de **pessoas**. Nesses casos, usamos as formas masculinas ou femininas:

- *Quem é **esse** do seu lado nessa foto?* [*Quem é ~~isso~~?*]
- ○ ***Esse** é meu pai.* [*~~Isso~~ é meu pai.*]

6 **Marcelo perdeu a memória e agora está com muitos problemas para reconhecer os objetos que estão ao seu redor. Para ajudá-lo nisso, complete as lacunas abaixo com demonstrativos adequados.**

Estão AQUI ou AÍ

- O que é ➲ ...isso... que está aí perto de você?
- São guardanapos.
- E o que é (1) .... aí que é tão estranho?
- São garfos e facas e (2) .... que está lá são colheres. Você não se lembra?

Estão ALI

- O que é (3) .... que está se mexendo ali?
- Não se preocupe. São as cortinas.
- E (4) .... com tanto pelo que está ali?
- É um tapete. E (5) .... ali perto da sua cabeça?
- É um quadro. Nós compramos há anos.

Estão LÁ

- E (6) .... lá? Parecem monstros!
- Monstros? São as sombras das plantas do jardim.
- E (7) .... tão peludo lá no fundo? São cortinas também?
- Não, Marcelo.... São seus cachorros, Caim e Abel.

7 **Um turista acaba de chegar a Manaus. Complete a conversa entre o turista (T) e um brasileiro (B) com a informação do quadro abaixo.**

➲ T: (*Ele está com uma fruta desconhecida na mão.*) — a
B: Açaí. É uma fruta muito comum por aqui.

1. T: (*Ele mostra um edifício que está bem longe.*)
   B: É o Teatro Amazonas. Foi construído no século XIX.
2. T: (*Ele está em um bar e está gostando muito da música e das pessoas.*)
   B: Sim, é muito bom. É o bar que está na moda agora.
3. B: O que você vai querer?
   T: (*Ele mostra uma bebida que algumas pessoas estão tomando.*)
4. T: Eu não estou acostumado a dormir tão tarde.
   B: (*Ele comenta algo sobre esse costume no Brasil.*)
5. T: (*Ele dá um presente ao seu acompanhante brasileiro.*)
   B: Muito obrigado, mas você não precisava se preocupar.
6. T: Tenho 30 reais.
   B: (*Ele explica para que esse dinheiro pode ser usado.*)

a. Como se chama isso?
b. Com isso você pode pagar o táxi.
c. Aqui isso é muito normal.
d. Olha, isso aqui é para você.
e. O que é aquilo lá?
f. Isso aqui é fantástico!
g. Eu quero aquilo que aquelas meninas estão bebendo.

Classifique as respostas acima. Qual das possibilidades seguintes é a mais provável em cada caso?

Não sabe o nome	....
	....
O nome do objeto não faz diferença	....
	....
Não é um objeto	....
	....

8 **Júlio e Jorge acabam de mudar para uma nova casa. Tudo está uma bagunça. Eles não sabem o que tem dentro de cada caixa, , mas estão tentando colocar tudo em ordem. Complete os diálogos abaixo com pronomes demonstrativos.**

● Onde ponho
➲ ..isso.. ?

○ Ponha (1) .... na cozinha. Acho que é a batedeira.

● E (2) ....
que está ali?

○ (3) .... você pode deixar no quarto.

○ E onde pomos (4) ....
aí? Lá no fundo?

● Não sei... Parece que é a luminária que sua mãe deu de presente.

○ Nossa, que coisa horrível! Você acha que devemos guardar na garagem?

○ Olha, e (5) ....
que está ali, o que é?

● Não tenho a menor ideia. Depois decidimos o que fazer.

9 **Em cada item abaixo sublinhe a opção mais adequada. Em algumas frases é possível usar as duas formas.**

➲ ● Quem é esse rapaz / isso?
○ O noivo da Fernanda.

1. ● O que é **aquele pássaro** / **aquilo**?
○ Não sei, parece um pássaro.
2. ● Laura disse que não quer saber de você.
○ **Essa menina** / **Isso** não faz a menor diferença.
3. ● Por que você não enviou **essa carta** / **isso**?
○ Porque não pude terminar.
4. ● Você quer comer agora?
○ Sim, mas só uma maçã. Me dá **essa** / **isso**.
5. ● Em que **esse senhor** / **isso** trabalha?
○ Ouvi falar que ele é professor universitário.
6. ● O que você está fazendo deitado no sofá?
○ Estou pensando sobre **aquela menina** / **aquilo** que conheci ontem.
7. ● Onde posso colocar **esse móvel** / **isso**?
○ No corredor, porque aqui atrapalha a passagem.
8. ● **Esse** / **isso** de barba é seu irmão?
○ Não, meu irmão é o de chapéu.

7. Possessivos: *meu, teu, seu, nosso*, etc.

A Possessivos antes do substantivo: *meu amigo, minha amiga*, etc.

- Quando os pronomes possessivos se referem a ***eu***, ***tu***, ***você*** ou ***nós***, existem palavras específicas para designá-los. Essas palavras concordam em gênero e número com o substantivo (coisa que se possui):

	Uma coisa possuída	Duas ou mais coisas possuídas
Eu	***meu*** *livro* / ***minha*** *casa*	***meus*** *livros* / ***minhas*** *casas*
Tu	***teu*** *livro* / ***tua*** *casa*	***teus*** *livros* / ***tuas*** *casas*
Você	***seu*** *livro* / ***sua*** *casa*	***seus*** *livros* / ***suas*** *casas*
Nós	***nosso*** *livro* / ***nossa*** *casa*	***nossos*** *livros* / ***nossas*** *casas*

- Os pronomes possessivos que se referem a ***eu***, ***tu***, ***você*** ou ***nós*** são usados antes do substantivo a que se referem:
    - ***Minha*** *boneca é rosa e* ***meu*** *carrinho é azul.*

- No discurso menos monitorado, as formas de possessivos para ***tu*** e ***você*** são usadas intercambiavelmente:
    - *Carla,* ***você*** *já vendeu o* ***teu*** *computador?*
    - *Ainda não. E* ***tu****, já vendeu o* ***seu****?*

B Possessivos depois do substantivo: *o livro da gente, a casa dela*, etc.

- Quando os pronomes possessivos se referem a ***a gente***, ***vocês***, ***ele(a)***, ***eles(as)***, eles mudam de acordo com a pessoa que possui a coisa. Com ***a gente***, ***ele(s)*** e ***ela(s)***, usa-se a contração da preposição de com o sujeito: ***da gente***, ***dele(s)***, ***dela(s)***. Como esses pronomes se referem ao possuidor e não à coisa, eles não concordam em gênero ou número com o substantivo (coisa). A concordância é feita de acordo com o sujeito a que se referem:

➔ 13.B. *Nós* vs. *a gente*

	Uma coisa possuída	Duas ou mais coisas possuídas
A gente	*o livro* ***da gente*** / *a casa* ***da gente***	*os livros* ***da gente*** / *as casas* ***da gente***
Vocês	*o livro* ***de vocês*** / *a casa* ***de vocês***	*os livros* ***de vocês*** / *as casas* ***de vocês***
Ele/Ela	*o livro* ***dele(a)*** / *a casa* ***dele(a)***	*os livros* ***dele(a)*** / *as casas* ***dele(a)***
Eles/Elas	*o livro* ***deles(as)*** / *a casa* ***deles(as)***	*os livros* ***deles(as)*** / *as casas* ***deles(as)***

- Os pronomes possessivos para ***a gente***, ***vocês***, ***ele(a) eles(as)*** são colocados depois do substantivo a que se referem:
    - *Você viu como a Carina estava vestida? Gostei muito da blusa e do sapato* ***dela****.*
    - *Você viu que Sara e Laura estavam com o mesmo vestido? O vestido* ***delas*** *era lindo.*

- Quando não houver ambiguidade, no discurso mais monitorado e quando não houver ambiguidade, o pronome possessivo ***seu*** (e variações) também pode ser usado para a 3ª pessoa do singular e plural:
    - *Maria estava feliz porque Thiago e Luís,* ***seus*** *melhores amigos, estavam com ela naquele momento tão importante da sua vida.*

1 Aqui há uma seleção de anúncios com ofertas especiais para o verão. Complete-os com os possessivos adequados.

1

2

3

4

5

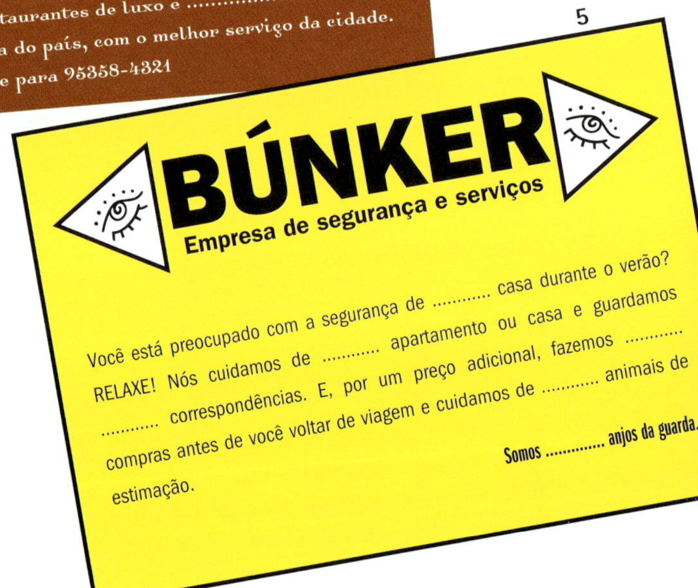

2 Bia e Fred estão se separando e dividindo as coisas que tinham. Observe os diálogos e complete as lacunas com os pronomes possessivos adequados.

Bia: Você pode ficar com o aparelho de som, mas eu, obviamente, vou levar ➔ meus .... CDs e (1) .... livros.

Fred: Perfeito! Fique com (2) .... CDs e com (3) .... livros, mas o forno da cozinha é meu.

Bia: De jeito nenhum! Esse forno é (4) .... O seu está com sua irmã, não se lembra?

Fred: A máquina de lavar louça é minha e a máquina de lavar roupa também!

Bia: Para mim tanto faz! Fique com (5) .... máquina de lavar louça e (6) .... máquina de lavar roupa, mas nos (7) .... quadros e no (8) .... sofá, você nem encosta.

Fred: Tudo bem! Leve (9) .... sofá e esses quadros horríveis. E, antes que eu me esqueça, leve também o abridor de garrafas da (10) .... mãe e a sombrinha da (11) .... prima Jurema. Eu fico com o resto.

3 **Thiago, Carina, Diego e Tânia são amigos e acabaram de entrar na universidade. Thiago e Carina estão jantando juntos e falando sobre o primeiro dia de aulas. Preencha as lacunas com os pronomes possessivos adequados depois do substantivo.**

Carina: Oi, gente, tudo bem? Como foram ➲ as aulas de vocês ...?

Thiago: Tânia e eu estamos fazendo o curso de Cálculo juntos e a professora (1) .... é ótima. A Tânia me disse que vocês duas vão dividir um quarto.

Carina: Pois é, estamos morando no mesmo quarto. O dormitório (2) .... fica perto da sala de Cálculo. Diego e eu estamos fazendo Cálculo também, mas com a professora Pereira.

Thiago: Nossa, essa professora (3) .... é muito ruim! Eu fiz com ela ano passado e desisti.

Carina: Eu perguntei a dois colegas, mas eles disseram que o professor (4) .... era ainda pior!

Thiago: Pois é. Às vezes é difícil conseguir um bom professor. Minha amiga Lúcia me disse que a professora de Cálculo (5) .... é muito boa, mas eu não sei o nome (6) ....

Carina: E língua estrangeira? Qual você está fazendo?

Thiago: Eu estou estudando espanhol. E você e Tânia, quais são as aulas (7) .... ?

Carina: Eu estou estudando francês. Tânia está estudando inglês, mas ela não gosta do horário da aula (8) ....

C Possessivos para *eu, tu, você* e *nós* depois do substantivo: *um amigo meu, uma amiga nossa,* etc.

	Singular Masculino	Singular Feminino	Plural Masculino	Plural Feminino
Eu	*um amigo **meu***	*uma amiga **minha***	*uns amigos **meus***	*umas amigas **minhas***
Tu	*esse livro **teu***	*aquela camisa **tua***	*esses livros **teus***	*aquelas camisas **tuas***
Você	*esse livro **seu***	*aquela camisa **sua***	*esses livros **seus***	*aquelas camisas **suas***
Nós	*aquele carro **nosso***	*aquela casa **nossa***	*esses carros **nossos***	*aquelas casas **nossas***

- Os possessivos que aparecem depois do substantivo **concordam em gênero e número com o substantivo** e são usados do mesmo modo quando aparecem antes do substantivo:

  - *Trouxe uns quadros **meus** que comprei em São Paulo.* [Trouxe ***meus*** quadros que comprei em São Paulo.]
  - *Aqueles livros **seus** estão em cima da mesa.* [***Seus*** livros estão em cima da mesa.]
  - *Essa calculadora **sua** não funciona.* [***Sua*** calculadora não funciona.]

- No discurso menos monitorado, os pronomes possessivos para ***tu*** e ***você*** também são usados intercambiavelmente quando vêm depois do substantivo:

  - *Patrícia, **você** viu aquela saia minha? Eu só estou encontrando essa saia azul **tua**.*

4 **Relacione os enunciados e complete com os pronomes possessivos adequados.**

➲ Estou saindo com um rapaz muito bonito. —— a.
1. Seu marido gosta muito de Marisa Monte, não é?
2. A gente tem um amigo que entende muito de computador.
3. Aurélio nunca se esquece de devolver as coisas.
4. O que Francisco te deu de presente de casamento?
5. Na minha casa, organizamos uma ceia para mais de vinte pessoas no Natal.

a. Que ótimo! Você tem alguma foto dele ?
b. E os convidados são todos amigos .... ?
c. Eu sei, mas ele ainda está com alguns livros .... que emprestei para ele no ano passado.
d. Vários quadros .... São lindos. Ele tem muito talento para pintura.
e. Sério? Por que você não pede a esse amigo .... para vir nos ajudar?
f. Gosta, sim, ele tem um monte de discos ....

5 **Sua professora de português pediu para você corrigir este exercício do seu colega de sala.**

➲ Estou muito feliz! Colocaram um quadro de mim no Museu do Banco do Brasil no Rio de Janeiro.
1. Peguei uns livros seu emprestados.
2. Esse é o carro de você? Não gostei, meu amor, prefiro um conversível.
3. Posso saber o que o sapato de você está fazendo no carro de Fernando?
4. Imagine como estamos contentes por ter um livro de nós nas livrarias.

➲ um quadro meu
1. ....
2. ....
3. ....
4. ....

D *Meu amigo é do Brasil. E o seu?*

■ Com ***meu***, ***seu***, ***sua*** indicamos que um objeto (ou vários) faz parte do conjunto de coisas relacionadas a algo ou alguém:

- ***Meus*** *professores falam chinês.*
- ***Seu*** *livro ganhou o prêmio, mas* ***meu*** *livro nem foi mencionado.*
- *Encontrei* ***suas*** *fotografias da última viagem ao nordeste.*

■ Com ***meu***, ***seu*** (e variações) precedidos de artigos (***o***, ***a*** e variações) falamos sobre objetos identificáveis entre todos os demais por causa de sua relação com algo ou alguém. Não há outros objetos nessa categoria ou esse é o único objeto de que estamos falando. Nesse caso, o substantivo pode ser omitido ou não.

- ***Seus*** *professores falam japonês e* ***os meus*** *falam chinês.*
  [Seus professores falam japonês e os meus professores falam chinês.]
- ***Seu*** *livro ganhou o prêmio, mas* ***o meu*** *nem foi mencionado.*
  [Seu livro ganhou o prêmio, mas o meu livro nem foi mencionado.]
- *Encontrei* ***suas*** *fotografias da última viagem ao Nordeste, mas* ***as minhas*** *desapareceram mesmo.*
  [Encontrei suas fotografias da última viagem ao Nordeste, mas as minhas fotografias desapareceram mesmo.]

6 **Transforme as orações abaixo para não repetir o substantivo.**

➲ Sua filha se dá muito bem com minha filha. Elas sempre se divertem muito juntas.
Sua filha se dá muito bem com a minha...

1. Gosto mais da sua dentista que da nossa dentista. Ela é mais competente e melhor.
   ....
2. O meu celular está sem bateria. Você pode me emprestar seu celular?
   ....
3. Essas são minhas toalhas. Suas toalhas estão no armário.
   ....
4. Aquela é a minha chave. A sua chave está na porta da entrada.
   ....
5. Meu salário é muito mais alto que o salário deles. E eu trabalho muito menos.
   ....
6. Ele tem uma letra de mão muito difícil de se ler, mas a letra da gente é linda.
   ....
7. Entre a bicicleta do André e a bicicleta dela, prefiro a do André.
   ....
8. Temos o mesmo carro, mas seu carro tem ar condicionado.
   ....
9. Nunca te disse antes, mas prefiro seu café ao meu café.
   ....

8. Indefinidos: *todos, algum, alguém, nada, outro,* etc.

A *Algum aluno, nenhuma casa, todo dia, etc.*

■ Estes indefinidos são usados para designar **objetos selecionados a partir de um conjunto**. Sempre se referem a um substantivo que expressa o **tipo** de pessoa ou de coisa sobre a qual falamos:

Algum/-a/-ns/-as

Algum: um ou vários objetos de um conjunto, sem especificar quais nem quantos.

- *Eles deixaram **alguns** bombons para nós.*
- *Vocês comeram **algum** bombom ?*

Nenhum/-a

Nenhum: nada (ø) de um conjunto.

- *Não, eles não comeram **nenhum** bombom.*
- *Eles não abriram **nenhum** bombom.*

Todos/-as

Todos: o conjunto completo.

- *Eles comeram **todos** os bombons.*
- *Eles abriram **todos** os bombons.*

Desde que o objeto a que nos referimos esteja claro, é possível omitir o substantivo que acompanha esses indefinidos:

- *Eles deixaram alguns bombons para nós?*
- *Não, não deixaram **nenhum**.*

- *Você quer algum bombom?*
- *Sim, pode me trazer **alguns**.*

- *Você já comeu todos os bombons?*
- *Não sabia que você ainda queria, então comi **todos**.*

■ Estas formas **concordam** em gênero e número com o substantivo a que se referem:

***Algum** livro*
***Alguma** camisa*
***Alguns** livros*
***Algumas** camisas*

***Nenhum** livro*
***Nenhuma** camisa*
Nenhum* e *nenhuma* não têm plural.

***Todos** os livros*
***Todas** as camisas*

Algum e ***nenhum*** e suas variantes são usados sem substantivo e com a preposição ***de*** quando mencionamos o conjunto do qual selecionamos objetos:

- ***Algumas** das perguntas que fizeram foram bem difíceis.*
- ***Nenhum** dos aplicativos do telefone dela é de mapas.*

1 **A partir do exemplo abaixo, adivinhe as respostas destes três participantes de um concurso de memória da televisão. Preste atenção ao gênero e ao número das palavras.**

➲ ... dos filmes que viu quando era pequeno?
Lembro de alguns . | Não, não lembro de nenhum . | Sim, lembro de todos .

➲ ... das viagens que fazia quando era criança?
Lembro de algumas . | Não, não lembro de nenhuma . | Sim, lembro de todas .

1. ... das suas primeiras palavras?
Sim, lembro de .... | Não, não lembro de .... | Quase ....
2. ... dos óculos de sol que você já teve?
Só lembro de .... | Mmmm, não lembro de .... | Lembro de ....
3. ... dos seus colegas da escola?
Acho que lembro de .... | Não, não lembro de .... | Sim, de ....
4. ... seus professores do jardim de infância?
Sim, lembro de .... | Não, não lembro de .... | Claro, lembro de ....
5. ... as marcas de carro que você já teve?
Lembro de .... | Quase .... | Não lembro de ....
6. ... os discos que te deram de presente?
Bom, lembro de .... | Discos? .... | Acho que lembro de ....
7. ... os títulos dos livros que você leu?
Só lembro de .... | Não, não lembro de .... | Sim, lembro de ....
8. ... as músicas de sucesso da década de 90?
Lembro de .... | Infelizmente não, não lembro de .... | Acho que lembro de ....

2 **Complete as lacunas abaixo com a forma adequada de determinante indefinido apropriado para cada um dos exemplos: *algum, nenhum, todo,* etc.**

➲ Você tem algum dia livre semana que vem?
1. Não entendo .... coisas desse livro. Você poderia me ajudar?
2. .... jovens são muito responsáveis, mas são poucos.
3. Você pode levar .... os dicionários. Não vou usar ....
4. Não gosto de torta nem de bolo. Na verdade, não gosto de .... tipo de sobremesa.
5. O que aconteceu? Você está com .... problema?
6. Põe tudo na geladeira. .... comida congelada pode ficar fora da geladeira por muito tempo.
7. Luiza gosta de .... dos romances de Pedro Comedovai.
8. Se você precisar de .... roupa para a festa, eu posso te emprestar. É só pedir!
9. Você conhece .... lojas de roupa barata para me recomendar?

3 **Fátima foi a uma reunião de ex-alunos da universidade. Complete as lacunas abaixo com *todos, todas, alguns, algumas, nenhum, nenhuma*.**

➲ ..*Todos*.... , sem exceção, parecem e estão mais velhos. O tempo voa! (1) .... ficaram completamente carecas, mas Fernando Vila continua com aquele cabelo comprido impressionante; (2) .... mulheres estão mais gordas, mas Ana Maria e Paula Fernandes continuam pesando cinquenta e cinco quilos! Como elas conseguem manter aquele corpo? (3) .... fez cirurgia plástica, pelo menos é o que dizem. Tem (4) .... que estão grávidas. A verdade é que (5) .... as mulheres do grupo continuam lindas. (6) .... se divorciaram. O João Paulo e o Gustavo Henrique até levaram as novas esposas. É curioso, mas (7) .... ex-aluno dessa turma mora fora do Brasil. (8) .... agora moram em outros estados. (9) .... as mulheres, sem exceção, trabalham muito. Por outro lado, (10) .... dos homens estão trabalhando, mas outros estão desempregados.

B *Alguém, ninguém; algo, nada; tudo*

■ Estes quantificadores indefinidos servem para falar de **pessoas** (*alguém, ninguém*) ou **coisas** (*algo, nada, tudo*) **sem especificar de que pessoa ou coisa falamos**:

Alguém	Ninguém	Algo	Nada	Tudo
[alguma pessoa]	[nenhuma pessoa]	[alguma coisa]	[nenhuma coisa]	[todas as coisas]

Estou vendo **alguém**.

Não estou vendo **ninguém**.

Estou vendo **algo**.

Não estou vendo **nada**.

Estou vendo **tudo**.

■ ***Alguém***, ***ninguém***, ***algo***, ***nada*** e ***tudo*** são invariáveis e a concordância se faz **sempre no masculino singular**:

- *Tem **alguém** acordad<u>o</u>?*

  [Podemos estar falando de um homem, uma mulher, vários homens ou várias mulheres.]

- *Você estava com **algo** vermelh<u>o</u> na mão.*

  [Podemos estar falando de um brinquedo, de uma bola, de várias maçãs, de várias canetas, etc.]

- *Gosto muito desse livro de português. Os autores fizeram **tudo** muito clar<u>o</u>.*

  [Podemos estar falando do texto, das explicações, dos exemplos, etc.]

👁 O uso de ***algo*** não é muito comum no português brasileiro. É mais natural dizer ***alguma coisa.***

4 **Complete as lacunas abaixo com o adjetivo mais adequado flexionado no gênero apropriado.**

➲ É verdade que essa casa não é tão linda, mas **nada** é ..*perfeito*...... .

1. **Uma pessoa** .... é alguém que não gosta de trabalhar muito.
2. **Alguma coisa** tão .... não pode ser de boa qualidade.
3. À noite, no céu e na Terra está **tudo** ....
4. Para atrair a atenção de um touro, é preciso ter **algo** .... nas mãos.
5. Acho que **nada** é mais .... que a velocidade da luz. Talvez só o raio laser.

rápido/-a
vermelho/-a
barato/-a
preguiçoso/-a
perfeito/-a ✓
escuro/-a

5 **Este é um fragmento do roteiro de um filme policial. Complete as lacunas com as formas *alguém, ninguém, alguma coisa, nada* ou *tudo*.**

➲ *Alguém* põe, com muito cuidado, (1) .... na bolsa da agente 069, Laura Larápia. (2) .... percebe: nem seu companheiro, o agente Cortado, nem seu ajudante. Quando a agente abre a bolsa, percebe que dentro tem (3) .... muito estranha, mas não diz (4) .... , porque Cortado sempre quer saber (5) .... o que ela faz. A agente fecha a bolsa e vai para o carro. Lá, ela abre a bolsa, mas não tem (6) .... dentro. O pacote desapareceu. Laura fica muito nervosa e, de repente, vê que no banco de trás tem (7) .... É o conhecido Verloqui, um ajudante do mafioso Pacone.

● Você está procurando (8) .... , princesa?

❍ Não, não estou procurando (9) ....

● Tenho uma mensagem do meu chefe para você. Ele disse que tem uma coisa para te contar. Você deve ir à casa dele hoje à tarde, mas sozinha; (10) .... pode ir com você.

❍ E por que tenho que ir até lá? Pacone é um mafioso e não tenho (11) .... para falar com ele.

● Mas Pacone sabe de alguns segredos. Ele tem informações sobre (12) .... que te interessa muito. É sobre uma pessoa que você está procurando. Às cinco e meia na casa dele, sozinha, sem (13) .... , entendeu?

❍ Entendi, sim.

● Tenho uma coisa para você. Pegue isso.

Verloqui dá uma coisa a Laura. É o pacote que antes estava dentro de sua bolsa e tinha desaparecido.

6 **Complete as lacunas abaixo com uma das formas indicadas no quadro a seguir.**

alguém	ninguém	alguma coisa	nada	nenhum	nenhuma	algum	alguma	alguns	algumas

➲ ● Preciso de um lápis. Você tem *algum* para me emprestar?
❍ Puxa vida. Não tenho *nenhum* aqui.

1. ● Você sabe se .... sabe do nosso romance? Tenho medo que descubram.
❍ Não, fique tranquilo. Quase .... sabe, só nossos amigos mais próximos.
● .... pode contar .... para nossa família, não acha?

2. ● Você tem .... remédio para dor de cabeça?
❍ Acho que tenho .... coisa. Sim, eu tenho aspirina.
● Só aspirina?
❍ Sim, melhor aspirina que .... , não é verdade?

3. ● Tem .... para comer enquanto faço esse trabalho? Azeitonas, talvez?
❍ Acho que tem, sim. Tem .... na geladeira. Você pode abrir e pegar.

4. ● Aquele biscoito estava delicioso. Sobrou .... ?
❍ Acho que não. Olhei na cozinha mais cedo e acho que não sobrou ....

5. ● .... ligou para mim?
❍ Sim.
● Quem era?
❍ A pessoa não quis falar quem era. Acho que era .... amigo seu da escola. Ele foi muito grosso.

6. ● Essa sopa está estranha. Será que ela precisa de mais .... tempero? Tem tomate na geladeira?
❍ Não, não tem ....
● Sério? .... ? E cebola?
❍ Nem tomate nem cebola. Não tenho mais .... na geladeira.

7. ● Oi, estava procurando .... chique para uma festa.
❍ Temos umas saias lindas e uns vestidos superelegantes.
● Você pode me mostrar .... barata?
❍ Infelizmente não temos .... vestido barato. Mas tenho .... saias por um bom preço.

8. ● Você acha mesmo que seus colegas têm inveja de você?
❍ .... , sim. Principalmente o gerente.
● Mas você fez .... errada para magoá-los?
❍ Eu não fiz .... Bom, a .... deles, sim, acho que fiz .... ruim uma vez. Mas foi porque eles mereciam.

C Dupla negativa: *Não tem nenhum. / não tem ninguém. / não tem nada.*

- As formas negativas ***ninguém***, ***nada*** ou ***nenhum/-a*** podem ser colocadas **antes** ou **depois do verbo. Quando são usadas depois**, é necessário expressar a **negação antes do verbo**:

Pronomes antes do verbo	Pronomes depois do verbo (a negação vem antes)	Incorretas
Nenhum *problema pode ser tão grave.*	***Não*** *existe* ***nenhum*** *problema tão grave.*	[~~Existe nenhum problema tão grave.~~]
Nada *é perfeito.*	***Não*** *há* ***nada*** *que seja perfeito.*	[~~Há nada que seja perfeito.~~]
Ninguém *me ama.*	***Não*** *tem* ***ninguém*** *que me ame.*	[~~Tem ninguém que me ame.~~]

- A negação é expressa sempre antes do verbo. ***Não*** e outras palavras de sentido negativo podem ser usadas para isso:

Não, nem, também não	• ***Nenhum*** *amigo me telefonou no dia do meu aniversário.* ***Nem*** *me deram* ***nenhum*** *presente. Eu* ***também não*** *vou dar* ***nada*** *para ninguém no dia do aniversário deles.*
Nunca, nunca mais	• *Eu* ***nunca*** *tive problemas com* ***nenhuma*** *outra namorada, só com você.* • ***Não*** *telefone para mim* ***nunca mais.***
Ninguém, nada	• ***Ninguém*** *disse* ***nada*** *ruim sobre você.* • *Tinha muita comida na festa, mas* ***ninguém*** *gostou de* ***nada.***
Nenhum/-a	• ***Nenhum*** *aluno chegou atrasado.* • *Você* ***nunca*** *deve deixar* ***nenhuma*** *janela aberta.* • ***Não*** *gosto de* ***nenhum*** *tipo de vestido.*

7 Nos itens abaixo, identifique e corrija os quatro enunciados errados porque precisam de dupla negação. Siga o exemplo.

➲ Eu estava esperando uma visita, mas veio **ninguém**. *não veio ninguém*
Se você não disser nada, **nenhum** deles vai descobrir o que fizemos. ✓

1. **Ninguém** se importa com meus problemas. ....
2. Bom, eu esperava sua ajuda, mas, se você não pode, tem problema **nenhum**. ....
3. Liguei para Ana, José e Ricardo, mas **ninguém** atendeu. ....
4. Dizem que Rosa e aquele rapaz se beijaram, mas eu vi **nada**. ....
5. Ela tem quatro gatos, mas quer me dar **nenhum**. ....
6. Não tenho dúvidas de que ele é seu filho, mas vai se parecer **nada** com você. ....

D *Outro, outra, outros, outras*

- ***Outro/-a/-os/-as*** se referem a um ou a vários objetos distintos, mas pertencentes à mesma categoria:

- *Você sabe se tem **outra** <u>livraria</u> nesse bairro? Aqui eu não encontrei o livro que eu queria.*
  [A pessoa está pedindo informação sobre uma livraria diferente da livraria em que ela se encontra.]
- *Você trocou de carro? Acho que eu gostava mais do **outro.***
  [O carro anterior, diferente do carro em que a pessoa está ou tem agora.]

- O indefinido ***outro*** (e suas variações) sempre concorda em gênero e número com o substantivo a que se refere:

  - *Tenho que encontrar **outro** <u>trabalho</u> melhor.*
  - *Vocês não têm **outros** <u>vestidos</u> mais baratos?*
  - *Ela merece **outra** <u>oportunidade</u>.*
  - *Precisamos comprar **outras** <u>bolsas</u> porque aquelas que estávamos usando rasgaram.*

- Quando o substantivo está claro, não é necessário repeti-lo:

  - *Eu não moro mais nesse <u>prédio</u>. Agora moro em **outro**.*
  - *A família dela tem uma <u>casa</u> na praia e **outra** nas montanhas.*

- ***Outro/-a/-os/-as*** podem ser usados com outros determinantes (demonstrativos, possessivos, artigos definidos e indefinidos):

  - *Hoje já ligaram <u>umas</u> **outras** pessoas para ver o apartamento.*
  - *Há duas possibilidades: uma é ficarmos em casa e <u>a</u> **outra** é sairmos para dançar.*
  - *Esse guarda-chuva é bonito, mas prefiro <u>aquele</u> **outro**.*
  - *Seu amigo mais velho é muito educado, mas <u>seus</u> **outros** amigos, não.*

Os numerais cardinais (***dois***, ***três***, etc.) podem ser colocados **antes ou depois de *outros*** (e variações):

- *Tenho <u>dois</u> **outros** livros para você ler.*
- *Tenho **outros** <u>dois</u> livros para você ler.*
- *Meus <u>quatro</u> **outros** amigos também vêm para meu aniversário.*
- ***Outros** <u>quatro</u> amigos meus também vêm para o meu aniversário.*

8 **Luciana Silva é uma compradora muito exigente. Relacione os enunciados abaixo e complete as lacunas com *outro, outra, outros, outras*. Sublinhe o substantivo a que essas palavras se referem.**

➲ Essas jaquetas são muito bonitas, mas — ➲ você não tem outras. mais baratas? Não quero gastar muito.

1. Olha só que anel mais lindo, mas é um pouco simples,
2. Gostei muito dessa pulseira de ouro, mas
3. Essas botas são maravilhosas, mas
4. Que jaquetas divinas! Mas

a. você não tem .... mais escuras?
b. você não tem .... com mais pedras preciosas? Preciso ir bem chique para uma festa.
c. eu vi .... com o salto mais alto? Você pode buscar?
d. você não tem .... maior e mais sofisticado?

9 **As grandes lojas Mona estão em oferta: a cada coisa que você compra, você ganha várias outras. Complete o anúncio com o que falta. O número entre parênteses representa a quantidade de itens que você vai ganhar. Preste atenção ao número entre parênteses.**

➲ Na compra de um perfume feminino, te damos (I) outro e na compra de dois perfumes masculinos, você ganha (III) outros três .

1. Na compra de um par de meias, nós te damos (I) ....
2. Na compra de três livros, nós te damos (II) ....
3. Na compra de um jogo de cama, nós te damos (I) ....
4. Na compra de duas colchas, nós te damos (II) ....
5. Na compra de um barbeador elétrico, nós te damos (I) ....
6. Na compra de uma calculadora, nós te damos (II) .... Assim você poderá descobrir tudo o que você economizou.

10 **Verônica e Tarcísio são irmãos. Tarcísio se mudou de casa. Verônica está escrevendo um e-mail para ele para contar as novidades da cidade. Coloque em ordem os elementos entre parênteses e risque os que não podem ser utilizados com *outro/-a/-os/-as*.**

Olá, Tarcísio!
Estou escrevendo para você (uma, vez, outra) (➲) uma outra vez para contar as últimas novidades em Petrolândia. Papai e eu nos mudamos para (uma, casa, outra) (1) .... menor em (outra, a, parte) (2) .... da cidade. O tio Juca não mora mais com seu filho Caio, mas sim com (outra, sua, filha) (3) ...., Sônia. Nossa prima Elísa teve (filhos, outros, dois) (4) .... e estão todos muito bem. A vaca também deu cria: (bezerro, um, outro) (5) .... Nosso irmão César comprou (três, casas, outras) (6) .... e quer fazer um hotel e um restaurante para trazer turistas para Petrolândia. E eu não namoro mais com Rodrigo e sim com (rapaz, outro, aquele) (7) .... de Brancópolis que você conheceu no inverno. Está vendo como as coisas mudaram na cidade? Quando você vem nos visitar?
Um beijo de sua irmã,
Verônica

9. Numerais cardinais: *um, dois, três*, etc.

Os numerais cardinais servem para expressar quantidades: ***um livro*, *dois livros*, *três livros***. Eles se referem sempre a um substantivo, mas podem ser usados sozinhos quando está claro sobre o que estamos falando:

- *Tenho **dois** ingressos para o show, e você?*
- *Eu tenho **três**.*

A De 0 a 19

0	*zero*	4	*quatro*	8	*oito*	12	*doze*	16	*dezesseis*
1	*um/uma*	5	*cinco*	9	*nove*	13	*treze*	17	*dezessete*
2	*dois/duas*	6	*seis*	10	*dez*	14	*catorze ou quatorze*	18	*dezoito*
3	*três*	7	*sete*	11	*onze*	15	*quinze*	19	*dezenove*

■ ***Um**, **uma**, **dois**, **duas*** têm gênero e concordam com o substantivo a que se referem:

- *O que vocês vão beber?*
- ***Uma** água tônica e **dois** sucos de abacaxi.*

- *Quantas pizzas vocês querem?*
- ***Duas**.*

1 Cláudio é muito invejoso e sempre quer o dobro do que seu amigo Ronaldo tem. Complete as lacunas abaixo escrevendo o número por extenso.

➲ Se Ronaldo come dois sanduíches, ele come *quatro*.
1. Se Ronaldo bebe cinco cafés, ele bebe ....
2. Se Ronaldo toma uma água de coco, ele toma ....
3. Se Ronaldo tem seis namoradas, ele tem ....
4. Se Ronaldo convida nove amigos, ele convida ... .
5. Se Ronaldo come sete biscoitos, ele come ....
6. Se Ronaldo compra oito garrafas de suco de uva, ele compra ....
7. Se Ronaldo aluga quatro vídeos, ele aluga ....
8. Se Ronaldo come três pratos de macarrão, ele come ....
9. Se Ronaldo cai uma vez, ele cai ....

2 No café da Vânia, os garçons e clientes estão conversando. Leia as conversas abaixo e escreva por extenso o número adequado. Tenha cuidado com *um* e *uma* e *dois* e *duas*.

➲ **Freguês:** Boa tarde, eu gostaria de **2** *dois* cafés e **1** *um* chocolate quente, por favor.
1. **Garçom:** E **2** .... chás?
   Freguês: Não, **1** ....
2. **Garçom:** Quantas águas o senhor me pediu?
   Freguês: Só **1** .... e **3** .... guaranás.
3. **Freguês:** **1** .... latinha de guaraná, por favor.
   Garçom: É pra já!
   Freguês: Traz também **1** .... copo de gelo?
4. **Garçom:** Então, o que o senhor vai querer?
   Freguês: **1** .... suco de laranja e **1** .... torta de frango.
5. **Garçom:** Quantos cafés?
   Freguês: **3** .... : **2** .... puros e **1** .... com leite.
6. **Freguês:** Quanto é tudo?
   Garçom: **2** .... sanduíches, **1** .... garrafa de água com gás e **1** .... limonada. Um momento que já trago sua conta.

3 Ajude Jaime a fazer estas contas. Escreva os numerais e depois por extenso.

➲ dois + um = ..3...... dois mais um igual a três..................................

1. seis + seis = ... seis mais seis igual a ....
2. dez + quatro = ... dez mais quatro igual a ....
3. quinze – oito = ... quinze menos oito igual a ....
4. oito + cinco = ... oito mais cinco igual a ....
5. dezoito - sete = ... dezoito menos cinco igual a ....
6. nove + um = ... nove mais um igual a ....
7. dezenove – sete = ... dezenove menos sete igual a ....
8. nove + dez = ... nove mais dez igual a ....

B De 20 a 99

■ De **20** a **99**, os números são escritos sempre com duas palavras unidas por ***e***, a não ser quando a dezena é inteira:

20	*vinte*	*e*	*um/uma*
30	*trinta*		*dois/duas*
40	*quarenta*		*três*
50	*cinquenta*		*quatro*
60	*sessenta*		*cinco*
70	*setenta*		*seis*
80	*oitenta*		*sete*
90	*noventa*		*oito*
			nove

- *Quantos anos você tem?*
- ***Vinte e dois**, e você?*
- ***Trinta e um**.*

- *Que dia é hoje?*
- ***Trinta** de maio.*

- *Quanto custam esses calendários?*
- *Os grandes, **quarenta e cinco** reais e os pequenos, **vinte e nove**.*

- *Minha avó Sara tem **oitenta e três** anos e meu avô, **noventa**. A tia Paula tem uns **sessenta e cinco** anos e seu marido, o tio Milton, **setenta** ou **setenta e dois**. Minha mãe tem **sessenta e dois** anos. Minha irmã Bruna tem **trinta e nove** anos e Carlos, o ex-marido dela, **trinta e dois**. Minha prima Vanessa, a que está à direita, é a mais jovem do grupo: tem **trinta anos**.*

👁 Quando os números terminam em ***um/uma*** ou ***dois/duas***, sempre concordam em gênero com o substantivo a que se referem:

- *Você já comeu **vinte e duas** barras de chocolate, vai acabar passando mal.*
- *Bebi só **uma** latinha de guaraná na festa de ontem e não sei por que estou com dor de barriga.*

4 **Todas estas pessoas nasceram no dia 24 de março. Hoje, 24 de março de 2018, é o aniversário de todas elas. Quantos anos cada uma delas está fazendo hoje?**

- ➲ Cláudia: 24/03/1975: *quarenta e três* anos.
1. Pedro: 24/03/1976: .... anos.
2. Andreia: 24/03/1984: .... anos.
3. Luana: 24/03/1988: .... anos.
4. Marina: 24/03/1948: .... anos.
5. João: 24/03/1932: .... anos.
6. Beatriz: 24/03/1969: .... anos.
7. Paulo: 24/03/1950: .... anos.

5 **Carla está se mudando e fazendo uma lista com o que ela está guardando em cada caixa. Preencha as lacunas abaixo com a quantidade de itens que ela está guardando. Preste atenção ao uso de *um/uma* ou *dois/duas*.**

- ➲ quadros: 30 *trinta quadros*
1. fotografias: 71 ....
2. livros de arte: 63 ....
3. CDs de samba: 84 ....
4. vasos de flor: 3 ....
5. toalhas: 9 ....
6. talheres: 42 ....
7. plantas: 5 ....
8. candelabros: 2 ....

6 **Antônio está aprendendo a escrever os números por extenso, mas ainda tem muitos problemas com a ortografia. Você pode ajudá-lo a escrever os números abaixo corretamente?**

- ➲ ~~vintidois~~: *vinte e dois*
1. dez e sete: ....
2. setentinove: ....
3. noventisseis: ....
4. trintaitrês: ....
5. vintium: ....
6. quarentaissinco: ....
7. sessentaium: ....
8. oitentidois: ....
9. cinquentaisseis: ....

7 **Vamos ajudar Leonardo com as contas abaixo?**

- ➲ 6 x 10 = *60* seis vezes dez igual a *sessenta*
1. 7 x 8 = ... sete vezes oito igual a ....
2. 50 ÷ 2 = ... cinquenta dividido por dois igual a ....
3. 100 ÷ 2 = ... cem dividido por dois igual a ....
4. 9 x 9 = ... nove vezes nove igual a ....
5. 8 x 8 = ... oito vezes oito igual a ....
6. 90 ÷ 2 = ... noventa dividido por dois igual a ....
7. 99 ÷ 3 = ... noventa e nove dividido por três igual a ....
8. 7 x 11 = ... sete vezes onze igual a ....

C De 100 a 999

■ Usamos ***cem*** somente quando nos referimos ao número **100**:

- *Hoje Dona Duchinha faz **cem** anos.*

■ Usamos ***cento*** em todos os outros casos:

- *Esse relógio custa **cento e dois** reais.* [102]
- *De Belo Horizonte a São Paulo há mais de **cento e cinquenta** quilômetros.* [150]

100	*cem/cento*
200	*duzentos/as*
300	*trezentos/as*
400	*quatrocentos/as*
500	*quinhentos/as*
600	*seiscentos/as*
700	*setecentos/as*
800	*oitocentos/as*
900	*novecentos/as*

👁 Usamos o substantivo **centenas** quando nos referimos a quantidades indeterminadas:

- *Havia **centenas** de tartarugas na praia.*

- Os numerais de **200** a **999** concordam com o substantivo a que referem:
  - *Queria uma caixa com **duzentas** canetas.*
  - *Preciso de **seiscentas** cópias desse documento.*

Usamos ***e*** entre as centenas (grupos de 100 coisas) e as dezenas (grupos de 10 coisas), e também entre as centenas e as unidades ou as dezenas e as unidades:

450 *quatrocentos **e** cinquenta*   583 *quinhentos **e** oitenta **e** três*
708 *setecentos **e** oito*

8 **Ana e Júlia estão economizando para viajar (uma em reais e a outra em libras esterlinas). Elas têm um caderno para anotar as quantias que vão juntando. Ajude-as e escreva as quantias em cada um dos cadernos correspondentes e também o número ao lado.**

Caderno de Ana:

Caderno de Júlia:

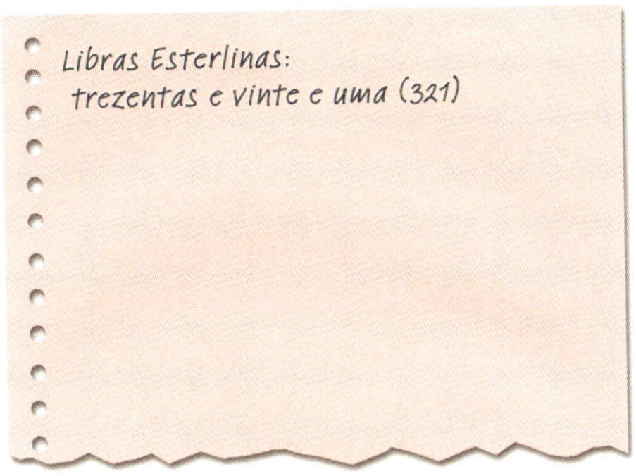

trezentas e vinte e uma ✓
duzentos e cinquenta
setecentas
novecentos e vinte e dois
quinhentas e trinta e uma
quatrocentas e cinquenta
oitocentos
setecentos e doze
seiscentas e treze

9 **É o fim do mês e Alberto tem que pagar muitas coisas. Complete estes cheques com as quantias por extenso.**

➔ Aluguel: 999 reais novecentos e noventa e nove
1. Eletricidade: 281 reais ....
2. Telefone celular: 789 reais ....
3. Comida: 798 reais ....
4. Veterinário: 58 reais ....
5. Telefone fixo: 411 reais ....
6. Água: 151 reais ....
7. Farmácia: 125 reais ....
8. Condomínio: 157 reais ....
9. Médico: 236 reais ....

D De 1.000 a 999.999

- A palavra ***mil*** é invariável com quantidades exatas:

1.000	2.000	3.000	10.000	100.000	500.000
mil	*dois mil*	*três mil*	*dez mil*	*cem mil*	*quinhentos/-as mil*

R$ 1.635 *mil seiscent**o**s e trinta e cinco reais.*
38.751 m^2 *trinta e oito mil setecent**o**s e cinquenta e um metros quadrados.*
£ 912.183 *novecent**a**s e doze mil cento e oitenta e três libras.*

Quando falamos de quantidades indeterminadas, usamos **milhares**:

- *Havia **milhares** de pessoas no concerto.*

- Usamos ponto (.) e não vírgula (,) para separar as centenas:

  9.852 *(~~9,852~~)*   ***109.709*** *(~~109,709~~)*

- A vírgula é usada para indicar decimais:

  - *A economia cresceu 5,8% (cinco vírgula oito por cento) neste ano.*
  - *O real teve uma valorização de 25,2% (vinte e cinco vírgula dois por cento) nos últimos cinco anos.*

- Na leitura dos números acima de mil, usamos ***e*** entre as centenas quando a última centena começa com zero:

489.090	*quatrocentos e oitenta e nove mil* ***e*** *noventa*
758.007	*setecentos e cinquenta e oito mil* ***e*** *sete*
639.083	*seiscentos e trinta e nove mil* ***e*** *oitenta e três*

MAS

Quando a última centena não começa com zero, eliminamos o ***e*** entre as centenas:

125.875	*cento e vinte e cinco mil ~~e~~ oitocentos e setenta e cinco*
639.183	*seiscentos e trinta e nove mil ~~e~~ cento e oitenta e três*

10 Escreva os seguintes números ao contrário.

➲ (2.321) dois mil trezentos e vinte e um *(1.232) mil duzentos e trinta e dois*
1. (9.714) nove mil setecentos e quatorze ....
2. (76.159) setenta e seis mil cento e cinquenta e nove ....
3. (1.205) mil duzentos e cinco ....
4. (48.118) quarenta e oito mil cento e dezoito ....
5. (10.913) dez mil novecentos e treze ....
6. (23.472) vinte e três mil quatrocentos e setenta e dois ....

E *Milhão, milhões*

- A palavra ***milhão*** só é usada no singular quando falamos de ***um milhão***. Para falar de mais de um milhão usamos o plural ***milhões***.

1.000.000	2.000.000	10.000.000	100.000.000	200.000.000
um milhão	*dois milhões*	*dez milhões*	*cem milhões*	*duzent**o**s milhões*

👁 ***Milhão*** é um substantivo masculino e, por essa razão, as centenas (***duzentos***, ***quatrocentos***, etc.) que o precedem sempre são utilizadas na forma masculina. Por outro lado, as centenas que aparecem depois de ***milhão*** (***milhões***) são usadas no feminino quando se referem a substantivo feminino:

*200.340.000 pessoas: duzent**o**s milhões, trezent**a**s e quarenta mil pessoas.*
*700.278.000 palavras: setecent**o**s milhões, duzent**a**s e setenta e oito mil palavras.*
*900.587.000 livros: novecent**o**s milhões, quinhent**o**s e oitenta e sete mil livros.*

- Quando as palavras ***milhão*** ou ***milhões*** são seguidas imediatamente de um substantivo, sempre usamos a preposição ***de***:

  - *Mais de quatrocentos **milhões** de pessoas falam português.*
  - *Um **milhão** de turistas visitou o Rio de Janeiro neste ano.*

> 👁 *Um **milhão e cem mil** turistas visitaram o Rio de Janeiro neste ano.*

- Em português, mil milhões é um ***bilhão*** (1.000.000.000).

11 **Você está colaborando com a Grande Enciclopédia Pambrasileira e está escrevendo o número de habitantes dos países a seguir. Escreva os números abaixo por extenso.**

➲ Argentina = 38.812.817 trinta e oito milhões oitocentos e doze mil oitocentos e dezessete habitantes
1. México = 104.200.165 ....
2. Venezuela = 25.287.670 ....
3. Equador = 14.447.494 ....
4. Paraguai = 6.084.491 ....
5. Guatemala = 14.314.079 ....
6. Espanha = 41.077.100 ....
7. Chile = 16.498.930 ....

F Como escrever e ler quantias de dinheiro em português

- A moeda do Brasil é o Real, cujo símbolo é R$.
- Para escrever uma quantia de dinheiro em português, usamos uma vírgula (,) para separar os centavos e um ponto (.) para separar as centenas:

R$2,81 *dois reais e oitenta e um centavos*
R$54,75 *cinquenta e quatro reais e setenta e cinco centavos*
R$128.046,89 *cento e vinte e oito mil e quarenta e seis reais e oitenta e nove centavos*

- Quando a quantia de dinheiro é até 100, podemos omitir o(s) real(is) e o(s) centavo(s):

R$5,35 *cinco e trinta e cinco*
R$27,93 *vinte e sete e noventa e três*
R$35,74 *trinta e cinco e setenta e quatro*

12 **Marcos vai a uma loja de departamentos para comprar presentes de Natal para sua família. Escreva por extenso quanto ele vai gastar com cada presente. Preste atenção às quantidades.**

➲ Para minha mãe: um sofá novo por R$1.200,00
Mil e duzentos reais

1. Para meu irmão: dois pares de meia por R$4,25 cada
....
2. Para minha irmã: dois batons por R$12,40 cada
....
3. Para minha namorada: um anel por R$120,00
....
4. Para meu pai: uma mesa de sinuca por R$985,00
....
5. Para minha avó: um guarda-chuva por R$54,76
....
6. Para meu sobrinho: dois brinquedos por R$7,24 cada
....
7. Para minha amiga: dois CDs por R$19,56 cada
....
8. Para meu cachorro: um osso de brinquedo por R$11,89
....

10. Numerais ordinais: *primeiro, segundo, terceiro*, etc.

A Significado e formas

- Os numerais ordinais designam **ordem** em uma série:
  - *Gostei mais da* ***primeira*** *obra de Paulo Nicácio que da* ***segunda****.*
  - *Dos seis filhos do doutor Silva, apenas o* ***segundo*** *e a* ***quarta*** *estudaram Medicina.*
- Os números ordinais mais usados em português são os seguintes:

1º	*primeiro/a*	6º	*sexto/a*
2º	*segundo/a*	7º	*sétimo/a*
3º	*terceiro/a*	8º	*oitavo/a*
4º	*quarto/a*	9º	*nono/a*
5º	*quinto/a*	10º	*décimo/a*

As formas masculinas são escritas com o marcador º na parte superior direita: ***1º***, ***5º***, ***10º***, etc. As formas femininas com o marcador ª ***2ª***, ***4ª***, ***7ª***, etc. Esses numerais também podem ser escritos por extenso: ***1º*** (***primeiro***), ***5º*** (***quinto***), ***10º*** (***décimo***), ***2ª*** (***segunda***), ***4ª*** (***quarta***), ***7ª*** (***sétima***). As formas plurais têm um ˢ junto ao º ou ª ***1ªs*** (***primeiras***), ***3ºs*** (***terceiros***), etc.

1 **A família Brito Branco tem muitos filhos. Observe as idades de cada um e coloque-as em ordem.**

Carlos tem 25 anos, Maria, 18 e João, 15. Não me lembro exatamente quantos anos Francisco tem, mas ele é mais velho que Maria e mais novo que Carlos. Luiza tem 27 e Ana, a mais velha, um ano a mais. O mais novo de todos é Ricardo, que tem 12 anos.

Ana foi a ➲ ...primeira...... a nascer, Carlos é o (1) .... ; Maria é a (2) .... ; João é o (3) .... ; Francisco é o (4) .... ; Luiza é a (5) .... e Ricardo é o (6) ....

2 **A agenda cultural de um jornal publicou notícias sobre os eventos abaixo. Escreva o ordinal correspondente. Tenha cuidado com a concordância.**

➲ 7º ...Sétimo............ Prêmio de Romance Histórico "Abílio Barreto"
1. 2º .... Concurso de Pintura ao ar livre da cidade de Ouro Preto
2. 9º .... Festival da Canção Popular "Magali Ferreira"
3. 8º .... Concurso de Culinária "Mesa Boa"
4. 3º .... Concurso de Cavaquinho "Lua de Cristal"
5. 1ª .... Mostra de Trajes Típicos do Gaúcho da cidade de Santa Maria
6. 3ª .... Exibição de Literatura de Cordel da Praia Grande
7. 1º .... Congresso Nacional de Desenhos Infantis de Parati

3 **Escreva o ordinal e o cardinal correspondentes a cada um dos reis e rainhas abaixo.**

➲ Dom Pedro II: Dom Pedro Segundo........ [2]
1. Carlos III: .... [ ]
2. Luís V: .... [ ]
3. Henrique VIII: .... [ ]
4. Carlota II: .... [ ]
5. Papa João I: .... [ ]

B Usos (I)

- Os numerais ordinais concordam em gênero e número com o substantivo:
  - *Moro no **quarto** <u>andar</u>, **segunda** <u>porta</u> à esquerda.*
  - *As **primeiras** <u>casas</u> onde minha família morou eram bem pequenas.*
- Podem ser acompanhados de determinantes:
  - *<u>Minha</u> **primeira** sobrinha se chama Renata e <u>o</u> **segundo** sobrinho, Lucas.*
- Quando acompanham o substantivo, geralmente aparecem antes:
  - *Hoje é o **primeiro** <u>dia</u> das férias.*
- Quando já está claro sobre o que estamos falando, não é necessário usar o substantivo:
  - *Essa é a **primeira** <u>igreja</u> projetada por Oscar Niemeyer no Brasil. E essa, a **segunda**.*

4 **Veja abaixo o programa desta semana da Orquestra Filarmônica de Paravós e complete as lacunas do texto a seguir. Cuidado com a concordância.**

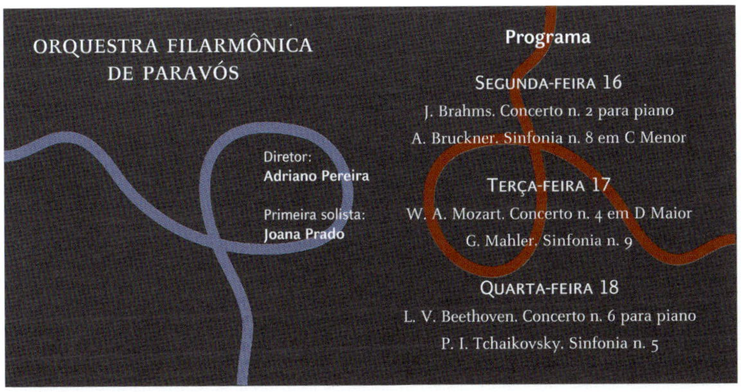
ORQUESTRA FILARMÔNICA DE PARAVÓS

Diretor: Adriano Pereira

Primeira solista: Joana Prado

Programa

SEGUNDA-FEIRA 16
J. Brahms. Concerto n. 2 para piano
A. Bruckner. Sinfonia n. 8 em C Menor

TERÇA-FEIRA 17
W. A. Mozart. Concerto n. 4 em D Maior
G. Mahler. Sinfonia n. 9

QUARTA-FEIRA 18
L. V. Beethoven. Concerto n. 6 para piano
P. I. Tchaikovsky. Sinfonia n. 5

No ➲ ...primeiro... dia, a orquestra vai tocar o (1.) .... concerto para piano de Brahms e a (2.) .... sinfonia em C Menor de Bruckner. No (3.) .... dia, o (4.) .... concerto em D Maior de Mozart e a (5). .... sinfonia de Mahler. E no (6.) .... dia vai tocar o (7.) .... concerto para piano de Beethoven e a (8.) .... sinfonia de Tchaikovsky.

C Usos (II)

- Os ordinais servem para indicar a ordem de algo em uma sequência (no espaço ou no tempo):

👁 Para indicar os dias do mês só usamos o ordinal no **primeiro dia**.
Para os outros dias geralmente usamos cardinais:

- *Quando é o aniversário de Eduardo?*
- *Dia <u>primeiro</u> de junho.*

- *Quando é o Natal?*
- *Dia vinte e cinco de dezembro.*
  [~~Dia vigésimo quinto de dezembro~~]

- Para organizar as ideias na fala ou na escrita podemos usar ***primeiro***, ***segundo***, ***terceiro***, etc.
  - *Como você prepara essa limonada?*
  - *Bom, **primeiro*** [em primeiro lugar]*, coloco duas pedras de gelo em um copo; **segundo*** [depois] *coloco uma colher de açúcar, limão e misturo bem; **terceiro*** [logo] *acrescento um pouco de gengibre. Sirvo a limonada bem gelada.*

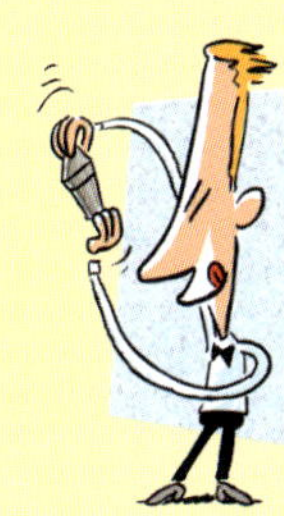

5 **A receita abaixo, de sanduíche de tomate com presunto, não está boa. Coloque as instruções em ordem.**

1. .... coloque sal e azeite de oliva.

➲ 3. ...Primeiro... corte as fatias de pão.

2. .... passe molho de tomate fresco em todo o pão.

4. .... cubra com fatias finas de presunto.

D Ordinais a partir do 10º

■ Os números ordinais a partir do 10º são usados para fazer referência a:

Acontecimentos
- *Décima segunda (12ª) Conferência de Saúde Infantil.*
- *Vigésimo quarto (24º) Encontro Nacional de Contadores de História.*
- *Quadragésimo segundo (42º) Festival de Cinema de Gramado.*

Aniversários
- *Trigésimo (30º) aniversário da morte do escritor C. Drummond de Andrade.*
- *Décimo primeiro (11º) aniversário da Sociedade Paulista de Fisioterapia.*

Posição em uma série
- *Com 17 medalhas, o Brasil ficou em (22º) vigésimo segundo lugar na Olimpíada de Londres.*
- *O corredor brasileiro chegou em (32º) trigésimo segundo lugar na competição.*

11º	*décimo/a primeiro/a*
12º	*décimo/a segundo/a*
13º	*décimo/a terceiro/a*
14º	*décimo/a quarto/a*
15º	*décimo/a quinto/a*
	...
20º	*vigésimo/a*
30º	*trigésimo/a*
40º	*quadragésimo/a*
50º	*quinquagésimo/a*
60º	*sexagésimo/a*
70º	*septuagésimo/a*
80º	*octogésimo/a*
90º	*nonagésimo/a*

■ Na designação de títulos (reis, papas, etc.) ou para partes de uma obra, usamos numerais romanos. A leitura é feita com numerais ordinais até o número X (10º) e com cardinais depois disso:

D. João VI (sexto)
D. Pedro I (primeiro)

Capítulo X (décimo)
Século XI (onze)

6 **Escreva ao lado de cada ordinal abaixo o número correspondente.**

➲ vigésimo sétimo: ..27º..
1. sexagésimo nono: ....
2. quadragésimo sexto: ....
3. nonagésimo primeiro: ....
4. décimo oitavo: ....
5. décimo primeiro: ....
6. octogésimo segundo: ....
7. septuagésimo sexto: ....
8. trigésimo quarto: ....
9. quinquagésimo: ....
10. décimo segundo: ....
11. nonagésimo nono: ....

7 **Escreva os ordinais que faltam nas manchetes do jornal abaixo.**
Atenção aos substantivos masculinos e femininos.

➲ Um corredor etíope ganha a (87ª) ...octogésima... ...sétima... corrida dee São Silvestre em São Paulo.
1. Está reunida a comissão para a comemoração do (10º) .... aniversário do Museu da Língua Portuguesa, na Estação da Luz.
2. O (26º) .... Congresso de Medicina Natural acontecerá em Parati, no mês de agosto.
3. O escritor Martelo de Aniz ganha a (19ª) .... edição do Prêmio Cidade de Salvador.
4. O motorista João dos Santos sofreu um acidente e chegou na (69ª) .... posição.

11. Quantificadores: *demais, muito, bastante,* etc.

Os quantificadores são usados **para graduar a intensidade** ou a **quantidade** do significado de um substantivo, adjetivo, verbo ou alguns advérbios.

A Com substantivos: *muito chocolate / muitas bolachas*

SUBSTANTIVOS INCONTÁVEIS

*Chocolate **demais***

***Muito** chocolate*

***Bastante** chocolate*
[Suficiente]

***Pouco** chocolate*
[Insuficiente]

*Chocolate **nenhum***
[Nada]

SUBSTANTIVOS CONTÁVEIS

*Bolacha **demais***

***Muita** bolacha*

***Bastante** bolacha*
[Suficiente]

***Pouca** bolacha*
[Insuficiente]

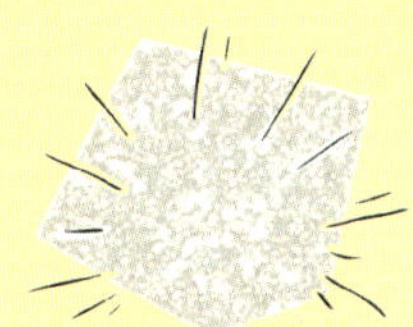

***Nenhuma** bolacha*
***Nenhum** prato*

■ É comum usar os substantivos contáveis no singular com quantificadores também no singular:

- *Acho que comprei bolacha **demais** para a festa.*
  *Também tem **muita** bebida e **bastante** salgadinho, mas **pouco** pão.*

– Com os substantivos, os quantificadores funcionam como um adjetivo. ***Muito*** e ***pouco*** concordam em gênero e número com o substantivo a que se referem, mas:

– ***Demais*** não tem flexão: *chocolate **demais**, bolachas **demais**;*

– ***Bastante*** concorda somente em número: ***Bastante** chocolate. **Bastantes** bolachas;*

– ***Nenhum*** tem feminino, mas não tem plural e sempre se refere a substantivos no singular: ***Nenhuma** bolacha. **Nenhum** prato.* ~~(**Nenhumas** bolachas. **Nenhuns** pratos.)~~ Com os substantivos contáveis esse, quantificador pode ser anteposto ou posposto: *prato **nenhum**.* Com os substantivos incontáveis, é quase sempre posposto para sugerir que algo é muito pequeno ou sem importância: *distância **nenhuma**.*

– Todos os quantificadores acima são postos antes do substantivo, com duas exceções:

demais	*chocolate **demais*** [~~*Demais chocolate*~~]	[Sempre colocado depois do substantivo]
nenhum	***nenhuma** comida* *comida **nenhuma***	[Pode ser colocado antes ou depois do substantivo]

– Estas formas podem ser usadas sem substantivo quando está claro de que estamos falando:

- *Temos **bastante** refrigerante para a festa?*
- *Sim, na geladeira tem **muito(s)**.*
- *Ah, que bom. Eu pensei que tinha **pouco(s)**.*

- *Anda logo, temos **pouco** tempo.*
- *O quê? Temos **bastante** tempo. Ainda falta uma hora.*
- *Sim, mas tem **muito** trânsito nesse horário.*

1 Descreva os desenhos usando em ordem os quantificadores *nenhum, pouco, bastante, muito* e *demais*. Cuidado com a concordância.

➲ Tem pouca água e muitos cubos de gelo.

1. ....

2. ....

3. ....

4. ....

2 Complete as lacunas com *nenhum* ou *nenhuma*. Considere se o substantivo é contável ou não.

➲ Não tem água nenhuma e nenhum copo limpo. É um absurdo!

1. Pode tomar esse café. Não tem .... cafeína ....
2. Não posso comprar. Não tenho .... dinheiro ....
3. Não temos .... garrafa .... de suco de laranja.
4. Ainda não entrou .... cliente ....
5. Acho melhor assim, sem .... açúcar ....
6. No final do filme, ele não fez .... comentário ....

B *Pouco / um pouco de* + substantivos incontáveis: *Tem um pouco de comida, mas tem pouca bebida.*

■ Com substantivos incontáveis, ***pouco*** e ***um pouco de*** expressam pequena quantidade. A diferença entre os dois é que com ***pouco*** damos importância ao que ***não*** há, e com ***um pouco de*** damos importância ao que ***sim***, há. Com ***pouco*** expressamos uma visão negativa da quantidade, enquanto com ***um pouco de*** expressamos uma visão positiva:

👁 ***Pouco/a/os/as*** concordam com o substantivo. ***Um pouco de*** é invariável:

- *Sobrou **pouca** limonada.*
- *Vou beber **um pouco de** limonada.* [~~vou beber um pouca de limonada~~]

3 **Para os Miranda é muito difícil fazer a lista de compras. O marido, Alberto, sempre acha que o que tem em casa é suficiente, enquanto a mulher, Marina, sempre acha que o que tem em casa não vai ser suficiente. Nas lacunas abaixo, escreva o nome de quem disse o quê.**

Há um pouco de batata na geladeira. ➔ ...Alberto........

Temos um pouco de leite. 1. ....

Tem pouco vinagre. 2. ....

Tem muito pouco biscoito. 3. ....

Ainda tem um pouco de queijo Minas. 4. ....

Tem um pouco de fruta. 5. ....

Temos pouco atum. 6. ....

Tem pouca farinha. 7. ....

4 **Complete as lacunas abaixo com *um pouco de* ou com *pouco, pouca, poucos, poucas*.**

➔ Não estou vendo quase nada. Tem ...pouca.......luz.
1. Ainda consigo ler. Tem .... luz.
2. A sopa está sem gosto. Acho que está com .... sal.
3. A sopa está sem gosto. Coloque .... sal.
4. Tem .... arroz na cozinha. Precisamos comprar mais.
5. Ainda temos .... arroz. Pode conferir no armário da cozinha.
6. Temos .... dinheiro. Vou ao banco.
7. Temos .... dinheiro. Podemos comer alguma coisa num restaurante.
8. Está fazendo .... frio. Quer que eu feche a janela?
9. Hoje tenho .... tempo depois do trabalho. Não vou poder sair com você...

C *Muito, demais, bastante, bem, pouco e nada* como advérbios

■ Quando os quantificadores se referem a um adjetivo, a um advérbio ou a um verbo, eles são **invariáveis**:

- *Meus vizinhos são **muito** agradáveis.*
- *Ainda estamos **bastante** longe de casa.*
- *Gosto **muito** de livros policiais.*
- *O tempo está passando **bem** rápido.*

Muito somente com verbos, adjetivos e advérbios.

*Ele está correndo **demais**.*
*Ele é rápido **demais**.*
*Ele chegou longe **demais**: passou da proteção.*

*Ele está correndo **muito**.*
*Ele é **muito** rápido.*
*Ele chegou **muito** longe.*

*Ele corre **bem**.*
*Ele é **bem** rápido.*
*Ele passou **bem** rápido.*

*Ele corre **pouco**.*
*Ele passou um **pouco** longe.*

*Ele não corre **nada**.*
*Ele não chegou **nada** perto.*

Os quantificadores normalmente são postos depois dos verbos:

- *Seu primo Mário não fala **nada**.*
- *É verdade. Ele fala **pouco** mesmo, mas melhor assim que falar **demais**.*

5 **Complete os exemplos abaixo com um quantificador que expresse um grau maior que o anterior. Para escolher a forma adequada, veja se o quantificador se refere a um substantivo ou não.**

➲ • Está fazendo **bastante** calor, não é?
○ Sim, ...muito.... .

1. • Você recebeu muitas cartas?
○ Cartas ....: ainda não pude ler todas.

2. • Essa menina fala **pouco**.
○ Pois comigo ela fala ....

3. • Vieram **muitos** convidados.
○ Convidados ...., aqui já está cheio.

4. • Seu irmão é **bem** alto, né?
○ Sim, ... alto: mede dois metros.

5. • Você come **muito** doce?
○ Como doce ...., umas três vezes por dia.

6. • Você tem trabalhado **muito**.
○ .... Vou procurar outro trabalho.

7. • A gente quase não se vê. Moramos **muito** longe um do outro.
○ ....: duas horas de avião até lá.

8. • É **bem** cedo ainda, né?
○ Sim, é .... cedo; o sol ainda nem saiu.

9. • Eu viajo **pouco** porque não gosto de viajar.
○ Por causa do meu trabalho, eu viajo ....

6 **Complete as lacunas abaixo com *pouco, bastante* ou *demais*. Cuidado com a concordância.**

➲ Esse barco tem capacidade para 2.000 mil pessoas e hoje está com 2.500. É peso ....demais.... .

1. Você está correndo .... O limite de velocidade é 110 quilômetros por hora e você está a 130.
2. Você comprou .... comida para a festa, né? Acho que já tem o suficiente para 20 pessoas.
3. Você está estudando .... Tenho certeza que não vai passar na prova.
4. Estou engordando. Estou comendo doce .... e fazendo .... exercício.
5. As frutas não vão caber nessa bolsa. Tem laranja ....

CAPÍTULO 3

Pronomes pessoais

12 Sujeito, objeto direto e objeto indireto
13 Pronomes de sujeito: *eu, tu, ele*, etc.
14 Pronomes com preposição: *sem mim, para ti, com ele*, etc.
15 Pronomes de objeto: *me, te, o*, etc; *me, te, lhe*, etc.
16 Construções reflexivas

12. Sujeito, objeto direto e objeto indireto

Os pronomes pessoais podem ser usados com diversas funções, tais como **sujeito, objeto direto** ou **objeto indireto.**

13. Pronomes de sujeito
15. Pronomes de objeto

A Sujeito, objeto direto e objeto indireto

- Em uma frase, o uso do pronome pessoal estabelece a pessoa que fala, a pessoa com quem se fala ou a pessoa de quem se fala: ***eu falo português, você tem 20 anos, ela é estudante,*** etc.

- Os pronomes pessoais assumem formas diferentes de acordo com a função sintática em que são usados (como sujeito ou complemento verbal). Os verbos que requerem complemento (objeto) em português são classificados em três tipos:

1) Verbos que <u>não precisam</u> de preposição: a ligação entre o verbo e o objeto é direta e, por isso, o complemento se chama **objeto direto**:

- *Zé **visitou o namorado dele** no fim de semana.*
  - *Zé visitou quem?*

O complemento do verbo ***visitou*** é ***o namorado dele***. O verbo não requer preposição, então o objeto é direto e responde a pergunta: *visitou quem*?

- *Meu cachorro **comeu uma planta**.*
  - *Seu cachorro comeu o quê?*

O complemento do verbo ***comeu*** é ***uma planta***. O verbo não requer preposição, então o objeto é direto, já que responde a pergunta: *comeu o quê*?

O objeto direto pode se referir a pessoas ou coisas.

2) Verbos que precisam de preposição: a ligação entre o verbo e o objeto é indireta e, por isso, o complemento se chama **objeto indireto**:

- *Priscila **precisa de uma carona**.*

O complemento do verbo ***precisa*** é ***de uma carona***. O verbo requer preposição, então o objeto é indireto.

- *Cláudio e eu **gostamos de bolo de chocolate**.*

O complemento do verbo ***gostamos*** é ***de bolo de chocolate***. O verbo requer preposição, então o objeto é indireto.

3) Verbos que contemplam as duas ligações, uma sem preposição, que é direta, e outra com preposição, que é indireta. Portanto, esses verbos têm **objeto direto** e **indireto**:

- *Paula **deu um telefone novo para a mãe**.*
  - *Paula deu o quê? Para quem?*

Os complementos do verbo ***deu*** são ***um telefone novo*** (sem preposição: objeto direto) e ***para a mãe*** (com preposição: objeto indireto).

- Além desses verbos, em português há, também, verbos que não precisam de nenhum complemento, nem direto nem indireto:
  - *Finalmente, acho que Luan vai **viajar**.*
  - *Parece que Clara está triste porque o cachorro dela **morreu**.*

1 **Os Silva são uma família muito grande e cada um, exceto o bebê, tem responsabilidades na casa.**

Chico, o pai, faz as compras.
Maria das Dores prepara o café da manhã para os irmãos mais novos.
Eduardo coloca a roupa na máquina de lavar.
Lorena molha as plantas todo dia.
Maria, a mãe, faz o almoço e o jantar para todos eles.
Elisa leva as crianças para a escola e o bebê para a creche.
Nina, a empregada, limpa a casa e lava a louça.
A casa funciona muito bem assim.

Agora, respondendo as perguntas abaixo, descubra o sujeito da frase.

➲ Quem limpa a casa e lava a louça?	➲ Nina.
1. Quem molha as plantas?	1. ....
2. Quem faz as compras?	2. ....
3. Quem prepara o café da manhã?	3. ....
4. Quem leva as crianças para a escola?	4. ....
5. Quem coloca a roupa na máquina?	5. ....
6. Quem faz a comida?	6. ....
7. O que funciona bem?	7. ....

Agora, respondendo as perguntas abaixo, descubra o objeto direto de cada frase.

➲ O que Nina limpa?	➲ A casa.
8. O que Lorena molha?	8. ....
9. O que Maria das Dores prepara?	9. ....
10. O que o pai faz?	10. ....
11. Quem Elisa leva para a escola?	11. ....
12. O que Eduardo coloca na máquina de lavar?	12. ....
13. O que Nina lava?	13. ....
14. O que a mãe faz?	14. ....

Agora, respondendo as perguntas abaixo, descubra o objeto indireto de cada frase.

➲ Para quem Maria faz a comida?	➲ Para todos eles.
15. Para quem Maria das Dores prepara o café de manhã?	15. ....
16. Para quem Maria faz o jantar?	16. ....

2 **Relacione as frases com seu objeto, como se faz no exemplo dado. Decida se os objetos da coluna da direita são OD (objeto direto) ou OI (objeto indireto).**

➲ De dois em dois dias André entrega	a. para o chefe. OI
André entrega os relatórios	b. os relatórios. OD
1. O secretário sempre marca	a. as reuniões. ....
O secretário marca todas as reuniões	b. para a diretora. ....
2. O professor ensina música	a. música através de jogos. ....
O professor ensina	b. para as crianças através de brincadeiras. ....
3. Alguém lava e passa a roupa	a. para as pessoas do hotel. ....
A máquina lava e seca	b. as camisas em duas horas. ....
4. Chico serve	a. a comida na cozinha. ....
Chico serve a comida	b. para Melissa. ....

13. Pronomes de sujeito: *eu, tu, ele*, etc.

A Formas: *eu, tu, ele*, etc.

■ Os pronomes pessoais que funcionam como sujeito da oração são:

	SINGULAR	PLURAL	
PRIMEIRA PESSOA	*eu*	*a gente*	[mais usado no discurso menos monitorado]
		nós	[mais usado no discurso mais monitorado]
SEGUNDA PESSOA	*você*	*vocês*	[mais usados no discurso menos monitorado]
	o senhor/a senhora	*os senhores/as senhoras*	[mais usados no discurso mais monitorado]
TERCEIRA PESSOA	*ele, ela*	*eles, elas*	

Você, vocês, o senhor, a senhora, os senhores ou ***as senhoras*** acompanham sempre verbos na terceira pessoa:

DOUTORA: *O senhor* ***está*** *muito bem de saúde.*
PACIENTE: *A senhora* ***tem*** *certeza?*

MANUEL: *Você* ***está*** *se sentindo bem?*
CHICO: *Eu estou ótimo! E você, como* ***está****?*

No discurso menos monitorado, o pronome ***tu*** também pode ser usado com verbos conjugados na terceira pessoa: *tu foi, tu quer, tu pode.* Esse uso é frequente sobretudo entre jovens.

1 Cláudia está falando com sua amiga Marta. Que pronome ela deve usar para falar de...?

➲ Cláudia ......eu......
1. Cláudia e Marta ....
2. Cláudia e o namorado de Cláudia ....
3. Uns amigos de Cláudia ....
4. Marta ....
5. O ex-namorado de Cláudia ....
6. Uma amiga de Marta ....
7. As irmãs de Marta ....
8. Marta e o namorado de Marta ....
9. Marta e a irmã de Marta ....

eu ✓	nós / a gente	eles	vocês	você	nós / a gente	vocês	ele	elas	ela

2 *Você* ou *o senhor/a senhora*? Relacione as colunas abaixo e indique que forma se usa para falar com cada uma destas pessoas.

➲ Com uma balconista jovem de uma loja: ....você.... (c)
1. Com a namorada de um amigo: ....
2. Com um colega da universidade: ....
3. Com uma vizinha de 70 anos: ....
4. Com um policial: ....
5. Com um vizinho de 18 anos: ....
6. Com um garçom de 65 anos em um restaurante: ....
7. Com uma criança que desce a escada pulando os degraus: ....

a. sabe se há um posto de gasolina aqui por perto?
b. vem à aula amanhã?
c. pode me dizer onde fica o caixa?
d. precisa de ajuda, dona Nina?
e. traz a conta, por favor?
f. vai cair, cuidado.
g. dá um recado à sua mãe, por favor?
h. é a pessoa perfeita para o Zé.

B Presença e ausência de pronomes. *Nós* vs. *a gente*

- Para evitar ambiguidade, não omitimos o sujeito quando ele é ***você, ele/ela, a gente*** ou ***vocês, eles/elas***.

• *Trabalha na universidade.*	Quem trabalha? ***Você, ele, ela*** ou ***a gente***? Neste caso é necessário usar o pronome de sujeito:	• ***Ele*** *trabalha na universidade.*
• *Dormiram cedo ontem à noite.*	Quem dormiu? ***Vocês, eles*** ou ***elas***? Neste caso é necessário usar o pronome de sujeito:	• ***Vocês*** *dormiram cedo ontem à noite.*

- Por outro lado, os sujeitos ***eu, tu*** e ***nós*** têm formas verbais próprias, por isso o pronome de sujeito pode ser usado ou não:

  • *(**Eu**) comi muito na festa ontem.* • *(**Nós**) também dançamos bastante.*

- Com tempos verbais que têm a mesma forma verbal para ***eu, você, ele, ela*** e ***a gente*** (Pretérito imperfeito do indicativo, tempos do subjuntivo e Infinitivo pessoal), é necessário usar o pronome de sujeito com a forma ***eu***:

  • ~~*Quando era criança sempre viajava para a praia com meus pais.*~~
  [Aqui o sujeito não pode ser omitido porque, para o verbo ***era***, existem vários sujeitos possíveis: ***eu, você, ele, ela, a gente***]
  • *Quando eu era criança, (eu) sempre viajava para a praia com meus pais.*
  [O sujeito precisa ser usado porque há várias possibilidades: ***eu, você, ele, ela, a gente***]

A forma ***a gente*** é mais usada no português menos monitorado, enquanto a forma ***nós*** é mais usada no português mais monitorado. ***A gente*** tem verbo conjugado na terceira pessoa do singular. No entanto, no discurso menos monitorado, ***a gente*** e ***nós*** às vezes se misturam:

  • ***A gente*** *foi a uma festa super legal ontem.* ***Nós dançamos*** *e* ***nos divertimos*** *muito.*

A primeira frase começa com sujeito ***a gente***. A segunda já usa sujeito ***nós*** com ***dançamos*** e ***nos divertimos***. Como ***a gente*** e ***nós*** se referem ao mesmo grupo de pessoas, é normal usar essa mistura no discurso menos monitorado.

3 No diálogo abaixo, circule os pronomes de sujeito que não precisam, obrigatoriamente, ser mencionados.

➲ **Patrícia:** Ricardo, (eu) estou organizando um grupo de estudos da faculdade. Você quer participar?

Ricardo: Quando eu era criança, meus pais sempre contratavam uma professora particular para me ajudar. Eu estudei muito com ela e por causa disso eu nunca participei de grupos de estudo, mas agora eu acho que teria sido uma experiência legal.

Patrícia: Tudo bem. Nós vamos começar na próxima semana. Que dia você tem tempo?

Ricardo: Rodrigo pode ir também? Nós sempre estudamos juntos.

Patrícia: Claro, sem problema. Vocês dois podem ir. Mas que dia vocês têm tempo?

Ricardo: Acho que a gente tem mais tempo livre à noite, depois das sete. Você acha que esse horário está bom?

Patrícia: Eu acho que sim. Eu já conversei com duas outras pessoas e elas também só podem à noite. Então acho que está ótimo.

Ricardo: Perfeito, então. Você me manda uma mensagem quando o grupo começar?

Patrícia: Eu mando, sim.

14. Pronomes com preposição: *sem mim, para ti, com ele*, etc.

A Formas

- Quando os pronomes pessoais estão depois de uma preposição, existem formas específicas para ***eu***, ***tu***, ***nós***, ***ele***, ***ela***:

PREPOSIÇÕES	PRONOMES DE SUJEITO	PRONOMES DEPOIS DE PREPOSIÇÕES
a	*eu*	*mim*
de	*tu*	*ti*
em	*você*	*você*
por	*ele*	*si, ele*
para	*ela*	*si, ela*
sem	*a gente*	*a gente*
contra	*nós*	*nós*
...	*vocês*	*vocês*
	eles	*eles*
	elas	*elas*

[~~sem eu~~ sem mim]
[~~para tu~~ para ti]

- *Tenho certeza de que meu namorado pensa muito **em mim**.*
- *Me falaram muito bem **de você**.*
- *Posso fazer alguma coisa **por você**?*
- *Não sei o que eles vão fazer **sem a gente**.*
- *Carla mandou isso **para vocês**.*
- *Eles não estão contra você, estão **contra mim**.*
- *Ele não confia **em si** mesmo.*

Entre uma preposição e um verbo no Infinitivo pessoal sempre usamos pronomes de sujeito:

➔ 29.B. Usos do Infinitivo pessoal

- *Você vai me explicar isso para **eu** entender bem.*
- *É justamente por **ele** saber tanto que ele precisa explicar melhor.*

1 Complete as lacunas abaixo com os pronomes adequados. Depois relacione cada frase da primeira coluna com a sua continuação na segunda coluna.

> você vocês você ✓ mim a senhora vocês eu ✓
> mim vocês a gente você vocês nós você ✓

➔ • Olha, comprei esses brigadeiros pensando em ...*você*... . Eu sei que você adora.

1. • Olha, me lembrei de .... e trouxe aquela torta que vocês adoram.
2. • Senhora Peixoto, eu trouxe rosas para .... porque eu sei que a senhora gosta.
3. • Comprei essa torta de maçã que .... sempre compra, para eu experimentar.
4. • Fala a verdade, tem alguma coisa entre .... dois. Todos dizem que vocês são namorados.
5. • É muito importante para .... : vocês têm que vir ao meu casamento. Não vai ser igual sem ....

a. ○ Ah, são para .... ? Muito obrigada, são lindas.

b. ○ Ah, obrigado! Mas você vai ficar para comer com ...., né?

c. ○ ...*Eu*... também comprei uma coisa para ...*você*..., olha.

d. ○ Entre .... não há absolutamente nada, eu te garanto. Somos só amigos.

e. ○ Muito obrigado. A gente não namora mais, mas vamos só por .... A gente gosta muito de vocês dois.

f. ○ Você vai adorar, é ótima. E é toda para ...., porque estou de dieta.

B Contrações de preposições e pronomes: *comigo, dele, nela*, etc.

COM		DE		EM	
comigo	[~~com mim~~]				
contigo	[~~com ti~~]				
com você					
com ele, ela		***dele, dela***	[~~de ele, de ela~~]	***nele, nela***	[~~em ele, em ela~~]
conosco	[~~com nós~~]				
com a gente					
com vocês					
com eles, elas		***deles, delas***	[~~de eles, de elas~~]	***neles, nelas***	[~~em eles, em elas~~]

- *Clara vai **comigo** ao ginecologista. Menos mal, porque não quero ir sozinha.*
- *Vou **com ela** ao ginecologista, porque ela não quer ir sozinha.*

- *Acho que não vou conseguir morar **contigo**. Você é um desastre.*
- *Não vou morar **com ele** porque ele é um desastre.*

- *Leo não quer sair **contigo** nem **comigo**.*
- *Leo não quer sair **conosco**. Será que ele está chateado **com a gente**?*

■ As preposições ***a***, ***de***, ***em*** e ***por*** sofrem contração com o artigo ***a*** de ***a gente***:

- *Entregaram os pratos **à** gente, mas foi só isso.*
  [*Entregaram os pratos ~~a a~~ gente, mas foi só isso.*]

- *Ninguém gosta **da** gente.*
  [*Ninguém gosta ~~de a~~ gente.*]

- *Tomara que ele faça isso **pela** gente.*
  [*Tomara que ele faça isso ~~por a~~ gente.*]

- *Espero que eles pensem **na** gente.*
  [*Espero que eles pensem ~~em a~~ gente.*]

Contigo e ***conosco*** são pronomes usados frequentemente em dircursos mais monitorados, enquanto ***com você*** e ***com a gente*** são mais comuns em discursos menos monitorados.

2 **Ana e Amanda escreveram uma carta para Daniel, irmão delas. Leia essa carta e complete as lacunas com a opção de pronome adequado a cada caso.**

Querido Daniel:

➲ Sem *você*....., nada mais é igual aqui em casa. Desde que você foi embora com essa moça sueca, a tia Berta não para de falar de (1) .... Ela diz que, para (2) ...., você é o mais simpático da família e também o mais inteligente. Ela quase nem fala com (3) .... e só grita com a tia Rita. Você sabe que, com (4) ...., a tia Berta sempre teve uma relação difícil, mas agora é insuportável. O Vô Nélio diz que devemos falar a sério (5) .... e que, se você não desistir da moça, toda a herança, no final das contas, será para (6) .... e você vai ficar sem nada. Porém, você não se preocupe porque não é tanto dinheiro assim e você já sabe que o vovô sempre acha que todos estamos contra (7) .... e ele sempre muda de opinião. Mamãe fica falando que a gente só pode confiar (8) .... porque ela é a única que pode pôr ordem nesta casa. Mesmo assim, ela continua indo ao bingo todo dia à tarde.

Um abraço das suas irmãs e lembranças para Inge,

Ana + Amanda

➲ tu / você / te
1. te / você / tu
2. a / ela / lhe
3. nós / conosco / a gente
4. ela / a / lhe
5. tu / com você / ti
6. lhes / a gente / nos
7. o / ele / lhe
8. nela / neles / nelas

3 **Nas lacunas abaixo, escreva a preposição e o pronome nas suas formas adequadas, como no exemplo, e depois coloque-os na frase correspondente. Faça as contrações necessárias.**

Preposição	+ Pronome	
para	+ eu ✓	*para mim*...
a	+ você	....
com	+ eu	....
sem	+ nós	....
entre	+ você e eu	....
com	+ tu	....
segundo	+ você	....
de	+ tu	....
até	+ eu	....
sobre	+ tu	....
de	+ eu	....
por	+ eu	....
para	+ eles	....

➲ O presente é ..*para mim*........ ? Muito obrigado!
1. Você quer ir .... ao cinema hoje à tarde?
2. Sinto muito, não posso sair .... hoje à noite.
3. As cenouras na geladeira são .... Eles são vegetarianos.
4. Graças .... agora eu sou uma mulher feliz.
5. Esse segredo deve ficar ....
6. Nossos maridos não poderiam viver ....
7. Cada dia sinto você mais longe ....
8. Esses exercícios são muito fáceis, por isso .... faço bem.
9. Cuidado, tem um caminhão atrás ....
10. E, ... , qual é a melhor solução para o problema?
11. Vai, por favor, se inscreva para a excursão. Faça isso ....
12. Olha, olha, no jornal de hoje tem uma matéria ....

15. Pronomes de objeto: *me, te, o*, etc.; *me, te, lhe*, etc.

15.1 Pronomes de objeto no discurso monitorado

A Formas dos pronomes de objeto direto no discurso monitorado: *me, te, o*, etc.

■ Objetos diretos são complementos ligados a verbos que não requerem preposição:

- *Ontem comi* ***bife com batata frita*** *no almoço.*
- *O que eu comi? Bife com batata frita.*

O verbo ***comer*** não requer preposição, por isso o objeto (*bife com batata frita*) é direto. O verbo responde a pergunta: *comi o quê?*

- *Vi* ***Carlos*** *em uma festa na semana passada.*
- *Quem eu vi? Carlos.*

O verbo ***ver*** não requer preposição, por isso o objeto (*Carlos*) é direto. O verbo responde a pergunta: *vi quem?*

■ No discurso monitorado, os pronomes usados para substituir objetos diretos são os seguintes:

	FORMAS SINGULARES					FORMAS PLURAIS			
PRONOMES DE SUJEITO	*eu*	*tu*	*você*	*ele*	*ela*	*nós*	*vocês*	*eles*	*elas*
PRONOMES DE OBJETO	*me*	*te*	*o*	*o*	*a*	*nos*	*os*	*os*	*as*

■ O uso desses pronomes é restrito a discursos altamente monitorados, sobretudo escritos:

"No dia da primeira apresentação da peça da 7ª série, a garota que faria a Julieta ficou doente. Quando começou o burburinho de quem ***a*** *substituiria, não quis cometer o mesmo erro do início do semestre."* (Revista Trip, 23/9/2017.)

[*A* é o pronome de objeto que substitui ***a garota***.]

"O clássico entre Santos e Palmeiras povoa a imaginação e a memória de quem ***os*** *viu duelar nos anos 1950/60."* (Folha de São Paulo, 17/3/ 2017.)

[*Os* é o pronome de objeto que substitui ***Santos e Palmeiras***.]

"Nunca pensei em ser DJ, queria ***me*** *meter na música de alguma forma."* (Revista Trip, 27/9/2017.)

[*Me* é o pronome de objeto que substitui a pessoa que fala.]

➲ 15.2. Pronomes de objeto no discurso não-monitorado

1 **O jornal Tempos de Belo Horizonte publicou a notícia abaixo. Preencha as lacunas com um pronome de objeto direto adequado.**

"Reimar marcou três gols no jogo de ontem à noite. A partida foi imperdível. Muitos torcedores ➲ ...*a*... acompanharam de casa, mas outros (1.) .... viram no próprio estádio. Reimar fez uma atuação fenomenal. Quem (2.) .... viu jogar ontem ficou impressionado com sua habilidade técnica. Os outros jogadores também fizeram um excelente papel na vitória, por isso os torcedores (3.) .... aplaudiram também. Luna, a namorada de Reimar, disse aos jornalistas que ontem ela (4.) .... convidou para jantar e (5.) .... viu só por uma hora porque ele tinha que descansar, mas ele lhe disse que ia fazer três gols e realmente (6.) .... fez. Depois do jogo, em entrevista ao Tempos de Belo Horizonte, Reimar disse que o time do Brasil é o melhor do mundo e acrescentou: "Quem (7.) .... vê jogar sabe da nossa capacidade. Eu sempre faço o melhor que eu posso. Muita gente (8.) .... critica, mas eles não (9.) .... entendem."

2 **A notícia abaixo foi publicada por um jornal. Complete as lacunas com pronomes de objeto adequados à pessoa gramatical.**

Cientistas brasileiros conseguiram, finalmente, aterrissar no Planeta Verdis. Logo na chegada, os cientistas viram alguns alienígenas e ➲ ......os......... chamaram para conversar. Eles não eram verdes. Nas lojas do planeta, um dos cientistas comprou comida orgânica e os empregados da loja (1) .... atenderam desconfiados. Os rios do planeta eram muito estranhos. Os cientistas quase não (2) .... reconheceram porque a água era azul e corria em direções diferentes. Os edifícios eram como os da Terra: os cientistas (3) .... viram a uma grande distância, porque eram muito altos. O cientista Marcos Souza viu um alienígena muito simpático e (4) .... convidou para tomar um café Verdezis. Ao nosso editorial, Marcos disse: "Os alienígenas (5) .... trataram muito bem. Eles (6) .... disseram que querem vir à Terra em breve, para uma missão pacífica. Eles (7) .... receberam muito bem quando estivemos lá e esperamos que os terráqueos (8) .... tratem muito bem também".

B Formas dos pronomes de objeto indireto no discurso monitorado: *me, te, lhe,* etc.

■ Objetos indiretos são complementos ligados a verbos através de uma preposição:

- *Márcia vai dar um presente de Natal **para a mãe**.*
- *Para quem Márcia vai dar um presente de Natal? Para a mãe.*

O verbo ***dar*** requer preposição (***para***), por isso o seu complemento (***para a mãe***) é um objeto indireto. Esse verbo responde a pergunta: *para quem*?

- *Não se esqueça de entregar esse livro **ao porteiro do edifício**.*
- *A quem entrego o livro? Ao porteiro do edifício.*

O verbo ***entregar*** requer preposição ***a***, por isso o seu segundo complemento (***ao porteiro do edifício***) é um objeto indireto. Esse verbo responde a pergunta: *a quem*?

■ No discurso monitorado, os pronomes usados para substituir objetos indiretos são os seguintes:

	FORMAS SINGULARES					FORMAS PLURAIS			
PRONOMES DE SUJEITO	*eu*	*tu*	*você*	*ele*	*ela*	*nós*	*vocês*	*eles*	*elas*
PRONOMES DE OBJETO	*me*	*te*	*lhe*	*lhe*	*lhe*	*nos*	*lhes*	*lhes*	*lhes*

■ O uso de alguns desses pronomes na língua falada não é frequente. Em geral eles são mais usados na língua escrita monitorada:

*Uma mulher sentada no degrau. O guarda **lhe** fala que ali não pode ficar.*
("*Mínimos, múltiplos, comuns*" p. 141. João Gilberto Noll.)

[***Lhe*** é o pronome de objeto que substitui ***uma mulher***.]

*Não, não **me** venha dizer que em Portugal não entendem o que escrevemos. (...) Mas o que **nos** propõe é outra coisa: é correção, é conserto de pronomes, é a revisão do caçanje brasileiro que fere o bom ouvido peninsular.*
("*Carta de um Editor Português*" p. 192, Rachel de Queiroz.)

[***Me*** é o pronome de objeto indireto que substitui ***Rachel de Queiroz***]
[***Nos*** é o pronome de objeto indireto que substitui ***os brasileiros***]

➲ 15.2. Pronomes de objeto no discurso não-monitorado

3 O Professor Henrique está escrevendo um e-mail para seus alunos. Preencha as lacunas com pronomes de objeto indireto adequados.

Para:

CC:

Assunto:

Bom dia a todos,

Estou escrevendo este e-mail para ..lhes.. dizer que nossa prova final mudou de data e vai ser no dia 5 de dezembro. Estou mandando este e-mail com cópia para nosso secretário e .... peço que faça essa mudança da data no nosso site também, para que isso não .... dê nenhum problema. Uma aluna da turma .... perguntou quais seriam os tópicos da prova final. Eu .... disse que faria uma lista mais ou menos uma semana antes da prova. Sei que vocês ainda estão com algumas dúvidas. Quero .... explicar melhor alguns tópicos que já estudamos, mas ainda temos tempo para isso. Também .... peço que não cheguem atrasados no dia da prova. O Prof. Marlos e eu conversamos com o diretor e ele .... disse que alunos que chegarem atrasados podem perder a prova. Ele também .... confirmou que a prova final dura duas horas. Mais tarde, o diretor .... mandou um e-mail e .... pediu que passasse essas informações para vocês.
Caso vocês tenham dúvidas, sabem onde ...... encontrar.

Cordialmente,
Professor Henrique

4 Vânia é engenheira civil e fez uma entrevista de trabalho na semana passada. Agora ela está escrevendo um e-mail para pedir notícias sobre a entrevista. Complete as lacunas com os pronomes de objeto direto ou indireto adequados.

Para:

CC:

Assunto:

Prezado Senhor Pedroso,

Estou escrevendo este e-mail para ..lhe.. perguntar se a companhia já tem alguma resposta sobre a entrevista que fiz na semana passada. Eu telefonei para sua secretária e ela .... informou para eu .... mandar este e-mail. Durante a entrevista, eu .... informei sobre meu interesse em trabalhar nessa companhia. Eu já mandei meu currículo em um e-mail anterior, mas ontem .... enviei de novo para sua secretária. Também pensei no projeto de construção que discutimos na entrevista. Eu .... analisei melhor e vi que é uma ótima ideia. Eu já fui engenheira de vários edifícios e sempre .... elaborei com muito estilo e funcionalidade. Também trabalho em estruturas de pontes. Eu geralmente .... projeto para que estejam em harmonia com a arquitetura da cidade. Meus colegas sempre .... cumprimentam por meu trabalho. Espero que o senhor e os outros gerentes tenham ficado satisfeitos com minha entrevista. Posso .... dar mais informações, caso precisem.

Cordialmente,
Vânia Moraes Leite

5 **O nosso robô Z3PO faz coisas esquisitas que justamente por isso foram incluídas no seguinte relatório enviado ao nosso chefe. Complete as frases abaixo com *o, a, os, as, lhe* ou *lhes*.**

O robô Z3PO aprendeu a preparar pudim e ➲ ....o......... deu como comida para os cachorros. Quebrou a antena de um carro e (1) .... jogou no lixo. Alugou um vídeo e (2) .... pôs no micro-ondas. Depois (3) .... entregou queimado aos outros robôs. Comeu um rádio e depois (4) .... vomitou. Falou com uns surfistas da praia do Arpoador e (5) .... impressionou com seu português com gírias. Comprou óleo lubrificante e (6) .... jogou nas plantas do Hotel Copacabana Palace. Convidou umas crianças para passear e (7) .... levou para nadar na praia. Discutiu com a gerente do hotel e (8) .... trancou no armário. Apaixonou-se por uma apresentadora de TV e (9) .... convidou para jantar. Pegou os discos de Michel Teló que ela tinha e (10) .... jogou pela janela. Chamou duas amigas para visitá-lo e, no dia seguinte, (11) .... botou para fora da casa. Esse Z3PO é esquisito mesmo!

C Colocação dos pronomes de objeto no discurso monitorado – Regra geral: *Eu a vi na praia*.

■ A regra geral do português brasileiro é a colocação do pronome antes do verbo principal:

- *Eu **me apaixonei** por Gisele desde o primeiro momento...* [Só há um verbo, então o pronome é colocado antes dele.]
- *Meus amigos **tinham me dito** que ela era estranha.* [Há dois verbos, mas ***tinham*** é o auxiliar e ***dito*** é o principal, por isso o pronome é colocado antes de ***dito***.]
- *Eu **queria lhe dar** um anel de noivado logo no primeiro mês de namoro.* [Há dois verbos, mas ***queria*** é o auxiliar e ***dar*** é o principal, por isso o pronome é colocado antes de ***dar***.]
- *Um dia ela conheceu outro homem. Ele **a convidou** para sair e os dois desapareceram juntos.* [Só há um verbo, então o pronome é colocado antes dele.]

6 **A primeira coluna abaixo conta partes do romance entre Fernando e Priscila. Na segunda coluna, Priscila está escrevendo essa mesma história em seu diário. Complete as lacunas com os pronomes adequados na posição correta.**

➲ Priscila foi a uma palestra na universidade e conheceu Fernando.	➲ Eu fui a uma palestra na universidade e ..o.... conheci .... lá.
1. Eu perguntei para ele se poderia sentar em uma cadeira vazia ao lado dele.	1. Eu .... perguntei .... se poderia sentar em uma cadeira vazia.
2. Ele olhou para mim e sorriu.	2. Ele .... olhou .... e sorriu.
3. Sentei ao lado dele e ele ofereceu um chiclete para mim.	3. Sentei ao seu lado e ele .... ofereceu .... um chiclete.
4. Eu tenho uma grande amiga e mandei uma mensagem de texto para ela, dizendo que estava sentada perto de um rapaz lindo.	4. Eu tenho uma grande amiga e .... mandei .... uma mensagem de texto, dizendo que estava sentada perto de um rapaz lindo.
5. Depois da palestra, ele pediu meu número de telefone.	5. Depois da palestra, ele .... pediu .... meu número de telefone.
6. Eu queria enviar uma mensagem para ele, mas estava com vergonha.	6. Eu .... queria .... enviar .... uma mensagem, mas estava com vergonha.
7. Eu também posso mandar um e-mail para ele, mas talvez seja pior.	7. Eu também .... posso .... mandar .... um e-mail, mas talvez seja pior.

D Colocação dos pronomes de objeto no discurso monitorado – Exceções: *Vi-a na praia. / Vou vê-la na praia.*

- O pronome de objeto nunca pode ser a primeira palavra de uma frase. Para evitar que isso aconteça, utiliza-se um hífen no fim do verbo e põe-se o pronome depois:

  - *Um dia vi Gisele na rua.* ***Convidei-a*** *para sair.* ~~*A convidei para sair.*~~
  - ***Disseram-me*** *que ela era estranha.* ~~***Me*** *disseram que ela era estranha.*~~
  - ***Dei-lhe*** *um anel de diamantes e a pedi em casamento.* ~~***Lhe*** *dei um anel de diamantes e a pedi em casamento.*~~
  - *Chegou o dia do casamento e lá estávamos nós dois, nervosos.* ***Vi-a*** *tão linda e fiquei muito feliz.* ~~***A vi*** *tão linda.*~~

- Nos casos acima também é possível mencionar o sujeito do verbo e manter o pronome antes do verbo:

  - ***Eu a*** *convidei para sair.*
  - ***Eles me*** *disseram que ela era estranha.*
  - ***Eu lhe*** *dei um anel de diamantes e lhe pedi em casamento.*
  - ***Eu a vi*** *tão linda e fiquei muito feliz.*

- Quando uma frase afirmativa ou negativa tem um verbo no infinitivo e um pronome de objeto direto de terceira pessoa (***o***, ***a***, ***os***, ***as***), exclui-se o ***r*** do verbo e o pronome se transforma em ***lo***, ***las***, ***los*** ou ***las*** e é adicionado ao fim do verbo através de um hífen:

  - *Naquele dia, Francisco estava muito cansado, mas ainda precisava fazer muitas coisas. Não havia frutas em casa, e ele não queria ir ao mercado* ***comprá-las****, mas acabou tendo que ir.* [~~*as comprar*~~]
  - *Havia um refrigerante novo no supermercado e ele também queria* ***bebê-lo****.* [~~*o beber*~~]
  - *Ele comprou uma garrafa e já ia* ***abri-la****, quando, de repente, seu telefone tocou.* [~~*ia a abrir*~~]

- O mesmo acontece quando há dois verbos e o segundo está no infinitivo:

  - *Francisco viu um quadro lindo. Ele* ***queria comprá-lo****.*
  - *Ele* ***ia colocá-lo*** *na sala de jantar, mas viu que era muito caro.*

- Quando essas mudanças ocorrem, os verbos seguem as mesmas regras de acentuação gráfica das palavras oxítonas:

  Verbos terminados em *–**ar***: acento agudo – *marc**á**-la(s), cant**á**-lo(s)*
  Verbos terminados em *–**er***: acento circunflexo – *viv**ê**-la(s), traz**ê**-lo(s)*
  Verbos terminados em *–**ir***: sem acento – *divid**i**-la(s), fer**i**-lo(s)*

- Essa regra se aplica somente aos pronomes ***o***, ***a***, ***os***, ***as***. Os demais pronomes de objeto são colocados, preferencialmente, antes do verbo, exceto nos casos já mencionados:

  - *Ana* ***vai nos chamar*** *para dar uma volta de moto.* ~~*Ana* ***vai chamar-nos*** *para dar uma volta de moto.*~~
  - *Meu treinador não* ***pode me ver*** *comendo doce!* ~~*Meu treinador não* ***pode ver-me*** *comendo doce!*~~

- Quando um verbo tem complemento direto e indireto, não é possível substituir os dois. Nesses casos, geralmente o pronome de objeto indireto é usado e o complemento direto (sem pronome) permanece. O pronome de objeto indireto antecede o verbo principal e o objeto direto vem logo após o verbo:

SUJEITO	PRONOME DE OBJETO INDIRETO ANTES DO VERBO PRINCIPAL	COMPLEMENTO DIRETO (SEM PRONOME)
Minha mãe	***me deu***	***uma estátua de presente.***
Eu já	***havia lhe entregado***	***a encomenda.***
Cláudia	***te pediu***	***um telefone no Natal.***

7 **O que você acha que vai acontecer nas situações abaixo? Utilize as informações dadas para formular uma frase. Use um pronome de objeto colocado na posição correta.**

➲ Luciano está olhando para Paulo. (convidar para tomar um café)
Luciano quer convidá-lo para tomar um café.

1. Maria está dentro de uma loja vendo um sapato de couro. (comprar)
....
2. Giovana está com um livro na mão. (ler)
....
3. Samuel está com uma garrafa de refrigerante na mão. (beber)
....
4. Rogério está segurando uma caixa fechada. (abrir)
....
5. Pietra tem um carro velho, mas quer comprar um novo. (vender)
....
6. Marília está pensando em uma prima que não vê há muito tempo. (visitar)
....
7. A casa de Sérgio está muito suja. Hoje ele não vai trabalhar. (limpar)
....
8. Júlio está vendo um carro lindo em uma loja. (dirigir)
....

8 **O que você acha que aconteceu nas situações abaixo? Utilize as informações dadas para formular uma frase. Use um pronome de objeto colocado na posição correta.**

➲ Luciano está tomando um café com Paulo. (convidar para tomar um café)
Luciano o convidou para tomar um café.

1. Maria está saindo de uma loja com uma caixa de sapatos de couro. (comprar)
....
2. Giovana está com um livro fechado na mão. (ler)
....
3. Samuel está com uma garrafa de água vazia na mão. (beber)
....
4. Rogério está segurando uma caixa aberta. (abrir)
....
5. Pietra tinha um carro velho, mas acabou de comprar um novo. (vender)
....
6. Marília está saindo da casa de uma prima que não via há muito tempo. (visitar)
....
7. A casa de Sérgio estava muito suja. Ontem ele não trabalhou. (limpar)
....
8. Júlio está chegando a uma concessionária com um carro novo. (dirigir)
....

9 João está escrevendo um relatório sobre sua empresa. Encontre os cinco erros pronominais que ele teve e corrija-os.

Conforme já afirmei no último relatório, todos os funcionários estão trabalhando muito bem, por isso dei-lhes ➲ ....lhes dei.... um bônus especial de Natal. Lhes disse (1) .... que, se eu os visse (2) .... trabalhando com esta dedicação todo dia, eu lhes seria (3) .... eternamente grato e lhes daria (4) .... ainda mais recompensas.

As vendas também estão indo bem, mas, na semana passada, estávamos precisando de mais vendedores para uma das lojas. Os contratei (5) .... e agora está tudo bem. Os produtos que mais vendemos são telefones Bokia. Os clientes os adoram (6) .... e sempre querem os comprar (7) ....

Na semana passada, houve um problema entre dois funcionários. Marcos estava irritado com Paula e lhe disse (8) .... que ela era uma idiota. Paula preferiu não o irritar (9) .... ainda mais e veio falar comigo. Eu lhe contei (10) .... confidencialmente que Marcos estava com problemas em casa e pedi que Paula o perdoasse (11) .... Os convidei (12) .... para tomar um café comigo e os dois voltaram ao normal.

15.2 Pronomes de objeto no discurso não-monitorado

A Formas dos pronomes de objeto direto no discurso não-monitorado: *me, te, você,* etc.

- No discurso não-monitorado, principalmente na fala, os pronomes usados para substituir objetos diretos são os seguintes:

	FORMAS SINGULARES					FORMAS PLURAIS				
PRONOMES DE SUJEITO	*eu*	*tu*	*você*	*ele*	*ela*	*a gente*	*nós*	*vocês*	*eles*	*elas*
PRONOMES DE OBJETO	*me*	*te*	*você*	*ele*	*ela*	*a gente*	*nos*	*vocês*	*eles*	*elas*

- No discurso não-monitorado, os pronomes de terceira pessoa (***o***, ***a***, ***os***, ***as***) são substituídos pelos pronomes de sujeito ***ele***, ***ela***, ***eles***, ***elas***. O pronome ***a gente*** também é usado tanto como sujeito quanto como objeto:

DISCURSO MONITORADO

- *Maria é tão linda e simpática. Pena que quase nunca* ***a*** *vejo.*
- *Maria e o pai estavam na feira na semana passada. Eu* ***os*** *vi, mas tive vergonha de falar com eles.*
- *O pai de Maria* ***me*** *viu, mas acho que preferiu* ***me*** *ignorar.*

DISCURSO NÃO-MONITORADO

- *Maria é tão linda e simpática. Pena que quase nunca vejo* ***ela****.*
- *Maria e o pai estavam na feira na semana passada. Eu vi* ***eles****, mas tive vergonha de falar com eles.*
- *O pai de Maria* ***me*** *viu, mas acho que preferiu* ***me*** *ignorar.*

10 **A história abaixo foi publicada em uma revista. Víctor a leu e agora está contando-a para Renata. Complete as frases de Víctor com pronomes de objeto direto do discurso não-monitorado.**

O sapo olhou para a princesa e a achou muito feia. Ela estava comendo cerejas e as mordia com muita força. Além disso, suas unhas eram feias e a princesa as roía. A princesa não sabia comer naturalmente: usava algumas ferramentas para pegar a comida e depois a punha na boca. A princesa também levantava um recipiente com um líquido dentro e o bebia. Tudo era muito desanimador, mas o sapo resolveu falar com ela mesmo assim:
– Princesa, você está me vendo? Meu guru nos viu em suas previsões para o futuro. Ele disse que eu sou o par perfeito para você.
A princesa não o viu e não respondeu. Ele tentou novamente:
– Princesa, você não está me entendendo! Eu preciso beijá-la!!! É a única maneira de transformá-la em uma sapinha linda!!!!
A princesa não o ouviu e viveu infeliz para sempre, sem nunca se transformar em uma linda sapinha.

Renata, olha que interessante a história que eu li hoje numa revista:

➲ O sapo olhou para a princesa e achou ......*ela*........ muito feia. Ela estava comendo cerejas e sua boca mordia (1) .... com muita força. Além disso, suas unhas eram feias e a princesa roía (2) .... A princesa não sabia comer naturalmente: pegava a comida com algumas ferramentas e colocava (3) .... na boca. A princesa também levantava um recipiente com um líquido dentro e bebia (4) .... Tudo era muito desanimador, mas o sapo resolveu falar com ela mesmo assim:

– Princesa, você está (5) .... vendo? Meu guru viu (6) .... em suas previsões para o futuro. Ele (7) .... disse de que eu sou o par perfeito para você.

A princesa não viu (8) .... e não respondeu. Ele tentou novamente:

– Princesa, você não está (9) .... entendendo! Eu preciso beijar (10) .... !!! É a única maneira de transformar (11) .... em uma sapinha linda!!!!

A princesa não ouviu (12) .... e viveu infeliz para sempre, sem nunca se transformar em uma linda sapinha.

B Formas dos pronomes de objeto indireto no discurso não-monitorado: *me, para ela, para a gente*, etc.

- No discurso não-monitorado, principalmente na fala, os pronomes usados como objetos indiretos são os seguintes:

FORMAS SINGULARES

PRONOMES DE SUJEITO	PRONOMES DE OBJETO
eu	*me, para / a mim*
tu	*te, para / a ti*
você	*te, para / a você*
ele	*para / a ele*
ela	*para / a ela*

FORMAS PLURAIS

PRONOMES DE SUJEITO	PRONOMES DE OBJETO
a gente	*para / (a a) à gente*
nós	*para / a nós*
vocês	*para / a vocês*
eles	*para / a eles*
elas	*para / a elas*

- A preposição ***para*** é mais frequente com esses objetos, mas, em alguns casos, ***a*** ainda é usado:

• *Quero agradecer* ***a*** *ele por toda a ajuda.*
• *Quero agradecer* ***para*** *ele por toda a ajuda.*

DISCURSO MONITORADO

- *Maria é tão linda e simpática. Quero* ***lhe*** *dar um presente de aniversário.*
- *Maria e o pai estavam na feira na semana passada. Eu* ***lhes*** *disse "bom dia", mas eles não responderam.*
- *Maria tem meu número de telefone. Espero que ela* ***me*** *ligue um dia desses.*

DISCURSO NÃO-MONITORADO

- *Maria é tão linda e simpática. Quero dar um presente de aniversário* ***para ela****.*
- *Maria e o pai estavam na feira na semana passada. Eu disse "bom dia"* ***para eles****, mas eles não responderam.*
- *Maria tem meu número de telefone. Espero que ela* ***me*** *ligue (ligue* ***para mim****) um dia desses.*

11 **Luan vai passar quatro dias fora e deixou instruções escritas para sua amiga Valéria cuidar de sua casa. Mude os pronomes do discurso monitorado para o não-monitorado.**

Olá, Valéria,

Em primeiro lugar, **lhe** agradeço por cuidar da minha casa. Quando voltar, vou lhe entregar um presente lindo que comprei para lhe dar como símbolo de gratidão. Bom, sobre a casa: primeiro, queria que você fosse lá pelo menos duas vezes nestes quatro dias em que vou ficar fora. Vou deixar a chave do apartamento com minha vizinha Glória e você pode lhe pedir a chave no dia em que for lá. Em cima da mesa tem um saco de ração para a Mel, minha gatinha. Quero que você lhe dê bastante ração e também lhe dê muito carinho. Mel tem uma terrinha perto do banheiro. Quero que você a troque para evitar o cheio ruim. Eu tenho algumas plantas perto da janela. Quero que você as molhe nos dois dias. Também quero que você veja se tem cartas para mim e as traga para dentro. Se você vir os vizinhos, não lhes diga que viajei. Gosto de manter minha privacidade. No último dia, fale com minha vizinha Glória e lhe devolva a chave.

Um abraço e muito obrigado por tudo!

Luan

➲ Em primeiro lugar, lhe agradeço por cuidar da minha casa.
Em primeiro lugar, agradeço a você por cuidar da minha casa.

1. Quando voltar, vou lhe entregar um presente lindo que comprei para lhe dar como símbolo de gratidão.
....
2. Vou deixar a chave do apartamento com minha vizinha Glória e você pode lhe pedir a chave no dia em que for lá.
....
3. Quero que você lhe dê bastante ração e também lhe dê muito carinho.
....
4. Quero que você a troque para evitar o cheiro ruim.
....
5. Quero que você as molhe nos dois dias.
....
6. Também quero que você veja se tem cartas para mim e as traga para dentro.
....
7. Se você vir os vizinhos, não lhes diga que viajei.
....
8. No último dia, fale com minha vizinha Glória e lhe devolva a chave.
....

C Colocação dos pronomes de objeto no discurso não-monitorado: *Ela me viu ontem. / Vi ela ontem.*

■ No discurso não-monitorado, os pronomes ***me***, ***te***, ***nos*** são colocados antes do verbo principal. Todos os demais são colocados depois do verbo principal:

- *Faz tanto tempo que eu não vejo o Marcos.*
- *É mesmo? **Vi ele** ontem.*

- *Encontrei com a Maria ontem e ela **me disse** que **quer nos ver**. Ela **convidou a gente** para ir à casa dela.*

- *Faz tanto tempo que eu não vejo o Marcos.*
- *É mesmo? ~~**Ele vi** ontem~~.*

- *Encontrei com a Maria ontem e ela ~~**disse-me**~~ que ~~**quer ver-nos**~~. Ela ~~**a gente convidou**~~ para ir à casa dela.*

■ Geralmente, se um verbo tem dois objetos, o objeto indireto é substituído por um pronome, mas o complemento de objeto direto (sem pronome) permanece. A ordem mais natural é pôr o objeto direto depois do verbo e logo a seguir o indireto:

SUJEITO + VERBO	OBJETO DIRETO (SEM PRONOME)	PRONOME DE OBJETO INDIRETO
Vamos comprar	*um sapato novo*	*para ela?*
Eu já entreguei	*aquela caixa*	*a ele.*
Quero dar	*um smartphone*	*para você.*

■ Quando, no entanto, há dois objetos e o objeto indireto é ***me***, ***te*** ou ***nos***, ele é colocado antes do verbo principal:

SUJEITO + PRONOME DE O.I. + VERBO PRINCIPAL	OBJETO DIRETO (SEM PRONOME)
*Quero **te dar***	*um smartphone.*
*Alguém **me empresta***	*uma roupa para ir a uma festa?*

12 **As frases abaixo descrevem o que as pessoas vão dar para cada uma em uma festa de amigo secreto. Faça frases pondo as informações na ordem correta e usando pronomes de objeto do discurso não-monitorado.**

➲ Clarinha – uma bolsa de couro – Lívia
Clarinha vai dar uma bolsa de couro para ela.

1. Miriam e Wagner – um DVD – Bruno
....
2. Alex – uma assinatura de uma revista – eu
....
3. Letícia – uma canga de praia – Lucas e eu
....
4. Eu – uma sandália de praia – você
....
5. Daniela – uma capa de telefone – Roberto
....
6. Érica – uma caixa de canetas – tu
....
7. Fernando – um livro – eu
....

D Omissão pronominal no discurso não-monitorado: *Aquele vestido é lindo. Quero comprar para mim.*

■ No discurso menos monitorado, quando o contexto já deixa implícito quem/qual é o objeto, sua omissão é muito frequente, principalmente com objetos inanimados:

- *Estou procurando minha chave e não consigo encontrar Ø. Você viu Ø?*
- ○ *Não, não vi Ø, não.* [Como o referente (***chave***) foi mencionado na primeira frase, o objeto é omitido nos três verbos seguintes, porque ele já está implícito.]

■ Isso ocorre com objetos diretos e objetos indiretos:

- *Você já deu o recado ao Júlio?*
- ○ *Dei Ø Ø, sim, ontem.* [Os dois objetos foram omitidos porque podem ser facilmente recuperados a partir da pergunta.]

13 **Nos diálogos abaixo, circule os pronomes que podem ser eliminados.**

➲ • Carol, você aceita um chá? Acabei de fazer (ele) agora.
○ Aceito (ele), sim.

1. • Nossa, Carol, olha aquele sapato ali.
○ O verde?
• É. Quero experimentar ele e, se eu gostar, vou comprar ele.
2. • Cláudio, você me telefona quando souber que horas vamos sair?
○ Telefono para você, sim. Mais ou menos no fim da tarde eu ligo para você, tá?
3. • O carteiro entregou minha encomenda?
○ Não, ainda não entregou ela. Talvez entregue ela amanhã.
4 • Luana, você tem o telefone da Claudinha?
○ Não, não tenho ele, não, mas eu acho que Priscila tem ele.

16. Construções reflexivas

A Construções reflexivas: *Eu me chamo Luana. / Ela não está se sentindo bem.*

- Nas construções reflexivas, sujeito e pronome de objeto (direto ou indireto) referem-se à mesma pessoa. Quando conjugamos um verbo de maneira reflexiva, os efeitos desse verbo incidem sobre o próprio sujeito que fala:

CONSTRUÇÕES REFLEXIVAS:	SUJEITO E OBJETO COINCIDEM:
• *Camila está **se** arrumando para ir à festa.*	• ~~Camila está arrumando Camila.~~
• *Eu **me** vesti muito rápido para conseguir pegar o ônibus.*	• ~~Eu vesti a mim mesmo(a).~~

- Os **pronomes** que usamos na conjugação reflexiva são:

SUJEITO	PRONOME	VERBO
eu	*me*	*divirto*
tu	*te*	*divertes*
você	*se*	*diverte*
ele, ela	*se*	*diverte*
a gente	*se*	*diverte*
nós	*nos*	*divertimos*
vocês	*se*	*divertem*
eles, elas	*se*	*divertem*

- Alguns verbos são reflexivos ou não dependendo da região, como é o caso de ***deitar** / **deitar-se**, **levantar** / **levantar-se*** e ***secar** /**secar-se***. Os verbos abaixo geralmente são usados como reflexivos em todos os dialetos (embora possa haver variação):

aborrecer-se	*ausentar-se*	*divertir-se*	*lembrar-se de*	*preocupar-se*
agachar-se	**arrumar-se*	**enganar-se*	*maquiar-se*	*queixar-se*
ajoelhar-se	**chamar-se*	*esquecer-se de*	**parecer-se*	*suicidar-se*
alegrar-se	*chatear-se*	*formar-se*	*pentear-se*	*vestir-se*
aproximar-se	**despedir-se*	*lamentar-se de*	**perguntar-se*	*zangar-se*

- Os verbos que aparecem com um asterisco (*) podem ter um significado diferente quando são usados sem o pronome reflexivo:

Construções <u>com</u> pronomes reflexivos	Construções <u>sem</u> pronomes reflexivos
*Eu **me arrumei** para ir à festa.* [Eu pus uma roupa bonita e me maquiei.]	*Eu **arrumei** um emprego.* [Eu consegui um emprego.]
*A professora **se chama** Teresa.* [O nome da professora é Teresa.]	*A professora estava andando na rua quando alguém a **chamou**.* [Alguém gritou o nome dela.]
*O Pedro da Belgás **se despediu** do seu chefe.* [O Pedro disse tchauzinho.]	*A companhia Belgás estava com problemas financeiros e **despediu** alguns funcionários.* [A companhia disse para alguns funcionários que eles não iriam trabalhar mais.]
*Ele **se enganou** com o clima, acabou chovendo.* [Ele errou e não levou guarda-chuva.]	*As aparências **enganam**.* [O que as pessoas aparentam não representa aquilo que elas realmente são.]
*Ela **se parece** com o pai.* [Ela e o pai dela têm traços físicos parecidos.]	***Parece** que vai chover.* [Tudo indica que isso vai acontecer.]
*Eu sempre **me perguntei** por que ele nunca respondia.* [Eu fiquei pensando por quê.]	*Eu **perguntei** várias vezes o significado dessa palavra, mas o professor não respondeu.* [Eu falei com o professor para saber o significado dessa palavra.]

1 **Sublinhe os verbos reflexivos nas frases abaixo. Nem todas as frases têm verbo reflexivo. Observe a concordância entre o pronome e o verbo.**

➲ Eu não gosto de me aborrecer com coisas bobas.
1. Me empresta cinquenta reais?
2. Você se maquia sempre tão cedo?
3. Vi você hoje de tarde no shopping.
4. A Laura já se formou na faculdade?
5. Comprei um casaco para a Vera.
6. A gente se arruma e sai, tá?
7. As pessoas estão nos olhando de um jeito esquisito aqui na festa!
8. Se sairmos hoje à noite, chamamos vocês.
9. Se vocês ficarem na frente da televisão, não consigo ver nada.
10. Trouxe um presente da minha viagem para os meus pais.
11. Meus pais se chatearam com meus tios, mas não sei por quê.

2 **Relacione as frases das duas colunas, como no exemplo.**

➲ a. Pintamos o rosto todo de branco. — b. Nós parecíamos uns fantasmas.
b. Pintamos o rosto dele todo de branco. — a. Ele parecia um fantasma.

1. a. Ele se afogou na piscina do hotel.
b. Alguém afogou ele na piscina do hotel.
a. Não foi um acidente. O culpado se entregou à polícia.
b. Foi um acidente. Ele tropeçou e bateu a cabeça na beira da piscina.

2. a. Toda noite ela se depilava antes de dormir.
b. Toda noite ela depilava as sobrancelhas da filha.
a. Ela era uma mulher muito metódica.
b. A mãe queria que a filha estivesse sempre arrumada.

3. a. Ela o maquiou uma vez para uma peça de teatro.
b. Ela se maquiou várias vezes antes de finalmente escolher o vestido que ia usar.
a. As cores não combinavam com os diferentes vestidos que ela tinha escolhido.
b. Foi assim que se conheceram.

4. a. Eles se perguntavam por que estava fazendo tanto frio.
b. Eles perguntaram que tipo de roupa deviam levar para a viagem.
a. Eles sabiam que ainda era verão.
b. Não sabiam como era o clima de lá.

3 **Quem acorda quem amanhã de manhã?**

➲ (Eu sozinho) — d. ... acordo.
1. (Eu a você)
2. (Você a mim)
3. (Eu aos meus amigos)
4. (Você a sua irmã)
5. (Nós a você)
6. (Ela a vocês)
7. (Vocês sozinhos)

a. ... os acordo.
b. ... acorda vocês.
c. ... acorda ela.
d. ... acordo.
e. ... acordam.
f. ... acordo você.
g. ... me acorda.
h. ... te acordamos.

B A reciprocidade pronominal: *Nós nos conhecemos. / Eles se amam.*

■ Com a reciprocidade pronominal, expressamos que dois ou mais sujeitos realizam uma ação um ao outro. Alguns verbos que podem ser usados como recíprocos são:

agredir-se, ajudar-se, amar-se, apaixonar-se, beijar-se, criticar-se, dar-se bem/mal, detestar-se, encontrar-se, entender-se, insultar-se, ofender-se, respeitar-se, ver-se, visitar-se.

- *Zeca e seu primo se insultam por qualquer coisa.*
  [Zeca insulta seu primo + Seu primo insulta Zeca.]

- *Dani e você se respeitam muito, né?*
  [Dani respeita você + Você respeita Dani.]

- *Isabel e Fernando se amam.*
  [Isabel ama Fernando + Fernando ama Isabel.]

4 Márcia está contando para Elvira a história do seu relacionamento com Edgar. Escreva o pronome correspondente aos sujeitos indicados.

➲ Elvira: Onde Edgar e você ...se... conheceram?
Márcia: Nós (1) .... vimos pela vez primeira em uma viagem ao México. Ele era o guia turístico.
Elvira: E vocês (2) .... apaixonaram imediatamente?
Márcia: Quem me dera! No começo a gente só (3) ...... deu bem, porém um dia ele me convidou para jantar, a gente saiu para passear e...
Elvira: Vocês (4) .... beijaram?
Márcia: Não, não: ele me levou para ver a mãe dele! Desde esse dia a mãe dele e eu não (5) ...... entendemos.

Depois, Elvira falou para Clara o que Márcia contou para ela sobre Edgar.

➲ Márcia e Edgar ...se conheceram... em uma viagem a Cancun, mas não (6) .... imediatamente. No começo só (7) .... bem. O primeiro dia em que saíram juntos não (8) .... ; ele é muito tradicional e levou ela para conhecer a mãe dele. E desde esse dia a mãe do Edgar e a Márcia não (9) ....

C Construções impessoais com *se*: *Aluga-se uma casa.* / *Fala-se espanhol.*

- Quando não queremos identificar o agente do verbo, ou seja, aquele que realiza a ação, usamos o verbo na terceira pessoa com a conjugação pronominal (*vende(m)-se*):

CONSTRUÇÃO PESSOAL
Identificamos o agente:

- *Meus vizinhos venderam a casa deles.*
- *Minha amiga está alugando um quarto.*

CONSTRUÇÃO IMPESSOAL
Não identificamos o agente:

- *Vende-se uma casa.*
- *Aluga-se um quarto.*

- Essa construção é muito usada em anúncios e letreiros de compra, venda e ofertas de trabalhos. O pronome ***se*** é colocado sempre depois do verbo:

  - *Vende-se esse carro.*
  - *Fala-se inglês.*
  - *Consertam-se bicicletas.*
  - *Troca-se bateria de relógio.*

- Quando essas construções são usadas no discurso mais monitorado, o verbo concorda em número com o sujeito passivo:

SUJEITO PASSIVO SINGULAR (VERBO SINGULAR)	SUJEITO PASSIVO PLURAL (VERBO PLURAL)
• *Vende-se carro de segunda mão.*	• *Vendem-se motos.*
• *Compra-se roupa usada.*	• *Compram-se móveis.*
• *Procura-se ajudante.*	• *Procuram-se garçons que saibam inglês.*

- No entanto, no discurso menos monitorado, o verbo geralmente fica no singular, mesmo que o sujeito passivo seja plural:

  - *Vende-se motos.*
  - *Compra-se móveis.*
  - *Procura-se garçons que saibam inglês.*

- Quando o complemento do verbo é objeto indireto (ou seja, com preposição), o verbo é sempre no singular:

  - *Precisa-se **de** garçons com experiência.*
  - *Necessita-se **de** manicure com prática.*

5 As empresas abaixo estão fazendo alguns anúncios. Use as informações indicadas para escrever esses anúncios. Use uma linguagem adequada ao discurso mais monitorado.

➲ Consertar telefones de várias marcas.
Consertam-se telefones de várias marcas.

1. Doar filhotes de cachorros de raça.

   ....

2. Alugar roupa para festas.

   ....

3. Precisar de intérpretes português-inglês.

   ....

4. Vender móveis usados.

   ....

5. Falar espanhol.

   ....

6. Consertar sapatos usados.

   ....

7. Procurar vendedor com experiência.

   ....

8. Precisar de motoristas de ônibus com cinco anos de carteira.

   ....

CAPÍTULO 4

Verbos

17 Conjugação. Elementos básicos
18 Formas impessoais: *falar, falando, falado*, etc.
19 Presente do indicativo
20 Pretérito perfeito do indicativo
21 Pretérito perfeito composto
22 Pretérito imperfeito
23 Pretérito perfeito ou imperfeito
24 Pretérito mais-que-perfeito composto
25 Futuro do presente
26 Futuro do presente composto
27 Futuro do pretérito
28 Futuro do pretérito composto
29 Infinitivo pessoal
30 Formas do subjuntivo: *fale, tenha falado,* etc.
31 Indicativo ou subjuntivo?
32 Formas do pretérito perfeito do subjuntivo
33 Pretérito imperfeito do subjuntivo
34 Futuro do subjuntivo
35 Futuro composto do subjuntivo
36 Orações condicionais com futuro do subjuntivo ou pretérito imperfeito do subjuntivo
37 Orações condicionais compostas
38 Verbos modais em orações compostas
39 Imperativo
40 *Ser* e *estar*
41 *Haver, ter* e *estar*
42 Voz passiva
43 Perífrases verbais

17. Conjugação. Elementos básicos

A Referir-se a um verbo: o infinitivo

- Quando nos **referimos a um verbo**, usamos o **infinitivo**, que é uma das formas impessoais (não conjugadas) do verbo, e também a forma como os verbos aparecem nos dicionários.

- Existem três terminações de infinitivo, cada uma com uma vogal temática própria. Todos os verbos se classificam de acordo com essas terminações:

TERMINADOS EM -*ar* (1ª CONJUGAÇÃO)	TERMINADOS EM -*er* (2ª CONJUGAÇÃO)	TERMINADOS EM -*ir* (3ª CONJUGAÇÃO)
Cantar	*Aprender*	*Abrir*
Estudar	*Beber*	*Dormir*
Falar	*Comer*	*Partir*
Jogar	*Correr*	*Pedir*
Trabalhar	*Escrever*	*Sair*

A única exceção a este grupo é o verbo ***pôr***. Ele term terminação em -***or***, mas é um verbo da segunda conjugação (-***er***) porque, em latim, sua forma era *ponere* (terminação em –*er*).

1 **A professora Morfema trabalha na escola Gramatix. Hoje ela preparou uma série de exercícios para os alunos praticarem a conjugação verbal. No quadro abaixo há uma lista de verbos no infinitivo. Organize-os de acordo com o grupo correspondente.**

sair escutar✓ pôr ouvir aprender abrir chamar poder ser
conduzir entrar partir reproduzir dizer ter haver

-ar	-er	-ir
➲ *escutar*	....	....
....	....	....
....	....	....
....	....	....
....	....	....
....	....	....
....	....	....
....	....	....

2 **Esta é a segunda atividade que a professora Morfema preparou para hoje. Tente descobrir qual é o infinitivo dos verbos abaixo. Para encontrá-los, preste atenção à vogal temática da terminação.**

abrimos comemos está trabalham pedimos vemos sentimos canta saímos
escrevemos vivemos estudamos ✓ sentamos cozinha dormimos lê

-ar	➲ *estudamos*	**-er**	6.	**-ir**	12. ....
	1.		7.		13. ....
	2.		8.		14. ....
	3.		9.		15. ....
	4.		10.		16. ....
	5.		11.		17. ....

B Conjugando um verbo

- As terminações verbais são muito importantes porque informam o tempo e a pessoa a que estamos nos referindo. Quando conjugamos um verbo, estamos falando de uma ou mais pessoas em um tempo determinado.
  Para conjugar um **verbo regular**, trocamos a terminação do infinitivo pelas terminações de tempo e pessoa. Veja os exemplos abaixo:

*Estud**ar*** *estud* + TERMINAÇÃO		*Corr**er*** *corr* + TERMINAÇÃO		*Decid**ir*** *decid* + TERMINAÇÃO	
estud***o***	[*eu* Presente]	*corro*	[*eu* Presente]	decid***o***	[*eu* Presente]
estud***as***	[*tu* Presente]	*corres*	[*tu* Presente]	decid***es***	[*tu* Presente]
estud***a***	[*ele* Presente]	*corre*	[*ele* Presente]	decid***e***	[*ele* Presente]
estud***amos***	[*nós* Presente]	*corremos*	[*nós* Presente]	decid***imos***	[*nós* Presente]
estud***am***	[*eles* Presente]	*correm*	[*eles* Presente]	decid***em***	[*eles* Presente]
estud***ei***	[*eu* Pretérito]	*corri*	[*eu* Pretérito]	decid***i***	[*eu* Pretérito]
estud***aste***	[*tu* Pretérito]	*correste*	[*tu* Pretérito]	decid***iste***	[*tu* Pretérito]
estud***ou***	[*ele* Pretérito]	*correu*	[*ele* Pretérito]	decid***iu***	[*ele* Pretérito]
estud***amos***	[*nós* Pretérito]	*corremos*	[*nós* Pretérito]	decid***imos***	[*nós* Pretérito]
estud***aram***	[*eles* Pretérito]	*correram*	[*eles* Pretérito]	decid***iram***	[*eles* Pretérito]

- Para conjugar um **verbo irregular**, além de mudar as terminações, é necessário saber que característica o torna irregular. Geralmente a primeira parte do verbo, o radical, é afetada, como, por exemplo, em:

> ***Descobrir***, na primeira pessoa do presente (***eu***), troca o *–o–* por *–u–*: *descobrir* → eu *descubro*
> ***Pedir***, na primeira pessoa do presente (***eu***), troca o *–d–* por *–ç–*: ***pedir*** → eu *peço*
> ***Trazer***, no pretérito perfeito, troca o *–azer* por *–ouxe*: ***trazer*** → eu ***trouxe***

3 **Este é o terceiro quadro de verbos que a Professora Morfema preparou. É muito importante identificar as partes dos verbos para conjugá-los corretamente. Nos verbos abaixo, separe a raiz verbal e a terminação (a vogal temática).**

trocar	➲ *troc + ar*	poder	7.	nascer	14. ....
abrir	1.	conduzir	8.	gostar	15. ....
terminar	2.	pedir	9.	romper	16. ....
escrever	3.	receber	10.	proibir	17. ....
aprender	4.	sair	11.	sonhar	18. ....
comer	5.	querer	12.	dormir	19. ....
cantar	6.	beber	13.	pensar	20. ....

C Concordar o verbo com o sujeito

- A conjugação verbal possui seis terminações diferentes para cada uma das pessoas que podem ser o sujeito. O verbo sempre concorda com o sujeito, ou seja, a pessoa a que ele se refere:

SINGULAR	1ª pessoa	*Eu*	*como*
	2ª pessoa	*Tu*	*comes*
	2ª pessoa	*Você*	*come*
	3ª pessoa	*Ele, ela*	*come*
PLURAL	1ª pessoa	*A gente*	*come*
	1ª pessoa	*Nós*	*comemos*
	2ª pessoa	*Vocês*	*comem*
	3ª pessoa	*Eles, elas*	*comem*

- *Você sabe que ter uma alimentação saudável é muito importante.*
- *Vocês já sabem que eu vou me casar?*
- *Minha irmã e eu sabemos tudo sobre os dinossauros. Esse é nosso tema preferido.*

- Os pronomes de tratamento ***o senhor, a senhora*** são conjugados da mesma forma que ***você***. ***Os senhores, as senhoras*** são conjugados como ***vocês***.

Tu e ***você*** são usados intercambiavelmente em alguns dialetos.

- A forma ***a gente*** significa *nós* e é usada no português menos monitorado falado ou escrito. Em todos os tempos e modos verbais a conjugação de ***a gente*** é feita com o verbo na forma de 3ª pessoa do singular. Quando se usa ***a gente***, a pessoa que fala está incluída no grupo a que ***a gente*** se refere:

MÁRCIA: *Professora, **a gente** precisa estudar os verbos irregulares para a prova?*
[Márcia (a pessoa que está usando a forma ***a gente***) está incluída no grupo das pessoas que vão estudar.]

PROFESSORA ISAURA: *Não sei... Vou conversar com os outros professores para ver se **a gente** vai incluir os verbos irregulares na próxima prova.*
[A professora Isaura está usando ***a gente*** porque ela está incluída no grupo que vai decidir se os verbos irregulares vão estar na prova.]

■ **Algumas desinências verbais são sempre as mesmas** e se repetem em todos os tempos. Memorizar essas terminações facilita a aprendizagem da conjugação verbal:

PESSOA/SUJEITO		MARCA VERBAL
Eu	→	*- vogal**
Tu	→	*-s***
Você	→	*-vogal**
Ele, ela	→	*-vogal**
A gente	→	*-vogal**
Nós	→	***-mos***
Vocês	→	***-m** ou **–ão***
Eles, elas	→	***-m** ou **–ão***

* A vogal não é específica e muda de acordo com o tempo verbal.

** Exceto no Pretérito perfeito e no Imperativo

4 **Relacione cada uma das formas verbais abaixo com a pessoa correspondente. Como há diversos tempos verbais, oriente-se exclusivamente pelas marcas pessoais.**

fizeram saímos sabemos chamaram temos cantamos veio comerão foram escreves comunico cantas ✓ envio traduziram diziam estavam sabe sairemos sabes abrimos

Eu ....

Tu ➲ *cantas*

Ele, ela, você, a gente ....

Nós ....

Eles, elas, vocês ....

5 **Maria vai fazer um jantar na casa dela. Os convidados estão conversando sobre esse jantar. Use o verbo adequado para completar as frases abaixo e preste atenção à concordância verbal.**

jantam podem vão ✓ vão gostariam podem chegaremos levamos sai

➲ Que horas vocês *vão* chegar?
1. Nós .... às oito horas.
2. Você e Rafaela .... chegar nesse horário?
3. A gente .... muito tarde do trabalho.
4. Por que Júlia e a família dela .... tão cedo?
5. Não sei... Bom, o que nós .... para eles: vinho, sobremesa ou flores?
6. Chocolate não, porque os filhos da Júlia não .... comer.
7. Acho que eles .... de um bom vinho tinto para jantar.
8. Vocês .... de carro ou a pé?

18. Formas impessoais: *falar, falando, falado*, etc.

A Significado e forma do infinitivo: *falar, comer, decidir*, etc.

- O infinitivo é um substantivo verbal que representa o nome de um processo.
- O infinitivo é a forma neutra do verbo e, por isso, é a forma verbal que está no dicionário. O infinitivo pode ter três terminações diferentes:

1ª CONJUGAÇÃO -***ar***	2ª CONJUGAÇÃO -***er***	3ª CONJUGAÇÃO -***ir***
*Cant**ar***	*Beb**er***	*Abr**ir***
*Compr**ar***	*Com**er***	*Dorm**ir***
*Pul**ar***	*Conhec**er***	***Ir***
*Sonh**ar***	*Sab**er***	*Part**ir***
*Vo**ar***	*T**er***	*Sa**ir***

- ***Pintar*** *é o ato de fazer pinturas.*

1 Você consegue encontrar o infinitivo correspondente a cada um dos substantivos abaixo, como no exemplo?

a canção	➔ *cantar*	a entrada	5.	a ida	10. ....
o pulo	1.	a chegada	6.	o amor	11. ....
o conto	2.	a venda	7.	a corrida	12. ....
a roda	3.	a comida	8.	a volta	13. ....
a saída	4.	o sentimento	9.	a ligação	14. ....

B O infinitivo como substantivo

- O infinitivo pode ser usado como um substantivo:

Como SUJEITO	Como COMPLEMENTO DIRETO	Com PREPOSIÇÃO
• *A saída foi difícil.*	• *Quer água?*	• *Não saia sem almoço.*
• ***Sair*** *foi difícil.*	• *Quer **beber** água?*	• *Não saia sem **almoçar**.*
• *O descanso é bom.*	• *Ele não sabe nada.*	• *Gosto de lasanha.*
• ***Descansar*** *é bom.*	• *Ele não sabe **escrever**.*	• *Gosto de **estudar**.*
• *Este conto é melhor.*	• *Prefiro português.*	• *Está na hora da comida.*
• ***Contar*** *histórias é melhor.*	• *Prefiro **falar** português.*	• *Está na hora de **comer**.*

2 **Risque a única opção que não representa uma resposta correta para a pergunta.**

➲ O que você quer?	~~Comendo um pouco~~. / Comer um pouco. / Um pouco de comida.
1. O que você mais gosta de fazer?	Assistir à televisão. / Viajar. / Viajando no verão.
2. O que mais te preocupa?	O trânsito de manhã. / Dirigir no horário de pico. / Dirigindo no horário de pico.
3. O que você acha de aprender português?	Aprender português é divertido. / É muito interessante. / Aprendendo português é ótimo.
4. O que é bom para gripe?	Tomar uma aspirina. / Tomando um antibiótico. / Descansar em casa.

3 **Os enunciados abaixo proíbem alguma coisa, o quê? Transformamos esses enunciados em placas. Escreva-os no quadro abaixo, de acordo com o exemplo.**

➲ Proibido virar à esquerda

1. ....

2. ....

3. ....

4. ....

5. ....

6. ....

7. ....

- Não me beije aqui. É proibido.
- Não tem problema. Podemos andar um pouco mais e comer em outro lugar.
- Não vire à esquerda, é proibido. ✓
- Quer usar o banheiro? Espere um pouco até chegar em casa.
- Por que você está buzinando?
- Não entre à direita.
- Não ultrapasse o carro à frente.
- Você está com sono? Vamos a outro lugar.

C Significado e forma do gerúndio: *falando, comendo, decidindo*, etc.

- O gerúndio expressa **um processo que está acontecendo**:
- Para formar o gerúndio, elimina-se o *–r* do infinitivo e acrescenta-se a desinência *–**ndo***: *falando*, *comendo*, *decidindo*. Não há formas irregulares no gerúndio:
  - *Francisco relaxa **pintando** quadros.*

4 **O que você está vendo em cada uma das figuras? Escolha um dos verbos sugeridos.**

nadar	fazer	falar ✓	dar	morder

➲ Estou vendo um homem falando com uma mulher.
1. Estou vendo uma criança .... na piscina.
2. Estou vendo uma menina .... desenhos.
3. Estou vendo um policial .... uma multa.
4. Estou vendo um cachorro .... um osso.

D Usos do gerúndio: *Ele está comendo.*

■ Usando ***estar*** + GERÚNDIO podemos falar sobre a progressão de uma determinada ação em **qualquer tempo verbal**:

- *Não faça barulho porque as crianças **estão dormindo**.*
- ***Estávamos assistindo** ao jogo e, de repente, ele foi embora sem falar nada.*
- *Meus colegas sempre mandam mensagens de texto para mim quando **estou estudando**.*

5 **Relacione os desenhos abaixo às frases que descrevem o que as pessoas ou os animais estão fazendo. Conjugue o verbo que está na forma infinitiva entre parênteses.**

➲ O gato está (beber) ....bebendo.... leite.
1. A professora está (explicar) .... o dever.
2. Eu estou (correr) .... para perder peso.
3. Cláudio e eu estamos (ir) .... para a escola.
4. Todos estão (dançar) .... muito nesta festa.
5. Os cachorros estão (comer) .... a comida que sobrou do almoço.
6. Meu pai está (ler) .... um livro de literatura portuguesa.
7. Tu estás (ver) .... esse filme há quanto tempo?

■ O gerúndio também pode ser usado para expressar **a maneira** de se fazer alguma coisa ou dar instruções:

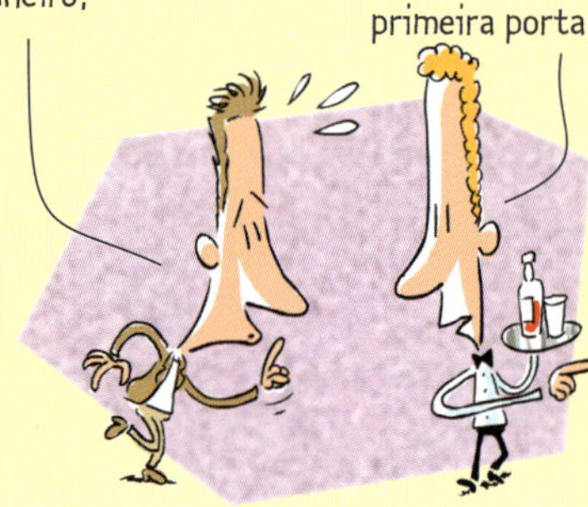

6 **Relacione a pergunta da esquerda com a resposta mais lógica da coluna da direita.**

➲ Como você resolveu seu problema de saúde?
1. Doutor, como posso melhorar meus problemas emocionais?
2. Ana, como faço para chegar à sua casa?
3. Está longe da universidade? Como posso chegar?
4. Onde tem uma farmácia, por favor?
5. Como você emagreceu tanto?

a. Cuidando da minha alimentação e dormindo bem.
b. Fácil, indo à academia quase todo dia.
c. Pegando um táxi. Só assim você vai chegar a tempo.
d. Tem uma na próxima esquina, virando depois de uma casa cor de rosa.
e. Entrando na Rua dos Aimorés, você vira na primeira rua à direita.
f. Simplesmente, conversando sobre o assunto.

➲ ..a..
1. .....
2. .....
3. .....
4. .....
5. .....

- Usamos o **infinitivo** e não o gerúndio nas seguintes situações:

Como SUJEITO:	• ***Pilotar*** *aviões é emocionante.*	[~~Pilotando~~ aviões é emocionante.]
Como OBJETO:	• *Ela odeia* ***chegar*** *tarde.*	[Ela odeia ~~chegando~~ tarde.]
Com PREPOSIÇÕES:	• *Desculpe-me por* ***atrapalhar***. • *Lave a mão antes de* ***comer***.	[Desculpe-me por ~~atrapalhando~~.] [Lave a mão antes de ~~comendo~~.]

7 **Paulo estuda português, mas ainda tem alguns problemas com o uso do infinitivo e do gerúndio. Corrija os verbos incorretos na redação que ele escreveu. Preste atenção às preposições.**

Acho ótimo (➲) ~~praticando~~ esportes porque, (➲) **fazendo** uma atividade física, você se sente melhor fisicamente. Antes de (1) **morando** no Rio de Janeiro, eu jogava em um time de futebol de praia em Miami. (2) **Jogando** futebol de praia é muito divertido. Agora estou (3) **procurando** um grupo de garotos para (4) **fazer** um time e jogar outra vez. Comecei a (5) **procurando** há uma semana e já encontrei seis interessados. Também gosto de (6) **estudar** línguas e (7) **conversando** com os cariocas. Depois de (8) **morando** seis meses aqui, quero ir ao nordeste, onde as praias são muito famosas. (9) **Viajar** é uma coisa muito importante para mim.

➲ praticar
➲ ✓
1. ....
2. ....
3. ....
4. ....
5. ....
6. ....
7. ....
8. ....
9. ....

E Significados, forma e usos do particípio: *falado, comido, decidido*, etc.

- O particípio pode ter a função de um adjetivo verbal que expressa o **resultado de um processo:**

• *Um quadro* ***pintado***.

[O resultado da ação de pintar um quadro é um quadro pintado.]

- A forma **regular** do particípio é feita através do acréscimo das seguintes terminações aos infinitivos verbais:

-ar	*-ado*	*falar → falado*
-er, -ir	*-ido*	*comer → comido* *decidir → decidido*

- Os **particípios irregulares** com uma forma diferente no português são os seguintes:

abrir → aberto	*fazer → feito*	*pôr → posto*
cobrir → coberto	*ganhar → ganho*	*ver → visto*
dizer → dito	*gastar → gasto*	*vir → vindo*
escrever → escrito	*pagar → pago*	

→ *Em algumas gramáticas tradicionais, os verbos* ***ganhar***, ***gastar*** *e* ***pagar*** *ainda são considerados como abundantes, ou seja, têm dois particípios, um regular e outro irregular.*

As formas derivadas destes verbos também são irregulares:
desfazer → ***desfeito*** *prever →* ***previsto*** *reabrir →* ***reaberto***

8 **Amanda começou a aprender português e ainda tem um pouco de dificuldade com os particípios. Corrija os cinco erros que ela cometeu nas frases abaixo.**

➲ Tenho ~~vido~~..visto.....muita coisa interessante em minha viagem pelo Brasil. Acho linda a paisagem e tenho aproveitado ....✓...... bem a diversidade de frutas que encontro em diferentes lugares.

1. Meu amigo Pedro está me ajudando com a língua e eu acho que tenho fazido .... um bom progresso nos últimos dias, principalmente depois de comprar dois dicionários de português.
2. Tenho escrevido .... e-mails para meus amigos americanos sempre que posso. Eles também postam muitas mensagens no meu Facebook.
3. Já viajei para várias cidades e tenho ido .... a lugares superlegais. Também tenho conhecido .... muita gente divertida.
4. Tenho aula na universidade todo dia, por isso meu português está ótimo. Além disso, também tenho descobrido .... muitas coisas sobre a cultura do Brasil.
5. Estou gastando bastante dinheiro na viagem, mas tenho pagado .... tudo com meu cartão de crédito americano, então tenho ganho .... muitos pontos para acumular para minhas próximas viagens!

F Uso como adjetivo: *Um trabalho terminado. / O trabalho está terminado.*

■ Quando é usado como adjetivo, o particípio sempre concorda em gênero e número com o substantivo a que se refere:

Substantivo + PARTICÍPIO

- *Os arquivos **protegidos** com uma senha são muito seguros.*
- *Os livros **guardados** por muitos anos podem ficar com as páginas amarelas.*

Estar + PARTICÍPIO

- *É impossível abrir os arquivos. Estão **protegidos** com uma senha.*
- *Acho que os livros estão **guardados** no meu armário.*

Ter (alguma coisa) + PARTICÍPIO

- *Meus arquivos? Eu tenho todos eles **protegidos** com uma senha.*
- *Eu tenho meus livros **guardados** em alguma caixa no meu quarto.*

9 **Se alguém faz alguma coisa, essa coisa está feita. Complete a descrição dos resultados dos seguintes fatos com a forma adequada do particípio.**

- Alguém abriu uma janela. ➲ Há uma janela ...aberta...... .
- Ele pôs a comida sobre a mesa. 1. A comida está .... sobre a mesa.
- Você já disse tudo que tinha que dizer? 2. Sim, tudo já foi ....
- Alguém quebrou três pratos na cozinha. 3. Há três pratos .... na cozinha.
- Quem abriu as caixas de presente? 4. As caixas estão ....
- Lucas assustou seus amigos com a notícia. 5. Eles estão ....
- Ela escreveu todas as ordens do chefe. 6. As ordens estão ....
- Hugo fez todas as tarefas da escola. 7. Todas as tarefas da escola estão ....

G Uso nas formas compostas dos verbos: *eu tenho saído, eu tinha saído, eu vou ter saído*, etc.

■ Com o verbo auxiliar ***ter*** + PARTICÍPIO, construímos as formas compostas do verbo:

Pretérito perfeito composto:	Presente de ***ter*** + PARTICÍPIO	*Eu* ***tenho comido****, você* ***tem comido****,* etc.
Pretérito mais-que-perfeito composto:	Imperfeito de ***ter*** + PARTICÍPIO	*Eu* ***tinha ido****, você* ***tinha ido****,* etc.
Futuro do presente composto:	Futuro de ***ter*** + PARTICÍPIO	*Eu vou* ***ter saído****, você vai* ***ter saído****,* etc.

Na língua mais monitorada, o verbo ***haver*** também pode ser usado como auxiliar, com exceção do Pretérito perfeito composto, que sempre é formado com o verbo ***ter***.

■ Nas formas compostas dos verbos, o particípio não pode se separar do auxiliar ***ter***, a não ser quando houver pronome com função de objeto:

- ***Temos conversado*** *muito.* [~~Temos muito conversado~~.]
- *Eles já* ***tinham viajado*** *para Portugal em 2010.* [~~Eles tinham já viajado para Portugal em 2010~~.]
- *Já eram 8 da noite e você ainda não* ***tinha me telefonado****.* [~~Já eram 8 da noite e você ainda não me tinha telefonado~~.]

■ O particípio que ocorre depois do verbo ***ter*** ou ***haver*** é invariável, ou seja, não muda em função de gênero (feminino ou masculino) nem número (singular ou plural):

- *Mariana e Bruna* ***têm estudado*** *muito.* [Mariana e Bruna têm ~~estudadas~~ muito.]
- *Débora* ***tem viajado*** *para várias cidades.* [Débora tem ~~viajada~~ para várias cidades.]

10 **Ordene as séries de palavras abaixo para formar enunciados com sentido. Ponha o infinitivo na forma adequada do particípio.**

- Fazer / As / comidas / estar ➲ As comidas estão feitas.
- Resolver / cientistas / problemas / têm / os / bem / Os 1. ....
- Convencer / Helena / me / tinha / explicação / com / aquela / não 2. ....
- Devolver / já / você / tinha / livros / Ontem / os 3. ....
- Prever / uma / crise / economistas / haviam / Os / já 4. ....

11 **Complete as lacunas abaixo com a forma adequada do particípio do verbo indicado.**

publicar
➲ A Editora Infusão tem publicado muitos livros de autoajuda.
➲ Esse é um livro publicado pela Infusão.
➲ Acho que esse livro foi publicado pela Infusão.
➲ A Infusão tem muitas obras de autoajuda publicadas.

quebrar
1. O que houve? Você está com as duas pernas .... ?
2. A perna direita também está .... ?
3. Felizmente seu pé não está ....
4. Nunca vi alguém que tenha .... as duas pernas ao mesmo tempo.

abrir
5. Para quem tem filhos, uma janela .... é um perigo.
6. Por que você tem .... as janelas de manhã? Está tão frio!
7. Por que todas as janelas estão .... ?
8. A janela da sua casa está .... Tem alguém em casa?

resolver
9. Acho que este problema já está ....
10. Infelizmente os problemas mais importantes não estão ....
11. Tenho .... muitos problemas importantes na minha vida ultimamente.
12. O professor encontrou a solução do teorema e disse: "Problema .... !".

ler
13. Os best-sellers são os livros mais .... no mundo.
14. Infelizmente não tenho .... muito ultimamente porque tenho trabalhado muito.
15. Tenho .... muitos livros sobre problemas psicológicos para ajudar meu namorado. Ele tem depressão.
16. Minha meta é ler um livro por mês durante esse ano. Estamos em maio e já tenho cinco livros ....

H Verbos com particípio duplo: *As luzes estão acesas. / Eu tinha acendido as luzes.*

- Alguns verbos (chamados **abundantes**) têm duas formas de particípio, uma regular e outra irregular. Os verbos mais frequentes dessa categoria são os seguintes:

VERBO	PARTICÍPIO REGULAR (usado depois de ***ter*** ou ***haver***)	PARTICÍPIO IRREGULAR (usado depois de ***ser*** ou ***estar***)
aceitar	*aceitado*	*aceito*
acender	*acendido*	*aceso*
eleger	*elegido*	*eleito*
entregar	*entregado*	*entregue**
expressar	*expressado*	*expresso*
exprimir	*exprimido*	*expresso*
expulsar	*expulsado*	*expulso*
imprimir	*imprimido*	*impresso*
isentar	*isentado*	*isento*
limpar	*limpado*	*limpo*
matar	*matado*	*morto*
morrer	*morrido*	*morto*
omitir	*omitido*	*omisso*
pegar	*pegado*	*pego*
prender	*prendido*	*preso*
salvar	*salvado*	*salvo*
soltar	*soltado*	*solto*
submergir	*submergido*	*submerso*
suspender	*suspendido*	*suspenso*

*A forma "***entregue***" não tem variação de gênero, por isso é usada para feminino e masculino.

- A forma **regular** é utilizada após os verbos ***ter*** ou ***haver***, já a forma **irregular** é usada após os verbos ***ser*** ou ***estar***. A forma de particípio usada com ***ter*** ou ***haver*** funciona como um verbo e, por isso, nunca varia em gênero ou número. Por outro lado, a forma de particípio com ***ser*** ou ***estar*** funciona como adjetivo, por isso tem feminino, masculino, singular e plural, de acordo com o substantivo a que se refere:

- *Eles **tinham acendido** as luzes de casa antes de sair.* [verbo ***ter*** – particípio regular, não tem flexão de gênero e número porque é verbo.]
- *As luzes de casa **estão acesas**.* [verbo ***estar*** – particípio irregular, muda porque é um adjetivo – ***acesas*** (***luzes***).]
- *Em menos de um ano, a editora já **tinha imprimido** 1000 cópias do livro.* [verbo ***ter*** – particípio regular, não tem flexão de gênero e número porque é verbo.]
- *Mil cópias do livro **foram impressas** pela editora.* [verbo ***ser*** – particípio irregular, muda porque é um adjetivo – ***impressas*** (***cópias***).]
- *Em 1995, os brasileiros já **tinham elegido** o primeiro presidente civil depois da Ditadura Militar.* [verbo ***ter*** – particípio regular, não tem flexão de gênero e número porque é verbo.]
- *Muitos presidentes civis **foram eleitos** no Brasil depois da Ditadura Militar.* [verbo ***ser*** – particípio irregular, muda porque é um adjetivo – ***eleitos*** (***presidentes***).]

12 **Complete as lacunas abaixo com a forma adequada do particípio do verbo indicado.**

1. **acender** ➔ As luzes da sua casa estão ...acesas...? Que estranho!

Não se preocupe. Ultimamente eu estou com muito medo de ladrões, por isso tenho .... as luzes de casa à noite quando não estou em casa.

Mas uma das luzes queimou e por isso não está ....

De dia eu não tenho .... as luzes para economizar na conta de luz.

2. **aceitar** Professor Silva, estou muito preocupada porque a inscrição do meu filho para a escola não foi ....

Desculpe, Sra. Oliveira, mas o período de matrículas já acabou. As fichas de inscrição foram .... até a data limite e a de seu filho estava atrasada.

3. **isentar** Na semana passada, li no jornal que ultimamente o governo brasileiro tem .... muitas empresas do pagamento de impostos.

Você acha que nossa empresa também vai ser .... ?

Não sei. A firma de um colega meu foi ....

Mas as empresas .... têm outras responsabilidades sociais. Não sei se nossa empresa...

4. **eleger** A primeira mulher presidente do Brasil foi .... em 2010.

Antes dela, os brasileiros não tinham .... nenhuma outra mulher para presidente. Para cargos de deputadas, sim, algumas outras mulheres foram .... O Brasil tem progressivamente .... mais mulheres para cargos políticos.

13 **As coisas podem ser vistas de diferentes maneiras. Complete as frases abaixo com um particípio adequado.**

➔ A porta está (**abrir**) ...aberta.......... .

Eu tinha (**abrir**) ...aberto.......... a porta quando entrei em casa, mas agora ela está fechada, não sei por quê.

1. O primeiro deputado federal pelo estado do Rio de Janeiro homossexual assumido foi (**eleger**) .... em 2010.

   O povo brasileiro já havia (**eleger**) .... outro deputado federal homossexual assumido em 2006.

2. O correio tem (**entregar**) .... as cartas pontualmente nos últimos dias.

   As cartas foram (**entregar**) .... pontualmente.

3. As forças de paz têm (**salvar**) .... a vida de muitas pessoas em zonas de guerra.

   Muitas pessoas foram (**salvar**) .... nas zonas de guerra.

4. Os problemas dos alunos foram (**expressar**) .... em uma carta que eles escreveram.

   Na semana passada, os alunos já haviam (**expressar**) .... seus problemas através de uma carta.

5. Dois alunos foram (**expulsar**) .... da universidade no ano passado.

   Ultimamente a universidade não tem (**expulsar**) .... muitos alunos.

6. Este acordo internacional foi (**aceitar**) .... pelos países da América do Sul.

   Os países da América do Sul têm (**aceitar**) .... vários acordos internacionais nos últimos anos.

7. Ultimamente eu tenho (**limpar**) .... meu quarto toda semana.

   Meus amigos ficaram surpresos quando viram que meu quarto estava (**limpar**) ....

8. A escola havia (**suspender**) .... diversos alunos por problemas disciplinares.

   Os alunos que foram (**suspender**) .... por causa de problemas disciplinares ficaram em casa por dois dias.

9. Muitas pessoas foram (**matar**) .... na guerra.

   As várias guerras do mundo têm (**matar**) .... muitas pessoas.

10. Antes da aula, eu já tinha (**imprimir**) .... os trabalhos.

    O professor sempre pede que os alunos levem os trabalhos que já estão (imprimir) .... para a aula.

19. Presente do indicativo

19.1 Verbos regulares

A Verbos totalmente regulares: *falo, como, decido,* etc.

- Para formar o Presente do indicativo, substituímos a terminação do infinitivo pelas seguintes terminações:

	-ar	-er	-ir	Falar	Comer	Decidir
Eu	-o	-o	-o	falo	como	decido
Tu	-as	-es	-es	falas	comes	decides
Você	-a	-e	-e	fala	come	decide
Ele, ela	-a	-e	-e	fala	come	decide
A gente	-a	-e	-e	fala	come	decide
Nós	-amos	-emos	-imos	falamos	comemos	decidimos
Vocês	-am	-em	-em	falam	comem	decidem
Eles, elas	-am	-em	-em	falam	comem	decidem

Como mostra o sublinhado da tabela acima, **a sílaba mais forte** está sempre na raiz dos verbos, com exceção da forma ***nós***.

1 **A que pessoa os verbos abaixo se referem? Escolha o sujeito ou sujeitos possíveis para cada caso e marque a terminação que indica essa pessoa.**

Tu	Luíza e Pedro	A gente	Você e seu marido	Eu	O amigo de Clara	José e eu

➲ fala a gente, o amigo de Clara
1. almoço ....
2. pode ....
3. estuda ....
4. moras ....
5. olham ....
6. estudamos ....
7. fazes ....
8. janto ....
9. escreve ....
10. tocamos ....
11. dançam ....

2 **Complete as lacunas abaixo com a terminação adequada do verbo no Presente do indicativo. Identifique a pessoa verbal através do contexto.**

➲ Te apresent.o.... meu amigo Hans, que ensin.a.... alemão em uma escola de línguas.

1. • Desculpe meus erros, eu ainda não toc...... violão muito bem.
   ○ É verdade... Infelizmente, você não toc...... violão muito bem.
   Por que você não deix...... a música para depois?
2. • O que significa "madrugar"?
   ○ Bom, se a gente se levant...... muito cedo, isso signific...... que a gente madrug...... .
3. Por essa avenida pass...... ônibus e caminhões em alta velocidade.
4. • Desculpa, mas precis...... sair porque meus pais estão me esperando.
   ○ Tudo bem. Você com...... mais um pão de queijo antes de sair?
5. • Kate e seus amigos fal...... português muito bem.
   ○ Eu também pratic...... todos os dias e meu amigo Edward estud...... muito também.
6. Maria e Paulo mor...... juntos há três anos e têm um filho.
7. Meus irmãos e eu sempre visit...... nossos avós em Brasília.

B Verbos regulares com mudanças ortográficas na forma *eu* para preservar o fonema original: *conheço*, *reajo*, *sigo*, etc.

- Na forma ***eu***, alguns verbos têm mudanças ortográficas somente para manter o mesmo som da forma de infinitivo:

–ce– ou *–ci–* → *–ç–* antes de *–a ou –o*
–ge– ou *–gi–* → *–j–* antes de *–a ou –o*
–gue– ou *–gui–* → *–g–* antes de *–a ou –o*

- Alguns verbos que apresentam essas mudanças no Presente do indicativo são:

–ce– ou –ci– → *–ç–* antes de ***–o***	
Conhecer	*Eu conheço*
Desaparecer	*Eu desapareço*
Descer	*Eu desço*
Merecer	*Eu mereço*
Ressarcir	*Eu ressarço*
Vencer	*Eu venço*

–ge– ou –gi– → *–j–* antes de ***–a ou –o***	
Dirigir	*Eu dirijo*
Fingir	*Eu finjo*
Proteger	*Eu protejo*
Agir	*Eu ajo*
Fugir	*Eu fujo*

–gue– ou –gui– → *–g–* antes de ***–a ou –o***	
Conseguir	*Eu consigo*
Seguir	*Eu sigo*
Erguer	*Eu ergo*

- Os verbos derivados desses mencionados acima também seguem a mesma regra:

reconhecer – eu reconheço
reagir – eu reajo
perseguir – eu persigo

3 Complete as frases abaixo escrevendo a forma adequada dos verbos.

Nós somos gêmeos, mas somos muito diferentes!!!!

➲ Você **conhece** muita gente. Eu ..conheço.......................... poucas pessoas.

1. Você **dirige** com pressa. Eu .... com muito cuidado.
2. Você **desaparece** de repente sem avisar. Eu nunca .... , estou sempre disponível.
3. Você é egoísta e não **reconhece** quando é inconveniente. Eu, pelo menos, ... quando estou sendo chata.
4. Você nunca **segue** os conselhos dos amigos. Eu, sim, ...
5. Você **finge** que é rico. Eu sou pobre e não .... que sou rica.
6. Você sempre **age** de maneira impulsiva. Eu sempre .... pensando muito antes de tomar qualquer decisão.
7. Você sempre **vence** o jogo da velha. Eu nunca ....
8. Você **desce** as escadas correndo muito. Eu .... devagar.
9. Você **consegue** correr 15km todo dia. Eu não .... correr nem dois quilômetros.

19.2 Verbos irregulares sistemáticos

A Verbos com mudanças vocálicas na forma *eu*: *consigo, descubro,* etc.

- No Presente do indicativo, alguns verbos têm mudança de vogal somente na forma ***eu***. Nesses verbos, todas as outras formas do Presente do indicativo são regulares. A única forma que sofre mudança vocálica é a conjugação de ***eu***.

Em alguns verbos, *–e–* se transforma em *–i–*:

Competir	*Eu compito*	Repetir	*Eu repito*
Conseguir	*Eu consigo*	Seguir	*Eu sigo*
Divertir-se	*Eu me divirto*	Sentir	*Eu sinto*
Ferir	*Eu firo*	Servir	*Eu sirvo*
Mentir	*Eu minto*	Sugerir	*Eu sugiro*
Preferir	*Eu prefiro*	Vestir	*Eu visto*

Em alguns verbos, *–o–* se transforma em *–u–*:

Cobrir	*Eu cubro*	Engolir	*Eu engulo*
Dormir	*Eu durmo*	Tossir	*Eu tusso*

- Verbos que derivam dos apresentados acima seguem a mesma regra:

Ressentir-se	*Eu me ressinto*
Descobrir	*Eu descubro*

4 **Responda as perguntas abaixo. Nas respostas afirmativas, use somente o verbo, conforme no exemplo.**

> *Você toma muito café?*
> *Tomo. Tomo, sim = Sim, tomo muito café.*
> ou
> *Não, não tomo. = Não, não tomo muito café.*

1. Nas aulas de português, você repete a pronúncia das palavras?
   ....
2. Você cobre os olhos quando vê um filme de terror?
   ....
3. Você tosse muito quando tem gripe?
   ....
4. Você consegue correr 10 quilômetros?
   ....
5. Você engole a comida rápido?
   ....
6. Você segue os conselhos dos seus amigos?
   ....
7. Você se diverte com seus amigos?
   ....
8. Você dorme depois do almoço?
   ....
9. Você compete com seus colegas?
   ....
10. Você prefere ir para casa agora?
    ....
11. Quando você vai a um casamento, você veste roupa elegante?
    ....

5 **Como é uma festa de formatura? Use os verbos do quadro abaixo conjugados no Presente do indicativo e descreva como é e o que você faz em uma festa de formatura.**

vestir ✓	servir	seguir	repetir	sentir	divertir-se	preferir	dormir

➲ Eu sempre ....visto...... uma roupa muito elegante.

1. Os garçons .... champanhe e vinho para quem já tem idade para beber.
2. Eu não sei dançar valsa bem, mas .... os passos dos meus colegas!
3. Os alunos que se formam .... o juramento.
4. Eu .... que as pessoas que terminam a universidade conquistam uma fase muito importante da vida.
5. Eu me .... muito conversando com as pessoas e dançando.
6. Eu .... beber suco de fruta para não ficar bêbado!
7. Fico na festa por muito tempo, depois .... o dia todo.

B Verbos com mudanças consonantais na forma *eu: ouço, posso,* etc.

■ No Presente do indicativo, alguns verbos têm mudança de consoante <u>somente</u> na forma ***eu***. Todas as outras formas do Presente do indicativo são regulares – a mudança só afeta a forma ***eu***:

Medir	*Eu meço*	Perder	*Eu perco*
Ouvir	*Eu ouço*	Poder	*Eu posso*
Pedir	*Eu peço*	Valer	*Eu valho*

■ Os verbos derivados dos verbos acima seguem essas mesmas mudanças:

Despedir	*Eu despeço*

6 **Clarice e Rodolfo são irmãos. Eles são muito competitivos e estão comparando as coisas que cada um consegue fazer. Complete as lacunas abaixo com os verbos do quadro B acima.**

➲ Rodolfo: Você ......mede............ 1,70m, mas eu sou muito mais alto que você: ......meço........ 1,82m.

1. Clarice: Você é superdistraído e sempre .... as suas coisas. Eu sou superatenta e nunca .... nada.
2. Rodolfo: Eu .... músicas nacionais, mas você só .... músicas internacionais.
3. Clarice: Eu .... desculpas às pessoas quando faço alguma coisa errada, mas você é muito orgulhoso e não ....
4. Rodolfo: Eu .... sair com meus amigos e voltar a hora que quiser, mas você não .... porque papai não deixa.

C Verbos com mudanças na 2ª e 3ª pessoas do singular e do plural

■ Em um pequeno grupo de verbos, *–u–* se transforma em *–o–* na segunda e terceira pessoas do singular e do plural do Presente do indicativo:

Acudir	*acodes, acode, acodem*
Consumir	*consomes, consome, consomem*
Fugir	*foges, foge, fogem*
Sacudir	*sacodes, sacode, sacodem*
Subir	*sobes, sobe, sobem*
Sumir	*somes, some, somem*

7 **Seu amigo Bruno está comparando o que você faz e o que ele faz. Conjugue os verbos abaixo para fazer essas comparações.**

fugir	subir	sumir	acudir	consumir ✓

➔ Eu não consumo muito açúcar, mas você não se preocupa com sua saúde e ...consome... demais.

1. Quando eu tenho um problema procuro meus amigos e não sumo.
   Já você prefere ficar isolado e .... quando está com alguma dificuldade.
2. Eu não subo montanhas porque tenho problemas respiratórios.
   Mas você .... várias montanhas porque é muito atlético.
3. Eu sempre acudo meus amigos quando eles precisam de ajuda.
   Você, por outro lado, não .... ninguém porque acha que cada um é responsável por seus próprios problemas.
4. Eu fujo dos meus problemas porque prefiro não enfrentá-los. Você, por outro lado, é mais corajoso e não .... dos desafios da vida.

D Verbos terminados em *–ear: eu penteio, nós penteamos,* etc.

■ No Presente do indicativo, nos verbos terminados em *–**ear***, acrescenta-se um *–i–* em todas as formas, exceto ***nós***. O paradigma que esses verbos seguem é:

	Bloquear
Eu	*bloqueio*
Tu	*bloqueias*
Você	*bloqueia*
Ele, ela	*bloqueia*
A gente	*bloqueia*
Nós	*bloqueamos*
Vocês	*bloqueiam*
Eles, elas	*bloqueiam*

A sílaba tônica de cada forma está sublinhada na tabela.

■ Outros verbos que seguem essa mesma regra são:

barbear-se	*pentear*
basear-se	*recear*
chatear-se	*rechear*
frear	*semear*
passear	*bloquear*

■ Os verbos derivados dos verbos acima também têm essa mesma característica:

Desbloquear	*eu desbloqueio* *você, ele, ela, a gente desbloqueia* *nós desbloqueamos* *vocês, eles, elas desbloqueiam*
Despentear	*eu desenteio* *você, ele, ela, a gente despenteia* *nós despenteamos* *vocês, eles, elas despenteiam*

8 **Seus amigos estão falando sobre o que algumas pessoas gostam de fazer. Complete as lacunas abaixo com os verbos conjugados adequadamente.**

➲ Maria Luíza: Eu (pentear) ...penteio... o cabelo todo dia logo depois de levantar.

1. **José**: Eu nunca (**bloquear**) .... meus amigos nas redes sociais.
2. **Vitória**: Carlota e eu (**passear**) .... no parque nos fins de semana.
3. **Ana**: Eu faço bolos muito gostosos e (**rechear**) .... com leite condensado.
4. **Natália**: Meus amigos nunca se (**chatear**) .... comigo, mas eu, às vezes, me (**chatear**) .... com eles.
5. **João**: Eu me (**barbear**) .... pelo menos uma vez por semana, mas meu irmão Júlio se (**barbear**) .... um dia sim, outro não.
6. **Fabiana**: Quando a primavera começa, meus filhos e eu (**semear**) .... várias plantas no jardim.
7. **Leonardo**: Minha esposa lê romances históricos que se (**basear**) .... em fatos reais.
8. **Fábio**: Eu me (**despentear**) .... muito quando corro, por isso prefiro só caminhar.

E Verbos terminados em *–iar* ou *–uir*: *eu odeio, eu construo*, etc.

■ Cinco verbos terminados em *–iar* são irregulares no Presente do indicativo: ***ansiar***, ***incendiar***, ***mediar***, ***odiar*** e ***remediar***. Nesses verbos, acrescentamos *–e–* a todas as formas, exceto ***nós***. Os demais verbos terminados em *–iar* são regulares no Presente do indicativo. A conjugação desses verbos irregulares segue o paradigma abaixo:

	Odiar
Eu	*odeio*
Tu	*odeias*
Você	*odeia*
Ele, ela	*odeia*
A gente	*odeia*
Nós	*odiamos*
Vocês	*odeiam*
Eles, elas	*odeiam*

A sílaba tônica de cada forma está sublinhada na tabela.

■ Dois verbos terminados em *–uir* são irregulares: ***construir*** e ***destruir***. Os demais verbos terminados em *–uir* são regulares. A conjugação desses verbos irregulares é:

	Construir	***Destruir***
Eu	*construo*	*destruo*
Tu	*constróis*	*destróis*
Você	*constrói*	*destrói*
Ele, ela	*constrói*	*destrói*
A gente	*constrói*	*destrói*
Nós	*construímos*	*destruímos*
Vocês	*constroem*	*destroem*
Eles, elas	*constroem*	*destroem*

A sílaba tônica de cada forma está sublinhada na tabela.

9 **Frankez ainda não aprendeu bem os verbos do português. Ajude-o a conjugar os verbos abaixo.**

➲ Eu **ansio** (...anseio...) pela noite para poder me sentir melhor. (1) **Odio** (........................) quando as pessoas olham para mim. Elas (2) **construem** (........................) uma imagem errada sobre mim e (3) **destruem** (........................) minha personalidade. Ninguém (4) **media** (........................) uma conversa minha com os vizinhos. Todos me (5) **odiam** (........................). Eu não (6) **destroio** (........................) a propriedade de ninguém, nem (7) **incendio** (........................) as casas dos vizinhos. Eu sempre (8) **remedio** (........................) o mal que os outros fazem, mas ninguém me entende.

19. Presente do indicativo

19.3 Verbos irregulares assistemáticos

A Terceira pessoa do singular em -*z*: *dizer, fazer, trazer*, etc.

■ Os verbos ***dizer***, ***fazer*** e ***trazer*** são irregulares no Presente do indicativo. Sua característica comum é que terminam em -**z** na forma de 3ª pessoa do singular:

	Dizer	*Fazer*	*Trazer*
Eu	***digo***	***faço***	***trago***
Tu	*dizes*	*fazes*	*trazes*
Você	***diz***	***faz***	***traz***
Ele, ela	***diz***	***faz***	***traz***
A gente	***diz***	***faz***	***traz***
Nós	*dizemos*	*fazemos*	*trazemos*
Vocês	*dizem*	*fazem*	*trazem*
Eles, elas	*dizem*	*fazem*	*trazem*

A sílaba tônica de cada forma está sublinhada na tabela.

Os verbos derivados desses três se conjugam da mesma forma: ***condizer***, ***desdizer***, ***predizer***, ***refazer***, etc.

10 **Magna está falando sobre como é sua família. Complete as lacunas abaixo com os verbos *dizer*, *fazer* ou *trazer* conjugados nas pessoas adequadas.**

➲ Todo dia minha mãe entra em casa de manhã com o pão quentinho e ......*diz*........: "Bom dia, gente!".

1. Meu pai sempre .... muitos doces para mim e meus irmãos.
2. Minha irmã Raquel é a mais velha, por isso .... o almoço quando minha mãe não está.
3. Eu .... muita bagunça no meu quarto porque sou muito desorganizada.
4. Meus irmãos Diego e Marvin .... que a coisa mais divertida do mundo é jogar videogame.
5. Meus pais .... o melhor que eles podem para nós termos uma boa educação.
6. Eu .... para meus pais que, quando crescer, quero dar uma casa muito confortável para eles.
7. Eu sempre .... boas notas para casa depois das provas da escola.
8. Meu cachorro é muito alegre e .... todos da casa rirem muito.

B Verbos que terminam em -*ou* na forma *eu* e em -*ão* nas formas *vocês, eles* e *elas*: *dar, estar, ir, ser*

■ Os verbos ***dar***, ***estar***, ***ir*** e ***ser*** também são irregulares no Presente do indicativo. Os quatro terminam em -***ou*** na forma **eu** e em -***ão*** na 3ª pessoa do plural:

	Dar	*Estar*	*Ir*	*Ser*
Eu	***dou***	***estou***	***vou***	***sou***
Tu	*dás*	*estás*	***vais***	***és***
Você	*dá*	*está*	***vai***	***é***
Ele, ela	*dá*	*está*	***vai***	***é***
A gente	*dá*	*está*	***vai***	***é***
Nós	*damos*	*estamos*	***vamos***	***somos***
Vocês	***dão***	***estão***	***vão***	***são***
Eles, elas	***dão***	***estão***	***vão***	***são***

A sílaba tônica de cada forma está sublinhada na tabela.

- *Muitos jovens **vão** à Lapa para se divertirem nos fins de semana.*

- *Você **é** brasileira?*
- *Não, eu **sou** portuguesa. **Estou** aqui de férias.*

11 **Rafael está estudando na Faculdade de Direito. Ele está comentando como são os professores, os colegas e a faculdade em geral. Complete as lacunas com os verbos conjugados na pessoa adequada.**

➲ 1. Os professores geralmente (**dar**) ......*dão*...... muitas tarefas para casa. O único que (**dar**) .... pouca tarefa é o Prof. Pereira, porque a matéria que ele ensina não (**ser**) .... muito importante.

2. Os colegas (**ser**) .... muito legais, mas geralmente (**estar**) .... muito estressados com as provas e tarefas.

3. Eu (**ir**) .... a todas as aulas e (**ser**) .... um bom aluno.

4. A faculdade (**ser**) .... excelente, mas, no fim do dia, quando as aulas terminam e (**ir**) .... para casa, (**estar**) .... sempre cansado porque me dediquei bastante às aulas.

5. Minha colega Amanda (**estar**) .... sempre animada pensando nos planos que ela tem para o futuro. Ela (**ser**) .... muito determinada e (**ir**) .... abrir um escritório de advocacia quando se formar.

C Verbos que têm vogal nasal em todas as formas: *pôr, ter, vir*

■ Os verbos ***pôr***, ***ter*** e ***vir*** também são irregulares no Presente do indicativo. Os três terminam em *–**nho*** na forma ***eu*** e têm vogal nasal em todas as formas:

	Pôr	*Ter*	*Vir*
Eu	***ponho***	***tenho***	***venho***
Tu	***pões***	***tens***	***vens***
Você	***põe***	***tem***	***vem***
Ele, ela	***põe***	***tem***	***vem***
A gente	***põe***	***tem***	***vem***
Nós	*pomos*	*temos*	*vimos*
Vocês	***põem***	*têm*	*vêm*
Eles, elas	***põem***	*têm*	*vêm*

A sílaba tônica de cada forma está sublinhada na tabela.

12 **Sua colega Flávia está te fazendo algumas perguntas. Complete as lacunas com os verbos *pôr*, *ter* ou *vir* conjugados adequadamente.**

➲ 1. Vir ● Que horas você ......*vem*...... para o trabalho todo dia?
○ Eu .... lá pelas oito horas, dependendo do trânsito.

2. Pôr ● Seu cabelo está sempre tão brilhoso. O que você .... nele?
○ Eu .... um produto da Mareal.

3. Ter ● Você .... muitos amigos?
○ Sim, ... muitos, mas nem todos são confiáveis.

4. Vir ● Seus pais .... para cá para comemorar o Ano Novo?
○ Não, meus pais não .... mas meu namorado ....

5. Ter ● Você não acha que nós .... muita sorte por trabalharmos juntas?
○ Acho que .... , sim, mas você .... mais sorte que eu.
Eu .... que pegar um ônibus para vir para cá, mas você pode vir a pé.

6. Pôr ● Seus pais .... os cachorros para dormir do lado de fora, no frio?
Não. Minha mãe .... os cachorros no canil à noite.
Assim eles ficam mais quentinhos.

D Verbos com *-io* na forma *eu*: *crer, ler, rir, sair*

■ Os verbos ***crer***, ***ler***, ***rir*** e ***sair*** também são irregulares no Presente do indicativo. Sua característica comum é que terminam em *-io* na forma ***eu***:

	Crer	*Ler*	*Rir*	*Sair*
Eu	*creio*	*leio*	*rio*	*saio*
Tu	*crês*	*lês*	*ris*	*sais*
Você	*crê*	*lê*	*ri*	*sai*
Ele, ela	*crê*	*lê*	*ri*	*sai*
A gente	*crê*	*lê*	*ri*	*sai*
Nós	*cremos*	*lemos*	*rimos*	*saímos*
Vocês	*creem*	*leem*	*riem*	*saem*
Eles, elas	*creem*	*leem*	*riem*	*saem*

A sílaba tônica de cada forma está sublinhada na tabela.

13 **Complete as lacunas abaixo com os verbos conjugados na pessoa adequada. Depois marque se essas afirmações sobre você ou as pessoas em geral são corretas ou não.**

➲ 1. As pessoas que (crer) ...creem... em coisas sobrenaturais (rir) .... mais porque são mais felizes e têm mais esperança no futuro. (Sim / Não) ....

2. Quem (ler) .... mais também (rir) .... mais. (Sim / Não) ....

3. Eu (ler) .... muito, por isso (sair) .... pouco de casa. (Sim / Não) ....

4. Eu (rir) .... bastante e sou feliz porque (crer) .... em Deus. (Sim / Não) ....

5. As pessoas que (sair) .... muito (ler) .... pouco porque não têm tempo para ficar em casa. (Sim / Não) ....

6. Pessoas que (crer) .... numa religião (ler) .... muitos livros sobre esse assunto e (sair) .... pouco de casa. (Sim / Não) ....

E Outras irregularidades: *querer, saber, ver*

■ Os verbos ***querer***, ***saber*** e ***ver*** também são irregulares no Presente do indicativo. Sua conjugação é assim:

	Querer	*Saber*	*Ver*
Eu	*quero*	*sei*	*vejo*
Tu	*queres*	*sabes*	*vês*
Você	*quer*	*sabe*	*vê*
Ele, ela	*quer*	*sabe*	*vê*
A gente	*quer*	*sabe*	*vê*
Nós	*queremos*	*sabemos*	*vemos*
Vocês	*querem*	*sabem*	*veem*
Eles, elas	*querem*	*sabem*	*veem*

A sílaba tônica de cada forma está sublinhada na tabela.

14 **Uma agência está fazendo uma pesquisa de opinião. Complete as respostas abaixo com os verbos indicados. Conjugue cada verbo na pessoa adequada.**

➲ 1. Querer
- ● O que você ...quer... para o seu futuro?
- ○ Eu .... poder ganhar um milhão de dólares por ano. Minha esposa e eu .... fazer viagens pelo mundo todo, e meus filhos .... ir aos shows das bandas de heavy metal preferidas deles.

2. Saber
- ● Você .... alguma coisa sobre vida em outros planetas?
- ○ Não .... nada, mas minha amiga Bia .... porque ela tem muito interesse nisso. Dois colegas meus de trabalho também .... bastante sobre isso.

3. Ver
- ● Você acha que as pessoas .... o futuro com otimismo?
- ○ Eu .... o futuro com otimismo, mas acho que muitas pessoas o .... com pessimismo. Minha irmã, por exemplo, ... o futuro como algo pior que o presente. E como você .... o futuro?

19.4 Usos

A Afirmar o presente: *Pedro está em Manaus.*

■ Usamos o Presente para afirmar coisas do presente cronológico que consideramos seguras e totalmente controladas. **Declaramos**, assim, **o que sabemos sobre o presente** ou **perguntamos o que os outros sabem**.

Como **é** o **PRESENTE**:

QUALIDADE DAS COISAS
- *Essa **é** uma casa antiga e **tem** um jardim de inverno lindo no centro.*
- *Gostei mais do outro carro. Ele **corre** mais e **gasta** menos gasolina.*

SITUAÇÕES QUE SE REPETEM REGULARMENTE
- *As crianças **dormem** às 8 horas da noite todo dia.*
- *Você ainda **mora** naquela casa perto da praça?*

SITUAÇÕES MOMENTÂNEAS
- *Pedro **está** em Manaus.*
- *Manuela **está** doente e não **pode** atender o telefone agora.*
- *A padaria **está** aberta?*

■ Se quisermos apresentar a informação como não totalmente controlada, usamos o Futuro:

- *Não sei. **Será** que é um gato brincando?*

■ Se afirmamos situações relacionadas a uma cena do passado, usamos o pretérito imperfeito:

- *Minha mãe **tinha** um gatinho lindo. O nome dele **era** Joca.*

15 O que podemos afirmar com certeza?

	É verdade agora?	É verdade	Não sabemos
➲ Vavá gostava do Flamengo.	➲ Vavá é do Flamengo.	....	.....✓.....
1. As chaves estão no bolso de Renata.	1. Renata está com as chaves.	....	....
2. Maria é uma excelente bailarina.	2. Maria dança muito bem.	....	....
3. Sandra e José são casados desde 2011.	3. Ele ama Sandra.	....	....
4. Brasília é a capital do Brasil.	4. Brasília é o nome de uma cidade.	....	....
5. César tem muito dinheiro.	5. César viaja muito.	....	....
6. A mãe de Maurício se chama Laura.	6. Maurício é filho de Laura.	....	....

B Usos. Afirmar o futuro: *Pedro volta amanhã de Manaus.*

■ Também usamos o Presente para falar do futuro cronológico (deixando claro que falamos do futuro), quando queremos **apresentar a informação como segura e totalmente controlada**. Com esse uso do Presente do indicativo, falamos de algo que sabemos e que não depende do tempo para ser verdadeiro. **Declaramos o que sabemos sobre o futuro** ou **perguntamos o que os outros sabem**.

Como **é** o **FUTURO**:

INFORMAÇÕES SEGURAS
- *Pedro **volta** amanhã de Manaus e **eu saio** para jantar com ele à noite.*
- *Sábado não **temos** aula e no domingo **viajamos** para a fazenda.*
- *Dia 9 de outubro **é** aniversário da minha tia. Ela **faz** 48 anos.*
- *Você não **trabalha** amanhã, não é? Então **vamos** ao cinema mais tarde?*

16 **Complete as lacunas abaixo com a forma adequada do Presente. Use os verbos do quadro abaixo.**

jantar ✓	ter	ir	ter	voltar	ter	ter

- Quando você tem tempo para terminar nosso projeto?
- Agora está um pouco complicado. Terça-feira ➲ ...*janto*... com minha amiga Cláudia. Quarta-feira não (1) .... nada, mas na quinta-feira meus irmãos (2) .... do Pantanal e tenho que buscá-los no aeroporto. Sexta-feira é a festa de aniversário da Bete. Já na semana seguinte, eu (3) .... uma reunião de trabalho muito importante e dia 11 (4) .... o show da Marisa Monte, que eu adoro. No dia seguinte eu (5) .... à praia na Barra da Tijuca para visitar meu tio Osvaldo. Nos dias 9 e 10, terça e quarta-feira, não (6) .... nada na minha agenda. Você tem tempo para trabalhar nesses dias?

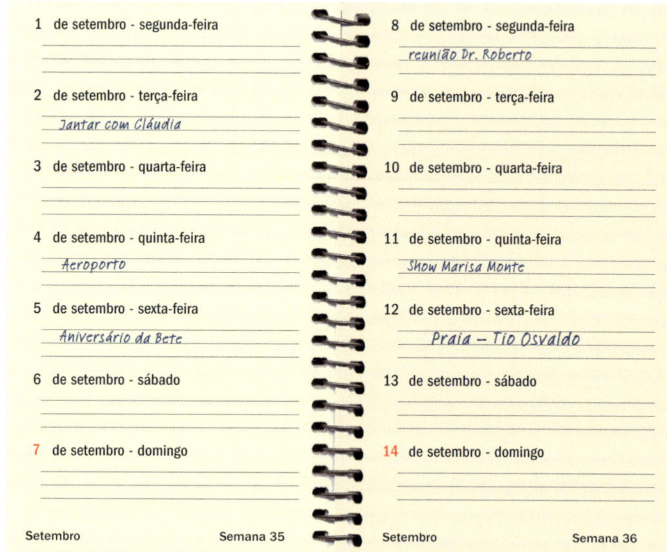

C Usos. Afirmar em geral: *Os homens são assim.*

- Usamos o Presente para fazer declarações ou perguntar sobre coisas gerais que entendemos como seguras e controladas. **Dizemos o que sabemos sobre as coisas** ou **perguntamos o que os outros sabem**.

Como **são** as coisas **SEMPRE**:

FATOS COMPROVADOS

- *Os planetas **giram** ao redor do Sol.*
- *Uma girafa nunca **ataca** um elefante.*
- *Quanto **é** 9 x 9?*

17 **Escolha o verbo adequado e complete o texto abaixo para aprender sobre o gato bengalês. Use um dicionário, se necessário.**

ser ✓	ter	poder	medir	pesar	poder	ajudar

O gato bengalês ➲ ...*é*... um felino selvagem natural da Ásia, mas também (1) .... viver como um gato doméstico. As fêmeas (2) .... de dois a quatro filhotes depois de uma gestação de 65 dias. Às vezes, o macho (3) .... a criar os filhotes e eles (4) .... viver entre 12 e 15 anos. O gato bengalês (5) .... normalmente 60cm e alguns estudiosos indicam que pode chegar a até um metro, além do rabo, que sozinho mede 45cm. Esses felinos (6) .... entre três e oito quilos.

nadar	gostar	precisar	apreciar	alimentar	manter

O gato bengalês se (7) .... de mamíferos de pequeno e médio porte, além de aves, répteis e peixes. É um animal de hábitos noturnos que se (8) .... ativo do cair da tarde até o amanhecer. Apesar de ser um animal de origem selvagem, tem caráter nobre, (9) .... a vida familiar e (10) .... de carinho. O mais curioso é que, ao contrário do que muitas pessoas pensam, ele (11) .... de água e (12) .... com muita agilidade.

18 **De que momento falamos ao usar estas formas do Presente do indicativo?**

Momento presente (P)	Momento futuro (F)	Em geral (G)

➔ Os triângulos têm três lados. (..G......)
1. Estamos em uma igreja. Não faça barulho. (........)
2. Não se preocupe. Chego a sua casa às seis em ponto. (........)
3. A comida está queimando, eu vou para a cozinha. (........)
4. Estou com dor de cabeça. Você tem uma aspirina? (.........)
5. Paulinho, os elefantes não voam. (.........)
6. Você vai continuar com essa discussão? Assim eu levanto e saio. (.........)
7. A pressa é inimiga da perfeição. (.........)
8. Quando começa o jogo? (.........)
9. Saio do trabalho mais cedo e me encontro com você às 7h, pode ser? (.........)

19 **Abaixo estão as definições de diversos tipos de pessoa. Complete-as com o verbo adequado e relacione cada uma com a frase correspondente.**

fazer ✓	gastar	ver	rir	pensar	ser	ter	comprar	ficar	reagir	sentir

➔ Uma pessoa muito metódica... ——— ➔ sempre ...faz........... as coisas da mesma maneira.
1. Uma pessoa egoísta...
2. Uma pessoa extrovertida...
3. Uma pessoa sensível...
4. Uma pessoa neurótica...
5. Uma pessoa consumista...
6. Uma pessoa pão-dura ou avarenta...
7. Uma pessoa com senso de humor...
8. Uma pessoa pessimista...
9. Uma pessoa introvertida...
10. Uma pessoa agressiva...

a. não .... muito dinheiro.
b. .... as emoções com muita intensidade.
c. .... de tudo, inclusive de si mesma.
d. .... mal a insultos e críticas.
e. .... sociável e desinibida.
f. .... muito em si mesma e pouco nos outros.
g. .... tudo obscuro e negativo.
h. .... dificuldade em se adaptar a diferentes ambientes.
i. .... sempre muito ansiosa.
j. .... produtos supérfluos.

20 **Complete as lacunas com o verbo conjugado. Na coluna da direita, encontre o super-herói ou a super-heroína que está sendo descrito(a).**

➔ Ele (**ser**) ....é..... muito forte, (**voar**) ....voa...... e (**ter**) .....tem........ uma namorada jornalista. ——— f.
1. Ele (**morar**) .... em uma cidade muito perigosa. Ele (**dirigir**) .... um carro muito moderno e (**proteger**) .... os moradores da cidade.
2. Ela se (**chamar**) .... Diana. (**Usar**) .... braceletes para se defender e (**pilotar**) .... um avião invisível.
3. Ele sempre (**vestir**) .... uma roupa verde e vermelha. Ele (**ajudar**) .... outro super-herói a combater o crime na cidade.
4. Ela (**andar**) .... como uma gata e (**estar**) .... nos mesmos filmes que o Homem-Morcego.
5. Ele (**subir**) .... e (**descer**) .... pelas paredes com facilidade. Ele (**conseguir**) .... prender as pessoas com sua teia.

a. Mulher-Maravilha
b. Robin
c. Mulher-Gato
d. Homem-Aranha
e. Batman
f. Super-Homem

20. Pretérito perfeito do indicativo

A Significado e formas regulares: *comprei, bebi, decidi*, etc.

■ O Pretérito perfeito representa um fato **terminado e sem relação com o espaço atual**.

Com o Pretérito perfeito contamos fatos **terminados** no **espaço passado** e que aconteceram ('LÁ').

■ Para formar o Pretérito perfeito regular, substituímos a terminação de infinitivo pelas seguintes **terminações**:

	-ar	*-er*	*-ir*	***Falar***	***Comer***	***Decidir***
Eu	***-ei***	***-i***	***-i***	*falei*	*comi*	*decidi*
Tu	***-aste***	***-este***	***-iste***	*falaste*	*comeste*	*decidiste*
Você	***-ou***	***-eu***	***-iu***	*falou*	*comeu*	*decidiu*
Ele, ela	***-ou***	***-eu***	***-iu***	*falou*	*comeu*	*decidiu*
A gente	***-ou***	***-eu***	***-iu***	*falou*	*comeu*	*decidiu*
Nós	***-amos***	***-emos***	***-imos***	*falamos*	*comemos*	*decidimos*
Vocês	***-aram***	***-eram***	***-iram***	*falaram*	*comeram*	*decidiram*
Eles, elas	***-aram***	***-eram***	***-iram***	*falaram*	*comeram*	*decidiram*

A sílaba tônica de cada forma está marcada na tabela acima.

A primeira pessoa do plural (*nós*) tem a **mesma terminação no Presente e no Pretérito perfeito**. O contexto determina se a frase se refere ao presente ou ao passado:

- *No Natal, sempre **comemos** muito lá em casa.* [Presente, algo que se repete todo ano.]
- *Na semana passada, **comemos** muito na festa do meu aniversário.* [Pretérito perfeito, algo que aconteceu uma vez em um momento específico do passado.]

1 Na lista abaixo identifique, primeiro, os verbos que se encontram no Pretérito perfeito. Depois, escreva a forma do Pretérito perfeito para os demais dos verbos, mantendo o mesmo sujeito. Para alguns verbos, há duas respostas possíveis.

compraram	➔ ✓	decido	9.	leio	19. ....
chamo	➔ chamei	passou	10.	escrevi	20. ....
abres	1.	convidava	11.	encontrará	21. ....
fechava	2.	saímos	12.	entravam	22. ....
dança	3.	comemos	13.	estudou	23. ....
canto	4.	deixaste	14.	construí	24. ....
terminaste	5.	terminarão	15.	comprei	25. ....
ouvia	6.	vivemos	16.	estudava	26. ....
falo	7.	acredita	17.	esconde	27. ....
escrevem	8.	bebo	18.	decides	28. ....

2 **As frases abaixo estão no Presente (P) ou no Pretérito perfeito (PF)? Use o contexto para decidir.**

➲ Minha esposa e eu **dormimos** muito. Quando não dormimos, ficamos muito cansados. P........
➲ Minha esposa e eu **dormimos** tanto que nem ouvimos quando os bombeiros passaram com as sirenes ligadas. PF........

1. Nesse grupo **falamos** sobre problemas entre homens e mulheres. Você quer participar? ....
2. Nós **falamos** sobre problemas entre homens e mulheres e depois muita gente discutiu esse tópico. ....
3. **Chegamos** ao hotel domingo de manhã. O dia estava lindo. ....
4. **Chegamos** ao hotel domingo de manhã. A previsão é de chuva. ....
5. **Compramos** um sorvete e damos uma volta no parque, está bom? ....
6. **Compramos** um sorvete de chocolate que foi muito barato. ....
7. **Escrevemos** um cartão postal da viagem e ele nem agradeceu. ....
8. **Escrevemos** um cartão postal da viagem e depois vamos ao shopping. ....

B Mudanças ortográficas para preservar o fonema da forma de infinitivo

■ Para manter o som original do verbo no infinitivo, as seguintes mudanças ortográficas ocorrem nas desinências da forma *eu* do Pretérito perfeito:

ç → c antes de –e–:	*Dançar: eu dancei*	*Caçar: eu cacei*
c → qu antes de –e–:	*Ficar: eu fiquei*	*Marcar: eu marquei*
g → gu antes de –e–:	*Jogar: eu joguei*	*Pagar: eu paguei*

3 **Encontre nove palavras erradas no jogo abaixo. Em seguida escreva as formas corretas dessas palavras.**

fabricei	liguei	cresci	conheçi	machucei	pequei	peguei
trouxe	joguei	ligei	pegei	brinquei	paguei	fiquei
cacei	fiquei	~~pareçi~~	balancei	venci	pesquei	machuquei
aluguei	brincei	tracei	dancei	pareci	alugei	pescei

➲ pareci........................ 3. .... 6. ....
1. .... 4. .... 7. ....
2. .... 5. .... 8. ....

C Verbos com alternância entre *–e–* e *–i–* na raiz: *estar, fazer, ter*

■ Os verbos ***estar***, ***fazer*** e ***ter*** apresentam alternância entre *–e–* e *–i–* no Pretérito perfeito, da seguinte maneira:

		Estar	***Fazer***	***Ter***
		RAIZ *estev*	RAIZ *fez*	RAIZ *tev*
Vogal *–e–* nas formas conjugadas como 3ª pessoa do singular	Você	*esteve*	*fez*	*teve*
	Ele, ela	*esteve*	*fez*	*teve*
	A gente	*esteve*	*fez*	*teve*
		RAIZ *estiv*	RAIZ *fiz*	RAIZ *tiv*
Vogal *–i–* em todas as demais formas	Eu	*estive*	*fiz*	*tive*
	Tu	*estiveste*	*fizeste*	*tiveste*
	Nós	*estivemos*	*fizemos*	*tivemos*
	Vocês	*estiveram*	*fizeram*	*tiveram*
	Eles, elas	*estiveram*	*fizeram*	*tiveram*

A sílaba tônica de cada forma está marcada nas tabelas ao lado.

■ Os verbos derivados desses três seguem essa mesma regra:

Manter	*eu mantive, você manteve*
Refazer	*eu refiz, você refez*

4 **Geise está falando sobre o que seus amigos e ela fizeram nas férias. Complete as frases com os verbos *estar*, *fazer* e *ter* conjugados adequadamente.**

Nas férias do ano passado, eu ➲ (estar) *estive*.................... em Porto Seguro. A viagem foi incrível. 1. (Fazer) .... muitas coisas legais, como passeio de bugre e kitesurfing, e 2. (ter) .... a oportunidade de conhecer praias fantásticas, com areia branca e água transparente.

Maurício trabalha comigo. Ele 3. (estar) .... em Jericoacoara, no Ceará. Ele conheceu uma moça e 4. (ter) .... um romance com ela, mas não sei se eles ainda se falam. Ele também 5. (fazer) .... muitas coisas divertidas lá em Jeri.

Sandra e Lúcia também trabalham comigo. Elas 6. (estar) .... nas cidades históricas de Ouro Preto e Diamantina. As duas 7. (fazer) .... muitas visitas a igrejas e museus da época do Brasil Colônia. Elas também 8. (ter) .... dias maravilhosos lá.

D Verbos com alternância entre *–o–* e *–u–* na raiz: *poder, pôr*

- Os verbos ***poder*** e ***pôr*** apresentam alternância entre *–o–* e *–u–* no Pretérito perfeito, da seguinte forma:

		Poder	***Pôr***
Vogal *–o–* com pronúncia fechada e acento circunflexo na escrita, nas formas conjugadas como 3ª pessoa do singular		RAIZ *pôd*	RAIZ *pôs*
	Você	*pôde*	*pôs*
	Ele, ela	*pôde*	*pôs*
	A gente	*pôde*	*pôs*
Vogal *–u–* em todas as demais formas		RAIZ *pud*	RAIZ *pus*
	Eu	*pude*	*pus*
	Tu	*pudeste*	*puseste*
	Nós	*pudemos*	*pusemos*
	Vocês	*puderam*	*puseram*
	Eles, elas	*puderam*	*puseram*

A sílaba tônica de cada forma está marcada nas tabelas ao lado.

- Os verbos derivados desses dois seguem essa mesma regra:

Dispor	*eu dispus, você dispôs*
Repor	*eu repus, você repôs*

5 **Muitas coisas estranhas aconteceram na casa de Marília. Complete as lacunas abaixo com os verbos *poder* ou *pôr* conjugados adequadamente.**

➲ 1. De manhã, quando eu ....*pus*............ a água no fogão para fazer o café, vi que a água que saía da torneira estava escura e eu não .... fazer o café.

2. Na hora do lanche, Rebeca .... a chave de casa na mochila verde, que fica na escola. Não deu outra. Quando voltou da escola não .... entrar em casa.

3. Meus cachorros, Fred e Bull, não .... brincar fora de casa porque os vizinhos .... terra nova no jardim e eu não queria que eles estragassem nada.

4. Meu filho Henrique .... a escova de dentes no banheiro, mas não .... escovar os dentes porque não a encontrou mais lá.

5. Meu marido e eu .... a casa à venda porque somos supersticiosos e ficamos com medo de tantos problemas em um só dia.

E Verbos irregulares com somente uma raiz: *caber, dizer, querer, saber* e *trazer*

- Os verbos ***caber***, ***dizer***, ***querer***, ***saber*** e ***trazer*** apresentam, no Pretérito perfeito do indicativo, uma só raiz irregular:

	Caber RAIZ *coub-*	***Dizer*** RAIZ *diss-*	***Querer*** RAIZ *quis-*	***Saber*** RAIZ *soub-*	***Trazer*** RAIZ *troux-*
Eu	*coube*	*disse*	*quis*	*soube*	*trouxe*
Tu	*coubeste*	*disseste*	*quiseste*	*soubeste*	*trouxeste*
Você	*coube*	*disse*	*quis*	*soube*	*trouxe*
Ele, ela	*coube*	*disse*	*quis*	*soube*	*trouxe*
A gente	*coube*	*disse*	*quis*	*soube*	*trouxe*
Nós	*coubemos*	*dissemos*	*quisemos*	*soubemos*	*trouxemos*
Vocês	*couberam*	*disseram*	*quiseram*	*souberam*	*trouxeram*
Eles, elas	*couberam*	*disseram*	*quiseram*	*souberam*	*trouxeram*

- Não há muitos verbos derivados desses cinco acima, mas eles seguiriam essa mesma regra:

Desdizer	*eu desdisse, você desdisse*

A sílaba tônica de cada forma está marcada nas tabelas acima.

6 **Bete acaba de mudar de trabalho e está explicando como foi o processo de conseguir um trabalho novo. Complete as lacunas abaixo com os verbos no Pretérito perfeito conjugados adequadamente.**

Eu ➲ (saber) soube deste trabalho por minha colega Vânia. Ela me 1. (**dizer**) .... : "Tu 2. (**saber**) .... deste trabalho que a Eletrocom está anunciando?" Eu 3. (**dizer**) .... que não sabia, então ela 4. (**querer**) .... me mostrar o anúncio do trabalho. Eu me inscrevi para a vaga e, depois de duas semanas, me chamaram para uma entrevista. Vânia entende muito de entrevistas de trabalho, então ela me 5. (**dizer**) .... que, primeiro, eu tinha que ficar calma. Para me ajudar, ela 6. (**trazer**) .... umas roupas que ela tinha. As roupas dela não 7. (**caber**) .... em mim porque sou mais alta que ela. Então comprei uma blusa e uma saia que 8. (**caber**) .... perfeitamente. Na entrevista, os dois diretores 9. (**dizer**) .... que meu currículo era excelente e a empresa estava muito interessada em mim. Logo depois, o secretário 10. (**trazer**) .... um cafezinho para a gente. Os diretores queriam que eu começasse a trabalhar logo na semana seguinte e pediram para eu mandar cópias dos documentos. Meu chefe anterior 11. (**dizer**) .... que me desejava boa sorte. Ele não 12. (**saber**) .... que outras coisas dizer. No meu último dia de trabalho, eu organizei meu escritório. Felizmente minhas coisas 13. (**caber**) .... só em uma caixa, que eu 14. (**trazer**) .... comigo para o meu escritório novo.

F Outros verbos irregulares: *dar, ver, vir, ir, ser*

- Os verbos ***ir*** e ***ser*** têm conjugação idêntica no Pretérito perfeito. Já os verbos ***dar***, ***ver*** e ***vir*** se apresentam como monossílabos irregulares em muitas pessoas. As conjugações desses verbos são:

	Dar	***Ver***	***Vir***	***Ir/Ser***
Eu	*dei*	*vi*	*vim*	*fui*
Tu	*deste*	*viste*	*vieste*	*foste*
Você	*deu*	*viu*	*veio*	*foi*
Ele, ela	*deu*	*viu*	*veio*	*foi*
A gente	*deu*	*viu*	*veio*	*foi*
Nós	*demos*	*vimos*	*viemos*	*fomos*
Vocês	*deram*	*viram*	*vieram*	*foram*
Eles, elas	*deram*	*viram*	*vieram*	*foram*

A sílaba tônica de cada forma está marcada na tabela ao lado.

- Os verbos derivados desses dois seguem essa mesma regra:

Rever	*eu re**vi**, você re**viu***
Convir	*eu con**vim**, você con**veio***

7 Conjugue os verbos abaixo na pessoa indicada para comparar o que estas pessoas fizeram.

1. Dar — No Natal passado, todos nós demos .... muitos presentes para minha mãe. Eu .... um cordão de ouro com um pingente de coração. Minha irmã Laura .... um creme hidratante para o rosto. Minhas tias Marta e Emília, juntas, ... um vaso decorativo para a sala.

2. Ver — No fim de semana passado, meus amigos e eu .... filmes e seriados na televisão. Eu .... cinco episódios de "Jogo dos Crânios". Edgar .... o filme "A Vida Feia" e Adriana e João .... "A Voz".

3. Vir — Ontem todos nós .... estudar para as provas finais na universidade. Luíza .... mais ou menos por volta das 7 da manhã, porque ela gosta de acordar cedo. Eu .... às 8, para pegar menos trânsito. Não sei se os professores .... , porque as aulas já terminaram.

4. Ir ou Ser — Nas férias do ano passado Leandro e eu .... para a Floresta Amazônica. A viagem ... . muito divertida e com muitas aventuras. Nós .... ver o boto cor de rosa e o Rio Amazonas. Eu .... fazer uma viagem de barco, mas Leandro não .... porque ele não sabe nadar bem. Cíntia .... para a Bahia e conheceu o Pelourinho e vários outros lugares históricos. Ela adorou o Nordeste do Brasil porque as pessoas .... superagradáveis com ela.

21. Pretérito perfeito composto

A Significado e formas: *tenho falado, tenho lido, tenho comprado*, etc.

- O Pretérito perfeito composto se forma com:

O **Presente do indicativo** do verbo ***ter***. →

Eu	*tenho*	
Tu	*tens*	
Você	*tem*	*falado*
Ele, ela	*tem*	*comido*
A gente	*tem*	*decidido*
Nós	*temos*	
Vocês	*têm*	
Eles, elas	*têm*	

← O **particípio** correspondente ao fato terminado.

Com o Pretérito perfeito composto, afirmamos fatos que começaram a acontecer no passado e ainda continuam a acontecer no momento presente.

- ***Tem chovido*** *muito nos últimos dias.*
  [A chuva começou em algum momento do passado e continua até agora.]
- ***Tenho trabalhado*** *muito.*
  [Comecei a trabalhar no passado e continuo até este momento.]
- *Ana Clara* ***tem estado*** *tão estranha ultimamente.*
  [Ana Clara começou a se comportar de maneira estranha no passado e continua assim até agora.]

- Se apresentamos o fato **em si mesmo como algo terminado e não como algo que se estende até o momento presente**, usamos o Pretérito perfeito:

Pretérito perfeito - fatos já concluídos

- *Eu* ***estudei*** *muito para as provas finais.*
  [Eu já terminei de estudar, não estou estudando mais.]
- *Marcos e Val* ***trabalharam*** *muito.*
  [Eles trabalharam muito no passado, mas não estão mais trabalhando neste momento.]

Pretérito perfeito composto - fatos que começaram no passado e <u>continuam até o presente</u>

- *Eu* ***tenho estudado*** *muito para as provas finais.*
  [Eu comecei a estudar em algum momento do passado e continuo estudando até agora.]
- *Marcos e Val* ***têm trabalhado*** *muito.*
  [Eles começaram a trabalhar no passado e continuam até este momento.]

1 **Considerando o que as pessoas indicadas a seguir estão fazendo ou como elas se sentem, qual é o seu diagnóstico sobre o que elas têm feito ou não têm feito ultimamente? Utilize as informações do quadro abaixo.**

ir ao cinema	comer demais	malhar	conhecer novos lugares	estudar	trabalhar ✓	economizar	não comer

➔ Catarina está muito cansada.
Ela tem trabalhado muito. ....

1. Marcelle está tirando boas notas nas provas.
....
2. Júlio está muito musculoso.
....
3. Pilar está viajando muito.
....
4. Michelle está emagrecendo muito.
....
5. Já Marlos está engordando.
....
6. Elaine está quase conseguindo dinheiro para viajar.
....
7. Carlo conhece vários filmes novos.
....

2 **A vida de Antônio é muito interessante. Como você pode explicar as coisas que ele já fez e as que ele tem feito? Utilize o Pretérito perfeito ou o Pretérito perfeito composto.**

➔ Ele já viajou para Brasília muitas vezes e continua viajando para lá. *Ele tem viajado muito para Brasília.* ....

➔ Ano passado, ele foi a Brasília três vezes. *Ele viajou para Brasília três vezes.* ....

1. Na semana passada, ele teve três reuniões de negócios. ....
2. Ele começou a ter reuniões de negócios e ainda continua tendo. ....
3. Ele ainda trabalha muito. ....
4. Ele fez exercícios na academia por um mês. ....
5. Com as longas reuniões no final do mês, ele não tem muito tempo para a família. ....
6. No primeiro semestre, ele não pôde ir às festas da família. ....
7. Ano passado, ele ganhou muito dinheiro. ....
8. Ele ainda ganha muito dinheiro. ....

22. Pretérito imperfeito

A Significado do Pretérito imperfeito

O Presente representa fatos **não terminados no momento atual**:

- *O quarto **está** frio porque esta casa **é** velha e as janelas não **fecham** bem.*

■ O Pretérito imperfeito transporta essa perspectiva a **um momento do passado**:

- ***Estava** frio porque a casa **era** velha e as janelas não **fechavam** bem.*

Com o Pretérito imperfeito descrevemos fatos não terminados em um momento do passado.

1 **Mariana se casou e sua vida mudou muito. Descubra quais foram as mudanças ocorridas, colocando as informações na coluna correspondente.**

➔ nunca lia romances. ✓
a. não gostava de ir a restaurantes.
b. não convidava ninguém para visitá-la.
c. não gostava de futebol.
d. tem três cachorros.
e. nunca come em casa.
f. sabe todos os nomes de times e jogadores.
g. gosta muito de ler. ✓
h. recebe muitos amigos em casa.
i. queria ter muitos filhos.

Mariana **antes** de se casar:	Mariana **agora**:
➔ nunca lia romances	gosta muito de ler
1.	....
2.	....
3.	....
4.	....

B Formas regulares: *falava, comia, decidia,* etc.

- Para conjugar o Pretérito imperfeito de verbos regulares, substituímos a terminação de infinitivo pelas seguintes **terminações**:

	-ar	*-er / -ir*	*Falar*	*Comer*	*Decidir*
Eu	*-ava*	*-ia*	*falava*	*comia*	*decidia*
Tu	*-avas*	*-ias*	*falavas*	*comias*	*decidias*
Você	*-ava*	*-ia*	*falava*	*comia*	*decidia*
Ele, ela	*-ava*	*-ia*	*falava*	*comia*	*decidia*
A gente	*-ava*	*-ia*	*falava*	*comia*	*decidia*
Nós	*-ávamos*	*-íamos*	*falávamos*	*comíamos*	*decidíamos*
Vocês	*-avam*	*-iam*	*falavam*	*comiam*	*decidiam*
Eles, elas	*-avam*	*-iam*	*falavam*	*comiam*	*decidiam*

A **primeira** e a **terceira pessoa do singular** têm a mesma forma. Todas as formas de ***nós*** têm acento gráfico.

A sílaba tônica de cada forma está marcada na tabela acima.

2 **Durante a festa do Luís, tudo mudou em apenas dois minutos porque seus pais bateram na porta. Descreva a primeira cena lembrando as informações abaixo .**

São 8:45 da noite.

Luís e Sílvia **estão** dançando muito colados um no outro. Carlos, o namorado de Sílvia, não **para** de olhar para Luís. Tem várias garrafas de guaraná sobre a mesa e o prato **está** cheio de batata frita. A música **está** muito alta e todo mundo **conversa** sem parar. A irmã de Sílvia e o irmão de Luís **dormem** no sofá. Dentro da cozinha, quatro pessoas **jogam** azeitonas umas nas outras

São 8:47 da noite.
O que estava acontecendo às 8:45?

Quando os pais de Luís bateram na porta, Luís e Sílvia ..estavam.. dançando bem colados. Carlos, o namorado de Sílvia, não .... de olhar para Luís. Tinha várias garrafas de guaraná sobre a mesa e o prato .... cheio de batata frita. A música .... muito alta e todo mundo .... sem parar. A irmã de Sílvia e o irmão de Luís .... no sofá. Dentro da cozinha, quatro pessoas .... azeitonas umas nas outras.

C Formas totalmente irregulares: *ser, ter, pôr* e *vir*

- Para conjugar o Pretérito imperfeito de verbos irregulares, substituímos a terminação de infinitivo pelas seguintes **terminações**:

	Ser	*Ter*	*Pôr*	*Vir*
Eu	*era*	*tinha*	*punha*	*vinha*
Tu	*eras*	*tinhas*	*punhas*	*vinhas*
Você	*era*	*tinha*	*punha*	*vinha*
Ele, ela	*era*	*tinha*	*punha*	*vinha*
A gente	*era*	*tinha*	*punha*	*vinha*
Nós	*éramos*	*tínhamos*	*púnhamos*	*vínhamos*
Vocês	*eram*	*tinham*	*punham*	*vinham*
Eles, elas	*eram*	*tinham*	*punham*	*vinham*

- *Paulo **era** muito romântico: quando éramos namorados, ele **vinha** à minha casa toda semana, **punha** flores no meu quarto e sempre **tinha** muitas novidades para me contar.*

A sílaba tônica de cada forma está marcada na tabela ao lado.

A **primeira** e a **terceira pessoa do singular** têm a mesma forma. Todas as formas de ***nós*** têm acento gráfico.

3 **Complete as lacunas abaixo com a forma adequada do Pretérito imperfeito.**

➲ Hoje em dia, eu não venho tanto à praia. Antes, eu ...*vinha*... todo ano.

1. Eu não ponho mais nenhuma roupa apertada. Antes, eu .... roupa apertada em todas as ocasiões.
2. Agora somos mais simpáticos com nossos vizinhos. Antes, eu acho que .... um pouco antipáticos.
3. Agora eu só tenho dois gatos, mas, antes, eu .... cachorros também.
4. Eles põem muitas plantas diferentes no jardim. Antes, ... só flores.
5. Agora elas vêm visitar os avós apenas nos fins de semana, mas, ano passado, ... quase todo dia.
6. Não sei se ele é estudioso agora, mas, antes, ... muito preguiçoso.
7. Temos mais tecnologia hoje do que .... há cinco anos.
8. Agora é fácil falar com os amigos que moram longe, mas, antigamente, ... difícil.

■ Quando usamos o Presente, estamos dentro de uma cena atual, descrevendo o que está acontecendo neste momento. Com o Pretérito imperfeito, transportamos esse ponto de vista ao passado: situamo-nos **dentro de uma cena passada** e **descrevemos** o que estava ocorrendo **naquele momento**. Por isso, os usos do Pretérito imperfeito são os mesmos que os usos do Presente, mas transportados a um momento do passado.

D Usos do Pretérito imperfeito. Descrever características: *Ela era uma atriz muito bonita.*

Usamos o Presente para descrever como as pessoas ou as coisas são atualmente.

■ Usamos o Pretérito imperfeito com o mesmo objetivo, porém lembrando de **pessoas ou coisas do passado**.

4 **Luíza está pensando em como as seguintes pessoas e coisas eram antigamente. Complete a descrição usando os verbos indicados.**

1. A casa onde ela morava quando era pequena

FICAR ✓ FICAR
BRINCAR TER

..*Ficava*..... fora da cidade e .... uma vista para o quintal. Perto dela .... um parque onde eu .... com minhas amigas durante o verão.

2. Um menino que ela conheceu durante o Carnaval

PARECER USAR
TER SER

Renato .... irmão de minha amiga, mas não .... nada com ela. Ele .... cabelo preto e .... umas roupas superesquisitas.

3. Seu primeiro chefe

TER GOSTAR
FUMAR FICAR

O Sr. Casimiro .... charuto e .... um jeito meio estranho. Ele .... muito de dar ordens e todos os funcionários .... com medo dele.

4. O carro de seu chefe

CHEGAR GASTAR
CUSTAR SER

.... um carro esportivo que .... muito caro e .... a 180 km/h. O melhor é que .... pouca gasolina, faz 16km por litro na cidade.

E Usos do Pretérito imperfeito. Descrever situações regulares: *Antes eu dormia muito.*

Usamos o Presente para descrever ações e fatos que acontecem habitual ou regularmente no momento atual:

■ Usamos o Pretérito imperfeito para fazer o mesmo, lembrando de fatos que apresentamos como habituais ou regulares **em uma situação passada**.

5 **Frankez e Tristícia compraram uma casa nova e estão muito felizes. Complete as frases abaixo com a forma adequada dos verbos.**

➲ Antes, eu **(ter)** que costurar nossas roupas à mão. Agora, **(ter)** uma máquina de costura.
1. Antes, eu **(cozinhar)** num fogão a lenha e **(ser)** muito difícil. Agora, **(comprar)** um fogão e um forno de micro-ondas.
2. Agora, nós **(poder)** ver o mundo pela televisão. Antes apenas **(ver)** a mesma praça perto da nossa casa.
3. Antes, nós **(matar)** as aranhas com sapato. Agora **(usar)** um inseticida da loja da esquina.
4. Agora, **(estar)** agradável durante todo o verão porque nós **(ter)** um aparelho de ar condicionado. Antes, **(dormir)** muito mal por causa do calor.

➲ Antes, *tínhamos*..... que costurar nossas roupas à mãc Agora, *temos*........ uma máquina de costura.
1. Antes, ... num fogão a lenha e .... muito di cil. Agora, ... um fogão e um forno de micro-onda
2. Agora, nós .... ver o mundo pela televisão. Ant apenas .... a mesma praça perto da nossa casa.
3. Antes, nós .... as aranhas com sapato. Agora .... um inseticida da loja da esquina.
4. Agora, ... agradável durante todo o verão porque nós .... um ventilador. Antes, eu .... muito mal por causa do calor.

F Usos do Pretérito imperfeito. Descrever situações momentâneas: *Ontem eu estava cansada.*

Usamos o Presente para descrever o que está acontecendo em um momento concreto do presente:

Alô! Eu não **vou** à festa. **Estou** cansada e **tenho** muito trabalho.

■ Usamos o Pretérito imperfeito para fazer o mesmo, lembrando o que estava acontecendo **em um momento concreto do passado**:

Júlia me ligou às 8 da noite para dizer que não **ia** à festa. **Estava** cansada e **tinha** muito trabalho.

6 **O avô Manuel está contando para seus netos como era a vida quando ele era jovem. Complete as lacunas com os verbos adequados conjugados.**

ir	levar	chegar	pôr	adorar	morar	ser
ter	ficar	caminhar	fazer	ser ✓	cozinhar	gostar

➲ Pois é, quando eu ...era... da idade de vocês, a vida (1.) .... muito diferente do que é hoje. A gente (2.) .... na roça, numa casa que não (3.) .... nem luz elétrica. Para ir para a escola estudar, a gente (4.) .... uns dois quilômetros. Minha mãe (5.) .... meus cadernos e um pão dentro de uma bolsa e eu só (6.) .... isso para a escola. Eu (7.) .... de estudar, mas, quando (8.) .... em casa, tinha que ajudar meus pais no trabalho. Minha mãe (9.) .... muito bem e eu (10.) .... os pastéis que ela (11.) .... No fim de semana, a gente sempre (12.) .... para a casa dos meus tios, numa cidade que (13.) .... mais ou menos perto. A vida agora é muito mais fácil, mas eu tenho saudade daqueles tempos!

7 **Lídia está se lembrando do momento em que conheceu os dois grandes amores de sua vida. Complete essas lembranças com o verbo adequado no Pretérito imperfeito.**

ser	estar ✓
ser	olhar
ter	correr
brilhar	cantar
estar	passear

➲ Eu ...estava... sentada em um banco no parque. (1) .... cinco da tarde. (2) .... primavera. Um sol muito bonito (3) .... no céu. O parque (4) .... um cheiro maravilhoso de flores e os pássaros (5) .... nas árvores. Muitas pessoas (6) .... e as crianças (7) .... por todos os lados. Ela (8) .... lendo um livro em um banco bem na minha frente e, de vez em quando, me (9) .... De repente chegou uma mulher com um bebê e lhe deu um beijo no rosto.

conhecer	ser
dançar	estar
parecer	olhar
ser	querer
conseguir	ser

Aquela noite eu estava com uns amigos em uma boate. Ela (10) .... amiga da amiga de um amigo, e eu não a (11) .... , mas ela (12) .... uma moça muito atraente. Enquanto eu (13) .... , ela me (14) .... e eu não (15) .... parar de olhar para ela. (16) .... muito tarde e eu (17) .... cansada e (18) .... ir para casa, mas a troca de olhares entre nós (19) .... divertida.

23. Pretérito perfeito ou imperfeito

A Descrever situações momentâneas (Pretérito imperfeito) ou relatar um acontecimento completo (Pretérito perfeito)

- Para descrever o que estava acontecendo no passado, no português moderno usamos a perífrase do verbo ***estar*** no imperfeito + gerúndio:

  - *Ontem à tarde, eu **estava passando** roupa, quando você me telefonou.*

- A perífrase com o verbo ***estar*** no Pretérito imperfeito apresenta um fato como **ainda não terminado** em um <u>momento específico</u> do passado e descreve uma **situação momentânea**:

  - *Ontem, <u>às 5 da tarde</u>, eu ainda **estava estudando**.*

  - *Quando **estava descendo** as escadas, encontrei uma mala.*

- Com o Pretérito perfeito, apresentamos esse processo como **já terminado** <u>naquele momento</u> e contamos uma **situação completa**:

  - *Ontem **estudei** <u>até às 7 horas da noite</u>.*

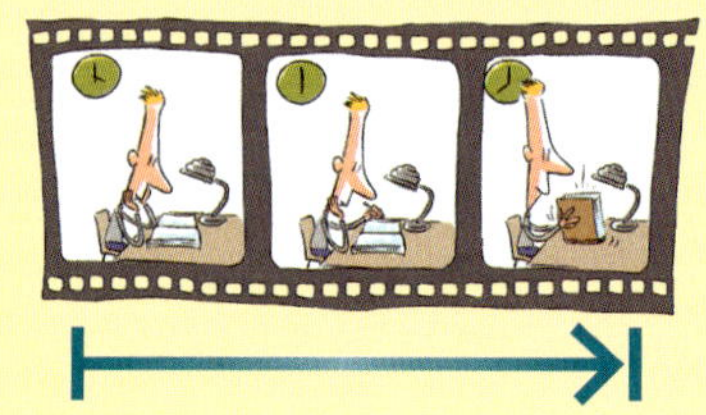

  - *Quando **desci** as escadas* [completamente], *encontrei uma mala.*

- No discurso literário, o Pretérito imperfeito sem perífrase é usado para descrever situações momentâneas no passado:

  - *A noite estava linda e ela se **arrumava** para ir à festa.* [Em vez de ***estava se arrumando***.]
  - *Ela estava sentada na janela e **olhava** para a lua.* [Em vez de ***estava olhando***.]

1 **Ontem a polícia registrou cinco crimes na cidade. Onde você estava no momento desses crimes? Complete este pequeno relatório para a polícia, conjugando o verbo mais adequado ao lugar onde você estava.**

beijar	comer	comprar roupa	trabalhar	tomar café

8:40	11:05	14:20	16:00	21:45
Café Colombo, com dois amigos.	No escritório, com meu chefe.	Em casa, sozinho.	No shopping, com uma colega.	No carro, minha namorada.

	Onde você estava?	O que estava fazendo naquele momento? Com quem?
➲	Às 8:40 *Estava no Café Colombo.*	*Estava tomando café com dois amigos.*
1.	Às 11:05	....
2.	Às 14:20	....
3.	Às 16:00	....
4.	Às 21:45	....

2 **Decida a forma verbal correspondente a cada interpretação. Siga o exemplo.**

Quando **estava atravessando** a rua, escutei uma voz que estava me chamando...

Quando **atravessei** a rua, escutei uma voz que estava me chamando...

	Forma verbal:	**Interpretação:**
➲ Ontem ia a uma farmácia e, quando **estava atravessando / atravessei** a rua, escutei uma voz me chamando.	a. (atravessei)	Eu estava do outro lado da rua.
	b. (estava atravessando)	Não tinha terminado de atravessar.
1. Quando **estávamos chegando / chegamos** em casa, encontramos uma mala cheia de joias.	a. (................)	Trata-se de uma mala encontrada em casa.
	b. (................)	Trata-se de uma mala encontrada na rua.
2. Quando a **estávamos levando / levamos** ao hospital, ela disse que estava bem e por isso voltamos para casa.	a. (................)	Chegaram ao hospital.
	b. (................)	Não chegaram ao hospital.
3. Laura estava muito triste hoje. Eu não **sabia / soube** o que dizer.	a. (................)	Não disse nada a ela.
	b. (................)	Não sabemos se algo foi dito.
4. Quando Romeu chegou, Julieta **estava se vestindo / se vestiu.**	a. (................)	Julieta estava pondo a roupa quando Romeu chegou.
	b. (................)	Julieta estava sem roupa quando Romeu chegou.
5. Quando os ladrões **esconderam / estavam escondendo** o dinheiro, a polícia chegou.	a. (................)	A polícia viu onde eles esconderam o dinheiro.
	b. (................)	A polícia não viu o dinheiro.

B Processos completos (Pretérito perfeito) e partes de um processo (Pretérito imperfeito)

- Podemos falar de processos breves (comer um sanduíche) ou mais longos (estudar Medicina durante cinco anos). A duração não importa:

	PROCESSOS BREVES	PROCESSOS LONGOS
Processo completo: Nos situamos 'DEPOIS' desse processo e usamos o **Pretérito perfeito**.	*Comi um sanduíche em* ***cinco minutos****.*	*Paulo estudou Medicina por* ***cinco anos****.*
	·····1:06·····*1:07*·····*1:08*·····*1:09*·····1:10·····	···1995······1996·····1997·····*1998*······1999···
Partes de um processo: Nos situamos 'DENTRO' desse processo e usamos o verbo *estar* no **Pretérito imperfeito** seguido do gerúndio	*Ao meio-dia,* ***estava comendo*** *um sanduíche.*	*Em 1998,* ***estava estudando*** *Medicina.*

👁 Por essa razão, quando nos referimos à **duração total** de um processo (*em uma hora, durante três anos, a tarde toda, dois dias, até às 7, três vezes, muito tempo,* etc.), usamos o **Pretérito perfeito** e não o **Pretérito imperfeito**:

- *Ontem* ***trabalhei*** *o dia todo.* [Ontem ~~trabalhava~~ o dia todo.]
- ***Fiquei*** *no hospital por três meses.* [~~Estava~~ no hospital por três meses.]
- *Ontem à noite* ***jogamos*** *até tarde.* [Ontem à noite ~~jogávamos~~ até tarde.]

PRETÉRITO PERFEITO + GERÚNDIO	PRETÉRITO PERFEITO
• *Ontem eles **ficaram jogando** até tarde.*	• *Ontem eles **jogaram** até tarde.*
• *Luíza **ficou nadando** na piscina até a hora do almoço.*	• *Luíza **nadou** na piscina até a hora do almoço.*
• *Ontem eu **fiquei estudando** para a prova de português até meia-noite.*	• *Ontem eu **estudei** para a prova de português até meia-noite.*

3 **Abaixo está uma agenda com as atividades que Mário fez em um dia. Preencha as lacunas usando a perífrase do Pretérito imperfeito ou o Pretérito perfeito nas duas formas que marcam o limite de tempo *até* quando a atividade aconteceu.**

7:00	acordar
7:00–7:30	descansar na cama
7:30	levantar
7:30	usar o banheiro
7:45–8:00	tomar banho
8:00–8:30	tomar café
8:40	pegar o metrô
9:00–10:15	estudar português
10:15–10:35	conversar com os amigos
10:45–11:00	comer um sanduíche

➲ 7:15 Às 7:15 ele estava descansando na cama.

➲ 7:30 Ele descansou na cama até 7:30. / Ele ficou descansando na cama até 7:30.

1. 7:48 ....
2. 8:00 ....
3. 8:15 ....
4. 8:30 ....
5. 8:40 ....
6. 10:00 ....
7. 10:15 ....
8. 10:20 ....
9. 10:35 ....
10. 10:50 ....
11. 11:00 ....

C Qualidades estáticas (Pretérito imperfeito) e qualidades dinâmicas (Pretérito perfeito)

■ Quando nos referimos às qualidades ou características estáticas de um objeto ou uma pessoa, recuperamos do passado **uma imagem e descrevemos como esse objeto ou pessoa era**:

QUALIDADES ESTÁTICAS: **objetos ou pessoas**

Uma mulher japonesa

• *A mulher que conheci ontem **era** japonesa.*

[A mulher que conheci ontem ~~foi~~ japonesa.]

■ Quando nos referimos às qualidades ou características dinâmicas de um processo, recuperamos do passado **uma sequência de imagens**, do início ao fim, e **contamos como foi** esse processo:

QUALIDADES DINÂMICAS: **processos**

***Uma festa** inesquecível*

• *A festa de sábado **foi** inesquecível.*

[A festa de sábado ~~era~~ inesquecível.]

4 **Como fazemos perguntas sobre a qualidade das coisas mencionadas abaixo? Escolha *Como era* ou *Como foi*, como mostra o exemplo.**

➲ A festa de aniversário	• Como foi a festa de aniversário?	❍ Muito boa e nos divertimos muito.
➲ Seu professor de português	• Como era seu professor de português?	❍ Um pouco sério, mas um excelente profissional.
1. Sua primeira casa	•	❍ Enorme. Tínhamos cinco quartos bem espaçosos.
2. O jogo de futebol	•	❍ Muito animado. Chegamos cedo e a torcida vibrou até o fim.
3. O cachorro que você tinha	•	❍ Pequeno, muito peludo e meio agressivo.
4. A saia que Luiza estava usando	•	❍ Vermelha e muito curta.
5. Seu primeiro dia de trabalho	•	❍ Meio difícil porque não conhecia quase ninguém.
6. Sua irmã mais nova	•	❍ Muito alegre e carinhosa.
7. O ladrão	•	❍ Loiro, alto e de olhos azuis.
8. A palestra	•	❍ Horrível. Não tinha ninguém, mas agora eu entendo o porquê.
9. O hotel onde você dormiu	•	❍ De três estrelas, grande e muito novo.
10. A última viagem de férias	•	❍ Muito tranquila. Um pouco longa, mas sem maiores problemas.
11. O curso de francês quando você estava na universidade	•	❍ Muito difícil e o professor, horrível.
12. O relógio que te deram	•	❍ Bonito, mas muito ruim. Só funcionou dois dias.

Se nos referirmos à **duração total** de uma qualidade (*uma hora, durante duas semanas, o dia todo, muito tempo*, etc.), falamos de um processo completo e **o Pretérito perfeito é a única opção**:

- *Antes eu **tinha** cabelo comprido.*
- ***Tive** cabelo comprido <u>por uns dois ou três anos</u>, mas depois cansei.*
  [~~Tinha~~ o cabelo comprido por dois ou três anos.]

5 **Pretérito perfeito ou Pretérito imperfeito? Complete com o verbo indicado, de acordo com o exemplo.**

usar
➲ Quando te conheci, você usava........... muitas roupas esquisitas.
➲ Você já usou........... esta camisa por uma semana inteira. Está na hora de trocar.

ser
1. Quando a conheci, Elisa .... uma boa estudante. Depois mudou muito.
2. Ela .... uma boa estudante por dois anos, depois mudou muito.

estar
3. Paulo .... gordo por uns quatro anos, mas fez uma dieta e emagreceu muito.
4. Paulo .... gordo, por isso fez um regime para emagrecer.

ser
5. Quando foi construído, o palácio do governo .... cinza.
6. O palácio do governo .... cinza por muitos anos, mas agora é branco.

ter
7. Essa vila .... o nome de Parati por muito tempo, mas depois mudaram para Porti.
8. Antes, essa vila .... o nome de Parati, mas agora se chama Porti.

D Descrever situações habituais (Pretérito imperfeito)

- Quando falamos de acontecimentos que queremos apresentar como habituais em uma época do passado, nos situamos '**DENTRO**' daquela época e descrevemos como era essa situação '**LÁ**'.

  - *Eu, quando* ***era*** *criança,* ***era*** *um ótimo aluno.* ***Escrevia*** *muito e* ***lia*** *vários livros.*

- Por esta razão **usamos o Pretérito imperfeito** para indicar ritmo de repetição (*antigamente, normalmente, habitualmente, todo dia, frequentemente, sempre, nunca, às vezes, duas vezes por dia, uma vez por semana*, etc.):

  - *Normalmente eu* ***trabalhava*** *o dia todo naquela empresa.* [Normalmente eu ~~trabalhei~~ o dia todo naquela empresa.]
  - *Quando éramos pequenos, sempre* ***brincávamos*** *todas as tardes no parque.* [Quando éramos pequenos, sempre ~~brincamos~~ todas as tardes no parque.]
  - *Antes a gente* ***ia*** *ao cinema todo fim de semana.* [Antes a gente ~~foi~~ ao cinema todo fim de semana.]

6 Identifique sobre o que se fala e circule a forma adequada do verbo nas frases abaixo.

Imperfeito →	repetição habitual
Perfeito →	acontecimento completo

➲ a. Antigamente eu **ia** / **fui** muito ao Cine Brasil. (repetição habitual)
➲ b. Ontem **ia** / **fui** ao Cine Brasil. (acontecimento completo)

1. a. Quando eu era pequeno, só **ia** / **fui** ao zoológico uma vez. (.............................)
   b. Quando eu era pequeno, todo fim de semana **ia** / **fui** ao zoológico. (.............................)
2. a. Ano passado, durante o verão, **ficávamos** / **ficamos** 15 dias na praia e 15 dias na fazenda, mas este ano não saímos de casa. (.............................)
   b. Quando Júlia era pequena, todo verão nós **ficávamos** / **ficamos** 15 dias na praia e 15 dias na fazenda, mas agora ela não quer viajar mais com a gente e então não saímos de casa. (.............................)
3. a. Ele se preocupava com o gato e o **levava** / **levou** ao veterinário duas vezes por mês. (.............................)
   b. Ele não cuidava do gato e só o **levava** / **levou** ao veterinário duas vezes em toda sua vida. (.............................)
4. a. Aquela primeira apresentação dos Novos Artistas **era** / **foi** muito boa. (.............................)
   b. Antigamente as apresentações dos Novos Artistas **eram** / **foram** excelentes, mas agora são muito diferentes. (.............................)
5. a. Ela atendia pelo nome de Jô e não respondeu quando a **chamavam** / **chamaram** de Josefina no aeroporto. (.............................)
   b. O nome dela era Josefina, mas todos a **chamavam** / **chamaram** de Jô. (.............................)

E Contar histórias

- Usando o **Pretérito imperfeito**, **paramos o tempo** de uma história para descrever uma situação momentânea; com o **Pretérito perfeito**, indicamos que algo terminou completamente e **avançamos o tempo** até uma nova situação. Para descrever o que as pessoas estavam fazendo em determinado momento (informação de fundo para uma história), usamos uma perífrase do verbo ***estar*** no imperfeito + gerúndio:

Outro dia **estávamos saindo** do cinema [aqui eles estão saindo] quando, de repente, um homem muito interessante **se aproximou** de nós [aqui o homem está ao lado deles] e **começou** a cantar uma música [neste ponto o homem já está cantando] em uma língua muito estranha. Nós não **entendíamos** nada e não **sabíamos** o que fazer [aqui eles estão surpresos]. Ele **cantou** por dois ou três minutos [neste ponto ele já parou de cantar] e quando **estava indo** embora, [aqui o homem já está indo embora] **chegou** uma ambulância [a ambulância já chegou] e o **levou** [aqui o homem já está dento da ambulância e ela já foi embora].

7 **Frankez está contando um fato incrível que lhe ocorreu ontem. Você pode "traduzir" sua pequena história? Escolha a forma adequada de cada verbo, no Pretérito perfeito, imperfeito ou com a perífrase desse último (*estar* + GERÚNDIO).**

Ontem eu **caminhar** tranquilamente pelo cemitério porque **ir** ao castelo da Mortícia para levar uns biscoitos de serpente. De repente, no caminho, um homem-lobo muito bravo **sair** de trás das árvores e **ficar** na minha frente mostrando os dentes. Eu **estar** com muito medo, mas, mesmo assim, **sair** correndo e finalmente **conseguir** escapar dele. **Poder** fazer duas coisas: ou eu **voltar** a minha casa ou **tentar** chegar ao castelo da Mortícia. **Decidir** continuar andando para visitá-la. Quando **entrar** no castelo, ela **estar** na cama, mas **ter** uma aparência muito estranha, com muitos pelos no rosto. Por causa disso, **deixar** a comida ao lado da cama e **voltar** para o meu castelo correndo.

Ontem eu estava caminhando tranquilamente pelo cemitério... ....

....

....

....

....

....

....

....

8 **Ontem foi o aniversário de Carolina, mas Maria não pôde ir à festa. Agora Maria está escrevendo um e-mail para Carolina, contando por que não foi. Complete com os verbos indicados conjugados no Pretérito perfeito ou imperfeito, conforme cada caso.**

Para:

CC:

Assunto:

Olá, Carolina,

Estou escrevendo este e-mail para te contar porque não ➲ ...*pude*... ir à tua festa de aniversário ontem à noite. O que aconteceu foi que, ontem à tarde, (1) .... ao cinema com aquele menino chamado Mário. Não sei se você se lembra dele, mas é aquele que eu (2) .... num bar e que (3) .... superfeio, lembra? Eu te apresentei a ele outro dia num café e depois (4) .... sobre ele várias vezes. Bom, ontem, depois do cinema, Mário me (5) .... para jantar na casa dele. Eu não (6) .... ir, mas, no fim, (7) .... , mas, para a situação não ficar esquisita, (8) .... o Hans, aquele meu amigo alemão, para ir comigo. Mário não o (9) ...., então eu (10) .... para ele que Hans (11) .... meu namorado, e o coitado (12) .... O Mário ficou péssimo e o jantar (13) .... horrível, sem falar que o frango (14) .... queimado e a Coca-Cola (15) .... light. Além disso tudo, (16) .... que escutar música de Amado Batista durante o jantar. Acho que (17) .... a pior noite da minha vida. Bom, nos vemos amanhã e te conto tudo com mais detalhes.

Beijos,

Maria

➲ poder	1. ir	2. conhecer	3. ser	4. falar	5. convidar
6. querer	7. ir	8. chamar	9. conhecer	10. dizer	11. ser
12. acreditar	13. ser	14. estar	15. ser	16. ter	17. ser

9 **No parágrafo abaixo, Maria está contando sua história amorosa com Mário e Hans. Complete as lacunas com os verbos indicados no Pretérito perfeito ou imperfeito, conforme cada caso.**

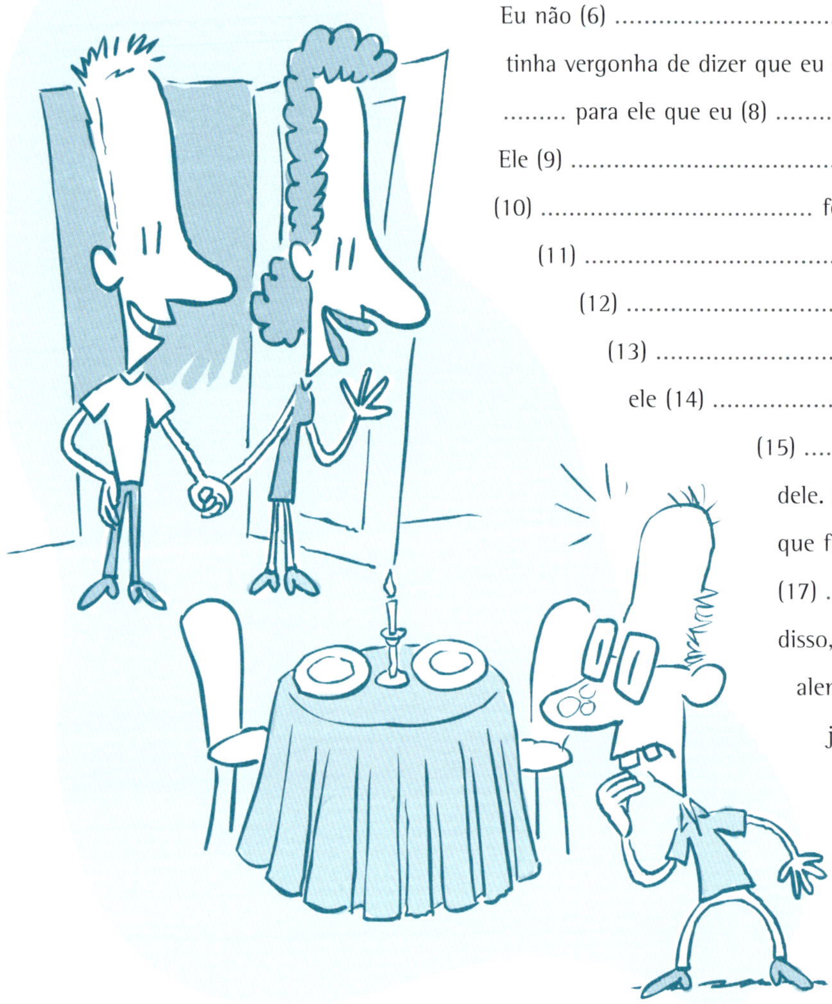

➲ Conheci .... o Mário num bar em Berlim. Eu (1) .... como garçonete em um restaurante e ele (2) .... funcionário da embaixada. Naquela época, eu (3) .... 32 anos e ele, 28. Um dia ele (4) .... minha idade e eu (5) .... para ele. Eu não (6) .... contente com meu trabalho, inclusive tinha vergonha de dizer que eu era garçonete, por isso (7) .... para ele que eu (8) .... professora de português. Ele (9) .... muito apaixonado por mim, mas eu não. Ele (10) .... feio demais para o meu gosto e também não (11) .... uma mente brilhante. Mas ele sempre me (12) .... para tomar café e eu a cada vez (13) .... mais mentiras para ele. Um dia, eu e ele (14) .... ao cinema e depois ele me (15) .... para jantar na casa dele. Eu não (16) .... o que fazer para dizer diretamente que eu não (17) .... dele. Por causa disso, (18) .... um amigo alemão e (19) ...., os dois juntos, à casa de Mário. Eu (20) .... para o Mário que meu amigo alemão (21) .... meu namorado. O coitado do Mário (22) .... muito triste. No fim, o jantar (23) .... um desastre, principalmente a comida.

➲ conhecer ✓	8. ser	16. saber
1. trabalhar	9. estar	17. gostar
2. ser	10. ser	18. chamar
3. ter	11. ter	19. ir
4. perguntar	12. convidar	20. dizer
5. mentir	13. contar	21. ser
6. estar	14. ir	22. ficar
7. dizer	15. convidar	23. ser

24. Pretérito mais-que-perfeito composto

A Significado e formas: *tinha / havia falado, tinha / havia comido, tinha / havia decidido, etc.*

- O Pretérito mais-que-perfeito composto se forma com:

O **Pretérito imperfeito** do verbo auxiliar ***ter***. →

Eu	*tinha*	*falado*
Tu	*tinhas*	*comido*
Você	*tinha*	*decidido*
Ele, ela	*tinha*	
A gente	*tinha*	
Nós	*tínhamos*	
Vocês	*tinham*	
Eles, elas	*tinham*	

← O **particípio** correspondente ao fato terminado.

- O verbo auxiliar ***ter*** é usado na linguagem menos monitorada; o verbo auxiliar ***haver*** é usado em uma linguagem altamente monitorada:

Linguagem menos monitorada (verbo *ter*)

- *Em 2013, Pedro já **tinha terminado** a faculdade de Belas-Artes.*
- *Ontem, encontrei com Marília e ela me disse que **tinha sido demitida** do trabalho.*

Linguagem altamente monitorada (verbo *haver*)

- *Contudo, o ministro não **havia feito** qualquer afirmação assegurando que o delegado permaneceria no cargo.* (Jornal do Brasil, 8/11/2017.)
- *... que se, enfim, o progresso parecia ser realidade, a humanidade pouco **havia conseguido** melhorar.* (Carta Capital, 5/8/2014.)

- Para os verbos que têm particípio abundante (dois particípios), usa-se o regular (formas *–ado* ou *–ido*) com o Pretérito mais-que-perfeito composto.

➔ 18.H. Verbos com particípio duplo

Eu estava todo molhado porque **tinha chovido.**

Antes daquele momento: *Tinha chovido. (ou havia chovido).*

Naquele momento: *Eu estava todo molhado.*

Com o Pretérito mais-que-perfeito composto afirmamos fatos terminados em um **momento anterior** a outro momento no passado.

1 **Totó é um cachorro que fugiu de casa. Escolha um verbo da lista a seguir e complete as lacunas abaixo com a forma do Pretérito mais-que-perfeito composto conjugada na pessoa indicada. A seguir, relacione cada verbo com sua imagem.**

sair ✓	dormir	deixar	ir	ficar	ver

- Você sabia que Totó fugiu ontem à tarde? Não sei o que foi que aconteceu.
- É muito simples. Quando ele fugiu, ➔ você tinha saído (c) com Antônio para dar uma volta. Totó saiu sem problemas pela porta principal porque, quando eu voltei, percebi que Antônio e você (1) .... a porta aberta quando saíram. Eu (2) .... ao supermercado para fazer compras porque precisávamos de comida para a noite. Quando eu voltei, vi que as janelas também (3) .... abertas. Marisa (4) .... depois do almoço e ela dorme feito uma pedra. Além de tudo isso, lembra que Totó (5) .... pela janela a Lua, a cachorrinha nova da vizinha. Agora você entendeu tudo, né?

B Uso: o passado do passado

- Tendo como referência o presente, podemos usar o **Pretérito perfeito** para afirmar fatos passados e terminados. No entanto, quando nos situamos em um ponto concreto do passado, utilizamos o **Pretérito mais-que-perfeito composto** para nos referirmos a fatos que já estavam terminados **antes desse ponto no passado**.

2 **Os fatos abaixo foram contados no Pretérito perfeito. Transporte-os para uma cena passada, mudando a forma do verbo de acordo com a pessoa e o tempo adequados.**

Em um momento passado	**Antes daquele momento**
• "Olha só, já são seis da tarde e ainda não chegou ninguém."	➲ Às seis da tarde não tinha chegado ninguém.
• "Cheguei! Que ótimo, vocês já ajeitaram tudo!"	1. Quando eu cheguei, eles já .... tudo.
• "Preparei umas bebidas. Vocês querem?"	2. Ele .... umas bebidas, mas nós não bebemos nada.
• "Sim, ela sempre foi supergentil comigo."	3. Menti para ela, dizendo que ela sempre .... muito gentil comigo.
• "Com essas notas boas, tenho certeza de que você estudou muito."	4. Ela tinha notas muito boas. Claro: .... muito.
• "Ai! Esquecemos a chave dentro de casa! Como vamos entrar agora?"	5. Não pudemos entrar porque .... a chave dentro de casa.
• "Nossa! O trem já foi! O que vamos fazer agora?"	6. Eles chegaram à estação na hora certa, mas o trem já ....

3 **Os fatos abaixo estão contados no Pretérito perfeito. Transporte-os para uma cena passada, mudando a forma do verbo.**

Em um momento passado	**Antes daquele momento**
➲ Que pena. Patrícia não está em casa. **Saiu** agorinha há pouco.	➲ Corri o máximo que pude, mas Patrícia já tinha saído quando cheguei à casa dela.
1. Temos que ir à casa da Ângela. Eles **compraram** um carro novo ontem e querem mostrar para a gente.	1. Fomos à casa de Ângela. Eles .... um carro novo e queriam mostrar para a gente.
2. Fica calma, já **contei** tudo para o Marcelo.	2. Ela me disse que eu tinha que ficar calma, que ela já .... tudo para o Marcelo.
3. • Você consegue ler isso? ○ Mais ou menos. **Estudei** russo só por dois anos, então não consigo entender muito.	3. Felipe não entendeu o que estava escrito porque .... russo só por dois anos.
4. Na semana passada **fiz** minha primeira doação de sangue.	4. Ele estava muito orgulhoso porque na semana anterior .... sua primeira doação de sangue.
5. **Fomos** à praia de Jeri no ano passado e no anterior.	5. Eles conheciam muito bem o caminho porque já .... lá duas vezes.

- Só podemos usar o Pretérito mais-que-perfeito composto se apresentamos um fato como **anterior a um ponto concreto** no passado:

Antes de chegar	• ***Quando cheguei,*** *eles já* ***tinham / haviam comido*** *a torta toda.*
Antes de dizer	• *Outro dia encontrei com Alessandro.* ***Ele me disse*** *que* ***tinha / havia ficado*** *doente.*
Antes de telefonar	• *Telefonei de novo às* ***seis da tarde****, mas ele já* ***tinha / havia saído****.*

- Se esse ponto de referência no passado não estiver claro, não usamos o Pretérito mais-que-perfeito composto, mas sim o Pretérito perfeito:

  • *Ontem* ***fui*** *ao cinema.*
  ○ *Ah, é? Que filme você foi ver?*

4 **Interprete as frases abaixo e decida: os enunciados têm sentido assim ou precisamos usar o Pretérito perfeito?**

➲ A sopa não estava boa porque tinham posto muito sal. (.........✓.........)

➲ Sábado ~~tinhamos ido~~ a um restaurante muito bom, mas esse restaurante de hoje é horrível. (.........fomos.........)

1. Estávamos na porta, mas não pudemos entrar no concerto porque Jorge tinha esquecido as entradas em casa. (......................)
2. Em março do ano passado tinha viajado pela primeira vez para Porto Alegre e, no ano seguinte, visitei Gramado e Canela. (......................)
3. Ele escreveu o nome do destinatário e pôs o selo na carta, mas, até hoje, não tinha mandado pelo correio. (..)
4. Vítor nasceu muito pequeno, mas, quando vi ele pela segunda vez, já tinha engordado bastante. (..)
5. Nós já tínhamos comido quando vocês chegaram. (......................)
6. No fim de semana passado meu namorado tinha vindo me ver. (......................)
7. O programa não funciona no seu computador porque você não tinha instalado nenhum sistema operacional. (......................)

25. Futuro do presente

A Significado

- O **Presente** pode ser usado para falar de uma realidade presente ou futura. Por outro lado, no **Futuro** fazemos uma previsão ou suposição sobre como pode ser uma realidade que ainda não conhecemos:

Afirmando sobre o presente ou o futuro:

- *Ele **trabalha** em uma loja agora.*
  [Afirmação sobre algo presente.]

- *Amanhã **termino** meu trabalho.*
  [Afirmação sobre algo futuro.]

Fazendo uma suposição sobre o presente ou uma previsão sobre o futuro:

- *Ele **vai trabalhar** / **trabalhará** em uma loja a partir do mês que vem.*
  [Previsão sobre algo futuro.]

- *Amanhã **vou terminar** / **terminarei** meu trabalho.*
  [Previsão sobre algo futuro.]

1 **O que você acha que vai acontecer nas situações a seguir? Utilize as informações do quadro abaixo para responder.**

Ele não vai ter / terá dinheiro para comprar outras coisas.
Ele vai fazer / fará uma lista de compras.
Ele vai tirar / tirará uma nota baixa. ✓
Eles vão ter / terão dificuldades para se comunicar com as pessoas.
Ele vai aprender / aprenderá a falar português.
Ela vai sentir / sentirá muito frio.
Ele vai fazer / fará exercício.

➔ Bruno tem prova de português amanhã e não estudou nada.
Ele vai tirar / tirará uma nota baixa.

1. Hoje vai nevar e Mariana saiu de casa sem casaco.
....
2. Luciano gastou muito dinheiro com roupas.
....
3. Carlos e Natália querem viajar para os Estados Unidos, mas não falam inglês.
....
4. Paulo comprou um livro de português elementar.
....
5. Luís precisa ir ao supermercado comprar comida.
....
6. José precisa perder 10 quilos.
....

B Formas regulares: *vou falar, vou comer, vou decidir*, etc.

- Existem duas formas de Futuro do presente. A mais usada é a perifrástica, formada com o verbo ***ir* conjugado no Presente do indicativo** + INFINITIVO:

	Ir + INFINITIVO
Eu	*vou falar / comer / decidir*
Tu	*vais falar / comer / decidir*
Você	*vai falar / comer / decidir*
Ele, ela	*vai falar / comer / decidir*
A gente	*vai falar / comer / decidir*
Nós	*vamos falar / comer / decidir*
Vocês	*vão falar / comer / decidir*
Eles, elas	*vão falar / comer / decidir*

- Quando queremos indicar o futuro com o verbo auxiliar ***ir*** + o verbo principal ***ir***, usamos ***ir*** somente uma vez na sua forma conjugada:

  - *Júlia **vai** a uma festa no próximo fim de semana.*
    [Júlia ~~vai ir~~ a uma festa no próximo fim de semana.]

  - *Meus pais **vão** para Portugal na primeira semana de junho.*
    [Meus pais ~~vão ir~~ para Portugal na primeira semana de junho.]

- A segunda forma de Futuro do presente é mais usada na língua monitorada e é formada através das terminações abaixo:

	-ar / -er / -ir	*Falar*	*Comer*	*Decidir*
Eu	*-ei*	*falarei*	*comerei*	*decidirei*
Tu	*-ás*	*falarás*	*comerás*	*decidirás*
Você	*-á*	*falará*	*comerá*	*decidirá*
Ele, ela	*-á*	*falará*	*comerá*	*decidirá*
A gente	*-á*	*falará*	*comerá*	*decidirá*
Nós	*-emos*	*falaremos*	*comeremos*	*decidiremos*
Vocês	*-ão*	*falarão*	*comerão*	*decidirão*
Eles, elas	*-ão*	*falarão*	*comerão*	*decidirão*

A sílaba tônica de cada forma está marcada na tabela ao lado.

2 Francisca, Letícia e Sávio são três amigos muito metódicos. Todos os dias eles fazem as mesmas coisas. Abaixo está uma lista do que eles fazem todo dia. Na coluna da direita, escreva o que eles vão fazer amanhã. Utilize o Futuro simples ou perifrástico.

Rotina	Amanhã
➲ **Francisca diz:** "Eu acordo às 6:30 da manhã."	➲ Eu vou acordar às 6:30 da manhã.
1. **Letícia diz:** "Francisca e Sávio estudam biologia de manhã."	1. ....
2. **Sávio diz:** "Eu e Francisca almoçamos ao meio-dia."	2. ....
3. **Francisca diz:** "Sávio trabalha à tarde na academia."	3. ....
4. **Letícia diz:** "Eu durmo depois do almoço."	4. ....
5. **Sávio diz:** "Francisca e Letícia vão à academia à noite."	5. ....
6. **Francisca diz:** "Sávio e Letícia jantam às 7 da noite."	6. ....
7. **Letícia diz:** "Eu estudo em casa à noite."	7. ....
8. **Sávio diz:** "Francisca, Letícia e eu conversamos à noite."	8. ....

3 **O que vai acontecer? É bem claro, né? Utilize os verbos indicados abaixo para completar as lacunas.**

➲ Uma menina pequena está brincando em cima da mesa.	*Ela vai cair.*	entrar
1. Patrícia está pondo a música em um volume mais alto.	....	cair ✓
2. Dois senhores estão caminhando em direção a um hotel.	....	dançar
3. Está fazendo frio e o céu está cinza.	....	comer
4. Luana está com muita fome e está com um prato de comida à sua frente.	....	saltar
5. Um atleta corre em direção a um obstáculo.	....	chover

■ Também usamos a perífrase ***ir*** (conjugado no Presente do indicativo) + infinitivo para falar sobre **decisões** ou **planos**, bem como para perguntar sobre as intenções, decisões ou planos de outras pessoas:

- *Lívia me disse que ela **vai viajar** para passar o Natal com Bea.*
  [Essa é a intenção ou plano de Lívia.]
- *No ano que vem **vou me dedicar** mais aos estudos.*
  [É minha decisão ou plano.]
- *O que você **vai fazer** no fim de semana?*
  [Perguntamos sobre os planos de alguém.]
- *Bom, você **vai me ajudar** ou não?*
  [Esperamos uma decisão.]

4 **Todos os seus amigos têm planos para o futuro. Usando o Futuro simples ou o perifrástico, pergunte que planos cada um deles tem.**

➲ Rosa quer fazer muitas coisas no próximo verão.	➲ Rosa, o que você *vai fazer / fará* no verão que vem?
1. Pedro e Ângela querem estudar uma língua.	1. Que idioma vocês .... ?
2. Alberto quer comer alguma coisa na cozinha.	2. O que você .... ?
3. Adriana está na Argentina, mas quer voltar rápido para o Brasil.	3. Quando você .... ?
4. Patrícia quer comprar um carro novo.	4. Que carro você .... ?
5. Jaime e Marcelo querem viajar para um país da América Central.	5. Para que país vocês .... ?

C Verbos irregulares: *dizer, fazer, trazer*

■ Existem três verbos irregulares na forma simples (não perifrástica) do Futuro do presente. Ao formar o futuro, esses verbos têm sua primeira parte, o radical, modificado:

Dizer → *dir-*   *Fazer* → *far-*   *Trazer* → *trar-*

A terminação é a mesma dos verbos regulares:

	Dizer	*Fazer*	*Trazer*
Eu	*direi*	*farei*	*trarei*
Tu	*dirás*	*farás*	*trarás*
Você	*dirá*	*fará*	*trará*
Ele, ela	*dirá*	*fará*	*trará*
A gente	*dirá*	*fará*	*trará*
Nós	*diremos*	*faremos*	*traremos*
Vocês	*dirão*	*farão*	*trarão*
Eles, elas	*dirão*	*farão*	*trarão*

A sílaba tônica de cada forma está marcada na tabela ao lado.

Os verbos derivados desses três verbos irregulares apresentam a mesma irregularidade: *contradizer* – *contra**direi**, desfazer* – *des**farei***.

O verbo ***querer*** não é conjugado como ***quererei***. Usa-se, em vez disso, o futuro perifrástico: ***Eu vou querer***.

Na forma perifrástica (com o verbo ***ir*** conjugado + o verbo principal no infinitivo), não há verbos irregulares além do verbo auxiliar ***ir***:

- *Eu **vou fazer** coisas deliciosas para o jantar de hoje e por isso **vou convidar** alguns amigos.*

5 **Bouden é um astrólogo. Ele não fala português bem, então as previsões astrológicas que ele escreveu têm erros. Encontre os seis erros e corrija-os.**

➲ Áries: Alguém te ~~dizerá~~ .....dirá..... que você está muito charmoso hoje.

1. Touro: Hoje você **fazerá** .... progresso em um assunto de negócios e **terá** .... muita sorte.
2. Gêmeos: Um amigo seu **voltará** .... de viagem hoje e **trazerá** .... um presente para você.
3. Câncer: Você e um amigo **fazerão** .... um acordo comercial muito importante que **trazerá** .... muitas vantagens no futuro imediato.
4. Leão: O Sol no seu signo **fazerá** .... com que você tenha muita energia para resolver seus problemas.
5. Virgem: Você se **sentirá** .... mais livre e menos preocupado, e **dizerá** .... a todas as pessoas que se sente mais leve.

6 **Complete as lacunas abaixo com a forma adequada do mesmo verbo no Futuro. Use o Futuro simples ou a forma perifrástica.**

➲ Se você não **gosta** de mim, alguém ...gostará / vai gostar... .

1. Se o amor não **cabe** no seu coração, em outro coração ....
2. Se você não **é** paciente comigo, outros ....
3. Se você não me **diz** coisas românticas, outros ....
4. Se você não me **procura** quando estou triste, outros ....
5. Se você não **sai** à porta para me receber, outros ....
6. Se você não **faz** o que quero, outros ....
7. Se você não **sabe** como me tratar, outros ....
8. Se você não **serve** para ser um bom marido, outros ....
9. Se com você não **posso** ser feliz, com outros ....
10. Se com você não **tenho** esperança, com outros eu ....

D Usos. Prever o futuro: *Meu namorado vai voltar / voltará amanhã*.

■ Quando usamos o Futuro do presente do indicativo para falar do futuro cronológico, estamos **prevendo** o futuro. Fazemos isso para indicar que estamos falando de fatos que dependem da passagem do tempo para serrem confirmados. Estamos prevendo como vai ser o futuro ou pedindo a outras pessoas previsões sobre o futuro. Podemos usar o futuro simples (com um verbo) ou a perífrase (com dois verbos). O primeiro é usado no discurso mais monitorado e o segundo, no discurso menos monitorado:

Como pode ser o futuro		
	Previsões	• *Você não precisa se preocupar. O namorado com quem você brigou **vai voltar** amanhã.* [discurso menos monitorado.] • *Domingo **teremos** sol no sul do país e aparecerão nuvens no norte.* [discurso mais monitorado.] • *Ele não **vai se casar** com ela, espere e você **verá**.* [discurso mais monitorado.] • ***Vou estar** te esperando às 10 no aeroporto.* [discurso menos monitorado.] • *Vocês querem ir comigo ou vocês **vão saber** chegar sozinhos?* [discurso menos monitorado.]

7 **As previsões para os signos abaixo foram publicadas em um jornal brasileiro. Como você contaria essas previsões para seu amigo Renato e para sua amiga Sandra? Utilize o Futuro do presente perifrástico nas suas respostas.**

> **Áries**
> Você precisará controlar um pouco da sua impulsividade nos próximos dias. Você conhecerá uma pessoa nova no ambiente de trabalho, mas terá que tomar muito cuidado com ela. Ela tentará te ajudar, mas terá segundas intenções e talvez te prejudique.

Renato, você ➲ vai precisar controlar um pouco da sua impulsividade nos próximos dias. Você (1) .... uma pessoa nova no ambiente de trabalho, mas (2) .... que tomar muito cuidado com ela. Ela (3) .... te ajudar, mas (4) .... segundas intenções e talvez te prejudique.

> **Capricórnio**
> Você precisará tirar um pouco os pés do chão neste período. Você receberá uma proposta de trabalho muito boa. Você conversará com seu chefe atual e ele te oferecerá uma contraoferta. Essa oferta será melhor que a do trabalho novo. Você ficará em dúvida, mas deve aceitar a proposta nova, porque esta trará melhores oportunidades no futuro.

Sandra, você (5) .... tirar um pouco os pés do chão neste período. Você (6) .... uma proposta de trabalho muito boa. Você (7) .... com seu chefe atual e ele te oferecerá uma contraoferta. Essa oferta (8) .... melhor que a do trabalho novo. Você (9) .... em dúvida, mas deve aceitar a proposta nova, porque ela (10) .... melhores oportunidades no futuro.

8 **Complete as previsões da vidente abaixo usando o verbo na forma adequada. Use a perífrase do futuro.**

➲ Em breve você ...*vai ficar*... sem cabelo.
1. Em um mês você .... uma mulher muito bonita e .... muito amor por ela.
2. Nesse momento sua vida .... completamente.
3. Sua mulher .... você.

ficar ✓
conhecer
mudar
sentir
abandonar

morrer
ganhar
tentar

4. Você .... muito dinheiro em um programa na televisão.
5. Inesperadamente, sua mulher .... voltar para você.
6. E, se você não me pagar, ... jovem e pobre.

9 **O casamento de Roletrando da Silva não vai bem. O que acontece é que... Porém como terminará? Escolha a consequência adequada para cada caso. Use o Futuro simples ou o perifrástico.**

Perder contato ✓
Sair com outra mulher
Conhecer outra pessoa mais interessante que ele
Empobrecer
No próximo Natal não estar juntos
Separar-se

➲ quase não se falam ...*Perderão / Vão perder contato.*...
1. Ele sai muito e conhece muita gente nova. ....
2. Ela usa a internet e faz novos amigos. ....
3. Os dois gastam muito dinheiro. ....
4. Nunca estão juntos em festas importantes. ....
5. Cada vez mais têm menos coisas em comum. ....

E Imaginar o que está acontecendo, o que aconteceu ou o que vai acontecer: *Será que Carol está em Brasília agora? Carol deve estar em Brasília agora.*

■ Para imaginar ou fazer conjecturas sobre o que não sabemos, não só sobre o futuro, usamos a expressão ***será que*** em perguntas. Quando queremos fazer suposições mais seguras, usamos o verbo ***dever*** conjugado + infinitivo. Como essas suposições são mais seguras, usamos frases afirmativas, não perguntas:

Situação	Conjectura	Suposição
• *Márcio está com febre.*	• ***Será que*** *ele pegou uma gripe por causa do frio?*	• ***Ele deve estar*** *com gripe por causa do frio.*
• *Não consigo encontrar minha carteira.*	• ***Será que*** *está em casa?*	• ***Deve estar*** *em casa.*
• *O namorado de Renata ainda não ligou para ela.*	• ***Será que*** *ele ainda vai ligar hoje?*	• *Ele* ***deve ligar*** *ainda hoje.*
• *Tem muitas nuvens escuras no céu.*	• ***Será que*** *vai chover mais tarde?*	• ***Deve chover*** *mais tarde.*

■ Dependendo da situação de comunicação, o mesmo enunciado pode ser entendido como passado, presente ou futuro

Situação	Conjectura	Suposição
• *Cláudia está muito cansada.*	• ***Será que*** *está trabalhando demais?* [conjectura de presente progressivo.]	• *Ela* ***deve estar*** *trabalhando muito.* [suposição de presente progressivo.]
• *Acho que meu cachorro está doente.*	• ***Será que*** *ele comeu alguma coisa estragada?* [conjectura de passado.]	• *Ele* ***deve ter*** *comido alguma coisa estragada.* [suposição de passado.]
• *Mamãe está com pressa.*	• ***Será que*** *ela vai sair?* [conjectura de futuro.]	• *Ela* ***deve sair*** *mais tarde.* [suposição de futuro.]

➲ 38.B. Suposição sobre o passado com o verbo modal *dever*

10 **Paula quer sair com seus amigos hoje, mas todos estão com problemas. Faça conjecturas sobre o que pode ter acontecido com eles, usando a expressão *será que* e as informações abaixo.**

Os amigos não podem sair com Paula. Por quê?

➔ Ana está muito estressada. (trabalhar muito) *Será que ela está trabalhando muito?*
1. Eduardo está ocupado. (estudar) ....
2. Valéria está triste. (brigar com o namorado) ....
3. Letícia não tem dinheiro. (não receber o salário do mês) ....
4. Marcos tem outro compromisso. (sair com a namorada) ....
5. Álvaro não quer ir. (preferir ficar em casa) ....
6. Marcelle está viajando. (estar em Recife) ....
7. Luciana precisa estudar. (ter prova) ....
8. Carol vai para a academia. (mentir) ....

11 **Um escritório no Brasil está selecionando um advogado bilíngue para um trabalho. Abaixo estão informações sobre os candidatos. Decida qual é a informação mais apropriada para cada candidato e depois faça suposições sobre eles usando o verbo *dever*.**

➔ Bruno não pode vir para a entrevista.
1. Marcelo não fala português bem.
2. Ana está falando cada vez melhor em público.
3. Rafael quer um salário alto demais.
4. Lu fala português, inglês e chinês.
5. Laura se veste muito bem.
6. Pedro tem um excelente currículo.
7. Marília não tem disponibilidade para mudar para o Brasil.
8. Felipe não quer morar em São Paulo.

a. (gosta de praia) ....
b. (é ambicioso) ....
c. (está no México) ✓ *Ele deve estar no México.*
d. (estuda Retórica) ....
e. (é americano) ....
f. (estuda em uma boa universidade) ....
g. (tem família em outro país) ....
h. (gosta de línguas) ....
i. (gosta de moda) ....

12 **Você vai a uma festa e vê um rapaz interessante. Na primeira coluna abaixo estão as perguntas que você faria a esse rapaz e na segunda, como você falaria com um amigo sobre conjecturas em relação a essas mesmas perguntas. Utilize os verbos do quadro abaixo.**

fazer	ser	querer	ser ✓	conhecer	gostar	ter

Você fala com ele:

➔ Como *é* seu nome?
1. Quantos anos você .... ?
2. De onde você .... ?
3. Quem você .... nesta festa?
4. Que ritmo de música você .... de dançar?
5. Onde você .... ir para tomar algo depois da festa?
6. O que você .... nos dias livres?

Você fala com seu amigo:

➔ Como *será que é* o nome dele?
1. Quantos anos .... ?
2. De onde .... ?
3. Quem .... nesta festa?
4. Que ritmo de música .... de dançar?
5. Onde .... ir para tomar algo depois da festa?
6. O que .... nos dias livres?

26. Futuro do presente composto

A Significado e formas: *vou ter falado, vou ter comido, vou ter decidido*, etc.

- O Futuro do presente composto se forma com:

O **Futuro** perifrástico do verbo auxiliar ***ter*** →

Eu	*vou ter*	
Tu	*vais ter*	
Você	*vai ter*	
Ele, ela	*vai ter*	*falado*
A gente	*vai ter*	*comido*
Nós	*vamos ter*	*decidido*
Vocês	*vão ter*	
Eles, elas	*vão ter*	

← O **particípio** correspondente ao fato terminado

- Na língua mais monitorada, o Futuro do presente composto também pode ser formado com o verbo ***ter*** conjugado no Futuro simples (***terei, terás, terá, teremos, terão***):

Língua mais monitorada
(Futuro simples de ***ter*** + PARTICÍPIO)

- *No Natal, as aulas já* ***terão terminado****.*
- *Até lá, eu já* ***terei feito*** *todas as provas.*
- *No final de agosto, as aulas ainda não* ***terão começado****.*

Língua menos monitorada
(***ir*** conjugado + ***ter*** + PARTICÍPIO)

- *As aulas já* ***vão ter terminado*** *no Natal.*
- *Até lá, eu já* ***vou ter feito*** *todas as provas.*
- *No final de agosto, as aulas ainda não* ***vão ter começado****.*

- Nos casos de verbos com particípio abundante, no Futuro do presente composto se usa a forma regular (terminada em –***ado*** ou –***ido***). Não há flexão de feminino, masculino, singular ou plural nestas formas de particípio.

Com o Futuro do presente composto, **predizemos** ou **supomos** fatos terminados ou não terminados antes de um momento futuro. Este tempo verbal aparece frequentemente nos mesmos contextos em que aparece o advérbio ***já*** para os supostos fatos terminados, e o advérbio ***ainda não*** para os supostos fatos ainda não terminados.

➔ 18.H. Verbos com particípio duplo

1 **Transforme as afirmações abaixo em suposições sobre fatos vistos como concluídos no futuro. Use o futuro perifrástico do verbo *ter* como auxiliar.**

No momento presente...	Amanhã provavelmente...
➔ Maria não tomou banho.	➔ *Maria já vai ter tomado banho.*
1. Cláudio ainda não ligou para os pais dele.	1. ....
2. Os alunos ainda não fizeram as tarefas.	2. ....
3. Ainda não vi o novo documentário sobre o Brasil.	3. ....
4. Marcos não comprou um telefone novo.	4. ....
5. Ainda não estudei para a prova de português.	5. ....
6. Carlos ainda não telefonou para a menina que conheceu no metrô.	6. ....

B Usos. Predizer algo a ser concluído no futuro: *Amanhã vou ter terminado o projeto para a aula*.

■ Usamos o Futuro do presente composto para declarar **fatos futuros anteriores a um outro momento futuro**. Fazemos isso quando nos situamos explicitamente em **um ponto de referência preciso** no futuro e queremos declarar que o que prevemos estará terminado nesse ponto:

- *Como está o trabalho?*
- *Falta pouco. Em duas horas **vamos ter pintado** tudo.*

- *Não coma a torta toda não, tá?*
- *Ah, não sei, não. Quando você voltar, a torta **vai ter desaparecido**!*

- *O que você acha de sairmos amanhã às 7 da manhã? Você vai estar cansado para dirigir?*
- *Não, com seis horas **vou ter dormido** o suficiente.*

2 **Alguém fez as previsões escritas na coluna da esquerda a seguir. Depois disso, aconteceu o que está na coluna do meio. A previsão está correta ou não?**

➲ Às 7 horas **terei terminado**.	**Terminou às 6:30.**	(...Sim...)
➲ **Vou terminar** às 7 horas.		(..Não...)
1. Em março Luizinho já **vai ter nascido**.	**Nasceu em fevereiro.**	(.........)
2. Luizinho **vai nascer** em março.		(.........)
3. Quando sua mãe vier no domingo, dia 5 de maio, **vou consertar** o forno.	**Consertou o forno na quinta-feira, dia 2 de maio.**	(.........)
4. Quando sua mãe vier no domingo, dia 5 de maio, já **vou ter consertado** o forno.		(.........)
5. O avião **vai aterrissar** às 11:15 no aeroporto de Confins.	**Aterrissou às 11:05.**	(.........)
6. Às 11:15 o avião já **terá aterrissado**.		(.........)

3 **É segunda-feira e Edu quer ter certeza de que seus amigos *vão ter terminado* o que têm que fazer para poder sair da cidade e acampar no fim de semana. Utilize as informações do quadro para fazer frases.**

ler o livro	**diagramar** o livro	**terminar** o trabalho ✓	**voltar** da viagem	**falar** com minha namorada	**pedir** emprestada

➲ Marcelo, você vai escrever o trabalho para a aula de literatura?
➲ Vou, quinta-feira de manhã já vou ter terminado o trabalho.

1. Roberta, você vai viajar para o Rio nesta semana?
a) Vou, mas na quinta-feira à tarde ....

2. O que você acha, Luís? Você vai terminar de fazer a diagramação do livro?
b) Acho que sim. Depois de amanhã, lá pelas 8 horas da noite, ...

3. Vitor, você vai devolver o livro para a biblioteca?
c) Vou, sim, sem problema. Amanhã ....

4. André, você pode me dar uma resposta até sexta-feira?
d) Posso. Até sexta-feira eu já ....

5. Zé, você vai conseguir a barraca com sua namorada até sábado?
e) Até lá, eu já .... para ela.

27. Futuro do pretérito

A Formas regulares e irregulares: *falaria, ia falar, faria, ia fazer*, etc.

■ O Futuro do pretérito é usado para expressar condições. No discurso mais monitorado, esse tempo é formado por meio das seguintes desinências:

	-ar / -er / -ir	*Falar*	*Comer*	*Decidir*
Eu	*-ia*	*falaria*	*comeria*	*decidiria*
Tu	*-ias*	*falarias*	*comerias*	*decidirias*
Você	*-ia*	*falaria*	*comeria*	*decidiria*
Ele, Ela	*-ia*	*falaria*	*comeria*	*decidiria*
A gente	*-ia*	*falaria*	*comeria*	*decidiria*
Nós	*-íamos*	*falaríamos*	*comeríamos*	*decidiríamos*
Vocês	*-iam*	*falariam*	*comeriam*	*decidiriam*
Eles, Elas	*-iam*	*falariam*	*comeriam*	*decidiriam*

A sílaba tônica está sempre na terminação *–ri–*, conforme mostra o sublinhado acima. A forma ***nós*** é sempre acentuada na escrita.

- *Depois da sua experiência no ano passado, você **voltaria** para o interior?*
- *Não sei, depende da situação.*

■ Há três **verbos irregulares** no Futuro do pretérito, que são os mesmos irregulares no Futuro, todos com ***z*** no radical:

dizer → diria *fazer → faria* *trazer → traria*

O verbo ***querer***, no Futuro do pretérito, só é usado como ***queria*** ou ***ia querer***.

- *O que você **faria** no meu lugar? **Diria** a ela toda a verdade?*
- *Se fosse permitido, eu **traria** uma bebida para a festa do escritório.*

1 **As pessoas abaixo estão mencionando o que elas fariam se ganhassem na loteria. Encontre as quatro formas incorretas de futuro e corrija-as.**

➲ **Pedro:** Eu dizeria ➲ ....*diria*.......... à Luíza que já podemos nos casar.

1. **Débora:** Eu fazeria .... várias doações para instituições de caridade.
2. **Eduardo:** Marcos e eu compraríamos .... vários instrumentos musicais e fazeríamos .... uma banda.
3. **Malu:** Eu não estudaria .... mais e passaria .... o resto da vida só me divertindo.
4. **Mônica e Tiago:** Nós trazeríamos .... animais abandonados em abrigos para morar na nossa casa.
5. **Carla:** Eu fazeria .... uma festa para comemorar com meus amigos.
6. **Edu:** Eu viajaria .... para vários lugares onde nunca fui.

B Fazer declarações hipotéticas sobre o presente e o futuro: *Eu não diria nada.*

- Quando utilizamos o Futuro do pretérito para nos referirmos ao presente ou futuro, estamos declarando uma realidade hipotética ou perguntando algo sobre ela:

Declaramos (ou perguntamos) hipoteticamente:

- *Eu, no seu lugar, **iria** ao médico.* [Mas eu não sou você e não posso ir por você.]
- *Eu te **ajudaria** com muito prazer, mas agora tenho que ir.* [Eu não posso ajudá-lo.]
- *Você é muito alta, **seria** uma boa jogadora de basquete.* [Mas você não é jogadora de basquete.]
- *Se você tivesse mais tempo, **praticaria** esportes?* [Mas você não tem tempo e não pratica esportes.]

- Através deste sentido hipotético, podemos usar o Futuro do pretérito para fazer pedidos de maneira mais educada ou indireta:

Pedidos com o Presente do indicativo:

- *Você **pode** me ajudar a trocar este pneu?*
- *Você **tem** uma caneta, por favor?*
- *Eu acho que o melhor **é** não dizer nada.*

De maneira mais educada:

- *Você **poderia** me ajudar a trocar este pneu?*
- *Você **teria** uma caneta, por favor?*
- *Eu acho que o melhor **seria** não dizer nada.*

2 **Decida se as duas opções abaixo são possíveis ou não. Risque a opção inadequada, caso haja alguma.**

➲ **Você tem** / **Você teria** umas moedas para me emprestar?

➲ Você ~~tem~~ / Você **teria** muitos filhos se fosse rico?

1. **Gostei** / **Gostaria** muito de sua camisa. Onde você a comprou?
2. Se você fosse um animal, que animal **será** / **seria**?
3. Caso viajasse para uma ilha deserta, o que você **levará** / **levaria**?
4. Minha mulher ideal é a atriz Fernanda Torres. **Casarei** / **Casaria** com ela agora mesmo.
5. Se eu pudesse, não o **contratarei** / **contrataria** porque ele não é bom profissional.
6. Como **será** / **seria** seu mundo ideal?
7. **Gosto** / **Gostaria** muito de ser bonita, atraente e ficar grávida, mas sou um homem.
8. Você se **importa** / **importaria** de falar um pouco mais alto?
9. Você **pode** / **poderia** vir comigo ao banco amanhã?
10. Você tem sido muito amável com todos nós. Acho que **devemos** / **deveríamos** te dar um bom presente.
11. **Queria** / **Quero** aprender a dançar samba, mas não tenho ritmo.
12. Eles têm sido muito antipáticos. **Poderíamos** / **Podemos** falar com eles para esclarecer quais são os problemas.

28. Futuro do pretérito composto

A Formas: *teria falado, teria comido, teria decidido,* etc.

- O Futuro do pretérito composto se forma com:

O **Futuro do pretérito** do verbo auxiliar ***ter***. →

Eu	*teria*	
Tu	*terias*	
Você	*teria*	
Ele, ela	*teria*	*falado*
A gente	*teria*	*comido*
Nós	*teríamos*	*decidido*
Vocês	*teriam*	
Eles, elas	*teriam*	

← O **particípio** correspondente ao fato terminado.

- Na fala e na escrita monitorada, também usamos a forma de Pretérito imperfeito conjugado de ***ir*** + ***ter*** como equivalente ao Futuro do pretérito composto:

Discurso mais monitorado

- *Nessa situação, o que você **teria feito**? Eu **teria ligado** para a polícia.*
- *E você acha que a polícia **teria chegado** a tempo?*
- *Pelo menos eles **teriam tentado**.*

Discurso menos monitorado (o imperfeito do indicativo é o mais comum)

- *Nessa situação, o que você **ia ter feito**? Eu **tinha ligado** para a polícia.*
- *E você acha que a polícia **tinha chegado** a tempo?*
- *Pelo menos eles **tinham tentado**.*

1 Veja o que aconteceu na situação abaixo e depois complete as lacunas com a forma adequada do Futuro do pretérito composto conjugada na pessoa indicada.

- Você se lembra quando o leão do zoológico ficou nervoso e quase fugiu da jaula? Que medo! Já pensou se ele tivesse fugido? O que será que teria acontecido?
- Bom, imagino que todo mundo que estava lá ➲ (sair) ....*teria saído*.... correndo.
- Acho que eu (entrar) .... imediatamente no carro e acho que meus amigos também.
- A gente também (assustar-se) .... e todos (correr) .... tanto quanto eu.
- É possível. Mas tenho certeza de que a cuidadora não (ter) .... tanto medo.
- Não, ela não se assusta assim.
- Tenho certeza de que os veterinários do zoológico (explicar) .... ao leão que comer pessoas não faz bem. Eles são assim...

2 **As situações abaixo já aconteceram e ninguém fez nada para resolvê-las. O que você teria feito nessas situações? Use os verbos entre parênteses para formular suas decisões.**

➲ Patrícia recebeu um e-mail do chefe e não fez nada. (**responder**)
Eu teria respondido o e-mail.

1. O telefone de Fabiana parou de funcionar e ela não fez nada. (**consertar**)
....
2. As plantas de Manuela morreram porque ela não molhou. (**molhar**)
....
3. A colega de Vinícius estava muito triste e Vinícius nem se importou. (**ajudar**)
....
4. O namorado de Pedro começou a ficar muito distante e ele não fez nada. (**conversar**)
....
5. Laura perdeu um documento importante no computador porque não o salvou. (**salvar**)
....
6. Leonardo tirou um C na prova. (**estudar**)
....
7. Marlos saiu de casa sem guarda-chuva em um dia de chuva. (**levar um guarda-chuva**)
....
8. Cecília saiu de casa e não lavou os pratos. (**lavar**)
....
9. Fábio passou um dia inteiro no sol e se queimou muito. (**passar filtro solar**)
....

B Fazer declarações hipotéticas sobre o passado: *Eu não teria dito nada.*

■ Usamos o Futuro do pretérito composto para nos referirmos, no presente, a uma **realidade hipotética** que poderia ter ocorrido no passado, mas não ocorreu:

Declaramos ou perguntamos hipoteticamente:

- *Eu, no seu lugar, já **teria ido** ao médico há muito tempo.* [Eu não sou você, nem posso ir por você.]
- *Eu **teria te ajudado** com muito prazer, mas a verdade é que eu estava com muita pressa.* [Eu não pude te ajudar.]
- *Você é muito alta. **Teria sido** uma boa jogadora de basquete.* [Você não foi jogadora de basquete.]
- *Se você tivesse tido tempo, **teria feito** natação?* [Você nunca fez natação.]

3 **Frankez e Tristícia têm um amor platônico. Ontem à noite ficaram juntos por três horas e só ficaram olhando um para o outro. O que Tristícia teria feito se Frankez tivesse se comportado de outra maneira? Complete o que teria acontecido conjugando os verbos adequadamente.**

➲ Se Frankez tivesse pedido Tristícia em casamento, *ela não teria aceitado porque ainda é muito jovem.*
1. Se ele tivesse recitado um poema, ...
2. Se ele tivesse brigado com ela, ...
3. Se ele tivesse dito que amava outra pessoa, ...
4. Se ele tivesse dado um beijo nela, ...
5. Se ele tivesse chorado, ...
6. Se ele tivesse confessado que era um espião, ...
7. Se ele tivesse feito propostas ofensivas, ...
8. Se ele tivesse prometido amor eterno, ...

ela dar outro nele	ela consolar ele	ela também brigar com ele
ela escutar com muito prazer	ela me sentir ofendida e recusar	ela não aceitar porque ser jovem ainda ✓
ela perguntar quem	ela me surpreender muito, mas entender	ela jurar também amar para sempre

29. Infinitivo pessoal

A Formas do Infinitivo pessoal: *Eu falar / comer / decidir*, etc.

■ Para formar o Infinitivo pessoal de qualquer verbo, usamos a forma de infinitivo impessoal (terminada em *-r*) e acrescentamos as seguintes terminações:

	-ar / -er / -ir	*Falar*	*Comer*	*Decidir*
Eu	*Ø*	*falar*	*comer*	*decidir*
Tu	*-es*	*falares*	*comeres*	*decidires*
Você	*Ø*	*falar*	*comer*	*decidir*
Ele, ela	*Ø*	*falar*	*comer*	*decidir*
A gente	*Ø*	*falar*	*comer*	*decidir*
Nós	*-mos*	*falarmos*	*comermos*	*decidirmos*
Vocês	*-em*	*falarem*	*comerem*	*decidirem*
Eles, Elas	*-em*	*falarem*	*comerem*	*decidirem*

A sílaba tônica de cada forma está marcada na tabela ao lado.

Não há verbos irregulares no Infinitivo pessoal.

1 A tecnologia mudou muito as nossas vidas. Complete as frases abaixo com as formas de Infinitivo pessoal conjugadas de acordo com o sujeito.

- Para que serve o computador?
  - O computador serve para várias coisas, mas principalmente para nós (**fazer**) ➲ *fazermos* trabalhos e relatórios e (**guardar**) ➲ *guardarmos* documentos digitalizados.

1. • Para que serve o fax?
   ○ O fax é para eu (**mandar**) .... documentos para pessoas que estão em outras cidades ou países.
2. • Para que serve a internet?
   ○ A internet serve para nós nos (**comunicar**) .... com as pessoas que estão longe. Ela também serve para nós (**fazer**) .... várias coisas on-line e até nos (**informar**) .... sobre as coisas que estão acontecendo no mundo.
3. • Para que servem os tablets?
   ○ Os tablets servem para as pessoas (**ler**) .... e (**jogar**) .... jogos eletrônicos.
4. • Para que servem os smartphones?
   ○ Os smartphones servem para tu (**falar**) .... com pessoas que estão distantes e também para tu (**anotar**) .... teus compromissos na agenda e até para tu (**jogar**) ....

B Usos do Infinitivo pessoal

■ Em português, se precisarmos usar um verbo (com sujeito escrito ou não) depois de uma preposição, sua forma será no Infinitivo pessoal.

- *Apesar de eu **estudar** muito, nunca tiro boas notas.*
- *Antes de **sairmos** de casa, preciso pôr comida para meu gato.*
- *Para vocês **terem** uma boa experiência no Brasil, precisam aprender português primeiro.*
- *Não viajem para o Brasil sem **conseguirem** um visto primeiro.*
- *Antes de vocês **começarem** a prova, devem escrever o nome completo.*

As preposições mais usadas com o Infinitivo pessoal são ***a*, *até*, *de*, *para*, *por*, *sem*.**

- Também usamos o Infinitivo pessoal com expressões impessoais (geralmente formadas pelos verbos ***ser*** ou ***estar*** + adjetivo):

  - *É bom vocês **comprarem** um biquíni brasileiro no Rio.*
  - *Era melhor eles **alugarem** um apartamento antes de viajar.*
  - *Seria interessante a gente **continuar** a estudar português depois de voltar do Brasil.*
  - *Para comprar passagens aéreas com alguma vantagem, é importante vocês **ficarem** atentos às altas e baixas do dólar.*

Com essas expressões impessoais o subjuntivo também pode ser usado, mas o mais comum na língua não-monitorada é o Infinitivo pessoal.

- O Infinitivo pessoal também pode ser usado, em vez do subjuntivo, com verbos que indicam ordem ou pedido ou verbos com regência que exija preposição:

  - *Apesar de eu **estudar** muito, nunca tiro boas notas.*
  - *Meu professor mandou eu **estudar** os verbos irregulares.*
  - *Quando Cláudia era criança, os pais dela pediam para ela **arrumar** a cama todo dia.*
  - *Nos treinos de futebol, o técnico não deixa os jogadores **conversarem** muito entre si.*

2 **Paulo e Cláudia são do Timor Leste e estão planejando uma viagem ao Brasil. Abaixo está uma lista do que eles vão levar para eles e para os filhos. Correlacione as duas colunas usando os verbos no Infinitivo pessoal.**

➔ Estes chinelos são para vocês...	a. aprender sobre a história do Brasil.
1. Este telefone moderno é para a gente...	b. ser picada pelos mosquitos da floresta tropical.
2. Este documentário é para nós...	c. andarem dentro de casa e na rua.
3. Este mapa é para Paulo e eu não...	d. poder ver e-mails em qualquer lugar.
4. Este repelente de insetos é para eu não...	e. me sentir à vontade nas praias brasileiras.
5. Este filtro solar é para nosso filho...	f. registrar todos os momentos maravilhosos que vamos passar no Brasil.
6. Esta máquina fotográfica é para nós...	g. nos perder no Brasil.
7. Este biquíni bem pequeno é para eu...	h. ver como sou grata pela amizade que eles têm por mim.
8. Estes presentes são para meus amigos brasileiros...	i. poder tomar sol sem problemas.

➔ *Estes chinelos são para vocês andarem dentro de casa e na rua.*

1. ....
2. ....
3. ....
4. ....
5. ....
6. ....
7. ....
8. ....

3 **Na agência de viagens Sol e Água Fresca, o agente deu várias recomendações para Paulo e Cláudia. Utilize o Infinitivo pessoal para relacionar as colunas abaixo.**

➔ Antes de viajar, é necessário vocês... — f.
1. Para conseguir o visto, é necessário vocês...
2. Paulo, é bom vocês...
3. Para uma atividade diferente, é legal vocês...
4. Para as crianças, é interessante vocês...
5. Para conhecer as bebidas brasileiras, é essencial vocês...
6. Como lembrança de viagem, é bom vocês...

a. tirar uma foto com fundo branco.
b. comprar vários pares de Havaianas para dar aos seus amigos do Timor Leste.
c. tentar fazer amizade com outros casais que também tenham filhos.
d. fazer turismo rural.
e. tomar cuidado com o sol entre meio-dia e 3 da tarde.
f. ir ao Consulado Brasileiro tirar um visto.
g. provar açaí na tigela.

➔ *Antes de viajar, é necessário vocês irem ao Consulado Brasileiro tirar um visto.*

1. ....
2. ....
3. ....
4. ....
5. ....
6. ....

4 **O professor de português fez algumas recomendações sobre como aprender melhor a língua. Complete essas recomendações com verbos no Infinitivo pessoal.**

➔ Para vocês (**aprender**) *aprenderem* bem o português, é importante vocês (**praticar**) *praticarem* bastante.

1. Depois de vocês (**chegar**) .... em casa, devem ligar a televisão ou o rádio em português.
2. Nos smartphones, é bom vocês (**ouvir**) .... música brasileira ou outros áudios em português.
3. Antes de (**entrar**) .... na sala de aula de português vocês devem começar a pensar em português.
4. Até vocês (**terminar**) .... o curso intermediário, seria legal vocês (**ter**) .... amigos brasileiros com quem conversar.
5. Vou pedir para vocês (**falar**) .... português o tempo todo na aula e não vou deixar vocês (**mudar**) .... para o inglês, mesmo em conversas casuais.
6. Apesar de vocês (**ficar**) .... um pouco nervosos ou inseguros no começo, logo vão ver que essa é a melhor estratégia para vocês (**pensar**) .... em português o tempo todo e (**aproveitar**) .... ao máximo o tempo em aula.

30. Formas do subjuntivo: *fale, tenha falado,* etc.

A Formas regulares do Presente do subjuntivo: *fale, coma, decida,* etc.

- Formamos o Presente do subjuntivo através da mudança das vogais temáticas do Presente do indicativo, da seguinte maneira:

Presente do indicativo	-ar	-er/-ir	Falar	Comer	Decidir
Eu	-o	-o	falo	como	decido
Tu	-as	-es	falas	comes	decides
Você	-a	-e	fala	come	decide
Ele, ela	-a	-e	fala	come	decide
A gente	-a	-e	fala	come	decide
Nós	-amos	-emos / -imos	falamos	comemos	decidimos
Vocês	-am	-em	falam	comem	decidem
Eles, elas	-am	-em	falam	comem	decidem

Presente do subjuntivo	-ar	-er/-ir	-ar → e	-er → a	-ir → a
Eu	-e	-a	fale	coma	decida
Tu	-es	-as	fales	comas	decidas
Você	-e	-a	fale	coma	decida
Ele, ela	-e	-a	fale	coma	decida
A gente	-e	-a	fale	coma	decida
Nós	-emos	-amos	falemos	comamos	decidamos
Vocês	-em	-am	falem	comam	decidam
Eles, elas	-em	-am	falem	comam	decidam

A **sílaba tônica** dos verbos no Presente do subjuntivo está na mesma posição que no Presente do indicativo, ou seja, na raiz dos verbos, com exceção de ***nós*** (no indicativo e no subjuntivo), que tem a sílaba tônica na penúltima sílaba, conforme mostra o sublinhado na tabela acima.

1 **Presente do indicativo ou presente do subjuntivo? Identifique o modo do verbo em cada caso e complete a outra lacuna com a forma correspondente da mesma pessoa.**

	Indicativo	Subjuntivo		Indicativo	Subjuntivo
cantam	➲ ✓	cantem	caminhe	10.	....
falemos	➲ falamos	✓	corra	11.	....
bebes	1.	....	quebre	12.	....
anda	2.	....	limpamos	13.	....
perdoa	3.	....	olhe	14.	....
quebra	4.	....	partilhe	15.	....
vivemos	5.	....	partimos	16.	....
olhas	6.	....	comam	17.	....
limpes	7.	....	corro	18.	....
cozinha	8.	....	melhoram	19.	....
cuide	9.	....	divida	20.	....

B Verbos com mudanças vocálicas na raiz: *sentir, dormir,* etc.

- Os verbos que têm mudanças vocálicas na primeira pessoa (*eu*) do Presente do indicativo apresentam essas mudanças em todas as formas do Presente do subjuntivo.

	Conseguir Presente do indicativo	Presente do subjuntivo	*Dormir* Presente do indicativo	Presente do subjuntivo
Eu	*consigo* →	*consiga*	*durmo* →	*durma*
Tu		*consigas*		*durmas*
Você		*consiga*		*durma*
Ele, Ela		*consiga*		*durma*
A gente		*consiga*		*durma*
Nós		*consigamos*		*durmamos*
Vocês		*consigam*		*durmam*
Eles, Elas		*consigam*		*durmam*

A sílaba tônica de cada forma está marcada na tabela ao lado.

- Outros verbos que têm mudanças no Presente do indicativo que se refletem no Presente do subjuntivo são:

*Mudanças de **e** → **i***	*Mudanças de **o** → **u***
conseguir → consiga	*dormir → durma*
mentir → minta	*cobrir → cubra*
preferir → prefira	*tossir → tussa*
repetir → repita	

➲ 19.2.A. Verbos com mudanças vocálicas na forma *eu*

Essas mudanças acontecem, originalmente, no Presente do indicativo, mas são transferidas para todas as formas do Presente do subjuntivo.

Alguns verbos no Presente do subjuntivo têm mudanças ortográficas só para preservar o som original da forma no infinitivo.

Verbos com **ç → c**: *dançar → Eu dance; começar → Eu comece*
Verbos com **ce → ç**: *crescer → Eu cresça; descer → Eu desça*
Verbos com **ca → qu**: *ficar → Eu fique; marcar → Eu marque*
Verbos com **ga → gu**: *pegar → Eu pegue; jogar → Eu jogue*
Verbos com **gi → j**: *reagir → Eu reaja; fingir → Eu finja*

Essas alterações se repetem em todas as formas do Presente do subjuntivo.

2 Clara é uma menina de sete anos que acaba de ganhar uma boneca chamada Vânia. Ela está dizendo o que ela quer que a boneca faça. Encontre os erros no que ela fala e corrija-os.

➲ Vânia, quero que você ~~consigua~~ ......consiga...... andar rápido.
1. Vânia, não admito que você menta .... para mim.
2. Nunca dorma .... antes de mim.
3. Não quero que você me corrige .... quando eu falar coisas erradas.
4. Também não quero que você pega .... meus outros brinquedos.
5. Não dançe .... na frente dos outros.
6. Não quero que você cresçe ....
7. Quero que você joge .... futebol comigo.
8. Não fice .... triste quando eu ganhar outra boneca e gostar mais dela.
9. Não reaga .... mal quando eu brigar com você.
10. Não finga .... que você é uma boneca.

3 **Frankez e Tristícia estão discutindo com seus vizinhos, o conde e a condessa Draculiva. Complete as lacunas com os verbos indicados conjugados na pessoa adequada.**

Presente do indicativo	Presente do subjuntivo
➲ ○ Sim, às vezes ...mentimos... ,	mas não é verdade que ...mintamos... sempre.
1. ○ Muitas vezes vocês .... ,	mas é mentira que vocês .... tudo o que querem.
2. ○ Sim, é verdade que vocês .... pouco,	mas não é verdade que .... a boca quando tossem.
3. ○ Tudo bem, vocês geralmente .... as pessoas,	mas não acho que vocês nunca .... com ninguém.
4. ○ É evidente que vocês .... de passeios ecológicos,	mas não achamos que .... andar a pé. Por que vocês têm um carro de luxo?
5. ○ É verdade que a gente .... de dia,	mas não é verdade que a gente .... depois de beber sangue. Às vezes tomamos leite e vamos dormir.

➲ ● Vocês **mentem** sempre.
1. ● Nós **conseguimos** tudo o que queremos.
2. ● Nós quase não **tossimos** e, quando tossimos, **cobrimos** a boca.
3. ● Nós sempre **ajudamos** as pessoas e nunca **competimos** com ninguém.
4. ● Nós **gostamos** da natureza e por isso **preferimos** andar a pé e não de carro.
5. ● Nós **dormimos** sem problemas, mas vocês **dormem** durante o dia após beber sangue.

4 **Jason é americano e trabalha como gerente de uma grande empresa no Brasil. Ele está mandando um e-mail para os funcionários dizendo o que quer que eles façam. Ele ainda está aprendendo português, então teve alguns erros de ortografia quando escreveu os verbos no subjuntivo. Encontre e corrija oito erros no e-mail abaixo.**

Olá, Carolina,

Para nosso novo projeto, preciso que vocês **ficem** ➲ ...fiquem... trabalhando até mais tarde todo dia nesta semana. Ana Paula, quero que você **marce** (1) .... uma reunião com nossos clientes dos Estados Unidos. É importante que vocês **conhecam** (2) .... os clientes, **falem** (3) .... inglês com eles e **anotem** (4) .... todas as informações em um bloco ou tablet. Não quero que ninguém **reaga** (5) .... de maneira esquisita com nossos clientes. Também não **fingam** (6) .... que entendem o que eles falam. Se eles falarem alguma coisa que vocês não entendam, perguntem. Quero que nossas relações comerciais com os Estados Unidos **crescam** (7) .... muito e, para isso, preciso que todos **colaborem** (8) .... Se vocês tiverem tempo, recomendo que **convidem** (9) .... nossos clientes para algumas atividades divertidas. É possível que eles **jogem** (10) .... futebol ou **dançem** (11) .... samba.

Nosso representante nos Estados Unidos pede que eu **agradeca** (12) .... pela ajuda de vocês.

Atenciosamente,

Jason

C Verbos com radical irregular: *faça, diga, ponha,* etc.

■ Quando um verbo tem o radical irregular na primeira pessoa no Presente do indicativo, formamos todo o Presente do subjuntivo com esse mesmo radical irregular:

Alguns exemplos desses verbos são:		*E seus compostos:*
*Dizer → **dig-***	*Poder → **poss-***	*contra**dizer** → contra**dig-***
*Fazer → **faç-***	*Pôr → **ponh-***	*com**por** → com**ponh-***
*Medir → **meç-***	*Ter → **tenh-***	*des**fazer** → des**faç-***
*Ouvir → **ouç-***	*Trazer → **trag-***	*re**fazer** → re**faç-***
*Pedir → **peç-***	*Ver → **vej-***	*re**ver** → re**vej-***
*Perder → **perc-***	*Vir → **venh-***	*dis**por** → dis**ponh-***

	Fazer Presente do indicativo	Presente do subjuntivo	**Pôr** Presente do indicativo	Presente do subjuntivo
Eu	*faço* →	*faça*	*ponho* →	*ponha*
Tu		*faças*		*ponhas*
Você		*faça*		*ponha*
Ele, ela		*faça*		*ponha*
A gente		*faça*		*ponha*
Nós		*façamos*		*ponhamos*
Vocês		*façam*		*ponham*
Eles, elas		*façam*		*ponham*

A sílaba tônica de cada forma está marcada na tabela ao lado.

➲ 19.2. Verbos irregulares sistemáticos
➲ 19.3. Verbos irregulares assistemáticos

5 **As irmãs Lúcia e Ângela se confundem com o subjuntivo de alguns verbos irregulares. No trecho abaixo há cinco erros que você deve encontrar e corrigir.**

➲ ● Olha bem para o papai, Ângela. Você não acha que você parece com ele?

➲ ○ É estranho que você diga ....✓...... isso. Eu não acho que eu ~~sea~~ ..seja........parecida com ele.

1. ● Você quer que poamos .... o DVD de desenho animado?
   ○ Quero, sim. Você quer que a gente traga .... o DVD para cá ou assistimos na sala de estar?

2. ● Mamãe quer que a gente vea .... a TV no nosso quarto.
   ○ Pode ser, mas é possível que a gente não poda .... porque essa TV não funciona bem.
   ● Vou falar com papai para ele levar para consertar.

3. ● A vovó cozinha melhor que a mamãe.
   ○ Não é verdade. Talvez mamãe faza .... bolos melhor que a vovó porque tem mais prática.
   ● Fica quieta! É melhor que a mamãe não te ouva .... dizer isso.

6 **Ana sempre pede muitas coisas para sua mãe. Complete as lacunas com os verbos do quadro conjugados no Presente do subjuntivo.**

vir	ter	fazer	pôr	ouvir	trazer ✓	dizer	ver

➲ Mãe, quero que você ....traga.... comida para casa, porque estou com muita fome.
1. Mãe, preciso que você .... dinheiro na minha conta do banco.
2. Mãe, quero que você .... este filme novo comigo.
3. Mãe, preciso que você .... me buscar na escola. Estou cansada e não quero ir para casa a pé.
4. Mãe, quero que você .... uma festa de aniversário para mim.
5. Mãe, preciso que você .... muita paciência comigo. Estou no meu período de provas finais.
6. Mãe, quero que você .... música axé comigo.
7. Mãe, não quero que você .... que estou sendo chata!

D Verbos totalmente irregulares: *ser, dar, querer, estar, ver, ir, haver* e *saber*

■ Existem seis verbos completamente irregulares no Presente do subjuntivo:

	Dar	*Estar*	*Ir*	*Querer*	*Saber*	*Ser*
Eu	*dê*	*esteja*	*vá*	*queira*	*saiba*	*seja*
Tu	*dês*	*estejas*	*vás*	*queiras*	*saibas*	*sejas*
Você	*dê*	*esteja*	*vá*	*queira*	*saiba*	*seja*
Ele, ela	*dê*	*esteja*	*vá*	*queira*	*saiba*	*seja*
A gente	*dê*	*esteja*	*vá*	*queira*	*saiba*	*seja*
Nós	*demos*	*estejamos*	*vamos*	*queiramos*	*saibamos*	*sejamos*
Vocês	*deem*	*estejam*	*vão*	*queiram*	*saibam*	*sejam*
Eles, elas	*deem*	*estejam*	*vão*	*queiram*	*saibam*	*sejam*

■ Conforme mostram os sublinhados, todos esses verbos têm acento tônico na raiz, com exceção da forma ***nós***, cuja sílaba tônica é sempre a anterior à desinência ***–mos***.

■ No português não-monitorado, a forma pessoal do verbo ***haver*** não é usada no Presente do subjuntivo. Usamos a forma impessoal, que é ***haja***.

7 **Mariana recebeu uma declaração de amor muito estranha e escreveu uma resposta imediatamente. Complete a resposta abaixo conjugando o Presente do subjuntivo corretamente.**

Quero **saber** se você me ama,
Quero **dar** chocolates para você todo dia,
Quero **estar** no seu pijama.
Quero **ir** com você, Mariana.
Quero **ser** quem te chama,
Quero **falar** com você pessoalmente.

Coração de Melão

Querido Coração de Melão:
Entendo seus desejos e vou fazer o possível para não satisfazê-los. Você é ridículo e quero que você ➲ ....saiba.... que nunca fui feliz com você. Vou mudar para outra cidade para que você não me (1) .... chocolate todo dia. Vou trancar bem as portas para que você nunca (2) .... na minha casa. Vou chamar a polícia para que você não (3) .... comigo para lugar nenhum. Vou fechar sua boca para que você não (4) .... quem me chama. E, por fim, depois de ler esta resposta, espero que você não (5) .... comigo nunca mais.
Coração de Pedra,

Mariana

31. Indicativo ou subjuntivo?

A Declarar (indicativo) ou não declarar (subjuntivo)

- Usamos um verbo no **indicativo** quando **queremos declarar** seu conteúdo: queremos expressar o que alguém sabe (uma afirmação) ou pensa (uma suposição) sobre uma determinada realidade.
  Podemos declarar informações diretamente (em uma oração independente) ou depois de uma MATRIZ que anuncia uma declaração (em uma oração subordinada):

	ORAÇÃO INDEPENDENTE **DECLARAMOS (INDICATIVO)**	MATRIZ		ORAÇÃO SUBORDINADA **DECLARAMOS (INDICATIVO)**
Afirmamos Supomos	*Susana **tem** namorado.*	*Eu sei* *Eu acho* *Ele pensa* *Tenho certeza*	*que*	*Susana **tem** namorado.*

- Usamos um verbo no **subjuntivo** (ou infinitivo) quando **não queremos declarar** seu conteúdo porque não queremos expressar nem afirmação nem suposição: é apenas **uma ideia virtual**.
  Um verbo no subjuntivo sempre depende de uma MATRIZ através da qual expressamos desejos, recusas, possibilidades ou juízos de valor.

MATRIZ		ORAÇÃO SUBORDINADA **NÃO DECLARAMOS (SUBJUNTIVO)**
Queremos *Não acho* *É possível* *Duvido*	*que*	*Susana **tenha** namorado.*

Nunca usamos subjuntivo para expressar uma opinião diretamente (em uma oração independente):

1 **O famoso detetive Cherloqui Rols está interrogando um dos suspeitos de um assalto que houve na cidade. O escrivão da polícia fez anotações durante o interrogatório. Escreva "sim" para indicar que essas anotações são precisas e "não" para indicar que não são.**

O que o suspeito disse:	O que o escrivão escreveu:	Sim/Não
➲ Eu me chamo Mário Carrão.	➲ Ele declarou que se chama Mário Carrão.	*Sim*
1. **Tenha** paciência comigo, senhor detetive.	1. Ele declarou que o detetive **tem** paciência com ele.	....
2. <u>Sei que</u> Paulo Mari **está** com uma parte do dinheiro.	2. Ele declarou que Paulo Mari **está** com uma parte do dinheiro.	....
3. <u>Acho que</u> Carlos Cascata **levou** as joias.	3. Ele declarou que, em sua opinião, Carlos **levou** as joias.	....
4. <u>Suponho que</u> Geraldo Ado **está** em outro país.	4. Ele declarou que, em sua opinião, Geraldo já **está** em outro país.	....
5. <u>É possível que</u> Lourdes Ardes **esteja** no Brasil.	5. Ele declarou que Lourdes **está** no Brasil.	....
6. A verdade é que <u>eu precisava</u> **conseguir** dinheiro.	6. Ele declarou que **conseguiu** dinheiro.	....
7. <u>É interessante</u> que você me **faça** esta pergunta.	7. Ele declarou que o detetive lhe **faz** esta pergunta.	....
8. <u>Não acho que</u> Rosa Tosa **esteja** envolvida no assalto.	8. Ele declarou que Rosa **está** envolvida no assalto.	....
9. <u>Quero que</u> o meu advogado **venha** imediatamente.	9. Ele declarou que seu advogado **vem** imediatamente.	....
10. <u>É muito triste</u> **ir** para a prisão.	10. Ele declarou que **vai** para a prisão.	....

B Expressar desejos e objetivos: *Quero que você venha aqui amanhã.*

■ Quando falamos sobre querer alguma coisa, o conteúdo de nossa fala nunca é uma declaração. É somente uma ideia virtual sobre algo que pode acontecer ou não, e que apresentamos somente como um objetivo:

- ***Quero** <u>que você me **ajude**.</u>*
  [Não posso declarar que "você me ajuda". A frase expressa somente um desejo]

[**Não é** uma declaração. É **somente uma ideia virtual**.]

Quero... *Desejo...* *Preciso...*	*que você se **case** ~~casa~~ comigo.* ***me casar** contigo.*

■ Por essa razão, usamos sempre o subjuntivo (ou infinitivo) com os verbos subordinados a MATRIZES que expressam desejos ou objetivos:

(Não) Quero...
(Não) Exijo...
(Não) Permito...
...

[O que vou dizer **não é uma declaração**: é somente algo que **se deseja ou que não se deseja**.]

*que você se **case** comigo.*

Tomara...*
(Não) É necessário...
(Não) É bom...
...

[O que vou dizer **não é uma declaração**: **é algo que deve** ou **não deve acontecer**.]

****Tomara que*** significa "Espero que" e sempre é usado com subjuntivo. O verbo ***tomar*** que aparece na expressão ***tomara que*** nunca é conjugado:

- *Tomara que ele **chegue** cedo.*
- *Espero que ele **chegue** cedo.*

Talvez não apresenta verbo na matriz, mas também é sempre usado com subjuntivo porque indica dúvida:

- *Talvez ele não **venha** hoje.*
- *Talvez meu gato **esteja** doente.*

2 Distribua as matrizes abaixo no local correspondente da tabela, de acordo com seu significado.

Não exijo que... ✓	Está claro que... ✓	Eles acreditam que... ✓	Ele propôs que...? ✓
Ela permite que...?	Ele me sugere que...?	Estamos certos que...	Sei que...
É fundamental que...	Me parece que...	Ela não pode me pedir que...	Me contaram que...
Eles não preferem que...?	Ele precisa que...?	Todos imaginam que...	Pensamos que...

Introduzimos uma afirmação ou suposição		Introduzimos um desejo ou um objetivo	
Está claro que...	...você **fala** com ela. (INDICATIVO)	Não exijo que...	...você **fale** com ela. (SUBJUNTIVO)
Eles acreditam que...		Ele propôs que...?	
....		....	
....		....	
....		....	
....		....	
....		....	
....		....	

■ Quando expressamos desejos ou objetivos, questionamentos ou opiniões, o verbo subordinado pode ser uma forma pessoal no **subjuntivo** (introduzida por ***que***) ou somente o **infinitivo**:

	Usamos o **infinitivo**	Usamos o **subjuntivo**
Com MATRIZES como estas:	Se o sujeito do verbo principal e do verbo subordinado são os mesmos:	Se o sujeito do verbo principal e do verbo subordinado são diferentes:
querer, desejar, precisar, preferir, ter vontade de, tentar, conseguir	*Quero sair.* (eu) = (eu)	*Quero **que você** saia / **vocês** saiam...* (eu) ⟷ (você) (vocês)
Com MATRIZES como estas:	Para generalizar, caso mais comum, usamos o **infinitivo**:	➔ 29. Infinitivo pessoal Para uma pessoa específica, usamos o **subjuntivo**:
É importante / necessário / melhor...	*É melhor passar por aqui?* (em geral) = (**eu, você, nós**)	*É melhor **que** você passe por aqui.* (em geral) ⟷ (**você, específico**)

3 **As frases abaixo têm um sujeito específico ou geral?**

- ➲ Não vá embora, Mariana, que a Helena quer que você corte o cabelo dela! ➲ Mariana
- ➲ Vamos esperar. É melhor fazer as coisas com calma. ➲ Em geral

1. Ela ficou muito nervosa. Vamos tentar **tranquilizá**-la. 1. ....
2. Tente **ficar tranquila**, Márcia. Seu marido vai chegar em breve. 2. ....
3. Para aprender português, é necessário **estudar** com uma gramática. 3. ....
4. Eu acho que ela precisa saber. É melhor que você **fale** para ela agora. 4. ....
5. Se conseguirmos **passar** na prova, vamos fazer uma festa. 5. ....
6. Estou louca para que vocês **venham** me visitar. 6. ....
7. Você quer **descansar** um pouco antes de continuar? 7. ....
8. Não desista, não! Por que você não tenta **falar** com ela outra vez? 8. ....
9. Não gosto de comer salgadinhos no almoço. Prefiro **comer** coisas mais saudáveis. 9. ....

4 **Maura é a melhor amiga de Tristícia e quer escrever uma carta para ela, mas não sabe como conjugar os verbos que estão em negrito. Você acha que ela deve usar o infinitivo ou *que* + subjuntivo? Escreva a opção correta.**

- ➲ Preciso eu **escrever** sobre minha tristeza. ➲ Preciso escrever sobre minha tristeza.
- ➲ Quero você **saber** meus sentimentos. ➲ Quero que você saiba meus sentimentos.

1. Estou apaixonada por Zumbi, mas tenho vontade de **ver** Touro Cansado. — 1. Tenho vontade de .... Touro Cansado.
2. Mas Touro Cansado não permite eu **conversar** com Zumbi por telefone. — 2. Mas Touro Cansado não permite .... com Zumbi por telefone.
3. Minha irmã não quer eu **falar** por telefone com ele. — 3. Não quer .... com ele por telefone.
4. Ela prefere eu **não pensar** mais nele. — 4. Ela prefere .... mais nele.
5. Ela não deixa eu **ligar** para a casa dele. — 5. Ela não deixa .... para a casa dele.
6. Mas eu espero ele **ligar** para minha casa. — 6. Espero .... para minha casa.
7. Tomara ele **pensar** em mim. — 7. Tomara .... em mim.
8. Você tem que me ajudar para ele e eu **poder** ser namorados. — 8. Você tem que me ajudar para .... ser namorados.
9. Você recomenda eu **confessar** meu amor? — 9. Você recomenda .... meu amor?
10. Você acha que é melhor eu **esperar** um pouco? — 10. Você acha que é melhor .... um pouco?
11. É muito importante eu **saber** sua opinião. — 11. É muito importante .... sua opinião.

5 **Tristícia recebeu a carta de sua amiga Maura. Abaixo estão as recomendações que Tristícia faz. Ajude-a a decidir entre o infinitivo, indicativo ou subjuntivo nas frases abaixo.**

Querida Maurinha:

Em minha opinião, está claro que Zumbi **não estar** apaixonado por você. Apesar disso, temos que fazer alguma coisa porque quero que você **ser** feliz. Acho que o melhor é **fazer** tudo com tranquilidade. Em primeiro lugar, se ele não **falar** com você por telefone, recomendo que você não **insistir** em ligar e que você **tentar encontrar** outra forma de se comunicar com ele. Em segundo lugar, você tem que fazer com que sua irmã **mudar** de comportamento e não **estar** sempre dizendo o que você deve fazer. Finalmente, aconselho que você não **confessar** seu amor ainda. É melhor que você **esperar** uns meses porque acho que ele não **estar** preparado para compreender esse amor. Fique tranquila: você sabe que eu sempre faço tudo para que você **estar** bem e quero te **ajudar** em todas as situações.

Sua amiga,

Tristícia

Querida Maurinha:
Em minha opinião, está claro que Zumbi ➲ ...não está... apaixonado por você. Apesar disso, temos que fazer alguma coisa porque quero que você ➲ ...seja........ feliz. Acho que o melhor é ➲ .fazer........ tudo com tranquilidade. Em primeiro lugar, se ele não (1) .... com você por telefone, recomendo que você não (2) .... em ligar e que você (3) .... outra forma de se comunicar com ele. Em segundo lugar, você tem que fazer com que sua irmã (4) .... de comportamento e não (5) .... sempre dizendo o que você deve fazer. Finalmente, aconselho que você não (6) .... seu amor ainda. É melhor que você (7) .... uns meses porque acho que ele não (8) .... preparado para compreender esse amor. Fique tranquila: você sabe que eu sempre faço tudo para que você (9) .... bem e quero te (10) .... em todas as situações.
Sua amiga,
Tristícia

C Declarar ou questionar informações: *Acho que ele vem. / Não acho que ele venha.*

- Usamos um verbo subordinado no **indicativo** quando **queremos declarar** a informação que esse verbo expressa:

Todos sabem
Tenho certeza de
Eu acho
É claro
...

verbo subordinado

*que Elza **tem** namorado.*

[Isto é uma **declaração**. É a **opinião** do sujeito.]

- Usamos um verbo subordinado no **subjuntivo** quando **não queremos declarar** a informação que esse verbo expressa:

Pode ser
Duvido
Não acredito
Não é possível
...

verbo subordinado

*que Elza **tenha** namorado.* ~~tem~~

[Isto **não** é uma **declaração**. É apenas uma ideia que o sujeito da frase questiona e com a qual não se compromete.]

- Assim, usamos o indicativo depois de MATRIZES **que introduzem opiniões** (mais ou menos certas) e usamos o subjuntivo com MATRIZES **que expressam que o sujeito tem dúvida ou questiona,** de alguma maneira, a informação subordinada:

MATRIZES QUE INTRODUZEM UMA INFORMAÇÃO

(**Afirmando**)

Eu sei que...
Me contaram que...
É claro que...
É verdade que...?
Não há dúvida de que...
Aposto que...

*essa **é** a Terra.*

[**Declaramos**. A informação introduzida é a **opinião** do sujeito.]

(**Supondo**)

Aposto que...
Você acha que...?
Parece que...
Penso que...

*essa **é** a Terra.*

INDICATIVO

MATRIZES QUE QUESTIONAM UMA INFORMAÇÃO

SUBJUNTIVO

(Considerando somente a **possibilidade**)

É possível que...
É provável que...?
Pode ser que...
Duvido que...?
Imagino que...
Talvez...

*essa **seja** a Terra.*

[**Não declaramos.** A informação introduzida não é a **opinião** do sujeito.]

(**Negando**)

Duvido que...
É mentira que...
Não é verdade que...
Não acreditamos que...
Não temos certeza que...
Não está claro que...
Não imagino que...

*essa **seja** a Terra.*

6 **Complete a tabela a seguir com as matrizes abaixo, de acordo com seu significado.**

Sem dúvida que... ✓	Não é verdade que... ✓	Pode ser que... ✓	Pensamos que... ✓
Eles supõem que...	Eles acham que...	É falso que...	Talvez...
Não é certo que...	Parece provável que...	Te garanto que...	
É evidente que...	Desconfio que...	É bem provável que...	

Introduzimos uma afirmação ➲ *Sem dúvida que...*	...essa **é** a Terra. (INDICATIVO)	Negamos uma ideia ➲ *Não é verdade que...*	...essa **seja** a Terra. (SUBJUNTIVO)
Introduzimos uma suposição ➲ *Pensamos que...*		Consideramos uma possibilidade ➲ *Pode ser que...*	

7 **A doutora Isa Bela deu uma palestra sobre a igualdade entre os sexos. Após a apresentação, seis pessoas comentaram suas declarações mais polêmicas. Complete essas opiniões com a forma adequada (Presente do indicativo ou Presente do subjuntivo) dos verbos em negrito.**

... e, como ia dizendo, é necessário reconhecer que as mulheres são claramente superiores aos homens, pelo menos em três aspectos: em primeiro lugar, elas **aprendem** línguas com muito mais facilidade; em segundo lugar, **são** mais competentes para resolver problemas de lógica; e, por último, está comprovado que **podem** fazer várias tarefas ao mesmo tempo...

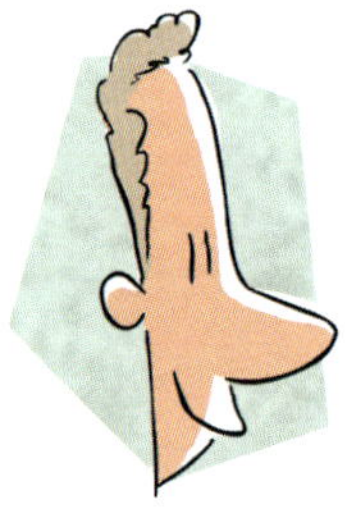

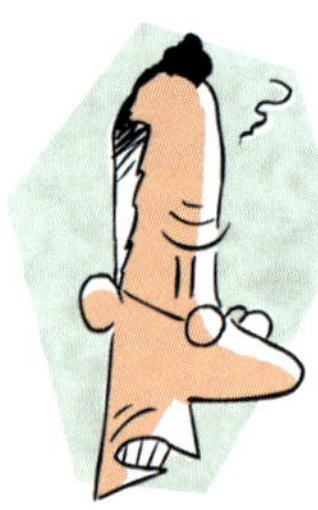

1. Para mim **é óbvio que** as mulheres ...aprendem... línguas mais facilmente. Também **é verdade que** .... mais competentes em lógica e **não há dúvidas de que** .... mais senso estético.
2. **Eu também acredito que** as mulheres .... línguas mais rápido e **me parece que** sim, que também .... mais competentes com questões de lógica. Em relação ao senso estético, não sei o que pensar, mas, sim, **acho que** .... mais que os homens.
3. Mentira, mentira e mentira! **Não é verdade que** as mulheres .... línguas melhor e **nem que** .... melhores com a lógica e também **duvido que** .... mais senso estético.
4. Pois eu **duvido muito que** as mulheres ...aprendam... línguas com mais facilidade. Ainda **não está comprovado que** .... mais competentes em lógica e também **não acho que** .... mais senso estético.
5. Sim, **pode ser que** .... línguas mais rápido e também admito **a possibilidade de que** .... mais competentes em lógica. Entretanto, **não é possível que** .... um senso estético especial.
6. Bom, vamos ver: **é indubitável que** .... línguas muito melhor e **é perfeitamente possível que** .... mais competentes com a lógica, mas **não é verdade absoluta que** .... mais senso estético: os grandes artistas sempre são os homens...

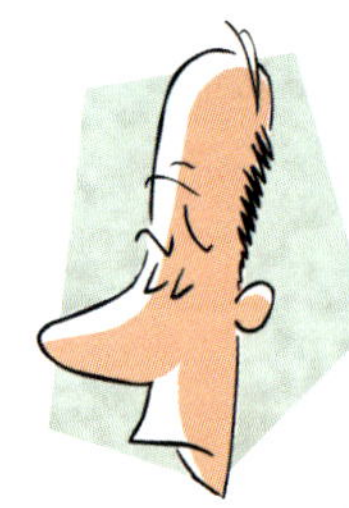

8 **O marido da doutora Isa Bela aproveita o intervalo da palestra para falar um pouco de seu tema favorito: os caracóis. O problema é que nem tudo o que ele diz é verdade. Descubra três verdades e três mentiras em seu discurso, além das mostradas no exemplo.**

Pois eu acredito que os caracóis são mamíferos apaixonantes. Levam sua casa nas costas, têm duas antenas interessantes que mostram e escondem quando querem e podem ver a comida a vários quilômetros de distância. Eles parecem bobos, mas a verdade é que têm uma inteligência muito parecida com a humana. Por exemplo, como são muito lentos, às vezes sobem na cabeça dos pássaros para viajar mais rápido. E, além do mais, esses animais são muito pacíficos. Agora deixo vocês novamente com a apresentação de minha esposa. Preciso terminar de cozinhar uns caracóis para o jantar.
Muito obrigado pela atenção de vocês.

➔ É verdade que ...os caracóis têm duas antenas....
1. Todo mundo sabe que ....
2. É claro que ....
3. Eu também acho que ....

➔ Não é verdade que ...sejam mamíferos....
4. É mentira que ....
5. Não acredito que ....
6. Eu não acho que ....

D Emitir juízos de valor sobre informações: *É importante que vocês venham cedo.*

- Lembre-se: quando queremos **declarar** o conteúdo de um verbo subordinado, usamos o indicativo. Quando queremos **questioná-lo**, usamos o subjuntivo:

Declaramos a informação subordinada	*Eu sei que ele **fala** inglês.* *Tenho certeza de que ele **fala** inglês.*	[Queremos declarar que ele **fala** inglês.]
Questionamos a informação subordinada	*É possível que ele **fale** inglês.* *Não acredito que ele **fale** inglês.*	[Não queremos declarar que ele **fala** inglês.]

- Quando uma afirmação **já foi aceita** como verdadeira ou possível e só queremos fazer **um comentário ou emitir um juízo de valor de forma pessoal sobre a informação**, usamos sempre o **subjuntivo** (ou **infinitivo**):

Somente emitimos juízo sobre a informação subordinada	*Não gosto* *Acho bom* *É estranho* *Tanto faz*	*que ele **fale** inglês.*	[Não queremos declarar que ele **fala** inglês.]

Declara → • *Sabe de uma coisa? Me disseram que Paula **está** grávida e **é** uma menina.*
Questiona → • *Sério? Não acredito que ela **esteja** grávida.*
Declara → • ***Está, sim**. Ela **foi** ao médico e ele confirmou que ela **está** grávida.*

Apenas comentam
- *Pois eu acho muito estranho...*
- *O que você acha estranho: que ela **esteja** grávida ou que **seja** uma menina?*
- *Não, o que eu acho estranho é que **tenha ido** ao médico. Ela não gosta de **ir** ao médico.*

9 **Coloque as matrizes abaixo no lugar correspondente da tabela a seguir, de acordo com seu significado.**

É evidente que... ✓	Você acha ruim que...? ✓	Achamos que... ✓	É bom que... ✓
É claro que...	É estranho que...	Ouvi dizer que...	Odeio que...
Não me importa que...	Seu marido pensa que...	É difícil que...	Vi que...
É ótimo que...	Você acha que é importante que...?	Ana te contou que...?	Parece que...

Introduzimos uma afirmação ou suposição		Emitimos juízo de valor sobre uma ideia	
➲ *É evidente que...*	...**está** grávida. (INDICATIVO)	➲ *Você acha ruim que...*	...**esteja** grávida. (SUBJUNTIVO)
➲ *Achamos que...*		➲ *É bom que...*	
....		....	
....		....	
....		....	
....		....	
....		....	
....		....	

10 **Qual é a sua opinião? Use as matrizes do quadro (ou qualquer outra que expresse a mesma ideia) e formule opiniões comentando algumas das notícias abaixo, como no exemplo. Use a forma de subjuntivo adequada à pessoa e ao tempo em cada caso.**

➲ Uma senhora de 80 anos **sobrevive** depois de cair do sexto andar de um edifício. ✓

1. Minnesota **suspende** o festival de inverno por causa de uma onda de calor.
2. Dois ex-ladrões **apresentam** um programa de televisão sobre roubos.
3. Mais da metade dos ministros do governo brasileiro **são** mulheres.
4. Os japoneses já **podem** pagar contas nos supermercados usando a impressão digital.
5. Uma marca conhecida de sorvetes **estuda** a fabricação de um sorvete para cachorros.
6. Um juiz **manda** para a prisão um homem que fez piadas sexistas.
7. Um cachorro **espera** dez dias na porta da delegacia até liberarem seu dono.
8. O governo **paga** 500 reais mensais para cada criança menor de três anos.

➲ *É incrível que uma senhora de 80 anos sobreviva depois de cair do sexto andar de um edifício.*
....
....
....
....
....
....
....
....
....
....

É curioso...
Acho muito justo...
É estranho...
Acho ótimo...
Que pena...
É complicado...
...

■ Quando emitimos juízos de valor sobre informações, podemos usar como verbo subordinado ou uma forma pessoal do **subjuntivo** (introduzida por ***que***) ou somente o **infinitivo**:

	Usamos o **infinitivo**	Usamos o **subjuntivo**
Com MATRIZES como estas:	Se o sujeito do verbo subordinado é o mesmo da MATRIZ:	Se o sujeito do verbo subordinado é uma pessoa diferente da pessoa da MATRIZ:
gosto, adoro, amo, etc.	*Ele gosta de **jogar** futebol.* (ele) = (**ele**)	*Ele gosta **que** a gente **jogue** futebol.* (ele) ⟷ (**a gente**)
Com MATRIZES como estas:	Para generalizar:	Para especificar a pessoa:
Acho maravilhoso / estranho, etc. ***É estranho / ótimo***, etc.	*Acho maravilhoso **estar** apaixonado.* (em geral) = (**eu, você, nós**)	*Acho maravilhoso **que** você **esteja** apaixonado.* (em geral) ⟷ (**especificamente você**)

11 Você consegue identificar o sujeito dos verbos que estão em negrito nas frases abaixo?

➲ Lucas não gosta nada de **dirigir** durante a noite. ➲ ...Lucas...

➲ Você tem razão, Jaime: é uma maravilha **ter** amigos como vocês. ➲ ...Em geral...

1. Acho ótimo que João **vá se casar**. ....
2. Rodrigo achou muito emocionante **ir** ao casamento. ....
3. Desculpe, a senhora se importa que eu **sente** ao seu lado? ....
4. Desculpe, a senhora se incomodaria em **sentar** em outro lugar? Esta mesa foi reservada. ....
5. Vocês podem ir primeiro. Eu não me importo de **esperar**. ....
6. Que bom que as crianças **estejam** dormindo. Elas estavam tão chatas! ....
7. Já fiz as compras. Luíza, você não está feliz de não **ter** que ir ao mercado? ....
8. É muita falta de educação **fazer** com que as pessoas esperem. Da próxima vez, chegue cedo. ....
9. É um absurdo **passar** a vida toda esperando um sonho que nunca vai se realizar. ....

E Identificar ou não identificar pessoas: *O professor que tem... / Um professor que tenha...*

■ Podemos dar uma informação sobre as características de pessoas, coisas ou lugares com um **adjetivo** ou com uma **frase**:

	Com um adjetivo:	Com uma frase:
UMA PESSOA:	• *Uma mulher **extraordinária**.*	*É uma mulher **que faz coisas extraordinárias**.*
UMA COISA:	• *Um filme muito **divertido**.*	*É um filme **que faz a gente rir muito**.*
UM LUGAR:	• *Um lugar **tranquilo**.*	*É um lugar **onde podemos relaxar**.*

■ Em frases desse tipo, usamos o indicativo para marcar a descrição com o objetivo de fazer referência a algo **específico** (pessoa, coisa ou lugar) e usamos o subjuntivo para falar em termos **genéricos**:

- *Conheci uma mulher que **mora** em Porto Alegre.* [Uma mulher específica: Sara.]
- *Você conhece alguma mulher que **more** em Porto Alegre?* [Pode ser qualquer mulher.]

- *Estou procurando um professor que **fala** português.* [Um professor específico: João.]
- *Estou procurando um professor que **fale** português.* [Qualquer professor que fale português.]

- *Visitamos uma praia onde todo mundo **estava** sem roupa.* [Uma praia em particular: Galheta.]
- *Você conhece uma praia onde a gente **possa** ficar sem roupa?* [Qualquer praia de nudismo.]

INDICATIVO	SUBJUNTIVO
Aspectos **já identificados**	Aspectos **não identificados ainda**
◆ Falamos de uma pessoa, coisa ou lugar **específico** com essa característica.	◆ Falamos de **qualquer** pessoa, coisa ou lugar com a característica determinada.

12 No exercício a seguir, relacione cada uma das coisas que Jenifer disse com a interpretação mais provável na coluna da direita.

➲ Oi! Estou procurando uma gramática que **tem** desenhos coloridos. b......
- a. Jenifer procura qualquer gramática com desenhos coloridos.
- ~~b. Falaram com Jenifer sobre esta gramática antes.~~

1. Quero aprender uma língua que **seja** fácil. ....
   - a. Jenifer está falando sobre o português.
   - b. Jenifer quer aprender uma língua e ainda não decidiu qual.

2. Carlos, você quer que eu compre o micro-ondas que **tenha** mais potência ou o que **seja** mais barato? ....
   - a. Carlos e Jenifer provavelmente já viram vários micro-ondas, mas ainda não se decidiram pelo mais barato ou com mais potência.
   - b. Carlos e Jenifer já sabem qual é o micro-ondas mais potente e mais barato.

3. Estou procurando um professor que **trabalha** aqui e **dá** aula de português. ....
   - a. Jenifer já conversou com esse professor antes.
   - b. Jenifer está procurando por qualquer professor que trabalhe nesse lugar e dê aula de português.

4. Ana **acha** que Jorge é preguiçoso, mas isso não faz nenhuma diferença para mim. ....
   - a. Jenifer sabe a opinião de Ana sobre Jorge.
   - b. Jenifer ainda não sabe o que Ana pensa sobre Jorge.

5. Por que não vamos ao lugar onde comemos da outra vez, mas dessa vez sentamos em uma mesa que **fique** longe da entrada? ....
   - a. Jenifer se refere à segunda mesa do lado esquerdo.
   - b. Jenifer não quer sentar onde há passagem de pessoas.

13 **Decida qual das frases da direita não pode completar a da esquerda.**

➲ Você tem uma faca que... (.a....)	~~a. corta bem? Essa é péssima.~~ b. corte bem? Essa é péssima. c. corta bem? E por que não me deu antes?
1. Eu vou me casar com um homem que... (.......)	a. sabe como tratar uma mulher como eu. Se não o encontrar, não caso. b. sabe como tratar uma mulher como eu. Tenho sorte, não acha? c. saiba como tratar uma mulher como eu. Disso eu não abro mão.
2. Eu vou comprar um apartamento que... (.......)	a. tem uma vista linda para o mar. Vimos um outro dia no Leblon, mas é muito caro. b. tenha vista para o mar, mas não encontro nenhum. c. tem vista para o mar. Você sabe de algum barato?
3. Vou colocar na sala a luminária que... (.......)	a. você escolheu. Acho que é o melhor lugar. b. você escolha. Por favor, decida rápido. c. você escolhe. Onde ponho?

F O Presente do subjuntivo com conjunções

■ O Presente do subjuntivo também é usado em frases com conjunções adverbiais que indicam **finalidade**, **tempo**, **concessão** ou **condição** (dentre outras):

Finalidade

- ***Para que*** *você tire uma boa nota, precisa estudar para a prova.* [A condição para tirar uma boa nota é estudar para a prova.]

Concessão

- ***Embora*** *você já saiba toda a matéria, precisa estudar para a prova.* [Você já sabe toda a matéria e isso é um fato. Mesmo assim, precisa estudar para a prova.]
- ***Ainda que/mesmo que/nem que/por mais que*** *você já saiba toda a matéria, precisa estudar para a prova.* [Não está claro se você já sabe toda a matéria. De qualquer forma, você precisa estudar para a prova.]

Condição

- ***A não ser que*** *você tire 100 na prova, não vai sair de casa hoje.* [Tirar 100 na prova é condição para você sair de casa hoje.]
- *Você precisa estudar muito hoje,* ***a menos que*** *o professor cancele a prova.* [O professor cancelar a prova é condição para que essa pessoa não precise estudar muito.]
- ***Caso*** *você tire 100 em todas as matérias, vai ganhar um videogame no Natal.* [Tirar 100 em todas as matérias é condição para ganhar um videogame.]

Tempo

- ***Antes que*** *você saia de casa, não esqueça de pôr os livros na mochila.* [Pôr os livros na mochila deve vir antes de sair de casa.]
- *Você não vai brincar com os colegas* ***até que*** *consiga melhorar suas notas.* [Melhorar as notas é condição para essa pessoa brincar com os colegas.]

Todas essas conjunções adverbiais requerem verbo no subjuntivo.

■ Com as conjunções adverbiais formadas por uma preposição + ***que*** (***para que***, ***antes que***, ***até que*** e ***depois que***), também se pode usar o Infinitivo pessoal. Nesse caso, a conjunção ***que*** desaparece e, nos casos de ***antes*** e ***depois***, é substituída pela preposição ***de***:

- *Antes de você* ***sair*** *de casa, não esqueça de pôr os livros na mochila.*
- *Você não vai brincar com os colega* *até* ***conseguir*** *melhorar suas notas.*

➲ 29. Infinitivo pessoal

14 **Marta é muito indecisa. Ela mora em Nova York e recebeu uma oferta de trabalho no Brasil. Ela não sabe se deve aceitá-la ou não. Nos itens abaixo, decida qual a única opção correta para completar as frases.**

➲ Vou aceitar a oferta de trabalho... (..b....)
- a. a menos que me ofereçam um apartamento no Brasil.
- ~~b. desde que me ofereçam um apartamento no Brasil.~~
- c. ainda que me ofereçam um apartamento no Brasil.

1. Preciso decidir rápido... (.......)
- a. para que não selecionem outra pessoa.
- b. caso selecionem outra pessoa.
- c. desde que selecionem outra pessoa.

2. .... , preciso pensar muito. (.......)
- a. Desde que a oferta de trabalho seja ótima...
- b. Embora a oferta de trabalho seja ótima...
- c. Antes que a oferta de trabalho seja ótima...

3. Vou continuar sendo indecisa, ... (.......)
- a. a menos que faça uma terapia.
- b. caso faça uma terapia.
- c. antes que faça uma terapia.

4. Preciso conversar com meus colegas... (.......)
- a. embora possam me ajudar.
- b. para que possam me ajudar.
- c. ainda que possam me ajudar.

5. .... , não saio de Nova York. (.......)
- a. A menos que o salário seja excelente...
- b. Caso o salário seja excelente...
- c. Desde que o salário seja excelente...

15 **Eduarda está tentando decidir se casa ou não com Mário. Veja abaixo o que ele está pensando e complete as lacunas com todas as conjunções possíveis do quadro a seguir.**

nem que	**mesmo que** ✓	**por mais que** ✓	**a não ser que**	**antes que**	**caso**	**desde que**	**até que**

➲ ..Mesmo que / por mais que.. eu goste dele, não sei se esse é o melhor momento para me casar.
1. Não quero me casar .... eu tenha uma boa situação financeira.
2. Não vou me decidir .... Mario diga que me ama.
3. .... ele queira ter filhos, vamos precisar ter muito dinheiro economizado.
4. Não vou me casar com ele, ... ele me pressione. Prefiro só namorar.
5. Quero continuar com ele, ... a personalidade dele não mude muito.
6. Vou comprar um apartamento novo, ... não consiga o bônus da minha empresa.

16 **Pedro é muito invejoso. Laura está contando seus planos de verão para ele, mas ele vê problemas em todas as ideias. Correlacione as colunas abaixo e conjugue os verbos corretamente.**

Laura

➲ Vou viajar bastante no verão, ..d.....
1. Vou sair todos os dias com meus amigos, ...
2. Não vou trabalhar, ...
3. Vou comprar muitas roupas, ...
4. Vou à praia todo dia, ...
5. Vou comprar minhas passagens de avião agora, ...
6. Vou sair para muitas festas, ...
7. Vou correr no parque todos os dias, ...
8. Vou acordar tarde todos os dias, ...

Pedro

a. até que você se (cansar) .... deles.
b. embora você não (poder) .... beber e não (saber) .... dançar.
c. ainda que seu armário (estar) .... completamente cheio de roupas que você não usa.
d. a não ser que você não (ter) ...tenha........ dinheiro.
e. nem que sua mãe (invadir) .... seu quarto para te tirar da cama.
f. desde que você não (precisar) .... de uma cirurgia no joelho.
g. a menos que não (fazer) .... sol.
h. por mais que você (precisar) .... juntar dinheiro.
i. antes que não (haver) .... mais lugares disponíveis nos voos.

32. Formas do Pretérito perfeito do subjuntivo: *tenha falado / comido / decidido*, etc.

A Forma e uso

- O Pretérito perfeito do subjuntivo é formado com:

O **Presente do subjuntivo** do verbo auxiliar ***ter***. →

Eu	*tenha*	
Tu	*tenhas*	
Você	*tenha*	
Ele, ela	*tenha*	*falado*
A gente	*tenha*	*comido*
Nós	*tenhamos*	*decidido*
Vocês	*tenham*	
Eles, elas	*tenham*	

← O **particípio** correspondente ao fato terminado.

- Utilizamos o Pretérito perfeito do subjuntivo para falar de **expectativas sobre fatos já passados**, mas **cujos resultados ainda não sabemos**, ou também para **emitir opiniões sobre esses fatos**:

Os fatos ou as expectativas são:	Depois dos fatos, mas **sem saber os resultados dos fatos** ou **emitindo opiniões sobre fatos passados**:
Sexta-feira antes do fim de semana: • *Espero que você* ***tenha*** *um ótimo fim de semana.* [O fim de semana ainda vai começar.]	**Após o fim de semana:** • *Espero que você* ***tenha tido*** *um ótimo fim de semana.* [O fim de semana já passou, mas você ainda não sabe como foi.]
Antes da viagem: • *Tomara que a viagem de vocês* ***seja*** *boa.* [A viagem ainda vai acontecer.]	**Após a viagem:** • *Tomara que a viagem* ***tenha sido*** *boa.* [A viagem já aconteceu, mas você ainda não sabe como foi.]
O fato: • *Eles se* ***mudaram*** *para a Inglaterra.* [A mudança já aconteceu.]	**O questionamento:** • *Duvido que eles* ***tenham se mudado*** *para a Inglaterra.* [A mudança já aconteceu, mas a pessoa está questionando se isso foi verdade.]
O fato: • *César* ***comprou*** *um carro novo.* [Ele já comprou o carro.]	**A opinião:** • *Não acredito que César* ***tenha comprado*** *um carro novo.* [Esta é a minha opinião sobre o fato de César ter comprado um carro novo.]

1 **Mário é muito otimista, mas seu amigo Carlos é muito pessimista. Eles estão expressando suas expectativas sobre fatos que já aconteceram, mas cujos resultados eles ainda não sabem. Complete as lacunas com verbos no Pretérito perfeito do subjuntivo.**

1. Paula deve viajar para a Austrália na próxima semana.

   Dez dias depois da viagem:

   ➲ **Mário**: Tomara que Paula (**fazer**) tenha feito ótima viagem.

   Carlos: Duvido que Paula (**chegar**) .... bem à Austrália.

   Mário: Espero que Paula já (**visitar**) .... muitos lugares.

   Carlos: Não acredito que Paula já (**conhecer**) .... pessoas novas.

   Mário: Imagino que Paula já (**provar**) .... várias comidas exóticas.

   Carlos: Duvido que Paula já (**ver**) .... cangurus e outros animais típicos da Austrália.

2. Joana vai fazer vestibular para Arquitetura no próximo domingo.

   Cinco dias depois da prova do vestibular:

   Carlos: Duvido que Joana (**tirar**) .... uma boa nota.

   Mário: Espero que Joana (**passar**) .... no vestibular.

   Carlos: Não acredito que Joana (**escrever**) .... uma boa redação.

   Mário: Tomara que Joana (**fazer**) .... uma boa prova de português.

   Carlos: Duvido que Joana (**ficar**) .... calma na hora da prova.

   Mário: Tomara que Joana (**conseguir**) .... uma vaga na universidade.

2 **Use as informações abaixo para expressar opiniões sobre os seguintes fatos que foram publicados no jornal da semana passada.**

➲ Na semana passada fez tanto frio! (**Duvido**)

Duvido que na semana passada tenha feito tanto frio.

1. O prefeito proibiu o uso de celulares no transporte público. (**Que bom**)

   ....

2. A polícia prendeu um ladrão que assaltou cinco bancos. (**Não acredito**)

   ....

3. Mara Lu vence o Gib Broba Brasil 15. (**É provável**)

   ....

4. Paulo Lebre publica novo livro esotérico. (**Talvez**)

   ....

5. Crumengo e Vastico disputam a final do campeonato. (**Tomara**)

   ....

6. A novela Final Feliz termina neste sábado. (**Que pena**)

   ....

7. Preço da cesta básica cai em sete estados. (**Imagino**)

   ....

8. Frei Galvão é canonizado pelo Vaticano. (**Espero**)

   ....

33. Pretérito imperfeito do subjuntivo: *falasse, comesse, decidisse*, etc.

A Forma

- Para formar o Pretérito imperfeito do subjuntivo, seguimos uma regra simples e regular: usamos a **3ª pessoa do plural** (*eles*) do **Pretérito perfeito** (regular ou irregular) e trocamos a terminação *–**ram*** pelas seguintes terminações:

	-ar,-er, -ir	*Falar*	*Comer*	*Decidir*
Pretérito perfeito (*eles*)		***fala~~ram~~***	***come~~ram~~***	***decidi~~ram~~***
Eu	***-sse***	*fala**sse***	*come**sse***	*decidi**sse***
Tu	***-sses***	*fala**sses***	*come**sses***	*decidi**sses***
Você	***-sse***	*fala**sse***	*come**sse***	*decidi**sse***
Ele, ela	***-sse***	*fala**sse***	*come**sse***	*decidi**sse***
A gente	***-sse***	*fala**sse***	*come**sse***	*decidi**sse***
Nós	***-ssemos***	*falá**ssemos***	*comê**ssemos***	*decidí**ssemos***
Vocês	***-ssem***	*fala**ssem***	*come**ssem***	*decidi**ssem***
Eles, elas	***-ssem***	*fala**ssem***	*come**ssem***	*decidi**ssem***

- A primeira pessoa do plural (*nós*) é sempre acentuada. O acento agudo é usado em vogais abertas e o circunflexo, em vogais fechadas.

- Não há verbos irregulares no Pretérito imperfeito do subjuntivo. Os que são irregulares no Pretérito perfeito já entram irregulares no Pretérito imperfeito do subjuntivo:

	Trazer	*Ir*
Pretérito perfeito (*eles*)	***trouxe~~ram~~***	***fo~~ram~~***
Eu	*trouxe**sse***	*fo**sse***
Tu	*trouxe**sses***	*fo**sses***
Você	*trouxe**sse***	*fo**sse***
Ele, ela	*trouxe**sse***	*fo**sse***
A gente	*trouxe**sse***	*fo**sse***
Nós	*trouxé**ssemos***	*fô**ssemos***
Vocês	*trouxe**ssem***	*fo**ssem***
Eles, elas	*trouxe**ssem***	*fo**ssem***

A sílaba tônica de cada forma está marcada nas tabelas ao lado.

1 **Petra está saindo de um relacionamento muito complicado. Veja abaixo o que o namorado Fábio queria que ela fizesse quando os dois ainda estavam juntos. Complete as lacunas com verbos no Pretérito imperfeito do subjuntivo.**

➲ Fábio queria que eu (telefonar) ...*telefonasse*... para ele pelo menos cinco vezes por dia.

1. Fábio exigia que eu (dizer) .... "eu te amo" todos os dias.
2. Ele também pedia que eu não (falar) .... nem (sair) .... com nenhum amigo.
3. Ele queria que eu (ficar) .... trabalhando em casa e não na empresa onde estou agora.
4. Ele também insistia que eu (ler) .... os mesmos livros que ele e (gostar) .... dos mesmos tipos de filme.
5. Ele queria que eu (fazer) .... tudo para ele, mesmo que ele não me (ajudar) .... em nada.
6. Ele pedia que eu (pôr) .... a roupa dele para lavar e secar e depois queria que eu (passar) .... a roupa também.
7. Ele queria que eu (ir) .... aos domingos na casa da minha sogra e (ajudar) .... a preparar as refeições.
8. Enfim, ele queria que eu (ser) .... uma pessoa que eu não sou, por isso terminei o namoro com ele.

B Usos: *O professor pediu que a gente estudasse essa parte.*

- Se precisarmos usar o subjuntivo, usamos o Pretérito imperfeito do subjuntivo para falar do passado:

Usamos o **Presente do subjuntivo** quando formulamos desejos ou pedidos feitos em um momento presente:	Com o **Pretérito imperfeito do subjuntivo**, formulamos esses mesmos desejos ou pedidos, mas contextualizando-os em um momento passado:
• *O professor quer que os alunos **estudem** o subjuntivo.*	• *Quando eu aprendi português, o professor queria que os alunos **estudassem** muito o subjuntivo.*
• *O médico recomenda que meu pai **pare** de fumar urgentemente.*	• *Ano passado o médico recomendou que meu pai **parasse** de fumar.*
• *O advogado aconselha que o réu não **saia** de casa.*	• *Durante o julgamento, o advogado aconselhou que o réu não **saísse** de casa.*

- A expressão ***como se*** indica hipótese e o verbo que a segue é sempre conjugado no Pretérito imperfeito do subjuntivo, mesmo que o verbo da matriz esteja no Presente:

  - *No hospital, os médicos sempre tratam* (presente) *o paciente **como se ele estivesse** muito doente.*
  - *No hospital, os médicos me trataram* (pretérito perfeito) ***como se eu estivesse** com um problema de saúde muito sério.*

2 **Cláudia tem 10 anos de idade. Ela está conversando com sua avó Clotilde e descobrindo o que os pais da avó deixavam ou não que ela fizesse quando era criança. Complete as lacunas abaixo com verbos no Pretérito imperfeito do subjuntivo.**

A neta Cláudia	A avó Clotilde
Meus pais **deixam** que eu...	Meus pais **não deixavam** que eu...
➡ Saia de casa sozinha.	saísse de casa sozinha.
1. Ande de bicicleta no parque.	.... de bicicleta no parque.
2. Brinque com os cachorros no quintal.	.... com os cachorros no quintal.
3. Veja televisão por muitas horas.	.... televisão por muitas horas.
4. Venha tarde para casa.	.... tarde para casa.
5. Vá à piscina todo dia.	.... à piscina todo dia.
6. Compre muitas roupas novas.	.... muitas roupas novas.
7. Faça bagunça no quarto.	.... bagunça no quarto.
8. Nade na piscina do clube.	.... na piscina do clube.

3 **Ano passado Ricardo trabalhou em uma empresa e teve um chefe muito exigente. Escreva abaixo as coisas que você acha que o chefe de Ricardo exigia ou proibia que ele fizesse. Utilize as sugestões do quadro a seguir.**

trabalhar 10 horas por dia ✓	vestir roupas formais	ter contato com pessoas de outra empresa
usar o Facebook	flertar com os(as) colegas	fazer uma hora de almoço
ir a festas do trabalho	saber falar espanhol	falar no celular

Meu chefe exigia que eu...	Meu chefe proibia que eu...
➡ trabalhasse 10 horas por dia.	5. ....
1.	6. ....
2.	7. ....
3.	8. ....
4.	

4 **Tatiana e Luiza são gêmeas e estão comentando como algumas pessoas as tratam em certas situações. Complete as frases usando as informações a seguir e conjugando os verbos no Pretérito imperfeito do subjuntivo.**

estar com muita pressa	querer ficar acordada até às 3 da manhã	ter tempo de fazer tarefas o dia todo
vir de uma família rica	não ter nenhuma diferença física ou de personalidade	
poder correr 10 quilômetros todo dia	saber nadar muito bem	ser crianças ✓

➲ Na nossa casa, os nossos avós nos tratam como se nós *fôssemos crianças.*

1. Na universidade, os professores nos tratam como se nós ....
2. No nosso dormitório, nossos colegas nos tratam como se a gente .... Eles sempre nos chamam pelo mesmo nome.
3. Quando vamos aos restaurantes com nossos colegas, os garçons nos tratam como se nós .... Eles sempre trazem a conta muito rápido.
4. Nos treinos de futebol, nosso treinador nos trata como se nós .... Sempre saímos muito cansadas dos treinos.
5. Na piscina, sempre tratam Luiza como se ela ...., mas na verdade ela só aprendeu a nadar ano passado.
6. Nos sábados à noite, nossos colegas nos tratam como se a gente .... O problema é que a gente fica com sono e gosta de ir dormir cedo.
7. Nossos colegas nos tratam como se a gente .... Infelizmente nossa família é pobre e não temos dinheiro para fazer as mesmas coisas que nossos colegas fazem.

5 **Maria é adolescente. Ela e sua avó estão comparando como era a vida no passado e como é agora. Complete as comparações com verbos no Presente do subjuntivo ou Pretérito imperfeito do subjuntivo. Analise o tempo do verbo da matriz para decidir.**

1. Antigamente, a escola exigia que os alunos (**respeitar**) ➲ *respeitassem* os professores como se eles (**estar**) .... muito acima dos alunos.

   Hoje em dia, a escola ainda exige que os alunos (**respeitar**) .... os professores, mas não é mais como se eles (**estar**) .... acima dos alunos. É simplesmente uma questão de educação.
2. Antigamente, as leis não permitiam que pessoas do mesmo sexo se (**casar**) ....

   Hoje em dia, em alguns países, as leis já permitem que as pessoas do mesmo sexo se (**casar**) .... e que (**adotar**) .... crianças.
3. Atualmente, as companhias querem que os funcionários (**ser**) .... proficientes em tecnologias e também (**saber**) .... lidar com pessoas.

   Antigamente, as companhias não queriam que os funcionários (**ser**) .... proficientes em tecnologias, porque isso não era algo comum naquela época. Mas, sim, as companhias queriam que os funcionários (**saber**) .... tratar as pessoas e (**ser**) .... muito competentes no trabalho em geral.
4. Hoje existem computadores e todos esperam que você (**responder**) .... e-mails no mesmo dia e (**fazer**) .... vários trabalhos ao mesmo tempo.

   Antigamente, não havia computadores, por isso as cartas demoravam muito para chegar e ninguém esperava que você (**responder**) .... cartas rápido nem que (**fazer**) .... vários trabalhos ao mesmo tempo.
5. Hoje em dia, é importante que todos (**fazer**) .... atividade física e (**ter**) .... alimentação saudável.

   Antigamente, também era importante que as pessoas se (**alimentar**) .... de modo saudável e (**praticar**) .... algum esporte para viver por mais tempo.

C Usos: O Pretérito imperfeito do subjuntivo com conjunções

■ Quando nos referimos ao passado, as mesmas conjunções adverbiais usadas com o Presente do subjuntivo para indicar condição, finalidade, propósito ou concessão também podem ser usadas com o Pretérito imperfeito do subjuntivo:

PRESENTE	PASSADO
• *Meus pais* ***querem*** *que eu* ***arrume*** *a cama todo dia,* ***mesmo que*** *eu* ***esteja*** *atrasada para a aula.*	• *Meus pais* ***queriam*** *que eu* ***arrumasse*** *a cama todo dia,* ***mesmo que*** *eu* ***estivesse*** *atrasada para a aula.*
• ***Por mais que*** *eu* ***esteja*** *cansado, meu chefe* ***exige*** *que eu* ***trabalhe*** *nove horas por dia.*	• ***Por mais que*** *eu* ***estivesse*** *cansado, meu chefe* ***exigia*** *que eu* ***trabalhasse*** *nove horas por dia.*

➲ 31.F. O Presente do subjuntivo com conjunções

6 **Abaixo está uma lista com o que os pais de Clara deixavam ou não que ela fizesse quando ela era criança. Complete as lacunas com as informações dadas e conjugue os verbos no Pretérito imperfeito do subjuntivo.**

➲ Meus pais deixavam que eu visitasse meus amigos / desde que / morar perto da minha casa.
Meus pais deixavam que eu visitasse meus amigos, desde que eles morassem perto da minha casa.

1. Meus pais não deixavam que eu chupasse chiclete / mesmo que / ser sem açúcar.
....
2. Meus pais não deixavam que eu tomasse refrigerante / embora / eu gostar muito.
....
3. Meus pais deixavam que eu comesse chocolate / desde que / eu fazer o dever de casa antes.
....
4. Meus pais não deixavam que eu falasse com estranhos / a não ser que / alguém bater na porta de casa.
....
5. Meus pais exigiam que eu lavasse o cabelo três vezes por semana / a menos que / fazer muito frio.
....
6. Meus pais exigiam que eu tirasse 100 nas provas / ainda que / eu ter que estudar muitas horas por dia.
....
7. Meus pais não deixavam que eu visse televisão por muitas horas / por mais que / eu querer.
....
8. Meus pais não deixavam que eu saísse da mesa / sem que / ter terminado o jantar.
....

7 **Sandra está falando sobre como era sua relação com sua tia quando ela era criança. Complete as lacunas com verbos no Pretérito imperfeito do subjuntivo e escolha uma conjunção do quadro a seguir.**

ainda que
embora
por mais que
desde que
mesmo que ✓
a não ser que

➲ Minha tia Paulina pedia que eu (ir) *fosse* visitá-la sempre, *mesmo que* eu (estar) *estivesse* cansada.

1. .... ela não me (pedir) .... para comprar presentes para ela, eu sempre levava alguma coisa.
2. Eu gostava de vê-la todo fim de semana, ... naquela época eu fosse estudante e não (ter) .... muito tempo livre.
3. Ela sempre queria que a gente (ver) .... um filme por semana, ... os filmes (ser) .... comédias. Ela adorava comédias.
4. Ela tinha muito ciúme de mim, então ela não queria que eu (sair) .... com minhas amigas, ... eu a (convidar) .... para ir junto.
5. Aos sábados sempre íamos à pizzaria e ela fazia questão que eu (pedir) .... uma pizza grande, ... (estar) .... sem muita fome.

34. Futuro do subjuntivo: *falar, comer, decidir,* etc.

A Forma

- O Futuro do subjuntivo tem como base a forma ***eles*** do **Pretérito perfeito** do **indicativo**. Excluímos a desinência ***–am*** da forma ***eles*** e adicionamos as terminações abaixo:

Nos verbos regulares, o Futuro do subjuntivo e o Infinitivo pessoal têm a mesma conjugação.

	-ar,-er/-ir	*Falar*	*Comer*	*Decidir*
Pretérito perfeito (eles)		***falar~~am~~***	***comer~~am~~***	***decidir~~am~~***
Eu	*ø*	*falar*	*comer*	*decidir*
Tu	***-es***	*fala**res***	*come**res***	*decidi**res***
Você	*ø*	*falar*	*comer*	*decidir*
Ele, ela	*ø*	*falar*	*comer*	*decidir*
A gente	*ø*	*falar*	*comer*	*decidir*
Nós	***-mos***	*falar**mos***	*comer**mos***	*decidir**mos***
Vocês	***-em***	*falar**em***	*comer**em***	*decidir**em***
Eles, elas	***-em***	*falar**em***	*comer**em***	*decidir**em***

A sílaba tônica de cada forma está marcada nas duas tabelas.

- Não há verbos irregulares no Futuro do subjuntivo, mas os que são irregulares no Pretérito perfeito já entram irregulares no Futuro do subjuntivo:

	Trazer	*Ir*
Pretérito perfeito (eles)	***trouxer~~am~~***	***for~~am~~***
Eu	*trouxer*	*for*
Tu	*trouxe**res***	*fo**res***
Você	*trouxer*	*for*
Ele, ela	*trouxer*	*for*
A gente	*trouxer*	*for*
Nós	*trouxer**mos***	*for**mos***
Vocês	*trouxer**em***	*for**em***
Eles, elas	*trouxer**em***	*for**em***

1 **Carla é gerente de uma loja que vende plantas. Ela está dando instruções para os funcionários sobre coisas que eles devem fazer. Complete as lacunas com verbos no Futuro do subjuntivo.**

➔ Débora, quando você (**terminar**) ....terminar.... de vender essas plantas, telefone para nossos fornecedores e peça mais plantas do mesmo tipo.

1. Diogo, por favor, faça nossa contabilidade assim que (**poder**) ....
2. Débora, por favor, depois que você (**organizar**) .... as plantas na vitrine, venha ao escritório falar comigo.
3. Quando nós (**ir**) .... almoçar hoje, me lembrem de comprar um sanduíche para o lanche mais tarde.
4. Diogo, sempre que você (**ter**) .... tempo, dê uma arrumada nas plantas que estão na porta da loja.
5. Sempre que vocês (**ver**) .... um cliente entrando na loja, não demorem para falar com ele.
6. Débora e Diogo, vocês precisam tentar lembrar os nomes dos clientes sempre que eles (**vir**) .... à loja.
7. Diogo, quando as pessoas (**trazer**) .... animais de estimação, você vai pedir que elas os deixem nessa parte da loja, para que eles não comam as plantas.
8. Todo o dia de manhã, assim que nós (**chegar**) .... à loja, temos que pôr uma senha no computador para começar a trabalhar.
9. Débora, quando você (**querer**) ...., pode ir almoçar.

B Uso: *Quando você chegar, vamos conversar.*

■ O Futuro do subjuntivo é usado para expressar, em formato de frase, **quando** (tempo) ou **como** (maneira) algo vai acontecer. A matriz do Futuro do subjuntivo é geralmente no Futuro do indicativo:

Usamos a matriz e a frase subordinada no Presente do indicativo para indicar hábito ou rotina no presente:

- *Pedro sempre se **diverte**...*
  *... quando **está** com os amigos.*
  *... quando **passeia** pelas ruas da cidade.*
  *... quando **vai** à praia.*
  *... quando **viaja**.*
  [Todas as vezes em que Pedro faz essas coisas, ele se diverte.]

Usamos a matriz no Futuro do indicativo e a frase subordinada no Futuro do subjuntivo para indicar algo que ainda vai acontecer no futuro:

- *Pedro **vai se divertir** muito...*
  *... quando **estiver** com os amigos.*
  *... quando **passear** pelas ruas da cidade.*
  *... quando **for** à praia.*
  *... quando **viajar**.*
  [Pedro vai se divertir fazendo essas coisas no futuro.]

■ O Futuro do subjuntivo é frequentemente usado com as conjunções subordinativas temporais abaixo, desde que a matriz esteja no Futuro do presente:

Em relação ao presente, para descrever hábitos ou rotinas, usamos matrizes e frases subordinadas no Presente do indicativo:

- *Clara sempre **toma** café **<u>depois que</u>** **almoça**.*
- ***<u>Sempre que</u>** eu **ouço** essa música, **lembro** de Marina, minha ex-namorada.*
- ***<u>Logo que</u>** eu **chego** do trabalho, **tiro** meu sapato para ficar ficar mais à vontade.*
- *Luana **toma** banho todo dia **<u>quando</u>** chega do trabalho.*

Em relação ao futuro, para descrever algo que ainda vai acontecer, usamos matrizes no Futuro do indicativo e frases subordinadas no Futuro do subjuntivo:

- *Hoje Clara **vai tomar** um café **<u>depois que</u>** **almoçar**.*
- *Marina, **<u>sempre que</u>** eu ouvir esta música, **vou lembrar** de você.*
- *Hoje estou tão cansado que, **<u>assim que</u>** eu **chegar** do trabalho, **vou tirar** o sapato para ficar mais à vontade.*
- *Luana **vai tomar** banho **<u>quando</u>** **chegar** do trabalho.*

2 Em uma entrevista para a televisão, as pessoas abaixo indicam que tipo de mídia elas usam com mais frequência ou pretendem usar para finalidades específicas. Identifique se elas falam de uma rotina no presente (P) ou de algo que vai acontecer no futuro (F). Observe o verbo da matriz para decidir.

➲ Roberto lê o jornal sempre que tem tempo. ...P...
1. Maurício quer muito se manter informado sobre as notícias, então vai começar a ler o jornal sempre que tiver tempo. ....
2. Júlia lê os e-mails quando chega ao trabalho. ....
3. Depois que comprar um laptop, Bia pretende ler os e-mails quando estiver em casa. ....
4. Assim que entra no metrô, Natham começa a ler um livro para se distrair. ....
5. Ricardo vai começar a ler um livro novo hoje, assim que sair da livraria. ....
6. Mariana gosta de ler notícias na internet depois que chega em casa. ....
7. Ludmila entra em redes sociais sempre que tem um intervalo no trabalho. ....
8. Flávia vai criar uma conta em uma rede social assim que puder. ....
9. Mário vai postar fotos no site dele, quando tiver tempo. ....

3 **Ricardo e Amanda estão conversando sobre coisas que eles fazem com frequência ou vão fazer no futuro. Decida se as frases abaixo representam atividades que se repetem ou planos para o futuro. Analise o verbo da matriz para decidir e conjugue os verbos no Presente do indicativo ou Futuro do subjuntivo.**

➲ **Ricardo:** Quando eu (**sair**) saio .... com meus amigos, sempre chego muito tarde e fico com muito sono no dia seguinte!

➲ **Amanda:** Hoje à noite, quando eu (**sair**) sair .... com meus amigos, vou chegar muito tarde e ficar com muito sono amanhã!

1. **Ricardo:** Assim que minha aula (**terminar**) .... , vou visitar meu amigo que está doente.

   Amanda: Todos os dias, assim que minha aula (**terminar**) .... , volto para casa, tomo um banho e descanso um pouco.

2. **Ricardo:** No verão, quando eu (**viajar**) .... para a praia, vou tomar sol todo dia.

   Amanda: Quando eu (**viajar**) .... para a praia, passo horas tomando sol.

3. **Ricardo:** Depois que o semestre (**terminar**) .... , vou voltar para a casa dos meus pais e passar uma semana lá.

   Amanda: Depois que os semestres (**terminar**) .... , volto para a casa dos meus pais e passo uma semana lá.

4. **Ricardo:** Sempre que eu (**comprar**) .... um computador novo, vou instalar diversos jogos para me divertir.

   Amanda: Sempre que eu (**comprar**) .... um computador novo, a primeira coisa que faço é instalar muitos jogos para me divertir.

4 **As pessoas abaixo estão comentando quando elas pretendem realizar os seguintes planos. Forme frases usando as informações do quadro a seguir.**

viajar para a Argentina ✓	encontrar o amor da sua vida	terminar a universidade		
ter tempo	estar cansados	casar	ser mais velha	voltar do trabalho
o meu parar de funcionar	chegar ao Rio de Janeiro	pagar o novo apartamento		

➲ Beto / praticar espanhol / quando — Beto vai praticar espanhol quando viajar para a Argentina.

1. Laura / mudar-se de casa / assim que ....
2. Marco / casar / logo que ....
3. Patrícia / conseguir um bom trabalho / depois que ....
4. Rebeca / malhar na academia / sempre que ....
5. Sofia / mudar para o interior / quando ....
6. Graça e Pedro / limpar a casa / depois que ....
7. Eu / comprar um telefone novo / quando ....
8. Marlene e eu / dormir / quando ....
9. Gustavo / aprender a surfar / assim que ....
10. Nós / trocar de carro / logo que ....

C O Futuro do subjuntivo com pedidos ou possibilidades: *Telefone para mim se precisar de ajuda.*

■ O Futuro do subjuntivo também é usado quando estão implícitos conselho, ordem, pedido ou possibilidade para o futuro, **mesmo quando a matriz não tem verbo no futuro**:

- *As crianças podem visitar o zoológico quando* ***quiserem****.* [Elas não precisam visitar o zoológico agora, mas, no futuro, podem ir quando quiserem.]
- *Venha para minha casa hoje à tarde, se* ***puder****.* [Eu ainda não sei se você pode ou não vir para minha casa.]
- *Ligue para mim quando* ***tiver*** *tempo.* [Agora a pessoa não tem tempo para telefonar, mas vai telefonar quando tiver.]
- *Se vocês* ***tiverem*** *dúvidas, escrevam um e-mail para mim.* [No momento presente, estas pessoas não têm dúvidas. Mas, no futuro, se tiverem, podem escrever um e-mail.]

5 **Seus pais saíram de férias e deixaram uma lista com orientações que você deve seguir caso algumas coisas aconteçam. Leia essa lista e complete-a com verbos no Futuro do subjuntivo.**

➲ Só telefone para a gente se alguma coisa muito séria (**acontecer**) ......acontecer...... .

1. Se você (**ter**) .... problemas com mosquitos, compre um repelente.
2. Ligue o aquecedor se a casa (**estar**) .... fria demais.
3. Se a casa (**ficar**) .... com cheiro ruim, tire o lixo.
4. Não use o carro se (**nevar**) ....
5. Se (**faltar**) .... luz, chame o eletricista.
6. Se você (**fazer**) .... festa, limpe tudo depois.
7. Lave a louça todo dia, se você (**cozinhar**) .... em casa.
8. Desligue o aquecedor, se você (**sair**) .... de casa.
9. Se você (**trazer**) .... algum amigo para casa, peça para ele deixar tudo limpo.
10. Use o cartão de crédito, se você (**querer**) .... fazer compras no supermercado.

6 **Linda e Adriana estão em uma agência de viagens e querem comprar um pacote para as próximas férias. Abaixo está o que o agente de viagem lhes disse. Complete com os verbos indicados no Futuro do subjuntivo.**

Aqui está a lista que vocês pediram com minhas sugestões:

➲ Eu sugiro comprar um pacote de 10 dias, se vocês (**querer**) ....quiserem.... aproveitar bem as praias do Nordeste. Se vocês (1. **ir**) ...... de ônibus, é uma opção mais barata se (2. **preferir**) .... ver a paisagem do sertão nordestino. Sugiro também algumas pousadas se vocês (3. **gostar**) .... de comida caseira. Tenho certeza que se (4. **falar**) .... com a gerente dessa pousada, ela pode colocá-las em um quarto de frente para a praia. Se (5. **achar**) .... melhor um hotel, o Dunas é muito bom. Se eu (6. **pôr**) .... mais alguns passeios nesse roteiro, vocês sempre terão atividades para fazer. Para a volta, se vocês (7. **decidir**) .... voltar mais rápido, as passagens de avião não estão muito caras. Se vocês (8. **ter**) .... alguma dúvida, é só mandar um email ou me telefonar.

35. Futuro composto do subjuntivo: *tiver cantado / comido / decidido*, etc.

A Forma e uso

■ O Futuro composto do subjuntivo é formado com:

O **Futuro do subjuntivo** do verbo auxiliar ***ter***. →

Eu	*tiver*	
Tu	*tiveres*	
Você	*tiver*	*falado*
Ele, ela	*tiver*	*comido*
A gente	*tiver*	*decidido*
Nós	*tivermos*	
Vocês	*tiverem*	
Eles, elas	*tiverem*	

← O **particípio** correspondente ao fato terminado.

■ Usamos o Futuro composto do subjuntivo para conectar duas atividades futuras, sendo que uma deve ser já concluída no futuro como condição necessária para que a segunda aconteça:

- *Vou sair com você assim que eu **tiver terminado** meu dever de casa.*
  [Preciso terminar o dever de casa primeiro, para depois sair com você.]
- *Não sei se Rafaela e Maria vão poder se mudar se não **tiverem feito** o depósito do aluguel do primeiro mês.*
  [Rafaela e Maria precisam fazer o depósito primeiro e só depois disso vão se mudar.]
- *As crianças só podem ir para a cama depois que **tiverem escovado** os dentes.*
  [As crianças precisam escovar os dentes primeiro e depois ir para a cama.]

■ Nas frases acima, o Futuro do subjuntivo também poderia ser usado:

- *Vou sair com você assim que eu **terminar** meu dever de casa.*
- *Não sei se Rafaela e Maria vão poder se mudar se não **fizerem** o depósito do aluguel do primeiro mês.*
- *As crianças só podem ir para a cama depois que **escovarem** os dentes.*

A diferença entre os dois usos é que o Futuro composto do subjuntivo enfatiza mais a relação entre as duas ações futuras, uma das quais deve ter sido concluída antes da outra.

1 **Luíza e Marcos estão falando sobre os planos que eles têm para o futuro. Complete as lacunas abaixo com os verbos conjugados no Futuro composto do subjuntivo.**

➲ **Luiza:** Daqui a dois anos, depois que eu (**publicar**) ...*tiver publicado*... meu livro, com certeza vou receber muitos convites para dar palestras.

➲ **Marcos:** Em dezembro do ano que vem, quando eu (**voltar**) ...*tiver voltado*... da minha viagem para a Índia, vou estar menos estressado.

1. **Luiza:** Em julho do ano que vem, se eu já (**fazer**) .... minha cirurgia no joelho, vou poder andar muito melhor e não vou sentir nenhuma dor.

   Marcos: Em julho do ano que vem, se eu ainda não (**conseguir**) .... um trabalho, ainda vou estar na casa dos meus pais.

2. **Luiza:** No Natal daqui a dois anos, se eu não (**comprar**) .... minha casa própria, vou estar morando com meus pais.

   Marcos: Para o Ano Novo, se eu (**alugar**) .... uma casa na praia, vou convidar muitos amigos para irem para lá comigo.

3. **Luiza:** Até o fim do ano, se eu ainda não (**viajar**) .... para Portugal, não vou conseguir entender as diferenças entre o português brasileiro e o europeu.

   Marcos: Até o fim do ano que vem, se eu não (**conhecer**) .... a mulher dos meus sonhos, vou desistir de procurar e continuar solteiro.

36. Orações condicionais com Futuro do subjuntivo ou Pretérito imperfeito do subjuntivo

A Forma e uso

- Existem duas estruturas que usamos para formular hipóteses em português:

Se + Pretérito imperfeito do subjuntivo + Futuro do pretérito:

- *Se a Copa do Mundo **fosse** na Argentina, o Brasil **teria** menos chances de ganhar.* [Na realidade, a Copa do Mundo não é na Argentina.]
- *Se Pedrinho **ouvisse** os conselhos dos pais, não se **machucaria** tanto brincando com os colegas.* [Pedrinho não ouve os conselhos dos pais, por isso sempre se machuca.]

Estas estruturas descrevem fatos contrários à realidade e impossíveis de acontecer.

Se + Futuro do subjuntivo + Futuro do presente do indicativo:

- *Se a Copa do Mundo **for** na Argentina, o Brasil **terá** / **vai ter** menos chances de ganhar.* [Ainda não sabemos se a Copa do Mundo vai ser na Argentina ou não.]
- *Se Pedrinho ouvir os conselhos dos pais, não **se machucará** / **vai se machucar** tanto brincando com os colegas.* [Pode ser que Pedrinho ouça os conselhos dos pais e não se machuque tanto.]

Estas estruturas descrevem fatos que podem acontecer no futuro.

- A matriz e a frase subordinada podem ser usadas em ordem inversa:
  - *O Brasil **teria** menos chances de ganhar se a Copa do Mundo **fosse** na Argentina.*
  - *O Brasil **ganharia** a Copa do Mundo se os jogadores **fossem** melhores.*
  - *Se Pedrinho **ouvir** os conselhos dos pais, não **vai se machucar** tanto brincando com os colegas.*
  - *Pedrinho não **vai se machucar** tanto brincando com os colegas, se **ouvir** os conselhos dos pais.*
- Em situações menos monitoradas de comunicação, a forma do Futuro do pretérito nessas estruturas pode ser substituída pelo Pretérito imperfeito:
  - *Se a Copa do Mundo **fosse** na Argentina, o Brasil **tinha** menos chances de ganhar.* [Em vez de **teria**.]
  - *Se Pedrinho **ouvisse** os conselhos dos pais, não se **machucava** tanto.* [Em vez de **machucaria**.]

1 **Rodrigo e Paulo são amigos, mas são muito diferentes. Abaixo eles estão falando sobre o que fariam ou vão fazer em certas situações. Complete as lacunas com verbos no Pretérito imperfeito do subjuntivo ou Futuro do subjuntivo, conforme cada caso. Observe o verbo da matriz para decidir em que tempo conjugar o verbo indicado.**

➲ **Rodrigo**: Se eu (**ganhar**) ...ganhar... na loteria, vou comprar um carro novo.
➲ **Paulo**: Se eu (**ganhar**) ...ganhasse... na loteria, compraria um carro novo.

1. **Rodrigo**: Se eu (**ter**) .... uma boa situação econômica, vou ter mais de um filho.
   Paulo: Se eu (**ter**) .... filhos, provavelmente minha vida seria melhor.
2. **Rodrigo**: Se eu (**fazer**) .... uma festa de aniversário, vou convidar todos os meus amigos.
   Paulo: Se eu (**ter**) .... dinheiro, ia fazer uma festa de aniversário.
3. **Rodrigo**: Se meus amigos (**trazer**) .... um bolo de chocolate, a festa vai ser ótima.
   Paulo: Se meus amigos (**trazer**) .... brigadeiros, a festa seria ótima.
4. **Rodrigo**: Se tudo (**estar**) .... bem na universidade, meu semestre vai ser tranquilo.
   Paulo: Se tudo (**estar**) .... bem na universidade, meu semestre seria tranquilo.
5. **Rodrigo**: Se eu (**dizer**) .... a verdade para meus pais, eles vão me apoiar.
   Paulo: Se eu (**dizer**) .... a verdade para meus pais, eles me apoiariam.

2 **Tomás vai a uma festa hoje. Ele está pensando no que vai fazer antes e durante essa festa. Use as informações do quadro abaixo para escrever o que vai acontecer se ele fizer o que está planejando.**

➲ Ele é muito tímido e vai ficar quieto durante a festa.
Se ele ficar quieto, vai conhecer poucas pessoas.

1. Ele vai passar muito perfume.
....
2. Ele vai comprar uma roupa muito formal para ir à festa.
....
3. Ele vai chegar à festa na hora exata marcada.
....
4. Ele vai comer muito.
....
5. Ele vai pegar o metrô para ir à festa.
....
6. Ele não vai conversar com ninguém desconhecido.
....
7. Ele vai ficar sozinho durante a festa toda.
....
8. Ele vai sair da festa pouco tempo depois de ter chegado.
....

conhecer poucas pessoas ✓
ficar com o estômago pesado
chegar tarde
o cheiro ser muito forte
ser o primeiro a entrar
parecer velho demais
chegar cedo em casa
nenhuma menina se interessar por ele
não vai ver os outros convidados

3 **Mariano está um pouco desanimado e não quer aceitar os convites que seus amigos lhe fazem. Use as informações do quadro abaixo para escrever o que aconteceria se ele fosse mais animado.**

➲ Ele não quer ir ao piquenique no parque com os amigos.
Se ele fosse ao piquenique, teria mais contato com a natureza.

1. Ele não quer viajar com os amigos.
....
2. Ele não quer conhecer o museu com os amigos.
....
3. Ele não quer fazer exercício com os amigos.
....
4. Ele não quer sair para jantar com os amigos.
....
5. Ele não quer estudar com os amigos.
....
6. Ele não quer fazer uma festa de aniversário com os amigos.
....
7. Ele não quer ir ao cinema com os amigos.
....

ter mais contato com a natureza ✓
ter uma saúde melhor
tirar notas melhores
conhecer muitos lugares
ganhar muitos presentes
comer uma boa comida
ver muitas obras de arte
aprender mais sobre filmes

37. Orações condicionais compostas

A Forma e uso

- As orações condicionais compostas são formadas pelos seguintes tempos:
Pretérito mais-que-perfeito do subjuntivo:

O **Pretérito imperfeito do subjuntivo** do verbo auxiliar ***ter***. → O **particípio** correspondente ao fato terminado.

Eu	*tivesse*	*falado*
Tu	*tivesses*	*comido*
Você	*tivesse*	*decidido*
Ele, ela	*tivesse*	
A gente	*tivesse*	
Nós	*tivéssemos*	
Vocês	*tivessem*	
Eles, elas	*tivessem*	

e Futuro do pretérito composto:

O **Futuro do pretérito** com o auxiliar ***ter***. → O **particípio** correspondente ao fato terminado.

Eu	*teria*	*falado*
Tu	*terias*	*comido*
Você	*teria*	*decidido*
Ele, ela	*teria*	
A gente	*teria*	
Nós	*teríamos*	
Vocês	*teriam*	
Eles, elas	*teriam*	

- As orações condicionais compostas a partir desses dois tempos são usadas para fazer suposições sobre como as coisas poderiam ter sido no passado:

  - *Se eu **tivesse estudado** mais para a prova, **teria tirado** uma nota melhor.* [Na verdade eu não estudei o bastante, a prova já aconteceu e eu tirei uma nota baixa.]
  - *Se Luciana **tivesse ouvido** os conselhos dos pais, não **teria ficado** tanto tempo no aeroporto.* [Luciana não ouviu os conselhos dos pais e, por isso, ficou muito tempo no aeroporto.]

- As frases acima poderiam ser formuladas na ordem inversa:

  - *Eu **teria tirado** uma nota melhor se **tivesse estudado** mais para a prova.*
  - *Luciana não **teria ficado** tanto tempo no aeroporto se **tivesse ouvido** os conselhos dos pais.*

1 **Seus pais foram viajar e pediram para você e seu irmão fazerem várias coisas. Agora eles já voltaram da viagem, mas você e seu irmão não fizeram nada do que eles pediram. Seus pais ficaram muito chateados e disseram várias coisas para vocês. Use as informações abaixo e a conjunção *se* para formular as frases que seus pais disseram.**

➲ Limpar a casa (ficar tão suja)
Se vocês tivessem limpado a casa, ela não teria ficado tão suja.

1. Não assistir tanto a televisão (ler nossos e-mails)
....
2. Dar comida para os cachorros (não ficar tão magrinhos)
....
3. Molhar as plantas (não morrer)
....
4. Não fazer festas (os vizinhos não reclamar do barulho)
....
5. Apagar as luzes (a gente não pagar uma conta de luz tão cara)
....
6. Fazer os deveres de casa (não tirar notas baixas)
....
7. Jogar menos videogame (fazer mais dever de casa)
....
8. Almoçar em casa todo dia (não gastar tanto com comida)
....

38. Verbos modais em orações compostas

A Forma e uso

- Para formar orações compostas com verbos modais, usamos a seguinte estrutura:

Sujeito	Verbo *poder* / *dever* no Futuro do pretérito	Verbo *ter* sem conjugação	Particípio
Eu	*poderia / deveria*		
Tu	*poderias / deverias*		
Você	*poderia / deveria*		*falado*
Ele, ela	*poderia / deveria*	*ter*	*comido*
A gente	*poderia / deveria*		*vindo*
Nós	*poderíamos / deveríamos*		
Vocês	*poderiam / deveriam*		
Eles, elas	*poderiam / deveriam*		

- Com os verbos modais em orações compostas, falamos sobre o que ***poderia*** ou ***deveria*** ter sido feito de forma diferente no passado:

Fato: Mayara chamou Diana para ir a uma festa, mas Diana não foi e ficou em casa.
- *Diana* ***poderia ter ido*** *à festa com Mayara em vez de ter ficado em casa.*

[A festa já passou e Diana não foi. Esta frase representa só uma observação sobre o que Diana poderia ter feito no passado.]

Fato: Marcos viu uma senhora passando mal na rua e não fez nada.
- *Marcos* ***deveria ter chamado*** *uma ambulância ou* ***deveria ter ajudado*** *a senhora.*

[A situação já passou e Marcos não ajudou a senhora nem chamou a ambulância.]

Fato: Laura e Júlio saíram ontem à noite e chegaram atrasados para a aula de hoje.
- *Laura e Júlio não* ***deveriam ter saído*** *ontem à noite.*

[A noite de ontem já passou e o fato é que eles já saíram.]

- O verbo ***poder*** indica possibilidade, enquanto que ***dever*** estabelece necessidade ou obrigatoriedade.

- No português menos monitorado, é possível usar o Pretérito imperfeito em vez do Futuro do pretérito.

Português mais monitorado - Futuro do pretérito	Português menos monitorado - Pretérito imperfeito
• *Diana* ***poderia ter ido*** *à festa com Mayara em vez de ter ficado em casa.*	• *Diana* ***podia ter ido*** *à festa com Mayara em vez de ter ficado em casa.*
• *Marcos* ***deveria ter chamado*** *uma ambulância ou* ***deveria ter ajudado*** *a senhora.*	• *Marcos* ***devia ter chamado*** *uma ambulância ou* ***devia ter ajudado*** *a senhora.*
• *Laura e Júlio não* ***deveriam ter saído*** *ontem à noite.*	• *Laura e Júlio não* ***deviam ter saído*** *ontem à noite.*

- Os advérbios negativos (***não***, ***nunca***, ***jamais***) devem ser colocados antes do primeiro verbo:
  - *Tiago* ***nunca*** *deveria ter estudado Medicina.*
  - *Marcos* ***não*** *deveria ter se mudado para a Inglaterra.*

- Quando há dois advérbios negativos, eles aparecem antes e depois do primeiro verbo:
  - *Tiago* ***não*** *deveria* ***nunca*** *ter estudado Medicina.*
  - *Marcos* ***não*** *deveria* ***jamais*** *ter se mudado para a Inglaterra.*

1 **Abaixo estão as biografias de Mateus, Bruno e Flávia. Utilizando as informações entre parênteses, escreva o que eles *poderiam* ou *deveriam ter feito* quando eram mais jovens.**

A VIDA DE MATEUS

➲ Mateus passou a vida sem levar o trabalho a sério.
(levar o trabalho mais a sério) *Ele deveria ter levado o trabalho mais a sério.*

1. Ele sempre trocava de trabalho.
(não trocar tanto de trabalho) ....
2. Ele casou e teve dois filhos.
(não casar) ....
(não ter filhos) ....
3. Ele começou a jogar e perdeu muito dinheiro.
(não começar a jogar) ....
4. A esposa se separou dele recentemente porque ele não trabalhava para pagar as contas de casa.
(pagar as contas de casa) ....
5. Ele já tem 50 anos e sabe que não vai ter uma boa aposentadoria.
(fazer um plano de aposentadoria) ....

A VIDA DE BRUNO

6. Bruno sempre trabalhou muito, desde os 18 anos.
(trabalhar menos) ....
7. Ele se formou em uma universidade de prestígio e logo começou a trabalhar com finanças, com um salário muito alto.
(divertir-se mais) ....
8. Ele trabalhava sem parar, das 9 da manhã até altas horas da noite.
(fazer mais pausas durante o dia) ....
9. Ele nunca tirava férias e raramente saía para se divertir.
(tirar mais férias) ....
10. Agora ele já tem 50 anos, não tem muitos amigos nem uma família, mas tem bastante dinheiro.
(aproveitar mais a vida) ....

A VIDA DE FLÁVIA

11. Flávia sempre gastou muito dinheiro viajando.
(economizar mais) ....
12. Quando entrou para a universidade, não se encontrava muito com os amigos.
(passar mais tempo com os amigos) ....
13. Ela virou empresária e nunca tirou folga nos fins de semana.
(descansar nos fins de semana) ....
14. Flávia nunca dividiu as responsabilidades de sua empresa.
(dividir as responsabilidades de sua empresa) ....
15. Flávia não cuidou muito da sua saúde.
(ir ao médico mais vezes) ....
16. Ela sempre gostou de pintar, mas nunca tinha tempo para seus hobbies.
(pintar mais) ....

B Suposição sobre o passado com o verbo modal *dever*

- Quando queremos fazer suposições sobre o passado, usamos o verbo ***dever*** conjugado no presente + ***ter*** (no infinitivo) + particípio passado invariável. Nesse caso usamos frases afirmativas, não perguntas:

Sujeito	Verbo *dever* no Presente do indicativo	Verbo *ter* sem conjugação	Particípio
Eu	*devo*		
Tu	*deves*		
Você	*deve*		*falado*
Ele, ela	*deve*	***ter***	*comido*
A gente	*deve*		*vindo*
Nós	*devemos*		
Vocês	*devem*		
Eles, Elas	*devem*		

Situação	Suposição
• *Cláudia está muito cansada.*	• *Ela **deve ter trabalhado** muito.*
• *Acho que meu cachorro está doente.*	• *Ele **deve ter comido** alguma coisa estragada.*
• *Mamãe está com pressa.*	• *Ela **deve ter esquecido** que tinha uma reunião.*

➔ 25.E. Imaginar o que está acontecendo, etc.

2 Alguns dos seus colegas foram fazer intercâmbio no Rio de Janeiro. Veja abaixo o que eles fizeram e faça suposições.

➔ Os alunos fizeram um tour pelo Rio de Janeiro. (visitar o Pão de Açúcar)
Eles ....devem ter visitado.... o Pão de Açúcar.

1. Josh chegou uma semana antes do início do programa. (fazer uma reserva)
   Ele .... em um albergue de Ipanema.
2. Elisa decidiu trabalhar como voluntária. (trabalhar)
   Ela .... em uma ONG.
3. Os alunos compravam frutas frescas toda semana. (ir)
   Eles .... uma vez por semana à feira.
4. Peter e Claudia se divertiram muito nos fins de semana. (dançar)
   Eles .... nas baladas da Lapa.
5. Lara e Letícia ficaram com um bronzeado muito bonito. (tomar sol)
   Elas .... na praia de Ipanema.
6. Jennifer tirou uma nota excelente no curso. (estudar e praticar)
   Ela .... depois da aula e
   .... com os cariocas.
7. Luís comprou um berimbau e um caxixi. (ver)
   Ele .... uma aula de capoeira.

39. Imperativo

A Usos

- Usamos o Imperativo para **pedir diretamente** ações ou atitudes a outras pessoas. Esses pedidos podem ter efeitos distintos, como, por exemplo:

Dar instruções	• ***Siga** reto por 100 metros e, em seguida, **vire** à esquerda.*
Implorar	• *Me **ajude**, por favor, estou com um problema no carro!*
Pedir, ordenar	• ***Saia** daí agora mesmo!*
Aconselhar	• *Você parece muito cansado. **Descanse** um pouco e continuamos depois.*
Convidar	• ***Venha** à minha casa amanhã. Vou fazer uma festa.*
Dar permissão	• ***Entre**, a porta está aberta.*

1 **Nos enunciados abaixo alguém pede algo a alguém. Que tipo de pedido está sendo feito?**

➲ **Pare** de incomodar Rodrigo porque ele é muito pequeno! ordem

1. **Faça** você, por favor, eu não posso. ....
2. **Desça** da árvore agora mesmo! ....
3. **Vá** até a pasta "Meus Documentos", escolha "Tarefas" e o arquivo vai estar lá. ....
4. • Posso provar essa sobremesa?
   ○ Claro, **prove**, está uma delícia. ....
5. **Entrem** e **fiquem** à vontade. Vocês estão em casa. ....
6. • Eu não estou apaixonada por ele. O que você acha que eu posso fazer?
   ○ **Diga** para ele que você ainda é muito jovem para casar. ....

Súplica
Ordem ✓
Convite
Dar permissão
Ordem
Instrução
Conselho

B Imperativo afirmativo

- A conjugação do Imperativo afirmativo é a mesma do Presente do subjuntivo, com exceção da forma *tu*, que é igual à forma da 3ª pessoa do singular do Presente do indicativo:

	1ª conjugação (-ar)	2ª conjugação (-er)	3ª conjugação (-ir)
Tu	*fala*	*come*	*decide*
Você	*fale*	*coma*	*decida*
Nós	***falemos***	*comamos*	*decidamos*
Vocês	***falem***	*comam*	*decidam*

- *Não sei o que fazer. **Decidam** vocês!*
- *Já que ela não come nada, **coma** você alguma coisa.*
- *Você reclama que ninguém fala nada. **Fale** você, então!*

A sílaba tônica de cada uma das formas está sublinhada na tabela acima.

➲ 30. A. Formas regulares do Presente do subjuntivo

- Há seis verbos irregulares no Imperativo afirmativo:

	Dar	Estar	Ir	Querer	Saber	Ser
Tu	*dá*	*está*	***vai***	***quer***	*sabe*	***sê***
Você	***dê***	***esteja***	***vá***	***queira***	***saiba***	***seja***
Nós	***demos***	***estejamos***	***vamos***	***queiramos***	***saibamos***	***sejamos***
Vocês	***deem***	***estejam***	***vão***	***queiram***	***saibam***	***sejam***

- O verbo ***haver*** em sua forma impessoal também é irregular: ***Haja** tempo! **Haja** reuniões! **Haja** paciência!*

-Ty-menya-ponimayesh

2 **O robô AC-69 sabe fazer 69 coisas diferentes. Peça uma demonstração usando o Imperativo na forma de *você*.**

➲ AC-69 **fala** em russo:
Fale.................. em russo, 69!

1. AC-69 **acende** as luzes de casa à distância:
.... a luz agora!
2. AC-69 **chora** como uma criança:
.... um pouco, 69!
3. AC-69 **sobe** e **desce** as escadas:
.... e .... estas escadas!
4. AC-69 **bebe** guaraná:
.... um pouco de guaraná!
5. AC-69 **dança** samba:
.... um samba!
6. AC-69 **é** educado com as pessoas quando quer:
.... educado comigo, 69!
7. AC-69 **vem** voando até onde você está:
.... aqui voando, robozinho!
8. AC-69 **vai** voando a todas as partes:
.... voando até a cozinha, 69!
9. AC-69 **põe** os pés na cabeça:
.... o pé esquerdo na cabeça!
10. AC-69 **diz** "paralelepípedo" muito rápido:
.... "paralelepípedo" rápido, 69!
11. AC-69 **sai** de qualquer lugar em um segundo e meio:
.... do quarto!
12. AC-69 **faz** uma feijoada bem gostosa:
.... uma feijoada para mim!
13. AC-69 **propõe** planos:
.... algo para o fim de semana, 69!

C Imperativo negativo: *Não coma, não comam,* etc.

- A conjugação do imperativo negativo é idêntica à do Presente do subjuntivo:

	1ª conjugação (-ar)	2ª conjugação (-er)	3ª conjugação (-ir)
Tu	*não fales*	*não comas*	*não decidas*
Você	*não fale*	*não coma*	*não decida*
Nós	*não falemos*	*não comamos*	*não decidamos*
Vocês	*não falem*	*não comam*	*não decidam*

A sílaba tônica de cada forma está sublinhada na tabela ao lado.

- Para fazer o Imperativo negativo usamos ***não*** antes do verbo:
  - ***Não compre*** *esse carro! Ele gasta muita gasolina!*
  - *Crianças,* ***não liguem*** *a televisão antes de terminarem as tarefas.*
  - ***Não venha*** *à minha casa! Não quero mais falar com você!*
  - ***Não digam*** *nada a ela! Isso é segredo.*

- É possível também usar o Imperativo negativo com outras palavras de significado negativo, como ***nem***, ***nunca*** ou ***jamais***:
  - ***Jamais use*** *sapatos apertados!*
  - ***Nunca coma*** *muito antes de dormir!*
  - ***Nunca fume nem beba!***

3 **Marcelo tem muitos problemas. Dê alguns conselhos para ele, seguindo o modelo abaixo.**

➲ • Como muitos doces.
○ Não ....coma........ tantos doces, Marcelo!

1. • **Fumo** muito.
○ Não .... tanto! Faz mal à saúde.
2. • **Saio** todas as noites e **fico** até muito tarde na rua.
○ Não .... nem .... até tarde na rua.
3. • **Bebo** café para me manter acordado.
○ Cuidado, não .... tanto café.
É melhor você dormir bem antes de dirigir.
4. • **Dirijo** muito rápido.
○ Tenha cuidado e não .... tão rápido.
5. • Sempre **penso** negativamente.
○ De hoje em diante, não .... assim.
6. • **Tenho** medo de falar com as pessoas.
○ Não .... medo. Elas não vão te fazer mal.
7. • Nos fins de semana **durmo** muito e não **faço** exercício.
○ Não .... tanto e .... mais exercício!

4 **No primeiro dia de aula, a professora Larissa Almeida está falando para os alunos o que eles não podem fazer nas aulas de português. Complete as lacunas com o Imperativo negativo.**

➲ Não (**conversar**) conversem...... em inglês durante as aulas.
1. Não (**chegar**) .... atrasados nem (**sair**) .... antes do fim da aula.
2. Jamais (**copiar**) .... as tarefas dos colegas.
3. Não (**pedir**) .... a amigos brasileiros para fazerem as redações.
4. Nunca (**falar**) .... inglês ou espanhol nas aulas.
5. Não (**fazer**) .... as tarefas com pressa.
6. Nunca (**perder**) .... as datas dos trabalhos para nota.
7. Não (**estudar**) .... outras matérias durante a aula de português.
8. Não (**mandar**) .... mensagens nem (**checar**) .... e-mails durante a aula.

D O Imperativo na língua menos monitorada

■ Na língua menos monitorada, o Imperativo afirmativo e o negativo são conjugados como a 3ª pessoa do singular do Presente do indicativo:

Na língua mais monitorada dizemos...	Na língua menos monitorada dizemos...
• *Já que ela não come nada,* ***coma*** *você alguma coisa.*	• *Já que ela não come nada,* ***come*** *você alguma coisa.*
• ***Fale*** *alguma coisa. Estou ficando nervoso com seu silêncio.*	• ***Fala*** *alguma coisa. Estou ficando nervoso com seu silêncio.*
• ***Não compre*** *esse carro! Ele gasta muita gasolina.*	• ***Não compra*** *esse carro! Ele gasta muita gasolina.*
• ***Não diga*** *nada para ela! Isso é segredo.*	• ***Não diz*** *nada para ela! Isso é segredo.*

■ Na língua menos monitorada, é muito comum o uso de verbos modais (***dever***, ***precisar***, etc.) com sentido de imperativo:

- *Você* ***devia*** *viajar mais para não ficar tão estressado no trabalho.*
- *Você* ***precisa*** *ser mais firme nas suas decisões!*

5 **Bernardo é uma criança de nove anos. Veja abaixo alguns problemas que ele tem e escreva os conselhos que o pai dá para ele. Use imperativos do discurso não-monitorado.**

➲ Bernardo só gosta de comer bife e batata frita.
Bernardo, não (**comer**) come.............. tantas comidas gordurosas.

1. Bernardo está sempre pondo a mão suja na boca.
Bernardo, não (**pôr**) .... a mão suja na boca.
2. Bernardo joga videogames o dia todo.
Bernardo, não (**jogar**) .... videogames o dia todo.
3. Bernardo destrói os brinquedos que tem.
Bernardo, não (**destruir**) .... seus brinquedos.
4. Bernardo chora todos os dias antes de ir para a escola.
Bernardo, não (**chorar**) .... antes de ir para a escola.
5. Bernardo conversa demais com os colegas na aula.
Bernardo, não (**conversar**) .... tanto com os colegas na aula.
6. Bernardo vai jogar futebol todo dia antes de terminar as tarefas.
Bernardo, não (**ir**) .... jogar futebol antes de terminar as tarefas.

6 **Seus amigos estão com alguns problemas e precisam da sua ajuda. Dê conselhos para eles, usando as informações do quadro abaixo e imperativos do discurso não-monitorado com verbos modais.**

procurar uma imobiliária	fazer uma pesquisa sobre a empresa na internet	
comprar pela internet	não preocupar-se com sua nota	ir para um lugar mais barato
esquecer sua namorada ✓	dar um vaso de plantas para ela	
conversar com ela para saber o que aconteceu	levar o cachorro ao veterinário	

➲ **Cláudio:** Minha namorada terminou comigo e estou muito triste.
Você: Cláudio, você devia esquecer sua namorada.

1. **Mariana:** Tirei 75 na prova de português.
Você: ....

2. **Luana:** Não vou ter dinheiro para viajar para o Nordeste no feriado.
Você: ....

3. **Sérgio:** Não consigo encontrar um apartamento para alugar.
Você: ....

4. **Helena:** Tenho uma entrevista de trabalho amanhã e não sei como me preparar.
Você: ....

5. **Magda:** Minha amiga não está falando comigo.
Você: ....

6. **Pedro:** Meu cachorro está doente.
Você: ....

7. **Patrícia:** Domingo é o aniversário da minha mãe e não sei o que vou dar de presente para ela.
Você: ....

8. **Adriana:** Quero comprar passagens de avião para viajar para o Brasil.
Você: ....

7 **Um grupo de amigos está visitando uma cartomante. Ela lhes dá recomendações para que eles possam melhorar suas vidas. Utilize o Imperativo negativo ou afirmativo do discurso monitorado para completar as frases abaixo.**

estudar	pagar	manter	continuar	comer ✓	ir	estar	fazer	preocupar

➲ Para Anderson: Coma comidas mais saudáveis ou você terá problemas de saúde.

Para Rodrigo:
1. .... treinando e você vai ser um atleta de sucesso.

Para Lorena:
2. .... Ciências Exatas e você terá bons empregos na área de Engenharia.

Para Paulo:
3. Não .... para aquela festa, porque você vai ter problemas lá.

Para Cláudio:
4. .... sempre calmo porque seus amigos se sentem bem na sua companhia.

Para Elizabeth e Carlos:
5. Vocês gostam muito de matemática, então .... investimentos na bolsa.

Para todos os amigos:
6. .... essa amizade! Vocês são amigos de verdade.

Para todos os amigos:
7. Cláudio, não se .... com aquele problema da sua família.
8. Agora me .... por todas essas previsões que fiz para vocês.

40. *Ser* e *estar*

A Conjugação

	Ser	*Estar*
Eu	*sou*	*estou*
Tu	*és*	*estás*
Você	*é*	*está*
Ele, Ela	*é*	*está*
A gente	*é*	*está*
Nós	*somos*	*estamos*
Vocês	*são*	*estão*
Eles, Elas	*são*	*estão*

A sílaba tônica de cada forma está sublinhada na tabela ao lado.

B *Ser*: *Joca **é** um gato.*

- Usamos o verbo ***ser*** para:

Definir palavras ou conceitos

- *Um planeta **é** um astro sem luz que pode ter satélites.*
- *Um gato **é** um felino doméstico.*

Expressar as características próprias de um objeto

- *A Terra **é** redonda.*
- *Joca **é** um gato branco e marrom.*

Classificar um objeto

- *A Terra **é** um planeta.*
- *Joca **é** um gato.*

Identificar o objeto a que nos referimos

- *A Terra **é** o terceiro planeta do sistema solar.*
- *Joca **é** o gato de Michele.*

Podemos usar o verbo ***ser*** para falar de:

Identidade:
- *Esta **é** Maria.*

Personalidade:
- *Andréa **é** muito tímida.*

Características:
- *Este casaco **é** muito bonito, obrigado!*
- *A prova **foi** fácil.*

Categoria:
- *Isto **é** uma sombrinha.*
- *Os cães **são** mamíferos.*

Procedência / Origem:
- *Hector **é** cubano.*

Material:
- *Será que esse anel **é** de ouro?*

Profissão:
- *Ele **era** médico. Bom, na verdade, **era** radiologista.*

Forma:
- *Meu quarto **é** quadrado.*
- *As folhas dessa árvore **são** em formato de triângulo.*

Marca:
- *Meu celular **é** Konia.*

Cor:
- *Meu carro **era** verde.*

Relações:
- *Este **é** meu sobrinho.*
- *Antônio **foi** meu namorado.*

Datas, horas, etc.
- *Segunda-feira **é** Natal.*
- *Já **são** cinco horas?*

Em português, não falamos sobre a idade com o verbo ***ser***. Usamos o verbo ***ter***:
- ***Tenho** vinte anos.* [~~Sou vinte~~ anos.]

1 A Senhora Esquecida Pereira está no setor de Achados e Perdidos da estação de trem descrevendo tudo o que perdeu. Relacione os elementos das duas colunas.

Minha bolsa		preta.		de pele.		bem grande.
Minhas luvas	**é**	de lã.	**É**	Ricsson.	**É**	pequenas.
Meus óculos	**são**	de sol.	**São**	vermelhas.	**São**	quadrados.
Meu celular		vermelho.		muito escuros.		um pouco antigo.

2 Lauro é um homem muito consumista e compra muito quando viaja. Abaixo, ele está descrevendo de onde são as coisas que ele tem. Complete as lacunas com o verbo ***ser*** conjugado.

➲ Esta camisa ....é........ da França. Eu comprei quando fiz minha primeira viagem para lá.

1. Meus óculos .... da Suíça e sua armação .... de tungstênio.
2. Minhas gravatas .... de seda e .... da Alemanha.
3. Minha cadeira preferida .... em formato de trono e .... feita de madeira da Amazônia.
4. Meu telefone .... dos Estados Unidos, mas acho que, na verdade, ele .... da China.
5. Meu computador .... do Japão e .... de alumínio, por isso .... tão leve.

C *Estar: Joca está dormindo.*

■ Usamos o verbo ***estar*** para falar da ***situação*** de um objeto. Por "situação" entendemos a **localização** no espaço (**onde se encontra** um objeto) e também o **estado** (**como se encontra** um objeto):

Localizar objetos (coisas, pessoas, animais, etc.) no espaço

O gato **está** debaixo da mesa. O gato **está** na árvore. O gato **está** longe. O gato **está** perto.

- *<u>Onde</u> **está** seu pai, Júlia?*
- ***Está** <u>muito perto daqui</u>.*
- ***Está** <u>ali no banco da praça</u>.*

- *Onde **estão** as chaves?*
- ***Estavam** <u>em cima da mesa</u>.*

- *E Eduardo?*
- ***Está** <u>no banheiro</u>, tomando banho.*

Estado em que se encontra um objeto (coisas, pessoas, animais, etc.)

O gato **está** deitado. O gato **está** sentado. O gato **está** assustado. O gato **está** com sono.

- *Como **está** Paloma?*
- ***Está** <u>bem</u>. **Está** <u>mais animada</u> e **está** <u>feliz</u> com o início das aulas.*

- *A porta **está** <u>aberta</u>.*
- *Sim, é porque **está** <u>quebrada</u>.*

Estar bem / mal...
Estar sozinho / acompanhado...
Estar quebrado / consertado...
Estar cheio / vazio...
Estar aberto / fechado...
Estar em pé / sentado / deitado...
Estar alegre / triste / contente / animado...
Estar de bom humor / mau humor...
Estar vivo / morto...
Estar doente / saudável / louco...
Estar cansado / esgotado...
Estar com sono / acordado...
Estar com fome / sede / frio / calor / febre / dor de cabeça...

■ Para a localização de edifícios, cidades e pontos imóveis, usamos os verbos ***ser*** ou ***ficar***.

- *O Pelourinho **é** / **fica** em Salvador.*
- *Brasília, a capital do Brasil, **fica** / **é** na região Centro-Oeste do país.*
- *A Faculdade de Ciências Exatas **fica** / **é** no lado oeste do campus.*

3 **Cristina é uma pessoa muito distraída e não consegue encontrar suas coisas. Seu namorado escreveu vários bilhetes dando informações sobre onde as coisas dela estão. Complete as mensagens abaixo.**

Tina:
Você está perdida?

O anel ➲ ...está... em cima da mesa.

As chaves (1) .... dentro da gaveta da mesa do escritório.

Os presentes para seus sobrinhos (2) .... dentro do armário do quarto.

Sua bolsa (3) .... no cabide perto da porta.

E eu? Eu (4) .... na praia. (5) .... cansado de procurar todas as suas coisas.

Vou voltar. Só preciso de um DESCANSO.

Ah, as passagens de avião para ir para a casa de sua mãe não (6) .... em casa.

(7) .... na agência de viagens.

Você se lembra em que rua fica a agência?

Espero que sim. Um beijo,

Tony

4 **Complete as lacunas abaixo com o verbo *ser*, *estar* ou *ficar* na resposta correta. Deixe a resposta incorreta em branco.**

➲ Dois mais dois...
a. ...são... quatro.
b. ....seis.

1. Moçambique...
a. .... na África.
b. .... na Ásia.

2. A Lua...
a. .... um satélite.
b. .... um planeta.

3. A capital do Brasil...
a. .... Rio de Janeiro.
b. .... Brasília.

4. Ipanema...
a. .... um bairro do Rio de Janeiro.
b. .... uma baía em Salvador.

5. A bandeira brasileira...
a. .... verde e amarela.
b. .... verde, amarela, azul e branca.

6. Copacabana...
a. ...... no Rio de Janeiro.
b. .... em São Paulo.

7. A Amazônia...
a. .... uma praia no Nordeste do Brasil.
b. .... uma floresta no Norte do Brasil.

8. Uma pessoa esgotada é uma pessoa que...
a. .... cansada.
b. .... irritada.

9. O Atlântico...
a. .... um oceano.
b. .... um mar.

10. A Terra...
a. .... mais longe do Sol que de Marte.
b. .... mais perto do Sol que de Marte.

11. O regime político brasileiro...
a. .... uma monarquia.
b. .... uma república.

5 **Pedro está mostrando uma foto para Carina. No texto abaixo, marque o verbo correto a ser usado.**

Olha, esta ➲ (é) / **está** minha família. (1) Nessa foto, nós **éramos** / **estávamos** em um restaurante. (2) **Estava** / **Era** o aniversário de minha mãe. (3) Este **sou** /**estou** eu. (4) Eu **tinha** / **era** 10 anos. Eu (5) **era** / **estava** muito irritado nesse dia porque não gostava do sapato que estava usando. Esse de bigode (6) **é** / **está** meu pai e o rapaz que (7) **é** / **está** ao lado dele (8) **é** / **está** meu irmão mais velho, André. Essas que (9) **estão** / **são** sentadas (10) **estão** / **são** minhas primas. (11) Elas **são** / **estão** gêmeas. Esse do fundo (12) **é** / **está** meu tio Raul. (13) Ele **estava** / **era** jogador de futebol quando morava no exterior, mas agora está aposentado. A que (14) **é** / **está** atrás (15) **é** / **está** minha mãe. O bebê que ela está carregando (16) **é** / **está** Clara, minha irmã mais nova. (17) Ela **estava** / **era** sorrindo, tá vendo?

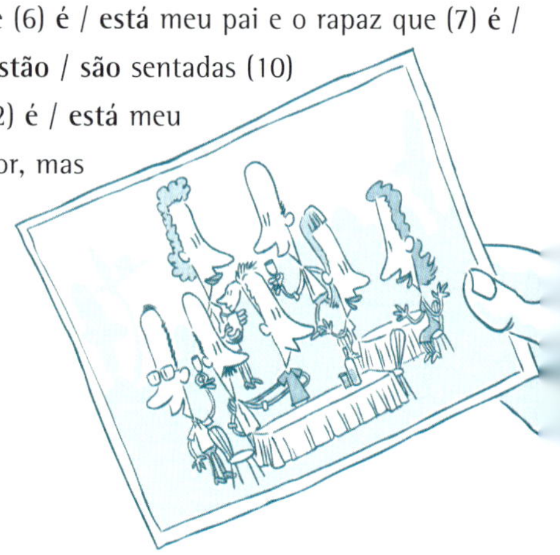

6 Descreva João e Pedro usando frases semelhantes às dos exemplos abaixo. Utilize ***ser*** ou ***estar*** e as palavras do quadro a seguir.

um homem ✓
deitado ✓
sentado
calvo
jovem
loiro
secretário
mais velho
atleta
triste
contente
baixo
alto
desanimado
trabalhando
de camiseta

João é um homem ....

....

Pedro está deitado ....

....

D Descrição de estados: *estar, ficar* e *ter*

■ ***Estar***, ***ficar*** e ***ter*** podem ser usados para descrever sintomas ou sentimentos físicos. ***Estar*** significa algo que se experimenta no momento atual da fala. ***Ficar*** indica mudança de estado (***estar*** com frio em um momento e ***ficar*** com calor no momento seguinte). ***Ter*** é usado para expressar algo que sempre acontece em uma situação específica e, portanto, habitual.

Estar - momento atual

- ***Estou*** *morrendo de fome. Vamos sair para almoçar?* [Esta pessoa está com fome no momento em que fala.]
- *Naquele dia, Romeu* ***estava*** *com dor de cabeça.* [Naquele momento específico do passado, Romeu estava com dor de cabeça.]

Ficar - mudança de estado

- *Depois da aula,* ***fiquei*** *com muita fome porque tinha ficado várias horas sem comer.* [Houve uma mudança de estado – a pessoa não estava com fome durante a aula, mas ficou com fome logo depois.]
- *Romeu* ***ficou*** *com dor de cabeça por causa dos aborrecimentos que teve no trabalho.* [Romeu estava bem, mas houve algum problema e ele ficou com uma dor de cabeça – mudança de estado.]

Ter - situação habitual

- *Sempre* ***tenho*** *fome quando saio da academia.* [Depois da academia esta pessoa sempre tem fome – essa é uma rotina que se repete com frequência.]
- *Romeu* ***tem*** *dor de cabeça quando faz exercício físico.* [Depois de fazer exercício físico, Romeu tem dor de cabeça – essa é uma situação habitual.]

7 **Associe cada uma das seguintes situações com a frase mais adequada da segunda coluna.**

➲ Estou morrendo de calor (..c....)
1. Ana ficou doente (.......)
2. Antônio sempre tem sono porque (.......)
3. Luisa está com fome (.......)
4. Ricardo tem muito frio (.......)
5. Carlos fica com sede (.......)
6. Ritinha está com medo (.......)
7. Miguel e Marcos têm muita dor de estômago (........)
8. Andréa fica cansada (........)
9. Luciano está no aeroporto (........)
10. Meus amigos ficam com preguiça (........)
11. Os alunos sempre ficam ansiosos (........)
12. Mário tem medo de altura (........)

a. porque tem uma aranha no quarto.
b. vai dormir às duas da madrugada e acorda às 7h.
c. vamos entrar naquela loja que tem ar condicionado
d. para saber que nota tiraram na prova.
e. depois de correr cinco quilômetros.
f. e vai almoçar no bandejão agora mesmo.
g. porque ele mora na Patagônia.
h. depois de jogar futebol por muito tempo.
i. por isso ele quase nunca viaja de avião.
j. porque ele trabalha em uma empresa aérea.
k. porque eles comem muitas comidas gordurosas.
l. porque estava fazendo frio e ela não tinha uma jaqu
m. todas as vezes em que acorda cedo.

8 **Conjugue os verbos *estar*, *ficar* ou *ter* no tempo adequado de acordo com as situações mencionadas. Em alguns casos, tanto *estar* quanto *ficar* são possíveis.**

➲ O chefe de Magda fez um elogio ao trabalho dela.
Ela ....ficou........ muito satisfeita com o elogio do chefe.
1. Patrícia recebeu a notícia de que seu gatinho morreu.
Ela .... triste e chorou muito.
2. Luiza trabalhou muito ajudando o pai.
Agora, Luiza .... cansada.
3. Carla recebeu um buquê de flores do namorado.
Ela .... muito contente e emocionada.
4. Fábio come muito e tem dor de estômago por isso.
Todo dia Fábio .... com dor de estômago quando come demais.
5. Val dormiu muito mal ontem.
Agora, ela .... com sono e quer voltar para a cama.
6. Cris sempre pega resfriado.
Ele .... febre, sempre que fica resfriado.
7. Ludmila pegou muita chuva ontem e agora está doente.
Ela .... resfriada por causa da chuva.
8. Leonardo recebeu um e-mail do primo.
Ele .... muito contente quando recebeu o e-mail.
9. Marcelle vai a uma festa hoje à noite.
Ela .... animada.
10. A primavera é horrível para Ana por causa das alergias ao pólen.
Todo ano, ela .... uma alergia fortíssima ao pólen.
11. Luciano discutiu com o chefe. Agora ele .... com raiva porque não pôde dizer para o chefe tudo o que ele queria.
12. Clara estava pronta para sair para correr. Quando ela saiu de casa, ela viu que estava chovendo. Ela .... chateada.
13. Tomar sol demais faz Mariana passar mal. Ela sempre .... com dor de cabeça quando toma sol.
14. Marlos recebeu um e-mail do seu chefe, dizendo que ele vai receber uma promoção. A família de Marlos .... muito orgulhosa dele.

41. *Haver, ter* e *estar*

A Formas de *haver* e *ter*: *Há um gato na árvore. / Tem um gato na árvore.*

- O verbo ***haver*** tem duas formas, uma pessoal e outra impessoal.
  A forma pessoal é usada para formar os tempos compostos na língua monitorada.
  Alguns exemplos de tempos compostos na língua monitorada são:

PRETÉRITO MAIS-QUE-PERFEITO COMPOSTO

Eu	*havia*	PARTICÍPIO PASSADO
Tu	*havias*	
Você	*havia*	
Ele, ela	*havia*	
A gente	*havia*	
Nós	*havíamos*	
Vocês	*haviam*	
Eles, elas	*haviam*	

FUTURO DO PRESENTE COMPOSTO

Eu	*haverei*	PARTICÍPIO PASSADO
Tu	*haverás*	
Você	*haverá*	
Ele, ela	*haverá*	
A gente	*haverá*	
Nós	*haveremos*	
Vocês	*haverão*	
Eles, elas	*haverão*	

- Na língua não-monitorada, principalmente falada, usamos o verbo ***ter*** em vez de ***haver*** nos tempos compostos:

PRETÉRITO MAIS-QUE-PERFEITO COMPOSTO

Eu	*tinha*	PARTICÍPIO PASSADO
Tu	*tinhas*	
Você	*tinha*	
Ele, ela	*tinha*	
A gente	*tinha*	
Nós	*tínhamos*	
Vocês	*tinham*	
Eles, elas	*tinham*	

FUTURO DO PRESENTE COMPOSTO

Eu	*terei*	PARTICÍPIO PASSADO
Tu	*terás*	
Você	*terá*	
Ele, ela	*terá*	
A gente	*terá*	
Nós	*teremos*	
Vocês	*terão*	
Eles, elas	*terão*	

- A forma impessoal de ***haver*** também é usada somente na língua mais monitorada. Nesse caso, o verbo vai para a **terceira pessoa do singular**.
  Alguns exemplos são:

PRESENTE INDICATIVO	PRETÉRITO PERFEITO DO INDICATIVO	PRETÉRITO IMPERFEITO DO INDICATIVO	FUTURO DO PRESENTE	PRESENTE DO SUBJUNTIVO
há	*houve*	*havia*	*haverá / vai haver*	*haja*

- *Na América do Sul **há** muitos falantes de português porque o Brasil é um país muito grande.*
- *Hoje de manhã **houve** um problema no ônibus, por isso não conseguimos chegar cedo para a aula.*
- *Pedro morava em uma pequena vila onde **havia** galinhas e cabras pelas ruas.*
- *Amanhã **haverá** / **vai haver** um jogo do Brasil.*
- *Espero que **haja** muita gente no jogo.*

■ Na língua menos monitorada (principalmente falada), a forma impessoal é a **terceira pessoa do singular** do verbo ***ter*** em qualquer um dos tempos. Alguns exemplos são:

Presente indicativo	Pretérito perfeito do indicativo	Pretérito imperfeito do indicativo	Futuro do presente	Presente do subjuntivo
tem	*teve*	*tinha*	*terá / vai ter*	*tenha*

- *Na América do Sul* ***tem*** *muitos falantes de português porque o Brasil é um país muito grande.*
- *Hoje de manhã* ***teve*** *um problema no ônibus, por isso não conseguimos chegar cedo para a aula.*
- *Pedro morava em uma pequena vila onde* ***tinha*** *galinhas e cabras.*
- *Amanhã* ***terá / vai ter*** *um jogo do Brasil.*
- *Espero que* ***tenha*** *muita gente no jogo.*

Quando significam ***existir***, os verbos **haver** ou **ter** não têm sujeito e, por isso, nunca têm plural:

Na América do Sul ~~têm~~ tem vários falantes de português por causa do Brasil.

Hoje de manhã ~~tiveram~~ teve um problema no ônibus, por isso não conseguimos chegar cedo para a aula.

Na América do Sul ~~hão~~ há muitos falantes de português por causa do Brasil.

Hoje de manhã ~~houveram~~ houve vários problemas no ônibus, por isso não conseguimos chegar cedo para a aula.

No entanto, quando esses verbos são auxiliares (utilizados com um verbo principal), têm sujeito e, portanto, são pluralizados:

Márcia e Adriana ~~tinha~~ tinham acordado cedo para caminhar.

Se Cláudio e Luciana ~~tivesse~~ tivessem ouvido meus conselhos, não teriam tido tantos problemas.

1 **A língua monitorada e a não-monitorada são muito diferentes. Preencha e compare na tabela abaixo a informação que você lê em um jornal e a que você fala para seu amigo Luciano.**

Caderno Cultural do jornal	Conversa com Luciano
➔ Nesta semana **haverá** uma exposição no Centro Cultural Banco do Brasil.	➔ Luciano, nesta semana ..*vai ter*.. uma exposição no Centro Cultural Banco do Brasil.
1. **Houve** mais de 5.000 pessoas no concerto da Orquestra Filarmônica.	Luciano, ... mais de 5.000 pessoas no concerto da Orquestra Filarmônica.
2. Na cidade onde o pintor Marnet morava **havia** muitos rios.	Luciano, na cidade onde o pintor Marnet morava .... muitos rios.
3. No Rio de Janeiro **há** muitas pessoas de todas as idades que apreciam a arte moderna.	Luciano, no Rio de Janeiro .... muita gente de toda idade que gosta de arte moderna.
4. Todos esperam que não **haja** uma tempestade no dia do show ao ar livre.	Luciano, espero que não .... uma tempestade no dia do show.
5. Na apresentação do balé **haverá** um lago artificial.	Luciano, ... um lago artificial no balé.
6. **Houve** um pequeno incidente durante a exposição no museu.	Luciano, ... um incidente durante a exposição no museu.

2 **Bia e Cristina foram ao Brasil e depois escreveram uma redação para a aula de português sobre o que elas viram lá. Elas ainda têm dificuldades com os verbos *ter* e *haver*. Corrija cinco erros das frases abaixo.**

➲ No Brasil **hão** muitos animais selvagens. ..há..................

1. No Rio de Janeiro **tinham** muitas pessoas na praia. ....
2. Maria e eu **tinha** acordado cedo para ir à praia, mas infelizmente não havia sol. ....
3. Eu **havia** visto os biquínis nas lojas, mas não imaginei que eram tão pequenos. ....
4. **Haviam** mulheres com biquínis minúsculos. ....
5. No Brasil **tinha** muitos animais exóticos. ....
6. Em um dia **tiveram** umas tempestades horríveis com muitos trovões e relâmpagos. ....
7. Não **há** nenhuma comida no mundo melhor que a do Brasil. ....
8. Não **terão** muitos dias de trabalho neste ano por causa da Copa do Mundo. ....

3 **Rebeca leu o texto abaixo no jornal e agora vai contar o mesmo fato para seu namorado Rodolfo. Escreva abaixo as adaptações que ela fez na língua não-monitorada.**

Ontem houve protestos contra a Copa do Mundo. Havia uma reunião da FIFA no Maracanã, e manifestantes protestaram em frente ao estádio. Não houve confrontos violentos entre os manifestantes e a polícia, mas há algumas pessoas com ferimentos leves. Segundo o governador do Rio de Janeiro, haverá uma investigação policial para identificar os responsáveis pelos atos violentos.

Rodolfo, eu li no jornal que ontem ➲ ......teve...................... uns protestos contra a Copa. (1) .... uma reunião da FIFA no Maracanã e (2) .... gente que protestou em frente. Não (3) .... confrontos violentos com a polícia, mas (4) .... gente com ferimentos leves. O governo disse que (5) .... uma investigação para identificar as pessoas que fizeram isso.

4 **Carlos conseguiu localizar os planetas Vepiturno e Marsates com a ajuda do telescópio Glubber. Agora ele está escrevendo um relatório sobre o que há em cada um dos planetas. Veja os planetas abaixo e ajude-o a fazer esse relatório escrevendo frases na língua monitorada, com o verbo *haver*.**

➲ Animais (vacas, cavalos): Em Vepiturno há vacas.
Em Marsates não há vacas, mas há cavalos.
....
....
....

1. Vegetação (plantas, árvores): ....
....
....
....
....
....

2. Geografia (rios, montanhas, mares): ....
....

3. Habitação (casas, arranha-céus): ....
....

4. Habitantes (muitos, poucos, crianças, pessoas idosas): ....
....

B Haver / ter vs. ser / ficar

■ Os verbos ***haver*** (na língua monitorada) ou ***ter*** (na língua não-monitorada) se combinam com expressões que servem para falar de **objetos desconhecidos pela pessoa com quem estamos falando**:

- *Em seu país **há** <u>cacau</u>?*
- *Sim, **há** <u>muito</u>. Exportamos para o mundo todo.*

- *Nessa área **há** pelo menos dez ou doze <u>monumentos famosos</u>.*

- *Vamos a outro restaurante. Neste não **há** <u>ninguém</u>. Imagino que não seja bom.*

- ***Tem** <u>um</u> mercado por aqui?*
- *Sim, **tem** <u>dois</u>. O Central e o Jumbo.*

- *Acho que nessa avenida **tinha** <u>umas lojas</u> com roupas bem baratas.*

- ***Tem** <u>mais alguma</u> coisa para ver aqui?*
- *Não, não **tem** <u>nada</u>.*

■ Os verbos ***estar*** ou ***ficar*** servem para localizar elementos **conhecidos pela pessoa que com quem falamos**:

- *Com licença, **tem** uma farmácia por aqui?* [Aqui duas pessoas falam sobre a existência da farmácia: uma pergunta e a outra informa.]
- *Sim, **tem** uma no próximo quarteirão. **É** / **Fica** do lado de uma loja de telefones.* [Agora a farmácia já está identificada e os falantes já sabem que ela existe.]

- *Você sabe onde **fica** / **é** a biblioteca?* [A pessoa que pergunta imagina que o outro já saiba de que biblioteca ele está falando.]

- *A praia de Botafogo **é** / **fica** perto da praia do Flamengo, não?* [O falante fala sobre algo que ele considera conhecido por seu interlocutor.]

- *Nossa! Onde **estão** minha carteira e minhas chaves?* [O falante fala de algo cuja existência é conhecida.]

Quando usamos ***haver*** ou ***ter*** na forma impessoal (*há, tem, havia, tinha*, etc.), os substantivos podem ser usados sem determinante ou acompanhados de determinantes indefinidos, numerais e quantificadores. Quando usamos ***estar***, os substantivos podem ir acompanhados de artigos definidos, pronomes demonstrativos e possessivos:

- *<u>Há</u> **algum** médico na sala?*
- ***O** médico de plantão <u>está</u> na sala?* [~~O médico de plantão há na sala?~~]

- *<u>Tem</u> **três** relatórios que não consigo encontrar em lugar nenhum.*
- *Aqui <u>estão</u> **aqueles** relatórios que você estava procurando.* [~~Aqui há os relatórios que você estava procurando.~~]

- *<u>Havia</u> **muita** gente quando chegamos ao concerto.*
- *Lá <u>estávamos</u> **todos** procurando você mas não o vimos.* [~~Lá havíamos todos procurando você mas não o vimos.~~]

5 **Carlos está contando para Ada Algisa o que ele viu em Vepiturno. Complete o diálogo com os verbos *ser* (ou *ficar*) ou *ter*.**

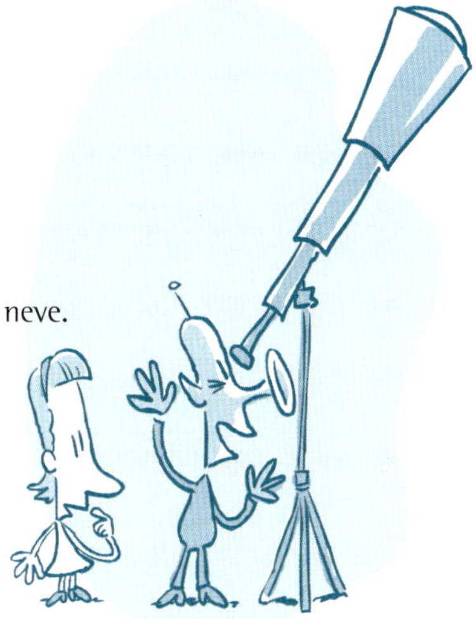

Carlos: ➲ ...Tem... muitas vacas, mas as vacas têm mais de quatro patas.
Ada: Sério? (1) .... vacas? Em que áreas?
Carlos: No Polo Norte, onde (2) .... muitas florestas.
Ada: Ah! Mas (3) .... árvores?
Carlos: Sim, todas as florestas (4) .... no Norte. No Sul só (5) .... neve, muita neve.
Ada: E não (6) .... pessoas?
Carlos: Bom, (7) .... uma ou duas cidades que (8) .... no interior.
Ada: E (9) .... carros?
Carlos: Não, não (10) .... nenhum carro, mas (11) .... um tipo de transporte coletivo aéreo.
Ada: E onde (12) .... a área turística de Vepiturno?
Carlos: Não, não (13) .... área turística em nenhum lugar. Os edifícios do governo (14) .... no centro da cidade. Provavelmente a área turística (15) .... perto.
Ada: Mas Vepiturno (16) .... comércio?
Carlos: (17) .... , sim. No centro da cidade (18) .... um anúncio enorme de CocaLoca e Ikeka.

6 **Aninha está muito preocupada porque não sabe se Papai Noel vai conseguir encontrar sua casa nova na noite de Natal para deixar os brinquedos. Para evitar problemas, ela escreve uma carta para Papai Noel. Ajude-a a escolher o verbo adequado.**

Querido Papai Noel:

Este ano mudamos de casa e quero te explicar onde ➲ ~~tem~~ / é a nova. Em Belo Horizonte (1) tem / está uma rua que se chama Rua Ceará. Minha casa não (2) fica / tem nessa rua, mas essa (3) é / há uma rua grande, que sai na praça. Nessa rua (4) tem / estão muitos prédios bem altos. No meio da rua, (5) tem / está um canteiro cheio de palmeiras. Em frente às palmeiras (6) tem / está uma rua muito estreita e na esquina (7) tem / é uma loja chamada "O Bonequinho Doce". Bom, ao lado dessa loja (8) tem / está uma porta muito grande de madeira. Essa é / está (9) a porta da minha casa. Quando você entrar, (10) tem / está uma porta de ferro muito grande, que (11) é / há a porta do elevador. Você tem que subir até o quinto andar. Quando você sair do elevador, (12) tem / estão duas portas: uma à esquerda e outra à direita. A porta da direita é a da minha casa. Na minha casa (13) tem / estão quatro quartos. Muito cuidado porque meu quarto (14) tem / fica no final do corredor. Na porta (15) tem / está uma placa em que está escrito "Aninha". Eu sou Aninha. Traga muitos presentes para mim porque fui muito boa este ano.

Um beijo,
Aninha

42. Voz passiva

A Forma e uso

■ Com a **Voz passiva** transformamos o objeto do verbo em sujeito. Conjugamos o verbo ***ser*** e a seguir usamos o particípio passado. A **Voz passiva** pode ser usada em vários tempos verbais:

Voz ativa

Pretérito perfeito do indicativo
- *D. Pedro I **proclamou** a independência do Brasil.*

Futuro do presente do indicativo
- *João Carlos **vai publicar** um novo best-seller.*

Pretérito imperfeito do subjuntivo
- *Queria que vocês **revisassem** essas informações sobre os novos planetas.*

Futuro do subjuntivo
- *Quando o governador **inaugurar** os novos estádios, vamos poder ver mais jogos de futebol.*

Verbos modais em orações compostas
- *Os jogadores **poderiam ter praticado** um novo estilo de treinamento.*

Voz passiva

Pretérito perfeito do indicativo
- *A independência do Brasil **foi proclamada** por D. Pedro I.*

Futuro do presente do indicativo
- *Um novo best-seller **vai ser publicado** por João Carlos.*

Pretérito imperfeito do subjuntivo
- *Queria que essas informações sobre os novos planetas **fossem revisadas** por vocês.*

Futuro do subjuntivo
- *Quando os novos estádios **forem inaugurados** pelo governador, vamos poder ver mais jogos de futebol.*

Verbos modais em orações compostas
- *Um novo estilo de treinamento **poderia ter sido praticado** pelos jogadores.*

■ Na Voz ativa e na passiva, o assunto de que se fala é geralmente a primeira informação da frase. Com a **Voz passiva** suavizamos uma ação e não indicamos o responsável por ela:

- *O fogo **destruiu** as casas.* [O assunto é o ***fogo*** e diz-se quais foram seus efeitos.]
- *As casas **foram destruídas** pelo fogo.* [O assunto é ***casas*** e diz-se que fim tiveram.]
- *Ronaldo Romero **está organizando** a exposição.* [O assunto é ***Ronaldo Romero*** e diz-se o que ele está fazendo no momento.]
- *A exposição **está sendo organizada** por Ronaldo Romero.* [O assunto é a ***exposição*** e diz-se quem é seu organizador.]

■ A formação da **Voz passiva** só é possível com verbos que têm complemento direto. Em verbos que não têm complemento ou têm complemento indireto, ela não ocorre:

- *A tempestade **matou** muitas pessoas.* [*Muitas pessoas **foram mortas** pela tempestade.*]
- *Anita **nasceu** em 1995.* [Não é possível formar a **voz passiva** porque ***nascer*** não tem complemento.]
- *Você **telefonou** para sua mãe?* [Não é possível formar a **voz passiva** porque ***telefonar*** tem objeto indireto.]

■ Na **Voz passiva**, quando queremos deixar claro o agente que realizou a ação, utilizamos a preposição ***por*** (ou suas contrações ***pelo***, ***pelos***, ***pela***, ***pelas***):

- *A festa de formatura foi um sucesso porque foi organizada **pelos alunos** do quarto ano.*
- *O Brasil foi derrotado **pelo Uruguai** em um jogo decisivo na Copa do Mundo de 1950.*

- Por outro lado, quando a informação sobre quem realiza a ação não é altamente relevante, ela pode ser omitida da frase:
  - *O Maracanã é o maior estádio brasileiro de futebol e **foi inaugurado** em 1950.* [Não é relevante mencionar quem inaugurou o estádio.]
  - *No fim do século XV, a América do Sul **foi dividida** em duas metades, uma espanhola e outra portuguesa.* [Não é relevante mencionar quem foi o responsável por fazer essa divisão.]

- Nos casos de verbos com particípio duplo, na **Voz passiva** utiliza-se o particípio irregular, que será variável:
  - *Três ex-deputados foram **presos** em nova etapa da Lava Jato.* [Três ex-deputados foram ~~**prendidos**~~ em nova etapa da Lava Jato.]
  - *Todas as cartas foram **entregues** aos alunos que se formam neste ano.* [Todas as cartas foram ~~**entregadas**~~ aos alunos que se formam neste ano.]

1 **O astronauta Saturnino está escrevendo um relatório sobre o que ele observou no Planeta Vermarte. Mude as frases abaixo para a voz passiva..**

➲ Descobri o planeta Vermarte por acidente.
O Planeta Vermarte foi descoberto por acidente.

1. Homens e mulheres compõem igualmente a população do planeta.
....
2. Homens e mulheres dividem igualmente o poder político.
....
3. Quatro presidentes (dois homens e duas mulheres) comandam o planeta.
....
4. Em 2010 Vermarte derrotou Mortis em uma guerra sanguinária.
....
5. Vermarte abriu um programa de imigração para povoar o planeta.
....
6. Espero que uma civilização avançada colonize Vermarte.
....
7. A população de Vermarte deveria ter criado um regime parlamentarista.
....
8. O governo está construindo um novo sistema de abastecimento de água para Vermarte.
....
9. Em 2020 Vermarte vai realizar os primeiros Jogos Olímpicos.
....
10. Antigamente os habitantes de Vermarte praticavam muitos esportes violentos.
....
11. Se outro astronauta tivesse descoberto Vermarte, tudo seria diferente.
....

43. Perífrases verbais

A Pretérito imperfeito de *ir* + INFINITIVO: *Eu ia sair.*

■ Usando o **Pretérito imperfeito** do verbo ***ir*** + INFINITIVO, apresentamos um acontecimento como continuação esperada de uma situação no passado. Usamos essa perífrase para antecipar ou perguntar sobre um passado que consideramos **evidente**:

- *O trem estava com um problema mecânico.* ***Ia sair*** *atrasado, mas consertaram muito rápido e, no final, saiu no horário marcado.*
- *Sábado Débora* ***ia viajar****, mas pegou um resfriado e acabou não indo.*

	Verbo *ir* conjugado	Infinitivo
Eu	*ia*	
Tu	*ias*	
Você	*ia*	*dançar*
Ele, ela	*ia*	*comer*
A gente	*ia*	*decidir*
Nós	*íamos*	
Vocês	*iam*	
Eles, elas	*iam*	

As sílabas tônicas estão sublinhadas na tabela acima.

➔ 27. Futuro do pretérito

1 **Relacione as situações abaixo às suas consequências.**

explodir cair ✓ pular almoçar chover tirar uma nota b

➔ Uma menina pequena estava brincando em cima da mesa. *Ela ia cair.*...............................

1. Dois senhores estavam caminhando em direção a um restaurante ao meio-dia. ....

2. Zê estava com medo e correu para se afastar da bomba. ....

3. Pedro não tinha estudado nada para a prova. ....

4. Estava muito frio e o céu estava cinza. ....

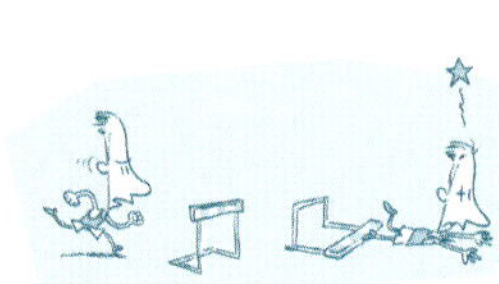

5. Um atleta estava correndo em direção a um obstáculo. ....

B *Ter que* + INFINITIVO: *Você tem que comer.*

■ Usamos ***ter*** (conjugado) ***que*** + INFINITIVO para expressar **obrigação** ou **necessidade** de fazer algo.

	Verbo *ter* conjugado	+ ***que***	+ INFINITIVO
Eu	*tenho*		
Tu	*tens*		
Você	*tem*		
Ele, ela	*tem*	*que*	*estudar* / *comer* / *sair*
A gente	*tem*		
Nós	*temos*		
Vocês	*têm*		
Eles, elas	*têm*		

- *Você **tem que comer** mais frutas e verduras. O médico te disse isso.* [É uma obrigação para você.]

■ Usamos essa perífrase com qualquer tempo verbal:

- *Eu **tinha que fazer** a comida, mas no final Sandra acabou fazendo.* [Era minha obrigação.]
- *Você consertou o computador ou **teve que levar** para consertar?*
  [A pergunta é se foi necessário levá-lo para consertar.]
- *Minha coluna está doendo muito. Você acha que eu **vou ter que ir** ao médico?*
  [A pergunta é se no futuro vai ser necessário que eu vá ao médico.]

2 **Três amigos estão conversando sobre as obrigações que eles têm no fim de semana. Complete com *ter que* + INFINITIVO.**

Teresa: Neste fim de semana eu ➲ (**estudar**) tenho que estudar muito para uma prova de Economia. Além disso, (1. **ajudar**) .... minha mãe com a limpeza da casa e ainda (2. **limpar**) .... a casinha do Bob, meu cachorro. Mário e Lu, vocês (3. **fazer**) .... muitas coisas no fim de semana?

Mário: Meu pai (4. **consertar**) .... o piso da nossa casa, então eu (5. **ficar**) .... em casa para ajudá-lo. Meus irmãos (6. **viajar**) .... para um jogo de futebol, então não podem ajudar meu pai.

Lu: Eu não (7. **fazer**) .... quase nada. (8. **terminar**) .... um trabalho para uma aula e depois vou poder ficar tomando sol o fim de semana todo! Não fiquem com inveja de mim!

C *Estar* + GERÚNDIO

■ Usamos ***estar*** conjugado + GERÚNDIO para falar de **situações momentâneas** somente quando o verbo significa ação ou atividade, mas não quando o verbo se refere a um estado ou a uma característica duradoura.

SITUAÇÕES MOMENTÂNEAS

	Estar + GERÚNDIO [quando o verbo significa 'ação']	**Verbo sem perífrase** [quando o verbo significa 'estado']
Falando do presente	• *O bebê **está chorando**.*	• *Ele **está** com fome e **parece** cansado.*
	• *Eles **estão estudando**.*	• *Eles não **podem** vir.*
	• *Sua irmã **está lendo**.*	• *Ela **está** sentada na varanda.* [Está sentando na varanda.]
Falando do passado	• *O bebê **estava chorando**.*	• *Ele **estava** com fome e **parecia** cansado.*
	• *Sua irmã **estava lendo**.*	• *Ela **estava** sentada na varanda.*

3 **Complete as lacunas abaixo com *estar* + GERÚNDIO para os verbos que significam "ação" ou "atividade" e com verbo sem perífrase para os verbos que significam estado.**

Falando do presente

ENTRAR ✓ ACHAR

1. Olha, meu namorado é esse que ➲ está entrando agora. Você .... que ele é bonito?

FAZER (vocês) DORMIR (ele)

2. Vocês .... muito barulho. O bebê .... e vai acordar.

ASSISTIR (nós) ESTAR

3. Espera um pouco porque .... o final de um filme. .... muito interessante.

Falando do passado

CONSEGUIR (você) ✓ ESTAR

4. ● E você ➲ estava conseguindo ver alguma coisa?
 ❍ Quase nada. Nesse dia .... tudo muito escuro.

CORTAR ESTAR

5. ● Olha esta foto. Aqui o Pedro .... o bolo.
 ❍ Ele .... muito bonito vestido de noivo.

QUERER (você) FAZER (eu) SABER (eu)

6. ● Você ligou para mim? O que você .... ?
 ❍ Nada demais. Eu .... palavras cruzadas e não .... uma palavra.

D *Dever / Poder* + INFINITIVO

■ Usamos ***dever*** ou ***poder*** + INFINITIVO para sugerir ou perguntar o que uma pessoa pode fazer em determinada situação. Esses verbos podem ser conjugados no Pretérito imperfeito ou no Futuro do pretérito, mas são mais comuns com o Pretérito imperfeito:

> **Pedro**: *Acho que estou gostando da Daniele, mas não sei o que fazer...*
> **Lauro**: *Ah, você* ***podia*** *chamar ela para sair.*
> **Pedro**: *Mas eu não sei se ela tem namorado ou não.*
> **Lauro**: *Bom, nesse caso, acho que você* ***devia*** *procurar saber primeiro.*
> **Pedro**: *Você acha que eu* ***podia*** *perguntar para a Lívia, que é a melhor amiga dela?*
> **Lauro**: *Talvez. Você também* ***podia*** *checar no Facebook dela e ver se ela tem fotos com alguém.*

Poder indica uma sugestão e ***dever*** indica uma obrigação.

4 **Você está conversando com sua amiga sobre vários problemas que estão acontecendo. Complete as lacunas a seguir com os verbos *poder* ou *dever* conjugados e uma informação do quadro abaixo, de acordo com a situação indicada.**

estudar mais fazer uma hidratação ✓ comer menos e fazer exercício fazer uma lista de prioridades pedir dinheiro emprestado para seus pais conversar com os colegas das aulas levar para consertar procurar emprego na internet

➲ Meu cabelo está horrível.
Você devia fazer uma hidratação.

1. Meu computador parou de funcionar.
....
2. Estou sem dinheiro para pagar o aluguel deste mês.
....
3. Preciso arranjar um trabalho o mais rápido possível.
....
4. Estou com notas baixas na universidade.
....
5. Preciso aprender a me concentrar mais nas coisas importantes.
....
6. Queria perder peso.
....
7. Fazer mais amigos.
....

CAPÍTULO 5

Preposições

44 Preposições (I): *a, até, de, desde, em, entre, por*, etc.
45 Preposições (II): *debaixo (de), em cima (de)*, etc.

44. Preposições (I): *a, até, de, desde, em, entre, por*, etc.

As preposições são usadas para relacionar duas palavras ou sentenças no espaço, no tempo ou no espaço abstrato das ideias e dos conceitos.

A *De, a*

- ***De*** indica ponto de partida ou origem:

  - *Esse garoto é **de** Salvador.*
  - *Minha família é **da** Alemanha.*

  - ***De** onde vocês estão vindo?*
  - ***De** Ouro Preto.*

- A preposição ***de*** indica uma coisa que serve para caracterizar, reconhecer, especificar ou identificar outra. Com ***de*** indicamos:

Matéria, substância ou conteúdo de algo

*Roupa **de** algodão, história **de** amor, estátua **de** mármore, pastel **de** queijo, caminhão **de** frutas, gota **de** azeite, folha **de** papel, metro **de** pano, falar **de** alguém ou **de** alguma coisa*, etc.

Parentesco, posse

*O pai **da** Carminha, o trabalho **da** Laura, a escola **da** Ana, o caderno **do** João*, etc.

Tipo de objeto

*Casa **de** campo, colher **de** sobremesa, colher **de** chá **de** açúcar, passagem **de** ida e volta, sala **de** jantar, roupa **de** verão, dicionário **de** bolso*, etc.

Ponto de referência para localizar outra coisa

- *O cemitério fica ao lado **da** Catedral.*
- *Essa moça trabalha perto **do** meu escritório.*
- *Minha casa fica à direita **do** posto de gasolina.*
- *Deixo as chaves em cima **da** mesa, tá?*
- *Chegamos às dez **da** manhã.*
- *Com certeza, essa blusa custa mais **de** vinte reais.*

Modo como se transporta alguém ou alguma coisa

***de** carro, **de** táxi, **de** trem, **de** ônibus, **de** metrô, **de** avião, **de** navio, **de** barco*, etc.
[porém, ***a** cavalo, **a** pé*].

- ***A**, **de**, **em*** e ***por*** obrigatoriamente têm contração com os artigos definidos: ***o**, **a**, **os**, **as***:

Artigo	**Masc. singular**	**Fem. singular**	**Masc. plural**	**Fem. plural**
Preposição	o	a	os	as
a	*ao*	*à*	*aos*	*às*
de	*do*	*da*	*dos*	*das*
em	*no*	*na*	*nos*	*nas*
por	*pelo*	*pela*	*pelos*	*pelas*

- No discurso menos monitorado, ***de*** e ***em*** têm contração com os artigos indefinidos: ***um***, ***uma***, ***uns***, ***umas***:

Artigo	**Masc. singular**	**Fem. singular**	**Masc. plural**	**Fem. plural**
Preposição	um	uma	uns	umas
de	*dum*	*duma*	*duns*	*dumas*
em	*num*	*numa*	*nuns*	*numas*

- No discurso mais monitorado, o uso de ***de*** e ***em*** sem contração com ***um***, ***uma***, ***uns*** e ***umas*** é preferível.

- ***A***, ***de*** e ***em*** também apresentam contração com advérbios, pronomes demonstrativos e pronomes pessoais:

	Advérbios	**Pronomes demonstrativos**	**Pronomes pessoais**
a	*aonde*	*àquele(s), àquela(s), àquilo*	----------------------
de	*daí, dali, daqui*	*daquele(s), daquela(s), daquilo, desse(s), dessa(s), disso*	*dele(s), dela(s), da gente*
em	----------------------	*naquele(s), naquela(s), naquilo, nesse(s), nessa(s), nisso*	*nele(s), nela(s)*

Diz-se: *Ele mora **em** São Paulo.* [~~*Mora a São Paulo*~~.]

5. Artigos: *um*, *o*, etc.

- ***A*** indica ponto de chegada ou destino:

  - *Hoje você não vai **à** escola?*

- No discurso menos monitorado, a preposição ***a*** às vezes é substituída por ***em*** ou ***para***:

  - ***Aonde** você vai amanhã?*
  - *Vou **numa** festa de aniversário.*

  - ***Para** onde você vai amanhã?*
  - ***Para** uma festa de aniversário.*

- Com verbos que denotam movimento de um lugar para o outro, geralmente usamos a preposição ***para***, em vez de ***a***:

  - *Você vai **para** onde no verão?*
  - *Vou viajar **para** o Peru no verão.*

  - ***Para** onde é que a Carla está indo agora?*
  - *Carla está indo **para** casa agora.*

- Com ***a*** indicamos:

Orientação no espaço (em relação a uma parte) ou um lado de uma coisa

***À** direita, **à** esquerda, **ao** lado, **ao** norte,* etc.
- *A sorveteria fica **ao** lado da padaria.*
  [Quando olhamos para a padaria, a sorveteria fica ao lado dela.]

Orientação no tempo

*Daqui **a** uma semana, **à** tarde, **às** dez da manhã, **às** treze horas,* etc.
- *A festa de formatura vai ser dia 15 de dezembro **às** 20 horas.*
  [A festa começa nesse horário.]

Ponto de referência

*Junto **à** escola, em frente **à** praia,* etc.

Modo como se fazem ou funcionam algumas coisas

***Aos** gritos, **a** pé, **a** cavalo, **à** mão, **à** máquina, **a** sério,* etc.

- *Laura gosta de escrever cartas **à mão**. A letra dela é linda.*
  [Ela gosta de escrever cartas com sua própria mão, sem usar o computador.]
- *Está calor hoje. Vamos tomar um sorvete? Você quer ir **a pé** ou vai pegar o ônibus?*
  [Ir caminhando sem usar nenhum outro meio de transporte, também é possível.]
- *O governo não leva a saúde pública **a sério**.*
  [Não existe seriedade na forma como o governo trata os problemas relacionados à saúde pública.]

■ Quando indicamos nomes de países ou cidades usando as preposições ***a*** ou ***de***, usamos as contrações de preposições e artigos, respeitando o fato de que alguns nomes de países ou cidades exigem artigos e outros, não:

• *Vou **à Itália** em junho.*	• *Vou ~~a~~ **Itália** em junho.*	[***Itália*** usa artigo feminino.]
• *Voltamos **de Portugal** em maio.*	• *Voltamos ~~do~~ **Portugal** em maio.*	[***Portugal*** não requer artigo.]
• *Vamos **ao Brasil** no Natal.*	• *Vamos ~~a~~ **Brasil** no Natal.*	[***Brasil*** usa artigo masculino.]

➲ 5.E. Artigos antes de nomes de países, estados ou cidades

1 **A empresa Carnes de Picuí se dedica à produção e distribuição de carne de sol. Para saber como funciona essa empresa, preencha as lacunas com *a*, *de* ou *em*. Nos casos em que o artigo já estiver escrito, retire-o e use a contração com a preposição adequada. Para o artigo indefinido, a contração é opcional.**

Carnes de Picuí é uma empresa de família dedicada à produção ➲ ...de... carne de sol. Sua sede central é um prédio (1) .... três andares localizado (2) .... o Nordeste do Brasil, (3) .... uma cidade (4) .... a Bahia. Apesar do nome 'carne-de-sol', essa carne raramente é exposta (5) .... o sol (6) .... o processo (7) .... desidratação; ao contrário, ela é deixada (8) .... locais cobertos e bem ventilados. Portanto, o antigo nome 'carne-do-vento' expressaria melhor o processo pelo qual a carne de sol é preparada. Mais (9) .... cem caminhões saem todo dia (10) .... a empresa para ir (11) .... todas as cidades (12) .... o Nordeste brasileiro.

Um homem entre as panelas da mãe

Wanderson Medeiros é o filho (13) .... Rosimério Anacleto e tem mais (14) .... doze anos (15) .... a direção (16) .... a empresa da família. Criado (17) .... o interior (18) .... o estado da Paraíba, Medeiros passou a infância entre as panelas da mãe, dona Inácia de Fátima Medeiros, da avó Joana, e (19) .... outras quituteiras (20) .... a cidade. (21) .... o lado da esposa, Rosimério Anacleto decidiu mudar-se para Maceió junto com os dois filhos pequenos, Wanderson e Andreza, em busca (22) .... uma vida melhor. Para garantir o sustento (23) .... família, investiram seus esforços na abertura (24) .... um novo restaurante (25) .... a cidade. Assim nasceu o Carne de Sol do Picuí. Após seis anos localizado (26) .... bairro do Farol, o Carne de Sol do Picuí se muda, em 1995, para outra rua (27) .... o bairro. O restaurante começa, então, (28) .... funcionar em uma ampla casa (29) .... rua do Jaraguá, bairro histórico (30) .... capital alagoana, onde permanece até hoje.

Adaptado de: wandersonpicui.wixsite.com/wgourmet1/quemsomos

2 **O Conde Lawrence apareceu morto no deserto. A polícia interrogou oito pessoas, mas os principais suspeitos são quatro indivíduos que não falam português muito bem. Você pode identificá-los? Escreva um X nas frases incorretas e corrija os erros.**

➲ Essa pistola é de um amigo meu, que é policial. (...✓...)
1. Tenho uma passagem a avião com ida e volta. (.........)
2. Moro em uma zona muito longe daqui. (.........)
3. Eu chamei um amigo que é advogado. (.........)
4. Por que não me trouxeram de cavalo? (.........)
5. Vocês vieram de esse país só para nos interrogar? (.........)
6. Exijo uma folha de papel para poder escrever uma declaração. (.........)
7. Desculpe, inspetor, tem um telefone perto a aqui? Preciso falar com minha mulher. (.........)

B Crase

■ Crase é a contração que a preposição ***a*** sofre quando é seguida do artigo ***a*** (singular) ou ***as*** (plural). Nesse caso, juntamos as duas letras ***a*** em uma só e usamos um acento chamado grave (`) para marcar que existe contração entre a preposição ***a*** e artigo ***a(s)***.

- *Com relação ~~a a~~ economia do Brasil, ela vai muito bem.*
- *Você vai ~~a as~~ festas de formatura desse ano?*

- *Com relação **à** economia do Brasil, ela vai muito bem.*
- *Você vai **às** festas de formatura desse ano?*

■ A crase também pode ocorrer com os demonstrativos ***aquele(s)***, ***aquela(s)*** e ***aquilo***:

- *Com respeito ~~a aquele~~ rapaz, não sei se você deve ligar para ele...*
- *Você decidiu se vai ~~a aquela~~ festa comigo?*
- *Todos estávamos mudos. Ninguém queria fazer referência ~~a aquilo~~.*

- *Com respeito **àquele** rapaz, não sei se você deve ligar para ele...*
- *Você decidiu se vai **àquela** festa comigo?*
- *Todos estávamos mudos. Ninguém queria fazer referência **àquilo**.*

3 **Carlos, Mário e Mariana estão decidindo o que cada um deles vai fazer no feriado. Escreva as preposições adequadas e use o acento grave (`) onde for necessário.**

CARLOS:

➲ Eu vou ...à.... casa dos meus avós.
1. Depois vou .... missa no domingo.
2. Também vou .... um museu perto da casa dos meus avós.
3. Quero ir ....o sítio dos meus primos também.

MÁRIO:

4. No sábado .... tarde eu vou ...... praia!
5. Depois da praia vou ....o shopping com meus pais!
6. Depois vou .... pizzaria da minha tia.
7. Antes de dormir vou ....o mercado comprar umas coisas.

MARIANA:

8. Quero ir .... lojas do shopping e comprar umas roupinhas para mim.
9. Depois quero ir .... piscina com meu namorado.
10. Depois vamos .... um show.
11. E por último vamos .... um restaurante com música ao vivo.

C *Até, desde*

- Quando combinamos ***desde... até***, a ênfase está no limite de partida e de chegada para indicar o começo e o final de um percurso, um espaço ou um tempo.

- ***Desde*** indica o começo de um percurso, com **ênfase** no **início de um processo** no espaço ou no tempo:

- *A Avenida Rio Branco vai **desde** a Praça Mauá...*
- *Arnaldo correu descalço **desde** a largada...*
- *Não como nada **desde** ontem...*
- *Esse médico cura **desde** elefantes...*
- *Eu bebo **desde** suco de melancia...*

- ***Até*** indica o final de um percurso, com **ênfase** no **final de um processo** no espaço ou no tempo:

*... **até** a Praça Floriano.*
*... **até** a chegada.*
*... e não posso comer nada **até** meio-dia.*
*... **até** pessoas.*
*... **até** o refrigerante mais fino.*

- ***Até** amanhã.* [Não vou te ver até amanhã.]
- *Concordamos **até** esse ponto.* [Provavelmente não concordam depois desse ponto.]

Até é usado, também, para indicar o nível mais alto de uma categoria:

- *Por favor, põe tudo na máquina de lavar louça, **até** os copos de cristal.* [Os copos de cristal são a coisa mais preciosa que alguém poria na máquina.]

- *Mas você está mentindo para todo mundo, **até** para o seu namorado?* [Supõe-se que o namorado seria a última pessoa para quem essa pessoa mentiria.]

4 **Relacione cada enunciado da esquerda com a informação mais adequada da direita.**

➲ a. Uma viagem **desde** Ouro Preto.	a. O destino da viagem é Ouro Preto
b. Uma viagem **a** Ouro Preto.	b. O destino da viagem é outra cidade.
1. a. Um táxi **do** aeroporto.	a. O passageiro chegou de avião.
b. Um táxi para ir **ao** aeroporto.	b. O passageiro vai pegar um avião.
2. a. Subir **até o** segundo andar.	a. Objetivo: chegar a esse andar.
b. Subir **do** segundo andar.	b. Objetivo: chegar a um outro andar.
3. a. **Até** seu avô cantou.	a. Em homenagem a seu avô.
b. Cantou **para** seu avô.	b. Seu avô, inclusive.
4. a. Um namorado **desde** os 30 anos.	a. Um namorado que ela tem desde quando ela tinha 30 anos.
b. Um namorado **aos** 30 anos.	b. Um namorado que ela teve quando ela tinha 30 anos.
5. a. Um filme interessante **desde** o início.	a. Do início ao fim.
b. Um filme interessante **no** início.	b. Não depois do início.
6. a. Me espere **até** oito horas.	a. Oito horas é o horário do encontro.
b. Me espere **às** oito horas.	b. Oito horas é o limite da espera.
7. a. Uma carta **de** Florianópolis.	a. Florianópolis é o destino da carta
b. Uma carta **para** Florianópolis.	b. Alguém de Florianópolis enviou uma carta.
8. a. Um trem **até** Lisboa.	a. Seu destino final é Lisboa.
b. Um trem **de** Lisboa.	b. Sua origem é Lisboa.

5 **Procure a terminação adequada para estas frases.**

➲ O coitadinho do Zeca está estudando... — a. de agosto. / **b. desde agosto.**

1. No final, sua mulher aceitou... — a. desde a sogra. / b. até a sogra.
2. Minha avó morreu... — a. até os noventa e três anos. / b. aos noventa e três anos.
3. Meu avô viveu... — a. aos noventa anos. / b. até os noventa anos.
4. O filho da Carminha é um chato e chorou... — a. desde Parati. / b. de Parati.
5. Para reservar o hotel, vocês têm tempo... — a. até a segunda quinzena de maio. / b. à segunda quinzena de maio.
6. O cruzeiro vai de Santos... — a. em Recife. / b. a Recife.

D *Em, entre*

■ A preposição ***em*** indica que algo está dentro do espaço definido ou delimitado por outra coisa (um lugar, um objeto, uma superfície, um conjunto, um período de tempo, um processo, uma ideia, etc.):

*Irene está **no** trabalho, **na** sua cadeira, mas **em** que ela está pensando?*

EM

*As flores estão **no** vaso.*
*O vaso, **na** mesa.*
*A mesa, **no** centro da sala.*
*A poltrona, **no** canto.*
*O quadro, **na** parede.*
*O lustre, **no** teto.*
*Os móveis, **na** sala.*
*A sala, **na** mente de Irene.*

Portanto, com a preposição ***em*** podemos situar uma coisa em um espaço mais concreto ou mais abstrato:

***Em** casa, **em** Portugal, **na** gaveta, **no** corredor, **na** fila, **na** entrada, **na** frente, **no** final, **no** começo, **no** fundo, **no** trabalho, **na** conversa, **nesse** sentido*, etc.

■ Com a preposição ***em*** indicamos:

O modo como fazemos algumas coisas

***Em** geral, **em** particular, **em** público, **em** resumo, **em** segredo, **em** conjunto*, etc.

O interior de um período de tempo

***Em** setembro, **em** 2012, **no** Natal, **no** verão, **nesse** momento*, etc.

O tempo que demoramos para terminar de fazer algo

- *Escreveu o relatório **em** três horas.* [Demorou três horas.]
- *Chegamos aí **em** cinco minutos.* [Não mais de cinco minutos depois de agora.]

👁 ***Em*** tem contração com artigos definidos: ***no, na, nos, nas***.

➲ 44.A. *De, a*

- No discurso menos monitorado, é possível usar ***em*** com verbos de movimento indicando direção. Esse uso, no entanto, não é recomendado pela gramática normativa, que só admite ***a*** e ***para***:

Discurso mais monitorado	Discurso menos monitorado
• *Amanhã vou* ***ao*** *Rio de Janeiro.*	• *Amanhã vou* ***no*** *Rio de Janeiro.*
• *Eu não vou chegar* ***a*** *Belo Horizonte no mesmo dia.*	• *Eu não vou chegar* ***em*** *Belo Horizonte no mesmo dia.*

- ***Entre*** indica os limites, de espaço ou tempo, nos quais alguma coisa se encontra ou ocorre:
  - *Olinda fica* ***entre*** *Recife e João Pessoa.*
  - *No sertão, as chuvas são* ***entre*** *dezembro e abril.*
  - *A letra B fica* ***entre*** *o A e o C.*
  - *Vou estar viajando* ***entre*** *segunda e sexta-feira.*

ENTRE

- Os limites assinalados por ***entre*** podem ser dois ou mais de dois:
  - *Há uma padaria* ***entre*** *o botequim e o supermercado.*
  - *Você tem que terminar isso* ***entre*** *hoje e amanhã.*
  - *Tenho que decidir* ***entre*** *duas ou três ofertas de trabalho.*
  - *As chaves estão* ***entre*** *esses papéis aí na mesa.*

- Também usamos ***entre*** antes de uma categoria no plural – ***entre*** *nós*, ***entre*** *elas*, ***entre*** *os professores* – ou um substantivo coletivo – ***entre*** *o povo*, ***entre*** *o batalhão*, ***entre*** *a turma*:
  - *Amanhã vai haver uma reunião* ***entre*** *os professores.*
  - *Podemos resolver o problema* ***entre*** *nós. Não precisamos chamar a polícia.*

6 **Jorge e Carolina são um casal muito ativo. Complete o texto com as preposições *a*, *de* ou *em*. Nos casos em que houver artigo, escreva a contração da preposição com artigo e retire o artigo. Para os artigos indefinidos, a contração é opcional.**

➔ Carolina nunca anda ..de.. ônibus nem ..de.. metrô. Sempre vai ..a.. pé para todo lugar.

1. Por outro lado, Jorge vai .... moto, mas, ... fins de semana, de manhã, anda .... cavalo.
2. Carolina, porém, prefere passar o fim de semana todo passeando .... bicicleta.
3. .... o verão, eles passeiam .... barco e nadam muito.
4. .... o inverno, esquiam. Eles viajam .... carro até o topo .... uma montanha e ficam .... uma cabana por cinco dias.
5. .... Semana Santa, vão fazer uma trilha e vão percorrer uns 150 Km .... pé.
6. Só ficam quietos .... o Natal, para estar com a família.

7 **Na família Oliveira todos são muito bagunceiros. Complete as lacunas abaixo com as preposições *em* ou *entre* e relacione as duas colunas. Caso haja contração entre a preposição *em* e o artigo definido, retire o artigo definido.**

➔ Minha bota estava ..no.. armário da entrada e sumiu. Alguém sabe onde está?

1. E meu vestido de festa? Não está mais .... o meu armário.
2. Alguém viu uma luva preta que comprei outro dia e que deixei .... a mesinha?
3. Nossa, e minha blusa nova? Não está .... nenhuma gaveta dessa casa.
4. O que é isso que está aqui, ... minhas duas bolsas Luís Vintoni?
5. Não estou vendo meu hidratante. Ontem deixei .... a prateleira do banheiro.
6. E meu anel de noivado? Não está .... o porta-joias.

➔ Eu sei, ontem à noite Carol a colocou ..na.. sacada porque estava molhada.

a. Eu vi ontem .... a entrada de casa, mas só uma das mãos.
b. Está .... a máquina de lavar roupa. Estava muito suja e decidi lavar.
c. Está aí, sim, procure bem. Está pendurado .... a saia preta e a azul.
d. Com certeza está .... sua mesa da biblioteca, ... todos os teus papéis.
e. Mamãe está com ele. Ela usou um pouco ontem e deixou .... o banheiro dela.
f. Deixe eu ver... Ah, é um bichinho de pelúcia da Lucinha. Deixe .... o quarto dela.

8 **Onde e como a polícia encontrou o cadáver do Conde Lawrence? Para saber, marque as três frases corretas e corrija as que têm erros gramaticais.**

1. A uma floresta que fica muito perto da residência dele no deserto.
2. Entre as seis palmeiras do oásis mais perto da residência dele.
3. Entre uma das barracas.
4. Ao centro de uma duna.
5. Em uma palmeira muito alta e frondosa.
6. No um buraco junto a uma poça d'água.
7. Embrulhado a um tapete.
8. Enterrado na areia do deserto.

E *Para, por*

- ***Para*** indica destino ao qual algo ou alguém se dirige:
- ***Por*** indica o espaço que se percorre para chegar de um lugar a outro:

*Vamos **para** Parati **pela** estrada do litoral.*

- Com ***para*** indicamos:

Finalidade ou propósito

- *Vamos ao Rio **para** ver o Carnaval.*
- *As toalhas servem **para** a gente se secar.*

Destinatário

- *Esse não é um filme **para** crianças.*
- *Esse bolo é **para** quem?*

Prazo de tempo

- *A publicação é **para** o outono.*

Não é necessário usar preposições para falar da duração de uma situação. A expressão de tempo é suficiente:
- *Fiquei **dois meses** em Moçambique.*
- *Vou estar **duas semanas** em Luanda.*

Complemento indireto

- *Você levou os resultados **para** o médico ver?*
- *Entregue isso **para** minha mãe.*

Para complementos indiretos, no discurso mais monitorado, também se usa a preposição ***a***:
- *Você deu os resultados **ao** médico?*
- *Entregue isso **à** minha mãe.*

- Com ***por*** indicamos:

Localização indeterminada

No espaço
- *Dei uma passada **por** Copacabana.* [Ir rapidamente a Copacabana.]
- *A padaria fica **por** aqui.* [Em algum ponto desse lugar ou perto desse lugar.]

No tempo
- *O almoço é **por** volta do meio-dia.*
- *Lá **pelas** oito horas, **pela** manhã/tarde/noite.* [Também se pode dizer ***de*** manhã, ***de/à*** tarde/noite.]

Com referência a uma hora estimada (*lá pelas oito, lá pelas quatro e quinze,* etc.) sempre usamos o advérbio ***lá*** antes da preposição ***por*** + artigo definido.

Causa

- *Obrigada **por** telefonar para mim no meu aniversário.*
- *E **por** que você convidou o Tiago?*
- *Sou muito grata **pela** sua ajuda.*
- *Muito obrigado **pelo** presente.*

Distribuição

- *A avó distribuiu dois balões **por** criança.*

Meio

- *A gente se falou **por** telefone.*
- *Enviamos as fotos **por** e-mail.*
- *Eu soube da notícia **pelo** meu irmão.*

Troca

- *Comprei esse livro **por** apenas dez reais.*
- *Troco teu namorado **pelo** meu.*

Agente responsável pela ação

- *A reunião foi cancelada **por** um dos diretores.*
- *As provas foram marcadas **pelos** professores.*

➔ 44.A. *De, a*

9 **Complete as lacunas abaixo com *por* ou *para*. Use a contração se a preposição for *por* e retire o artigo.**

➲ Vou a Brasília .para.. ver minha namorada.
1. A gente se perdeu .... o mato e demorou quatro horas até encontrar o caminho.
2. Muito bem, aqui estão os biscoitos. São quatro .... pessoa.
3. Encontrar esse apartamento foi a maior sorte, compramos .... a metade do que vale agora.
4. Rafael diz que mudou de profissão .... a sua namorada, mas eu acho que ele fez isso .... ele mesmo.
5. .... quem são esses presentes?
6. Queremos falar com a diretora .... ver o que ela nos diz.
7. A gente não vai .... a praia .... aquela estrada que tem muita curva, não é?
8. Perfeito, por que você não envia o contrato para mim .... fax?
9. Você pode entregar essa blusa .... a sua mãe?
10. O livro vai demorar um pouquinho, mas vai chegar a tempo .... o aniversário.
11. Está combinado: nos vemos amanhã .... a manhã.
12. Senhoras e senhores: fico muito agradecida .... esta homenagem. Obrigada de verdade.

10 **Relacione cada frase da esquerda com a interpretação mais adequada da direita.**

➲ a. Vamos de táxi **para** o parque.	a. Através do parque.
b. Vamos de táxi **pelo** parque.	b. Em direção ao parque.
1. a. Vimos umas flores pela janela.	a. Eles viram as flores através da janela.
b. Vimos umas flores **para** a janela.	b. Eles viram as flores na loja e querem comprar para pôr na janela.
2. a. Ela foi contratada **para** ser diretora.	a. Ela vai trabalhar como diretora.
b. Ela foi contratada **por** ser diretora.	b. Ela era diretora antes e por isso foi contratada.
3. a. Eles foram **para** o Rio de Janeiro.	a. Através do Rio de Janeiro.
b. Eles foram **pelo** Rio de Janeiro.	b. Em direção ao Rio de Janeiro.
4. a. Ele compôs uma música **para** Elisa.	a. Ele compôs a música em vez de Elisa.
b. Ele compôs uma música **por** Elisa.	b. Dedicada a Elisa.

11 **Sua ajuda com o exercício de preposições tem sido muito útil. Agora a polícia já sabe quem são os culpados pela morte do Conde Lawrence. Marque a opção incorreta em cada uma das frases abaixo.**

➲ A polícia já sabe quem é o assassino **por**/~~**para**~~ causa de sua ajuda.
1. Descobriram tudo **por**/**para** causa dos problemas com as preposições.
2. Os inocentes já podem voltar **por**/**para** suas casas.
3. Mas os culpados têm que ir para a prisão **por**/**para** serem julgados.
4. O julgamento está previsto **por**/**para** o próximo mês.
5. A polícia está muito agradecida **por**/**para** seu trabalho e vai nomear você policial honorária do reino de Chilab.

12 **A polícia já prendeu os quatro suspeitos do assassinato do Conde Lawrence. Porém, dois são inocentes. O assassino e seu cúmplice nem sempre sabem usar *por* e *para*. Para saber quem é o assassino, procure os erros nas frases abaixo e corrija-os. Quando já houver artigo, escreva a contração de *por* + artigo. As lacunas são para você escrever essa contração quando ela for necessária.**

1. Olhe, inspetor, eu vim ao deserto para ➲......✓ trabalhar em uma empresa. Eu vim para (1) ...... passar três meses, mas, por (2) ...... problemas de documentos, tive que ficar mais um mês. Moro em um hotelzinho que fica na saída que vai para (3) ...... o Oásis de Chilab. Tinha que voltar para meu país ontem, mas, por (4) ...... causa desse assassinato, tive que ficar aqui. Espero ficar livre para (5) ...... poder voltar o quanto antes.

3. Não sei por (15) ...... que estou aqui. Eu não fiz nada, absolutamente nada. Eu estava passeando tranquilamente pelo (16) ...... palmeiral e, de repente, soube por (17) ...... uns amigos que o Conde Lawrence tinha morrido. Assassinado, coitado! Vou para (18) ...... casa e lá encontro a polícia e me trazem aqui para (19) ...... me interrogar. Mas por (20) ...... que eu? Eu acho que a polícia não sabe de nada... E se a polícia prende inocentes, serve para (21) ...... quê? E agora, por (22) ...... causa desse assunto horrível, vou ter que dormir na delegacia.

2. Eu vim aqui por (6) ...... meu irmão, que já trabalhava aqui. Quando eu cheguei, ele queria trocar o negócio dele para (7) ...... o meu. Fiquei morando na casa dele e a comprei para (8) ...... 400.000 reais. Estou muito feliz. O trabalho é como uma brincadeira por (9) .... mim. Pela (10) ...... manhã envio pacotes para (11) ...... o correio e para (12) ...... a tarde vou buscar. Soube da morte do Conde Lawrence para (13) ...... meu irmão, que ligou pelo (14) ...... meu celular.

4. Ontem, lá pelas (23) ...... duas da tarde, eu estava caminhando por (24) ...... aí, perto do bazar, comprando um tapete por (25) ...... minha mulher. Um tapete realmente muito bonito, que, no final, comprei para (26) ...... 280 dólares. Quando estava saindo da loja para (27) ...... levar o tapete para o carro, a polícia me prendeu como suspeito de um crime. Mas quando foi esse crime? Até ontem para (28) ...... a manhã eu estive no quarto do meu hotel para (29) ...... causa de um resfriado. Saí para (30) ...... comprar o tapete e dizem que eu sou culpado. Isso é uma loucura. É uma piada, não é?

Os assassinos são .... e ....

F *Com, sem*

■ ***Com*** indica associação. Serve para dizer que uma coisa acompanha outra ou que é um componente ou instrumento de outra em um espaço próximo. ***Com*** também indica as sensações e a maneira de fazer algo:

- *Ela está **com** o noivo.*

COM

■ ***Sem*** é a negação de ***com***:

- *Ela está **sem** o noivo.*

SEM

Os dois gostam de:

- *Feijoada **com** torresmo...* ... *e café **sem** açúcar.*
- *Dormir **com** as luzes acesas...* ... *e **sem** meias.*
- *Comer **com** as mãos...* ... *e jantar **sem** toalha de mesa.*
- *Viajar **com** amigos...* ... *e passear **sem** pressa.*
- *Cidades **com** mar, ...* ... *mas praias **sem** gente.*

*Um não pode viver **sem** o outro.*

*Agora eles estão **com** fome, **com** sede, **com** calor, **com** sono, **com** pressa, **com** sorte, **com** dor de cabeça, **com** saudades, **com** ciúmes, **com** raiva, **com** medo, **com** vontade de sair para a lua-de-mel...*

*Depois de 60 anos de casamento, eles estarão **sem** fome, **sem** sede, **sem** ciúmes, **sem** raiva, **sem** medo, **sem** vontade de repetir a lua- de-mel.*

👁 Também se usa o gerúndio (por exemplo, ***bebendo***, ***comendo***, ***cantando***, etc.) para falar da maneira como se faz alguma coisa. A negação para esses casos é feita utilizando ***sem*** + INFINITIVO:

➲ 18. Formas impessoais

Gerúndio	Infinitivo
• *Ele correu dez quilômetros, mas **descansando** e **bebendo** água.*	• *Correu dez quilômetros **sem** descansar e **sem** beber água!* [~~sem~~ bebendo, ~~sem~~ descansando]

13 **Todos temos ideias muito claras sobre algumas coisas. Complete com *com* ou *sem* e sublinhe como você gosta das coisas mencionadas abaixo.**

➲ O café, ...com... açúcar ou ...sem... açúcar?

1. A água, ... gás ou .... gás?
2. Os homens, ... gravata ou .... gravata? .... bigode, ... bigode ou .... barba?
3. Andar no shopping, comprando ou .... comprar?
4. Um apartamento para morar, ... muita luz ou .... muita luz?
5. O feijão, ... ou .... alho?
6. A salada, ... vinagre ou .... vinagre?
7. Os filmes, ... legenda ou .... legenda?
8. O café, ... leite ou normal?
9. Dirigir teu próprio carro, em silêncio ou .... música?
10. O macarrão, ... queijo ou .... tomate?
11. As fotos, sorrindo ou .... sorrir?
12. Ir ao cinema, ... amigos ou sozinho?

G *Contra, a favor de*

- ***Contra*** serve para indicar que um elemento se opõe a outro que oferece certa resistência:

- ***A favor de (o, a, os, as)*** indica que um elemento apoia outro ou está na mesma direção:

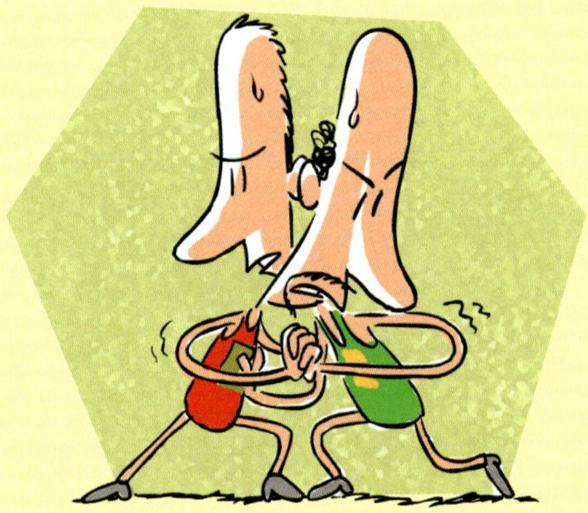

CONTRA

- *O carro bateu **contra** duas árvores na calçada.*
- *Eles vão votar **contra** nossa proposta.*
- ***Contra** quem seu time está jogando?*
- *Ele está correndo **contra** o vento.*
- *É uma campanha **contra** as drogas.*

A FAVOR DE (O, A, OS, AS)

- *O governo não está **a favor de / dos** protestos contra a Copa do Mundo.*
- *Vamos começar a correr agora? O vento está a **favor da** gente.*
- *A gente deveria fazer uma campanha a **favor da** internet livre.*
- *Meu pai é **a favor da** minha ideia de mudar de casa.*

14 **Raul Seis é ecologista e está compondo uma música de protesto. Escolha *contra, para* ou *a favor de* (ou contrações) segundo o contexto das sentenças. Nos casos em que já houver artigo, elimine-o e escreva a contração entre a preposição *de* + artigo.**

➲ ...Contra... o consumo, ...a favor da... liberdade, juntos iremos com esse cantar.

Iremos juntos com essa música, (1) .... os corantes, (2) .... o natural.

(3) .... a poluição, (4) .... a comida vegetariana, porque assim o planeta vai ser melhor.

(5) .... onde vamos?, você vai se perguntar.

(6) .... o arco-íris, (7) .... a verdade.

Vamos (8) .... um futuro verde, (9) .... uma vida melhor, (10) .... um ar puro, (11) .... uma utopia.

(12) .... a comida processada, (13) .... a comida orgânica, todos viveremos num mundo melhor.

45. Preposições (II): *debaixo* (*de*), *em cima* (*de*), etc.

A *Atrás (de), debaixo (de), em cima (de), etc.*

- Para indicar a posição de um objeto em relação a outro, usamos as seguintes locuções prepositivas: ***à direita (de)***, ***à esquerda (de)***, ***ao lado (de)***, ***ao redor (de)***, ***atrás (de)***, ***debaixo (de)***, ***diante (de)***, ***em cima (de)***, ***em frente (de)***, ***em volta (de)***, ***longe (de)***, ***perto (de)***:

[A seta azul vai para a direita se Cabral estiver olhando para ela, mas vai para a esquerda se você estiver olhando para ela.]

👁 O significado de ***à direita (de)*** e ***à esquerda (de)*** depende do ponto de vista que adotamos: o do objeto que serve de referência ou o da pessoa que observa.

- Quando usamos essas expressões, **podemos mencionar o ponto de referência** (nesse caso, usamos a preposição ***de***) **ou não mencioná-lo**, se esse já estiver claro no contexto ou na situação:

• *Acho que você deixou os óculos **em cima da** mesa do escritório.*	[Temos que mencionar o ponto de referência.]
○ *<u>Na mesa</u>? Não estou achando...* • *Sim, **em cima**.*	[Não mencionamos o ponto de referência porque ele já está claro: *a mesa do escritório*.]
• *<u>O carro</u> está ali, mas o que é isso que está **debaixo**?*	[Não precisamos mencionar o *carro* outra vez.]
• *<u>Os ladrões</u> saíram correndo e o dono da loja foi **atrás**.*	[Atrás dos *ladrões*.]

1 **Telésforo e Aparecida têm trinta anos de casados e nunca concordam entre si: sempre dizem o contrário do que o outro diz. Complete as lacunas com as preposições adequadas.**

➲ T.: Querida, sente aí **à esquerda**.
A.: Não, é melhor eu sentar à direita .

1. T.: Estacione o carro **atrás do** ônibus.
A.: Lá não cabe, melhor estacionar ....

2. A.: Você acha que a gente deve colocar a foto da minha mãe **na frente dos** livros?
T.: Eu prefiro ....

3. A.: Por favor, coloque as toalhas **em cima dos** lençóis.
T.: É melhor eu colocar ....

4. T.: A TV está muito **perto da** mesa.
A.: Pois eu acho ....

5. T.: Coloque as latas **debaixo das** caixas de leite.
A.: Não, vou colocar ....

2 **Um terremoto tirou as coisas do metódico Roberto Severo do lugar. Complete as lacunas com o que falta, prestando atenção aos desenhos (às vezes há mais de uma possibilidade de resposta; lembre-se das contrações de preposições e artigos definidos).**

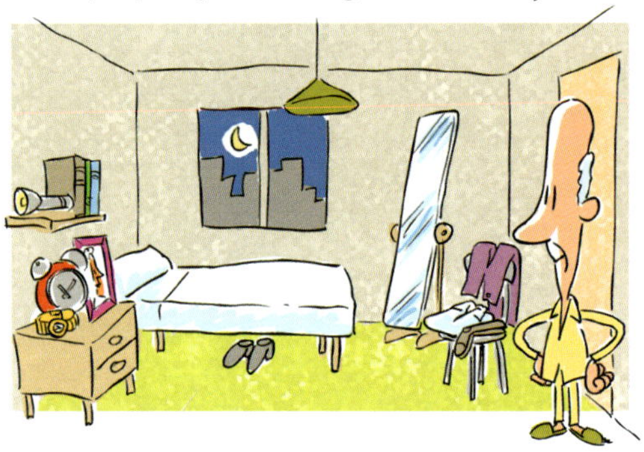

Naquela noite, como em todas , Roberto conferiu as coisas para ver se tudo estava em seu lugar. A cama estava ➲ em frente do espelho, claro, e a cadeira (1) .... Os sapatos estavam (2) .... a cama; o despertador estava no lugar certo: (3) .... a mesinha e ajustado para despertar às seis horas, como sempre. A roupa para o dia seguinte estava em ordem: a camisa passada e as meias estavam (4) .... cadeira, com a calça bem esticada. Ele tinha colocado seu relógio (5) .... despertador e já tinha beijado o retrato da sua mulher. Conferiu para ver se a lanterna que estava (6) .... a prateleira tinha pilhas. Finalmente, olhou pela janela. "Acho que vai chover amanhã", pensou. E se deitou.

De repente, ele sentiu um forte tremor e uns ruídos estranhos. Parecia que o quarto dava voltas (7) .... sua cabeça. Quando levantou, viu que os sapatos já não estavam (8) .... a cama mas (9) .... a mesinha. (10) .... a cama havia livros e, milagrosamente intacto, o retrato da sua esposa. Não havia nada (11) .... a mesinha. A camisa estava no chão. Os dois relógios estavam agora (12) .... camisa. Além do mais, havia uma meia (13) .... a lâmpada e a calça estava (14) .... a porta. Roberto ficou (15) .... o espelho para verificar se continuava vivo, mesmo no meio daquele caos.

B *Em frente (ao, de) ou na frente (de) ou atrás (de)*

- Usamos ***em frente (de)*** para localizar algo no lado frontal de um objeto. Usamos ***atrás (de)*** para localizar algo no espaço posterior de um objeto:
  - *O carro azul está **na frente do** amarelo que está **atrás do** azul e **na frente do** verde. O verde está **atrás** de todos. O carro azul está **na frente** e o verde está **atrás**.*
- Também usamos ***na frente (de)*** ou ***atrás (de)*** para situar objetos em uma posição anterior (***na frente de***) ou posterior (***atrás de***) na nossa linha de observação:
  - *Os carros estão **na frente do** ônibus. O ônibus está **atrás dos** carros.*

- Usamos ***em frente (de)*** quando os objetos que localizamos se encontram "cara a cara":

  - *O carro vermelho está **em frente do** caminhão azul, o carro laranja está **em frente do** carro roxo e o caminhão está **em frente do** carro vermelho.*

Usamos a preposição ***de*** só quando temos que mencionar o ponto de referência:

  - *O carro roxo não fica **ao lado do** laranja, fica **em frente**.*
    [Já está claro que estamos nos referindo ao carro laranja, por isso a preposição ***de*** pode ser omitida.]

3 **Exercício de lógica. Complete com a informação que falta e tenha muito cuidado com as contrações.**

➔ Se Ivan está em frente de Maria, Maria ...está em frente de Ivan...

1. Mas se Ivan está na frente da Maria, Maria está ....
2. Se o Banco Capital fica em frente do Banco do Brasil, o Banco do Brasil fica ....
3. Se a vizinha loira mora em frente da minha casa, eu moro ....
4. Se tem um carro vermelho na frente de vocês, vocês estão ....
5. Se uma moto está à direita de uma árvore, a árvore está ....
6. Se no cinema João está sentado atrás de Carlos, Carlos está ....
7. Se você e Joana estão se olhando nos olhos, você está ....
8. Mara não consegue ver bem a TV porque Marisa está ....
9. Se, no teatro, Maria está à minha direita e Felipe atrás de mim, eu estou .... Maria e .... Felipe.
10. Se os óculos estão em cima dos livros, os livros estão .... os óculos.

C *Dentro (de), depois (de), no começo (de), no final (de), etc.*

- Outras locuções prepositivas usadas para localizar objetos, pessoas ou ideias abstratas são ***antes (de)***, ***dentro (de)***, ***do outro lado (de)***, ***depois (de)***, ***no centro (de)***, ***no começo (de)***, ***no final (de)***, ***no fundo (de)***, ***no meio (de)***:

*Um hotel **no final da** rua.*

*Uma estátua **no centro da/no meio da** praça.*

*Um museu **antes da** praça.*
[Se caminharmos em direção à praça , primeiro vemos o museu e depois a praça.]

*Uma escola **depois da** faixa de pedestres.*
[Se caminharmos em direção à praça, primeiro vemos a faixa de pedestres e depois a escola.]

*Umas árvores **no fundo do** parque.*

*Um parque **do outro lado da** praça.*

*Um pato **dentro do** lago e outro **fora**.*

*Uma faixa de pedestres **no começo da** rua.*

■ Com essas locuções prepositivas, só usamos a preposição ***de*** quando mencionamos o **ponto de referência**:

- *Tem uma sapataria **dentro <u>de</u>sse** centro comercial.*
  [O ponto de referência é o centro comercial. Temos que mencioná-lo.]
- *Siga reto. Lá você vai ver a placa do supermercado Paguemuito. Exatamente **depois**, fica o Correio.*
  [Depois da placa, já mencionada na frase anterior. Não precisamos repeti-la.]
- *Você está vendo essa rua? Pois o Banco Iteú fica **no final**.*
  [No final da rua que já foi mencionada, por isso ela não é citada novamente.]

4 Os famosos arqueólogos Jones e Indiana sabem que existe um tesouro no centro de uma famosa cidade brasileira. Para encontrá-lo, eles têm que seguir estas instruções que, infelizmente, não estão claras. Se você olhar o mapa, vai conseguir completá-las com as expressões do quadro. (Cuidado com as contrações obrigatórias de preposições e artigos definidos).

no final (de)
no fundo (de)
no final (de)
do outro lado (de)
no começo (de) ✓
antes (de)
dentro (de)
dentro (de)
dentro (de)
dentro (de)
depois (de)
depois (de)
no centro (de)
no meio (de)
fora (de)

Vamos ver... Vocês têm que ir ➲ ...no começo... da Avenida Santa Clara, no número 1. Continuem por essa avenida até a terceira rua à direita. Peguem essa rua e ali, (1) .... , tem uma praça. Entrem nela e, (2) .... , numa esquina vocês vão ver uma estátua. Atravessem a praça em direção à estátua, mas (3) .... chegar à estátua, peguem a rua que fica à direita e, em seguida, vocês vão ver uma praça pequena com uma fonte (4) .... Logo (5) ....a fonte, à esquerda, tem uma rua. Peguem essa rua e (6) .... tem um parque. Entrem. (7) .... o parque vocês vão encontrar árvores e bancos para sentar. (8) .... o parque tem uma lagoa e um pequeno templo. Muito bem, o tesouro está (9) .... o templo. Vocês vão chegar a ele (10) .... atravessar um corredor comprido. Porém, não é só isso: o tesouro está (11) .... um cofre. Para abrir o cofre, vocês precisam de uma chave que está escondida (12) .... o templo. Saiam de lá o quanto antes e entrem no labirinto. (13) .... o labirinto tem uma estátua. A chave está (14) .... o olho esquerdo da estátua. Ah, e uma coisa fundamental: quero a metade do valor do tesouro.

CAPÍTULO 6

Orações

46 Perguntar e exclamar
47 Comparar
48 Juntar frases: *e, ou, mas, porque, quando, se, que,* etc.

46. Perguntar e exclamar

A Perguntas *sim / não: Você quer vir com a gente?*

- As frases interrogativas que podem ser respondidas com ***sim*** ou ***não*** têm uma entonação ascendente no final, enquanto as afirmativas têm uma entonação descendente no final:

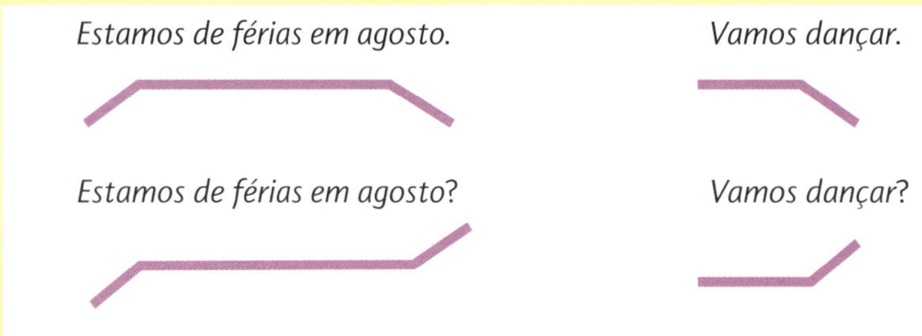

- Usamos ponto de interrogação ou exclamação somente no final das frases. Em casos de respostas afirmativas, podemos usar possibilidades como '*Claro*', '*Isso mesmo*', '*Afirmativo*' e, em vez de dizer ***sim***, é comum utilizar o verbo conjugado na pessoa a quem a pergunta foi dirigida:

  - *Vamos sair de férias em agosto?* ***Vamos.***
  - *Você tem férias em agosto?* ***Tenho.***
  - *Vamos dançar?* ***Vamos.***
  - *A gente tem que sair agora?* ***Tem.***
  - *Vocês gostam de português?* ***Gostamos.***
  - *Seus amigos são legais?* ***São.***

- Caso a pergunta contenha a palavra ***já*** e se refira a coisas que a pessoa já fez ou ainda não fez, a resposta afirmativa pode repetir ***já***:

  - *Você já foi ao Cristo Redentor?* ***Já****, (uma vez).*
  - *Vocês já foram a Angola?* ***Já.***
  - *Ele já viajou para Portugal?* ***Já.***

- Para o mesmo tipo de pergunta, se a resposta for negativa, geralmente utiliza-se ***ainda não***, ***não***, ***nunca*** ou até mesmo as duas palavras juntas:

  - *Você já foi ao Cristo Redentor?* ***Não, nunca.***
  - *Vocês já foram a Angola?* ***Não.*** */* ***Ainda não.*** [Mas ainda é possível que eles vão.]
  - *Ele já viajou para Portugal?* ***Nunca.***

  É correto responder as perguntas acima utilizando ***sim*** ou ***não***. No entanto, no português menos monitorado, geralmente os tipos de respostas acima (com ***já***, ***não***, ***nunca*** ou verbos) são mais frequentes.

- Para confirmar uma possibilidade dentre várias, utilizamos as seguintes estruturas:

  - *Você vem para cá* ***ou*** *vai ficar aí?*
    - *Não sei... Ainda estou em dúvida.*
  - *Você vem para cá* ***ou*** *vai ficar aí?*
    - *Prefiro descansar. Estou exausto.*

- Quando finalizamos as perguntas com ***não é****?* (reduzido a ***né****?* na linguagem menos monitorada), ***certo****?*, ***não é mesmo****?*, ***ouviu****?*, ***entendeu****?*, ***tá (está) bem****?*, etc., pedimos confirmação sobre alguma coisa.

  - *Anita Malfatti nasceu em São Paulo,* ***não é mesmo****?*
    - *Acho que sim.*
  - *Telefono para você no sábado,* ***tá****?*
    - *Tá.*
  - *Você não é daqui,* ***não é mesmo****?*
    - *Não.*

1 **O diálogo abaixo é parte de uma conversa entre Cláudio e Eliza. Complete as respostas na forma afirmativa de modo coloquial.**

➲ Cláudio: Oi, Eliza, você já saiu do trabalho?
Eliza: Já. ....
Cláudio: Você vai para casa agora?
Eliza: (1) .... Você também mora em Copacabana, né?
Cláudio: .... Eu estou indo para lá. Você quer uma carona?
Eliza: (2) .... , obrigado. Podemos passar pela orla?
Cláudio: .... Você gosta de praia?
Eliza: (3) .... Você já viu o pôr-do-sol na Pedra do Arpoador?
Cláudio: .... , várias vezes. Você quer dar uma passada por lá?
Eliza: (4) .... , com esse calor, adoro ir à praia nadar.
Cláudio: Você sabe nadar?
Eliza: (5) ....
Cláudio: Ah, então vamos à praia um dia desses?
Eliza: (6) ....

B Lugar, tempo e modo: *Onde...? Quando...? Como...?*

■ Usamos ***onde***, ***quando*** e ***como*** para perguntar por LUGAR, TEMPO e MODO, respectivamente. No português menos monitorado, um fenômeno de reduplicação muito recorrente é o uso da expressão ***é que*** depois do pronome de interrogação:

O LUGAR	→	*onde*	• ***Onde*** *(é que) Luana mora agora?*
O TEMPO	→	*quando*	• ***Quando*** *(é que) Carla vai apresentar o noivo dela para a gente?*
O MODO	→	*como*	• ***Como*** *(é que) vamos viajar para Belo Horizonte? De carro ou ônibus?*

👁 Essas expressões interrogativas são usadas no início da pergunta. As outras partes da oração são colocadas depois do verbo, com exceção dos pronomes de complemento.

■ Podemos usar ***que tal***, em vez de ***como***, quando queremos que se faça uma análise geral sobre alguém ou algo ou para fazer uma sugestão:

• ***Que tal*** *a feijoada?* ou
• ***Como*** *está a feijoada?* [Neste caso, ***como*** não tem papel de adjunto de modo e pede que se dê um adjetivo.]
○ *Muito boa, as orelhas de porco estão deliciosas.*

• ***Que tal*** *se a gente se encontrar às 8 da noite para a festa?*
○ *Perfeito, e onde (é que) a gente pode marcar?*

■ As mesmas palavras interrogativas também podem ser usadas sozinhas, desde que esteja claro de que se está falando na oração:

• *Encontramos com Rafael.*
○ ***Quando?*** [**Quando** vocês se encontraram?]

• *Já consertei a torneira.*
○ ***Como?*** [**Como** você fez isso?]
• *Telefonei para o encanador.*

• *A gente se vê no sábado à tarde.*
○ *Perfeito.* ***Onde?*** [**Onde** (é que) nos encontramos no sábado à tarde?]

• *Estou adorando as aulas de português. E as suas, Julia,* ***que tal****?* [Como são as suas aulas de português?]
○ *São superanimadas.*

2 **As perguntas abaixo são sobre o Brasil. Complete-as com *onde*, *quando* ou *como* e depois relacione a pergunta com sua respectiva resposta.**

➲ ....Como.... se chama a baía que fica no Rio de Janeiro? — f.
1. .... começou a Ditadura Militar brasileira?
2. .... Roberto Carlos nasceu?
3. .... é o Pão de Açúcar?
4. .... é o dia da Independência do Brasil?
5. .... se chamam as cachoeiras que ficam entre o Brasil e a Argentina?

a. Em Cachoeiro do Itapemirim.
b. No Rio de Janeiro.
c. Cataratas do Iguaçu.
d. Em 1964.
e. Dia 7 de setembro.
f. Baía de Guanabara.

3 **Luciana e Felipe acabaram de se conhecer e estão conversando. Como seria a reduplicação nas perguntas (ou pergunta com repetição) que eles fazem um para o outro? Veja o exemplo abaixo e utilize os pronomes interrogativos do quadro a seguir.**

como	onde	quando	quando	onde ✓	como

➲ Felipe: Onde você mora? — Onde é que você mora?
Luciana: Em Vila Isabel, na 28 de Setembro.
1. Felipe: .... você se chama? — 1. ....
Luciana: Luciana.
2. Felipe: .... você estuda? — 2. ....
Luciana: Estudo todo dia de manhã.
3. Felipe: .... você começou a estudar? — 3. ....
Luciana: Em fevereiro de 2014.
4. Felipe: .... você vai agora? — 4. ....
Luciana: Para casa.
5. Felipe: .... você vai para casa? — 5. ....
Luciana: De ônibus.
Felipe: Eu estou de carro e posso te dar uma carona!
Luciana: Beleza, obrigada!

C Quantidade: *Quanto...?*

■ Para perguntar pela **quantidade**, dizemos:

Quanto (invariável) + VERBO

- ***Quanto*** *custam esses casacos?*
- ***Quanto*** *dura essa bateria?*

Quanto/-a (singular) + SUBSTANTIVO NÃO CONTÁVEL

- ***Quanto*** *dinheiro tiramos do banco?*
- ***Quanta*** *gasolina você pôs no carro?*

Quantos/-as (plural) + SUBSTANTIVO CONTÁVEL

- ***Quantos*** *anos você tem?*
- ***Quantas*** *plantas você quer comprar?*

👁 ***Quanto/-a/-os/-as*** é correto e a palavra a que se referem (verbo ou substantivo) ficam no princípio da oração. As outras partes da oração ficam depois do verbo, com exceção dos pronomes de complemento.

4 **Complete as perguntas do teste abaixo com *quanto/-a/-os/-as* e depois encontre as respostas corretas.**

➔ ...Quantos... habitantes a cidade de São Paulo tem? — b.
1. .... tempo leva a viagem de avião do Rio de Janeiro até Belo Horizonte?
2. .... regiões geográficas o Brasil tem?
3. .... anos durou a Ditadura Militar brasileira?
4. .... mede o Pico da Neblina, a montanha mais alta do Brasil?
5. .... metros de altura tem o Cristo Redentor?
6. .... pessoas no mundo todo falam português?

a. Mais de 30 metros.
b. Cerca de 11 milhões de habitantes.
c. Quase 3.000 metros de altitude.
d. Cerca de 280 milhões de falantes.
e. 21 anos.
f. Cinco.
g. Uns 40 minutos.

5 **Complete as perguntas abaixo com *quanto/-a/-os/-as.***

➔ ● ...Quantos... andares tem a sua casa?
❍ Três: o sótão, um porão e o térreo.

1. ● .... tempo é a viagem até Salvador?
❍ Não sei... Mais ou menos umas quatro horas de carro.
2. ● .... de sal você quer que eu ponha na salada?
❍ Ah, pouco, porque Rafael não gosta de comida salgada.
3. ● Tem banana aí?
❍ Tem, sim. .... você quer?
4. ● .... adubo eu ponho nas plantas?
❍ Bastante, porque estão muito murchas.
5. ● De .... horas você precisa para terminar o trabalho?
❍ Umas três horas, mais ou menos.
6. ● .... falta para você terminar isso?
❍ Meia hora.
7. ● Você vende caneta vermelha?
❍ Vendo, sim. .... você quer?

D Causa: diferentes tipos de *por que*

■ Existem quatro tipos de ***por que***:

Por que

Para perguntar sobre a causa de alguma coisa, usamos ***por que***:
- ● ***Por que*** *Alberto não veio?*
- ❍ *Não sei... Também não sei* ***por que*** *ele não telefonou para avisar.*

Porque

Para explicar a causa de alguma coisa, usamos ***porque*** (uma palavra só):
- ● *Por que tem tantos carros parados?*
- ❍ *Acho que é* ***porque*** *teve um acidente.*

- ● *Por que você quer tanto ir ao parque hoje?*
- ❍ ***Porque*** *está um dia lindo e eu não quero ficar trancado em casa!*

Por quê

Por quê é o mesmo ***por que*** interrogativo, pronunciado tonicamente no final da frase, imediatamente antes do ponto (final ou de interrogação):
- ● *Não vamos à praia amanhã?* ***Por quê****?*
- ❍ *Não vamos à praia amanhã, mas não sei* ***por quê****.*

- ● *Você quer ir ao parque agora?* ***Por quê****?*
- ❍ *Porque está um dia lindo e eu não quero ficar trancado em casa!*

Porquê

Porquê é um substantivo que funciona como substituto de outros substantivos como ***causa***, ***razão*** ou ***motivo***:

- *Não entendo o **porquê** (= o motivo) dessa atitude que Rogério teve.*
- *Clara, com certeza, sabe o **porquê**.*
- *Sim, mas, mesmo se ela souber o **porquê**, não vai contar para a gente.*

Porquê é sempre precedido pelo artigo ***o***.

Para sugerir uma atividade, usamos ***por que não***:

- ***Por que não** vamos à praia no fim de semana?*
- *Não sei... **Por que** a gente **não** fica em casa e fazemos um piquenique no parque?*
- *Melhor: **Por que** você **não** pergunta à sua mãe se podemos usar o carro dela para viajar?*

6 Complete os diálogos abaixo com *porque, por que, porquê, por quê* ou *por que não*.

- ● Por que .... você fechou a janela? Está muito calor aqui.
  ○ Porque .... está fazendo muito barulho lá fora e assim eu não consigo trabalhar.

1. ● .... você não me ajuda a fazer a cama?
   ○ .... deixamos a cama como está e vamos tomar sorvete no centro?
2. ● Você não come iogurte .... ?
   ○ Vou te explicar o .... Não como iogurte .... tenho alergia a laticínios. Se eu comer, tenho que ir para o hospital.
3. ● .... você está me olhando assim? Estou com o rosto sujo?
   ○ Não... Estou te olhando assim .... acho que estou apaixonado por você.
4. ● Você brigou outra vez com sua irmã? .... ?
   ○ .... ela pegou meus brinquedos e não me deixou brincar!
5. ● .... você acha que ela não veio jantar com a gente? Será que ela está doente?
   ○ Nem imagino o .... Pode ser que esteja doente, sim. Não imagino outra razão .... ela perderia o jantar.
6. ● Estou supercansada e não sei o .... Nem trabalhei tanto hoje.
   ○ Deve ser .... andamos o dia todo. .... você não deita e descansa um pouco?

7 Com base nas respostas abaixo, complete as lacunas com *onde, como, quando, quanto, por que* ou *por que nã*[o]

- ● Tia Maria não vem jantar hoje.
  ○ Por que não?..........
  ● Não sei... ainda há pouco falei com ela e ela me disse que estava muito cansada.

1. ● O show de hoje à noite é às oito.
   ○ .... ?
   ● No Maracanã, porque é um show bem grande.
2. ● Vamos viajar pra Curitiba hoje à noite.
   ○ É mesmo? Vocês vão .... ?
   ● Vamos de ônibus, porque a passagem de avião está muito cara.
3. ● Você sabia que Luiza e Cláudio vão se casar?
   ○ .... ?
   ● No mês que vem, acho.
4. ● .... tempo você vai demorar?
   ○ Chego em 10 ou 15 minutos.
5. ● Você pode deixar um dinheiro para mim?
   ○ Sim, claro, ... ?
   ● O suficiente para um café já está bom.
6. ● Sabia que não vou ter férias nesse verão?
   ○ .... ?
   ● Porque tenho que terminar um trabalho na primeira semana de fevereiro.
7. ● Estou com muita dor de cabeça hoje.
   ○ É mesmo? .... você está com essa dor toda?
   ● Cansaço. Ontem à noite trabalhei demais...
8. ● Sabia que Carlos quebrou um braço e uma perna?
   ○ Sério? Quebrou .... ?
   ● Acho que foi caindo da escada quando estava trocando uma lâmpada.

E Coisas: *O que a gente compra? Que CD a gente compra? Qual é seu CD favorito?*

- Usamos ***o que*** para perguntar por **coisas**. Nesses casos, a reduplicação nas perguntas (uso de ***é que***) também é muito frequente na língua falada:

- Usamos ***que*** + SUBSTANTIVO para mencionar **a classe ou o tipo da coisa** a que nos referimos:

- Usamos ***qual*** / ***quais*** quando nos referimos a **uma coisa** (ou **várias**) de um conjunto já identificado, porque já foi mencionado antes ou está claro no contexto:

👁 ***Que*** pode ser usado com um substantivo (***que*** *vestido*, ***que*** *filme*), mas, no português mais monitorado, ***que*** não pode ser usado com substantivo em frases que têm um verbo:

- ~~*Que vestido você quer?*~~
- ***Qual*** *é o vestido que você quer?*
- ~~*Que filme você viu?*~~
- ***Qual*** *é o filme que você viu?*

👁 ***Qual*** é singular e ***quais***, plural:
- *Vou te dar um quadro desses.* ***Qual*** *você quer?*
- *Vou te dar dois desses quadros de presente.* ***Quais*** *você quer?*

8 **Complete os diálogos abaixo com *o que*, *qual* ou *quais*. O uso da reduplicação nas perguntas é opcional.**

1. ● *O que (é que)* você quer jantar hoje?
 ○ Não sei. *O que (é que)* tem na geladeira?
 ● Não tem nada.
 ○ Então a gente sai para jantar. A .... restaurante você quer ir?
 ● Um perto daqui. Estou muito cansada.
 ○ Está bom. Vamos a um perto, mas ....?
2. ● Você me empresta uma calça?
 ○ Depende. .... você quer?
 ● Uma calça jeans.
3. ● Você pode deixar esse livro comigo?
 ○ .... livro?
 ● O que está em cima da mesa.
 ○ Na mesa tem três. .... você quer?
4. ● Sabia que eu passei na prova?
 ○ .... prova?
 ● A de trânsito.
5. ● Esse grampeador não está funcionando.
 ○ .... grampeador? Esse dentro da gaveta de formulários?
6. ● E para seu pai, ... a gente compra?
 ○ Acho que um vinho de reserva está bom.
 ● É mesmo! Mas .... ? Tem muitos aqui.
 ○ Você sabe de .... ele mais gosta?
7. ● Me passa os livros, por favor?
 ○ .... ? Esses?
 ● Isso.

F Pessoas: *Quem? Que menino? Qual?*

■ Usamos ***quem*** quando nos referimos a pessoas:

■ Usamos ***que*** + SUBSTANTIVO para mencionar a classe da pessoa a que nos referimos:

■ Também usamos ***quem*** ou ***qual***/***quais*** para nos referirmos a uma pessoa ou várias de um conjunto já identificado, que já foi mencionado antes ou está claro pelo contexto:

Português monitorado	Português não-monitorado
Que médica?	*Qual médica?*
Que menino?	*Qual menino?*

Quem pode ser usado para indicar singular ou plural. ***Qual*** é singular e ***quais***, plural:

- ***Quem*** *está com a chave?* [A pergunta é para uma ou mais pessoas.]
- *Estou procurando um massagista.* ***Qual*** *é o melhor?*
- *Estou procurando dois massagistas.* ***Quais*** *são os melhores?* ***Quem*** *são os melhores?*

48.D. *Que, onde, como, quando*

9 Complete as frases abaixo com *quem*, *o que*, *qual* ou *quais*.

➲ • Uma pessoa chamada Ana quer falar com você.
❍ Ana? ..Que.... Ana?
• Ah, não sei... Você deve saber.

1. • .... ciclista brasileiro já ganhou a Volta da França?
❍ Nenhum.

2. • Dos seus três filhos, ... é o mais estudioso?
❍ O menor. É o que mais se parece comigo.

3. • Não acredito! Mas, Júlio, isso era um segredo! .... você contou exatamente?

4. • Espelho, espelho meu: .... mulher no Brasil é mais bonita do que eu?

5. • .... são Belchior, Gaspar e Baltasar?
❍ São os três Reis Magos.

6. • Vamos ver, crianças. .... escreveu no quadro?
❍ Foi Álvaro, professora. Eu vi.

7. • De todos os seus colegas, ... mora mais ou menos perto?
❍ Por que você está perguntando?
• Para a gente combinar para ir trabalhar no mesmo carro.

8. • Olá, ... atende nesse guichê?
❍ É aquele senhor de óculos, mas agora ele está ocupado. Por favor, espere na fila.
• Desculpe, mas tem dois senhores de óculos. .... dos dois trabalha aqui?

9. • .... é o homem mais rico do mundo?
❍ Biu Gueites, acho.

10 Complete cada enunciado com as palavras do quadro e depois relacione-os com sua continuação.

que ✓
quem
quais
qual
o que
quem
que
que

➲ O ..que....... é isso? — d
1. .... vai viajar com vocês?
2. .... você quer comer?
3. .... é?
4. .... música vocês querem ouvir?
5. Ainda não decidi. .... dos dois você me recomenda?
6. Afinal, considerando os dez filmes, ... foram selecionados para o Festival de Veneza?
7. .... time ganhou a Copa América?

a. Todos: Eduardo, Ana, Lúcia e Raquel.
b. Sou eu, Clara. Abre a porta.
c. Salada de aipo. Você também quer?
d. Não sei. Acho que é uma encomenda que chegou do exterior.
e. Rock nacional.
f. *Cidade de Deus*, *Central do Brasil* e *Orfeu Negro*.
g. O vestido azul é mais bonito que o preto.
h. A Argentina.

11 Escreva as perguntas que um jornalista faz a Amarildo Silva sobre um acontecimento sobrenatural.

➲ • ..Quando... você encontrou ela?
❍ Ontem à noite, depois do jantar.

1. • .... você encontrou ela?
❍ Em um armário. Acabei de mudar para essa casa e nunca tinha entrado nesse quarto.

2. • E .... é isso, exatamente?
❍ Uma múmia em perfeito estado.

3. • Que incrível! E .... é? Você sabe?
❍ Sim, claro. É a tataravó da minha prima Luci.

4. • .... anos você acha que ela tem?
❍ Acho que ela deve ter uns 200 anos, mais ou menos.

5. • .... ela estava vestida? Estava usando alguma roupa?
❍ Não, não estava. Estava enrolada em panos, como os egípcios faziam.

6. • .... você acha que a guardaram no armário?
❍ Não tenho a mínima ideia. Acho que talvez porque era muito amiga da minha família. Era uma pessoa muito boa.

7. • E você, ... está se sentindo, depois dessa descoberta?
❍ Com um pouco de medo, na verdade.

8. • E .... você vai fazer com a múmia?
❍ Acho que vou levá-la para o Museu de Arqueologia da cidade. É uma relíquia.

G Qual é a capital de Portugal? / O que é escafandro?

■ Para saber a identificação de algo ou alguém, usamos ***qual* / *quais*** + ***ser*** + SUBSTANTIVO DEFINIDO:

Para fazer referência a pessoas, também se pode usar ***quem***.

Coisas	Pessoas
• ***Quais*** *são* *<u>os seus piores defeitos</u>?* [Dentre seus defeitos, identifique os piores.]	• ***Qual*** *é* *<u>o professor</u>?* / ***Quem*** *é* *<u>o professor</u>?* [Dentro desse grupo, identifique o professor.]
• ***Qual*** *é* *<u>o signo da Luciana</u>?* [Dentre os signos do zodíaco, identifique o da Luciana.]	• ***Quem*** *é* *<u>a sua irmã</u>?* / ***Qual*** *é* *<u>a sua irmã</u>?* [Dentre essas pessoas, identifique a sua irmã.]
• ***Qual*** *é* *<u>a oferta mais barata</u>?* [Dentre as ofertas de hoje, identifique a mais barata.]	• ***Quais*** *eram* *<u>seus cantores preferidos</u>?* [Dentre os cantores, identifique os seus preferidos.]

■ Para perguntar a definição de algo ou alguém, usamos ***o que*** + ***ser*** (Presente do indicativo) + SUBSTANTIVO:

- ***O que*** *é (um) escafandro?*
  Uma roupa específica para mergulho.
- ***O que*** *é (uma) jabuticaba?*
  Jabuticaba é uma fruta típica do Brasil.

12 Complete o teste abaixo e você descobrirá algumas coisas, verdadeiras ou inventadas, sobre o universo.

➲ (I) O que é uma galáxia?	a. Um imenso conjunto de estrelas, gás e pó.
(II) Qual é a galáxia mais próxima da Via Láctea?	b. Andrômeda.
1. (I) Quem foi Marte?	a. Um dos planetas do sistema solar.
(II) O que é Marte?	b. O deus da guerra.
2. (I) Quem foi Laika?	a. O primeiro animal que viajou para o espaço, em 1957, em um satélite artificial russo.
(II) O que Laika era?	b. Uma cadela.
3. (I) O que são satélites?	a. Ío, Europa e Calisto.
(II) Quais são os maiores satélites de Júpiter?	b. Astros sem luz própria que giram ao redor de um planeta.
4. (I) O que é um robô?	a. C-3PO e R2-D2.
(II) Quem são os robôs que acompanham Luke Skywalker em suas aventuras?	b. Uma máquina que faz coisas automaticamente.
5. (I) Quem foram Amstrong, Aldrin e Collins?	a. Astronautas.
(II) O que Amstrong, Aldrin e Collins eram?	b. Os primeiros seres humanos que viajaram para a Lua.
6. (I) Qual é o maior planeta do sistema solar?	a. Júpiter.
(II) Quem é Júpiter?	b. O rei do universo, o soberano de todos os deuses.
7. (I) O que Darth Vader é?	a. O pai de Luke Skywalker.
(II) Quem é Darth Vader?	b. Um cavaleiro Jedi que foi para o lado escuro da Força.

13 **Você acha que a pessoa abaixo seria sua alma gêmea? Complete as perguntas e responda o questionário para saber.**

➲ ...Qual... é a sua comida preferida? Peixe cru.
1. .... você prefere? O frio ou o calor? O frio.
2. .... é seu pintor favorito? Di Cavalcanti.
3. .... você prefere? O dia ou a noite? O dia.
4. .... é sua cor preferida? Preto.
5. .... você gostaria de morar? Em Londres.
6. .... você prefere? Dormir sem roupa ou de pijama? Sem roupa.
7. .... são as suas manias? A organização e a pontualidade.
8. .... tipo de música você prefere? Jazz.

H De onde...? Até quando...? Por quanto...? Para que...?

■ ***Quando***, ***onde***, ***quanto/–a/–os/–as***, ***o que***, ***quem*** e ***qual*** aparecem às vezes depois de complementos introduzidos por uma preposição:

- *Trabalho na Brasilplus desde 2013.*
- ***Desde quando****?*

- ***De onde*** *é a sua esposa?*
- *De Goiânia, mas os pais dela são de Brasília.*

- *Salvador fica* ***a quantos*** *quilômetros daqui?*
- *A 250 quilômetros, mais ou menos.*

- ***Com quem*** *você vai se encontrar hoje?*
- *Não posso te falar. É segredo.*

- *Acho que os meninos fugiram por aquela rua.*
- ***Por onde****?*

- ***De quantos*** *filmes brasileiros você se lembra?*
- *De muitos. "Terra em transe", "Central do Brasil", "Madame Satã", "Cidade de Deus"...*

- ***Para que*** *você pegou a caixa de ferramentas?*
- *Para consertar a porta.*

- *Estamos em um hotel.*
- ***Em qual*** *hotel?*

Para perguntar ***a que lugar*** usamos a forma ***aonde*** quando o verbo indica movimento:

- ***Aonde*** *você vai?*
- ***Ao*** *cinema. Você quer ir comigo?*

14 **Natália arrancou quatro dentes e, por isso, não está podendo falar quase nada. Faça perguntas quando você não entender o que ela disser.**

➲ Quando eu era criança, gostava muito de KKKK.	...De quem... você gostava?
1. Lembro muito dos meus XXX. Mas agora moram tão longe daqui...	.... você se lembra?
2. O carro bateu em um KKJKJH e está destruído.	.... o carro bateu?
3. Depois de muitos convites, acabei saindo com meu NLNL.	.... você saiu?
4. Essas histórias em quadrinhos são do meu HRYFRJJJ.	.... são essas histórias em quadrinhos?
5. Abriram a porta com uma KJHKYYG.	.... abriram a porta?
6. Sempre quis me mudar para KKJJH.	.... você quer se mudar?
7. Ela acabou se casando com IIKKKJHHJ.	.... ela se casou?

15 **Nas notícias de última hora abaixo faltam algumas informações. Que perguntas você precisa fazer para conseguir essas informações?**

EFE. Às 19:30 de hoje, um avião da companhia Zigzagair, que ia para (➲) ***** com (1) ***** passageiros a bordo, desapareceu em pleno voo.

REUTERS. A cantora brasileira Ivete Sangalo permanecerá em nossa cidade até (2) *****. Nesse mesmo dia ela vai para (3) *****, onde vai fazer um show beneficente.

AGÊNCIAS. O Banco do Brasil comprou a empresa InterGas por (4) ***** milhões de reais. A InterGas pertencia ao empresário Kaike Ametista desde (5) *****.

➲ *Para onde ia o avião?*
1. ....
2. ....
3. ....
4. ....
5. ....

Perguntas indiretas: *Não sei se te conheço.* / *Não sei qual é o nome dela.*

■ As orações com ***o que***, ***quem***, ***qual*** / ***quais***, ***onde***, ***quando***, ***quanto***/***–a***/***–os***/***–as***, ***como***, ***por que*** podem ser usadas dentro de outras orações quando nos referimos indiretamente a uma pergunta ou ao seu conteúdo:

- *Rogério não sabe **quem** ganhou o prêmio.*
- *As crianças estão perguntando **onde** você está.*
- *Você entendeu **como** a máquina de lavar funciona?*
- *Estou me perguntando **por que te** deram essa promoção de trabalho.*
- *Ainda não sei **quando** vão **me** dar a resposta sobre o apartamento.*

👁 Os pronomes interrogativos ficam no início da pergunta indireta e os pronomes de complemento podem vir antes do verbo, como nas duas últimas frases acima.

■ Para nos referirmos indiretamente a perguntas que não têm interrogativo, usamos ***se***:

- *Cristina quer saber **se** a máquina de lavar funciona bem.*
- *Não sei **se** Alberto vai mandar as encomendas hoje.*
- *Os pais ainda não sabem **se** as crianças vão ficar de férias.*
- *Alice quer saber **se** a gente vai à festa.*

👁 Nas perguntas indiretas introduzidas por ***se***, a ordem das palavras não muda.

16 **Júlia e Henrique se conheceram pela internet, mas nunca se encontraram pessoalmente. Utilizando as palavras do quadro abaixo, complete os pensamentos que eles têm um sobre o outro.**

Não sei...

➲ *Como* .... são as mãos dele.
1. Em .... parte da cidade ele mora.
2. .... ele vai gostar de mim.
3. Com .... ele mora.
4. .... ele tem irmãos.
5. De .... a família dele é.
6. .... é a atriz favorita dele.
7. De .... filmes ele gosta.
8. .... é a comida preferida dele.
9. .... ele é elegante ou não.
10. .... ele mora com os pais.

Não sei...

11. .... anos ela tem.
12. .... são os olhos dela.
13. .... horas ela trabalha por dia.
14. .... ela gosta de comida italiana.
15. .... dia da semana ela não trabalha.
16. .... é o esporte favorito dela.
17. .... ela mora no meu bairro.
18. .... é a altura dela.
19. .... ela faz para se divertir nos fins de semana.
20. .... ela mora.

como ✓	qual	se	se	qual	se
se	onde	quais	que	quem	

se	o que	se	que	quantas
onde	quantos	como	qual	qual

J Exclamar: *Ventou essa noite? Que estranho!*

■ Qualquer frase pode ser pronunciada com uma ***entonação*** exclamativa, ou seja, com uma ***entonação*** ascendente no princípio e que caia de forma brusca no final:

- *Luís tem namorada!*
- *Não acredito!*

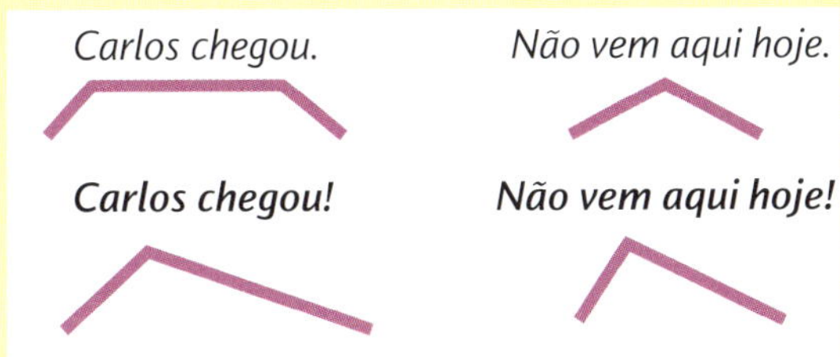

- *Está chovendo!*
- *Saia daqui!*

Quando escrevemos frases que demonstram espanto, surpresa, etc., colocamos um ponto de exclamação (**!**) ao final da frase.

■ Para exclamar sobre a intensidade, quantidade ou modo, usamos ***que***, ***quanto*** ou ***como***:

A INTENSIDADE →	*Que*
A QUANTIDADE →	*Quanto/–a, –os, –as*
O MODO →	*Como*

- ***Que** feio!*
- ***Quanta** gente tem nessa festa!*
- ***Como** ela canta bem!*

■ ***Como*** ou ***que*** podem se referir a um adjetivo, advérbio ou substantivo:

- ***Que** <u>simpática</u> é a namorada do Carlos!*
- ***Como** a namorada do Carlos é simpática!* [É muito simpática.]
- ***Que** <u>rápido</u> o tempo está passando!*
- ***Como** o tempo está passando rápido!* [Passa muito rápido.]
- ***Que** <u>olhos</u> lindos você tem!*
- ***Como** você tem olhos lindos!* [São olhos muito bonitos.]

■ Nesse tipo de construção, o elemento exclamativo (***que***, ***quanto***, ***como***) fica no princípio da frase. O sujeito da frase pode ser no fim ou no meio:

- ***Que** inteligente é a sua filha!*
- ***Que** inteligente sua filha é!*
- ***Como** grita esse treinador!*
- ***Como** esse treinador grita!*

17 **De que Cláudia está falando? Relacione cada exclamação com o tópico relevante.**

➲ Que velha! —	a. uma casa
1. Que bonito!	b. um sanduíche de camarão
2. Como ele cozinha bem!	c. o chef de um restaurante
3. Que delícia!	d. um sapato novo
4. Quanto livro!	e. o namorado
5. Quanta gente!	f. um show de rock
6. Como gosto dele!	g. o cachorro de estimação do meu vizinho
7. Como late esse animal!	h. a biblioteca de um amigo
8. Que rápido!	i. a frente da casa da vizinha
9. Que maquiagem linda!	j. uma modelo
10. Que salgada!	k. um carro de corrida
11. Que jardim maravilhoso!	l. a batata frita

- Usamos ***quanto*** para destacar a quantidade referida de um substantivo:
  - ***Quanto*** *livro!*
  - ***Quanta*** *comida!*
- Geralmente usamos o singular (*livro, comida*) indicando uma quantidade plural (*quantos livros, quantas comidas*). A palavra ***quanto/–a/–os/–as*** concorda em gênero e número com o substantivo.
- Usamos ***como*** para indicar intensidade ou grande quantidade:
  - ***Como*** *ele é bonito!*
  - ***Como*** *você tem livros!*

Quanto é seguido do substantivo a que se refere. ***Como*** é seguido da pessoa ou do objeto de que se fala e também pode ser usado em sentenças onde não há sujeito nem objeto: ***Como*** *chove!*

Como ela beija bem!
E **que** linda ela é!

18 **Leia o texto abaixo, sobre Carlos Coelho, e formule as exclamações que os vizinhos fazem. Use *quanto(s), quanta(s)* ou *como*. Observe os elementos destacados.**

➲ Carlos se casou **sete vezes** e (1) **tem 14 filhos**. Ele (2) **pesa 50 quilos** e (3) **bebe duas garrafas de refrigerante** por dia. Sua vida não é nada saudável. Carlos (4) **gosta muito de música e de cinema**. (5) **Tem uma coleção de mais de cinco mil CDs e DVDs** e (6) **sabe tudo sobre diretores e filmes**. Ele (7) **vai ao cinema pelo menos três vezes por semana**.

➲ Quantas vezes se casou!
1. ....
2. ....
3. ....
4. ....
5. ....
6. ....
7. ....

19 **Dona Clara, a mãe de Carlos Coelho, foi passar uns dias na casa de seu filho e se surpreendeu com as mudanças que houve desde a última vez em que o viu. Formule suas exclamações utilizando *como*.**

➲ Carlos perdeu muito peso. Como Carlos perdeu peso!
1. Mariana, a filha de Carlos, cresceu muito. ....
2. Frederico, o cachorro de Carlos, ficou muito peludo. ....
3. A cozinha está muito desorganizada e suja. ....
4. O jardim também está mal cuidado e feio. ....
5. Os preços das comidas no supermercado subiram muito. Tudo custa caro. ....

47. Comparar

A Mais ou menos?

■ Para comparar duas coisas que são diferentes em alguma característica, usamos:

VERBO → *mais* / *menos* → *(do) que*

mais / *menos* → ADJETIVO / ADVÉRBIO / SUBSTANTIVO → *(do) que*

- *Na cidade, as pessoas se estressam **mais (do) que** no campo.*
- *Na cidade, as crianças brincam **menos (do) que** no campo.*

- *A cidade é **mais** barulhenta **(do) que** o interior.*
- *No interior, as pessoas dormem **mais** cedo **(do) que** na cidade.*
- *No interior, há **menos** poluição **(do) que** na cidade.*

■ Nas comparações, o uso de ***de*** (e suas contrações com artigos) é opcional.

■ Para comparar com mais precisão, utilizamos quantificadores como ***um pouco*** ou ***muito/muitíssimo*** antes de ***mais/menos***.

- *São Paulo tem **muito** mais poluição (do) que o Rio de Janeiro.*
- *Roberta comeu **um pouco** menos (do) que Rafaela.*
- *Viajar de avião é **muito** mais rápido (do) que viajar de ônibus.*

■ Quando está claro de que estamos falando, não é necessário expressar o segundo elemento da comparação:

- *Seu chefe ganha mais (do) que você.* [ganha.]
- *Sim, apesar de que eu trabalho mais.* [que ele.]

- *O ar condicionado novo é mais barulhento, mas esfria mais.* [que o velho.]

■ Quando o segundo elemento da comparação é um pronome sem preposição, sempre usamos as formas de sujeito:

- *Seu irmão fala mais que **você**.* [Seu irmão fala mais que ~~te~~.]
- *Seu irmão fala mais de mim que de **você**.*

1 **Abaixo estão algumas informações sobre a vida dos habitantes de dois planetas da galáxia Mudanes. Compare essas características de acordo com o exemplo abaixo.**

	Verdis	Rosis	
Número de antenas	6	1	➲ Os Verdis têm *mais antenas (do) que os Rosis.*
Número de olhos	2	6	1. Os Verdis têm ....
Altura média	2,20m	1,50m	2. Os Verdis são .... altos ....
Coeficiente intelectual	170	60	3. Os Rosis são .... inteligentes ....
Hora de levantar	Entre 10 e 11 da manhã	Entre 6 e 7 da manhã	4. Os Rosis levantam .... cedo ....
Hora de deitar	meia-noite	10 da noite	5. Os Verdis deitam .... tarde ....
Litros de guaraná por habitante por ano	420 litros	1 litro	6. Os Verdis bebem ....
Expectativa de vida	123 anos	67 anos	7. Os Rosis vivem ....

2 **Pense no que diriam esta senhora e esta jovem.**

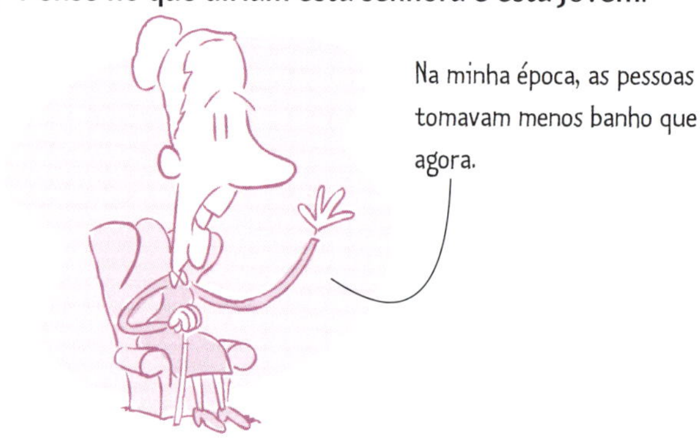

1. A vida (ser) tranquila
   ....
2. Os trens (andar) devagar
   ....
3. As pessoas (casar-se) jovens
   ....
4. A fruta (ter) sabor
   ....
5. (Haver) igualdade entre homens e mulheres
   ....
6. As pessoas (divorciar-se)
   ....
7. As pessoas (viver) muitos anos
   ....
8. As pessoas (viajar)
   ....

B *Igual, tão / tanto, o mesmo*

■ Para dizer que duas ações acontecem do mesmo modo, podemos escolher entre vários recursos:

Com **ADJETIVOS** e **ADVÉRBIOS**

Tão → ADJETIVO / ADVÉRBIO → *quanto*

- *Rodrigo é **tão** <u>divertido</u> **quanto** José.*
- *Rodrigo dança **tão** <u>bem</u> **quanto** José.*

Com **VERBOS**

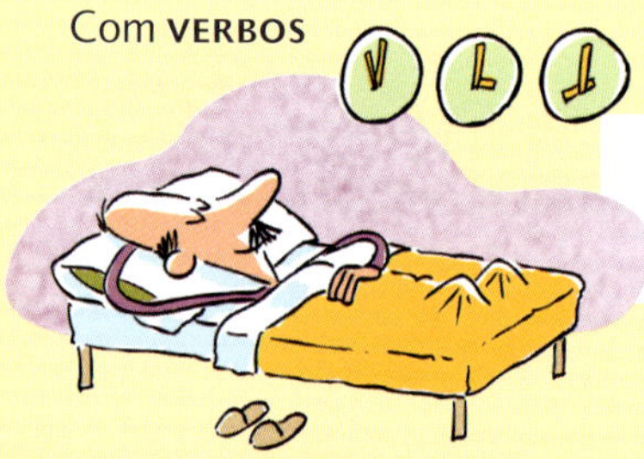

... → *igual a* / *tanto quanto* / *como* → ...

Igual a / como
(DE MANEIRA OU QUANTIDADE EQUIVALENTE)

- *Minha filha <u>dorme</u> **igual ao/como** meu marido.*
  [De maneira idêntica (de barriga para cima, por exemplo, ou a mesma quantidade de horas).]
- *Minha filha não <u>ronca</u> **igual ao/como** meu marido.*
  [Ronca de maneira diferente.]

Tanto quanto
(QUANTIDADE EQUIVALENTE)

- *Minha filha <u>dorme</u> **tanto quanto** meu marido.*
  [A mesma quantidade de horas.]
- *Minha filha não <u>ronca</u> **tanto quanto** meu marido.*
  [Ronca menos.]

Quando nos referimos ao complemento de um verbo, também usamos ***o mesmo (que)*** para indicar "a mesma quantidade" ou "a(s) mesma(s) coisa(s)":

- *Meus dois filhos estudam **o mesmo**: arquitetura e piano.*
- *Dormi **o mesmo que** você, 12 horas.*
- *Eles pediram **o mesmo que** vocês: um aumento de salário.*

■ Para frases com ***tanto quanto*** em que aparece uma segunda frase que nega a equivalência das ações, o segundo elemento negado pode ser eliminado mantendo-se a palavra ***tanto***:

- *Cláudio come **tanto quanto** José, mas não dorme **tanto (quanto** José).*
  [Frase negativa, por isso o segundo elemento pode ser eliminado.]

- *Cláudio come **tanto quanto** José e também dorme **tanto quanto** ele.*
  [Frase afirmativa, por isso ***não*** é possível eliminar o segundo elemento.]

3 Maria Vitória e Carmen Paula são duas atrizes famosas e muito parecidas, mas não idênticas. Utilize os adjetivos e advérbios do quadro abaixo e forme frases usando *igual...* e *tanto... quanto* para descrever em que elas se parecem ou não.

alta velha magra jovem ✓ rica rápido tarde perto

	Maria Vitória	Carmen Paula
Idade	35	40
Altura	1,73m	1,73m
Peso	60kg	55kg
Horário do café da manhã	10:30	10:30
Velocidade dirigindo	170 Km/h	170 Km/h
Distância de casa ao trabalho	5 Km	30 Km
Salário	2 milhões de reais por ano	10 milhões de reais por ano

➲ Carmen Paula não é tão jovem quanto Maria Vitória.
1. ....
2. ....
3. ....
4. ....
5. ....
6. ....

4 Compare o que Maria Vitória e Carmen Paula fazem. Utilize *igual a, tanto quanto* e *o mesmo (que)*. Lembre-se de que *tanto quanto* só deve ser usado para comparar quantidades.

➲ Maria fez plástica no nariz, nos lábios e nas orelhas. Carmen só operou o nariz.
Carmen não fez tantas plásticas quanto Maria.

1. Maria come três brigadeiros por dia. Carmen também.
....
2. Maria é carioca, mas fala com um sotaque baiano perfeito. Carmen também.
....
3. Maria bebe um litro de leite de vaca por dia. Carmen também.
....

4. Maria pinta os olhos, os lábios e as bochechas. Carmen, só os olhos.

....

5. Maria dorme de máscara e em um colchão de água. Carmen também.

....

6. Maria come ostras, salsichas e ovos no café da manhã. Carmen só toma café de manhã.

....

Com **SUBSTANTIVOS**:

IDENTIDADE E QUANTIDADE	*O mesmo* *A mesma* *Os mesmos* *As mesmas*	SUBSTANTIVO	*que*
SOMENTE QUANTIDADE	*tanto* *tanta* *tantos* *tantas*		*quanto*

IDENTIDADE / QUANTIDADE IGUAL
CONTÁVEIS E NÃO CONTÁVEIS

- *Pedro comprou **o mesmo** livro **que** João.*
- *Pedro usa **o mesmo** número de roupa **que** João.*
- *Pedro tem **os mesmos** gostos **que** João.*
- *Pedro tem **as mesmas** amigas **que** João.* [amigas idênticas ou número igual de amigas.]
- *Pedro bebe **o mesmo** suco **que** João.* [O mesmo tipo de suco.]
- *Pedro não está vestindo **a mesma** camisa **que** João.*

E também:

- *Pedro e João têm **o mesmo** celular.*
- *Pedro e João usam **o mesmo** número de roupa.*
- *Pedro e João têm **os mesmos** gostos.*

QUANTIDADE IGUAL

NÃO CONTÁVEIS no singular

- *Tomo **tanto** café **quanto** meu marido.*
- *Minha casa tem **tanta** luz **quanto** a sua.*
- *Eu já não tenho **tanto** cabelo **quanto** antes.*

CONTÁVEIS no plural

- *Tenho **tantos** problemas **quanto** você.*
- *Esse hotel tem **tantos** quartos **quanto** o da praia.*
- *Você não tem **tantos** problemas **quanto** eu, não é?*

■ Quando está claro de que estamos falando, não é necessário expressar o segundo elemento da comparação

- *Meu cabelo é mais comprido que o seu.* [~~que o seu cabelo.~~]

■ No entanto, com ***tanto/–a/–os/–as***, eliminamos o segundo termo somente quando a frase é negativa:

- *Meu computador tem **tanta** memória **quanto** o seu, mas não tem **tantos** programas.* [~~quanto o seu.~~]

■ Quando temos dois termos distintos, o segundo termo de comparação não pode ser omitido:

- *Eu bebo **tanto** café **quanto** chá.* [Não podemos eliminar "chá".]

5 **Abaixo estão outras informações sobre Maria Vitória e Carmen Paula. Complete as frases a seguir de acordo com o exemplo.**

	Maria Vitória	Carmen Paula
Maridos	4	4
Copos de água por dia	3	6
Água Mineral	Aguazul	Aguazul
Helicópteros	3	3
Cabeleireiro pessoal	Riccardo di Viaggio	Sandro BonPelo
Personal trainer	Lucas Sancorpo	Lucas Sancorpo
Amigas íntimas	Carol, Júlia e Roberta	Maralice, Clara e Luciene
Xícaras de café por dia	5 xícaras (etíope)	5 xícaras (brasileiro)

➲ Maria Vitória teve ...tantos... maridos quanto Carmen.
1. Carmen bebe .... água mineral que Maria.
2. Carmen tem .... personal trainer que Maria.
3. Carmen toma .... café .... Maria, mas não toma .... tipo.
4. Maria toma .... copos de água que Carmen, mas toma .... marca.
5. Carmen tem .... helicópteros quanto Maria.
6. Maria tem .... amigas .... quanto Carmen, mas não ....
7. Carmen não tem .... cabeleireiro .... Maria.

6 **Ana e Lúcio acabaram de se conhecer, mas já descobriram que foram feitos um para o outro.**

➲ Eles vão aos ...mesmos... restaurantes: vegetarianos.
1. Tomam banho com .... tipo de água: fria.
2. Ana é .... tímida .... Lúcio: ambos não falam com ninguém.
3. Os dois têm .... trabalho: são dançarinos.
4. Os dois têm .... altura: 1,75cm.
5. Eles ouvem .... tipos de música: jazz e forró.
6. Os dois gostam dos .... estilos de filmes: ação e romance.
7. Os dois têm .... terapeuta, mas vão parar de ir à terapia.
8. Eles gostam do .... refrigerante: Ártico.
9. Os dois dormem à .... hora: às duas da manhã.
10. Os dois têm .... mania: roer as unhas.

C Superlativo relativo: *O homem mais rápido do mundo.*

- Quando queremos destacar uma pessoa ou coisa em comparação a todas as demais de um conjunto, usamos:

o/a/os/as → (SUBSTANTIVO) → ***mais/menos*** → ADJETIVO → *de/o/a/os/as* + CONJUNTO / *que* + FRASE

- *O edifício azul é **o mais** alto **da** cidade.*
- *É o arranha-céus **mais** alto **que** já vi na vida.*

- Quando o contexto deixa claro qual é a referência, não é necessário mencioná-la:

  - *Você já me disse quem é a sua amiga mais simpática, mas ainda não me disse quem é **a mais inteligente**.*
    [Sua amiga mais inteligente.]

7 **Relacione os elementos das três colunas.**

➲ Meu namorado é	a. a mais nova	a. da turma.
1. Paulo Coelho é	b. a montanha mais alta	b. que eu conheço.
2. Pedrinho é	c. o escritor mais traduzido	c. da nossa vida.
3. O Pico da Neblina é	d. o homem mais bonito	d. das cinco irmãs.
4. Os três primeiros anos são	e. a criança mais boba	e. que já li.
5. Sofia é	f. os mais importantes	f. do Brasil.
6. Os polos são	g. o quadro mais famoso	g. dos últimos cinco anos.
7. Esse verão foi	h. o mais tranquilo	h. do planeta.
8. Seu quarto é	i. o pior dia	i. da semana.
9. O Abaporu é	j. o mais seco	j. da casa.
10. Segunda-feira é	k. as zonas mais frias	k. de Tarsila do Amaral.

D Superlativo absoluto: *Uma mulher carinhosíssima.*

- Para expressar que algo tem um nível muito alto em um aspecto específico, mas sem relacioná-lo com outros objetos de sua classe, usamos:

ADJETIVO → *–íssimo/–a/–os/–as*

- *Esse arranha-céus é alt**íssimo**.*
- *O restaurante é bom, mas é car**íssimo**.*
- *Carmen sempre está bel**íssima**.*

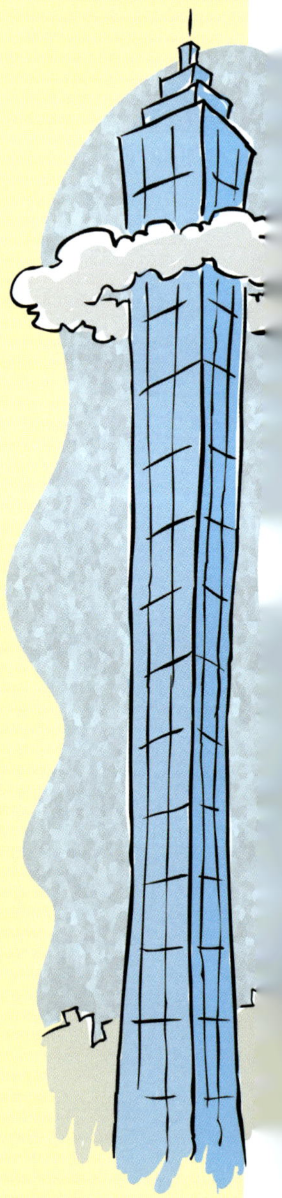

- Quando ***–íssimo*** é utilizado com um adjetivo, concorda em gênero e número com o substantivo a que se refere:
  - *Seus filhos estão alt**íssimos**.*
  - *Que absurdo! Essa loja é car**íssima**!*

- A terminação ***–íssimo*** é colocada junto à forma singular dos adjetivos:

Se o adjetivo ou advérbio terminar em vogal, substituímos a vogal por ***–íssimo***:

alto/-a → *alt**íssimo**/-a*   *interessante* → *interessant**íssimo**/-a*

Se o adjetivo terminar em –***vel***, usamos a forma –***bilíssimo/a***:

*amá**vel*** → *ama**bilíssimo***   *sensí**vel*** → *sensi**bilíssimo***

Se o adjetivo terminar em –***z***, usamos –***císsimo/a***:

feliz → *feli**císsimo***   *feroz* → *fero**císsimo***

Alguns adjetivos conservam a forma latina no superlativo.
Os mais frequentes desse grupo são:

antigo → *antiquíssimo*	*fácil* → *facílimo*
doce - dulcíssimo	*nobre* → *nobilíssimo*
difícil → *dificílimo*	*pobre* → *paupérrimo*

Na língua menos monitorada, as duas formas abaixo são comumente usadas para expressar superlativos:

–érrimo/a
- *Essa loja é chiqu**érrima**!*
- *Maria é poderos**érrima**!*

Super
- *Essa loja é **super**chique!*
- *Maria é **super**poderosa!*

8 **Ponha a terminação *-íssimo/-a /-os /-as* nos adjetivos abaixo, mantendo a concordância. Tenha cuidado com as formas irregulares. Quando a palavra singular tiver dois gêneros, escreva os superlativos masculino e feminino.**

poucas	➲ pouquíssimas	interessantes	....	divertido	....
feliz	....	antipático	....	fácil	....
contente	....	secas	....	responsável	....
simpáticos	....	agradável	....	ricas	....

9 **Escreva os adjetivos correspondentes às formas abaixo.**

fortíssimos	....	branquíssimo	....	cansadíssimas	....
bobíssimo	....	riquíssimos	....	chateadíssimo	....
felicíssimas	....	dificílimas	....	nobilíssimo	....

10 **Ana e Pietra são muito exageradas. Elas estão comentando a festa de aniversário de Rodolfo. Ponha as palavras entre parênteses na forma *–íssimo/–a/–os/–as*. Atenção: algumas palavras são irregulares. Tome cuidado, também, com a concordância.**

Ana: Você estava ➲ (lindo) lindíssima e seu vestido era maravilhoso. Mas Josefina, a noiva de Euclides, estava feia com aquele cabelo (1. **curto**) .... e (2. **loiro**) .... Ela também estava com um vestido (3. **longo**) .... e um sapato (4. **alto**) .... E a bolsa dela, você viu? Era (5. **antigo**) ....

Pietra: Quem estava (6. **feio**) .... era Euclides. Com aquela barba (7. **comprido**) .... e (8. **despenteado**) .... Estava com uma calça jeans (9. **velho**) .... e uma camisa (10. **brega**) .... Tenho certeza de que a camisa era (11. **barato**) ....

Ana: É mesmo. Mas quem estava (12. **belo**) .... era Alex. (13. **simpático**) .... e (14. **elegante**) .... Estava com um smoking (15. **alinhado**) .... Ele é (16. **educado**) .... e, além disso, (17. **musculoso**) ....

Pietra: É? Eu não o vi a noite toda. Mas a festa estava (18. **divertido**) .... e eu curti (19. **muito**) ....

Responda as seguintes perguntas:

Quem estava mal vestido/a? ....

Que estava bem vestido/a? ....

11 **Complete as lacunas abaixo de acordo com exemplo.**

➲ ● O professor é muito agradável, não?
○ Sim, é agradabilíssimo. .

1. ● Prefiro comprar outro telefone. Esse é muito caro.
○ Sim, é ....

2. ● Chega, não quero ver José mais. Ele é muito chato.
○ Sim, ele é ....
● Detesto ele.

3. ● O que vocês acharam? Eu o achei muito simpático.
○ Ele é ...., é verdade.

4. ● Esse quadro é interessante. Gostou?
● Gostei, é ....

5. ● Essa situação é complicada.
○ Sim, é ....

E Melhor, pior, maior, menor

■ Os adjetivos ***bom***, ***mau***, ***grande***, ***pequeno*** e os advérbios ***bem***, ***mal*** têm formas especiais para expressar um nível maior. Não existem, no português do Brasil, "*mais grande*" e "*mais pequeno*". Essas formas são sempre substituídas por "*maior*" e "*menor*", respectivamente:

Melhor = (***mais*** + ***bom/boa***) / (***mais*** + ***bem***)

- *O azeite de oliva é **melhor** que a manteiga.*
- *Minha mãe cozinha **melhor** que você.*
- *Esse é o **melhor** livro que já li na minha vida.*

Pior = (***mais*** + ***mau/má, ruim***) / (***mais*** + ***mal***)

- *O filme é **pior** que o livro.*
- *Meu marido dirige **pior** que você.*
- *Quem é o **pior** aluno da turma?*

Maior e ***menor*** referem-se a "maior / menor altura" ou à "idade".

- *Minha irmã é um pouco **maior** que eu.* [Minha irmã é um pouco mais alta.]
- *Ele é o **maior** da turma.* [Ele é o mais alto.]
- *Qual é o nome da sua irmã **menor**?* [Qual é o nome da sua irmã mais jovem?]
- *Eu só conheço o seu irmão **maior**.* [O mais velho.]
- *Minha amiga é **menor** e não pode dirigir.* [Ela ainda não tem 18 anos.]

👁 Quando nos referimos à idade, podemos usar, também, ***mais novo*** / ***mais velho***:

- *Meu irmão **mais velho** tem 25 anos e minha irmã **mais nova** tem 13.*

■ ***Melhor***, ***pior***, ***maior*** e ***menor*** são formas usadas no masculino e feminino e só mudam de acordo com o número:

- *As piadas de José são **melhores** que as de Alex.*

12 Complete as lacunas abaixo com *melhor*, *pior*, *maior* e *menor*. Cuidado com a concordância.

➲ Dois metros de altura! Seu marido é muito ....maior.... que você.

1. Não gostei do filme. O livro é muito ....
2. O hotel era muito .... que o do ano passado. Tinha baratas e ratos. Foi uma experiência horrível!
3. Doutor, estou me sentindo muito .... Esses comprimidos foram fabulosos para mim.
4. Claro que Luís é .... que eu! Eu tenho 1,75m e Luís tem 1,85m!
5. No meu país, os ônibus são .... : mais pontuais e confortáveis.
6. Os cursos foram muito .... que os dos outros anos. Não aprendemos nada. Um desastre completo.
7. Com certeza esses camarões são .... Apesar de serem mais baratos, estão mais frescos.

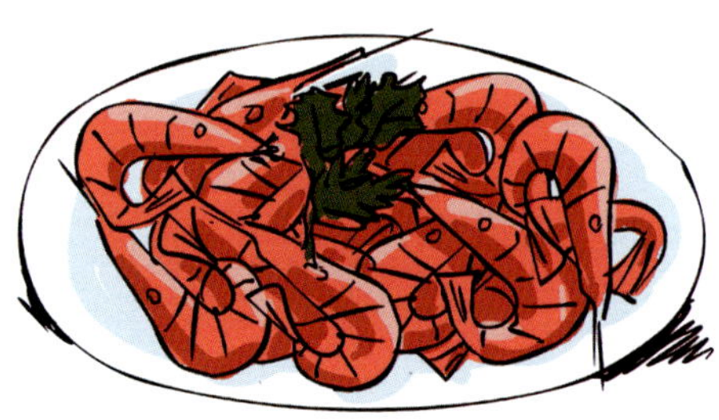

48. Juntar frases: *e, ou, mas, porque, quando, se, que, etc.*

A *E, ou, nem*

- Com ***e*** juntamos um elemento a outro:
  - *Adriano **e** Vagner vieram nos ver.*
  - *Saímos para jantar **e** ver um filme.*
  - *Fomos à festa **e** nos divertimos muito.*

- Reconhecemos os demais elementos de uma enumeração porque eles vêm separados por vírgulas. Colocamos ***e*** antes do último elemento e não usamos vírgula:
  - *Temos que comprar batata, tomate, alface **e** alho.*
  - *Minha rotina é assim: levanto de manhã, tomo banho, tomo café **e** saio para trabalhar.*

  Mas também é possível dizer:
  - *A gente tem que comprar batata **e** tomate **e** alho.*

- Usamos ***ou*** para indicar uma alternativa de dois ou mais elementos:
  - *Você tira o lixo **ou** eu tiro?*
  - *Não tenho certeza do que ela quer de presente. Acho que ela falou que queria luvas **ou** um cachecol.*
  - *A gente pode ir ao cinema hoje à noite. **Ou** você prefere ir ao teatro?*

- ***Ou*** pode ser posto antes de todos os elementos que relacionamos e não é precedido por vírgula:
  - *Vou viajar na sexta **ou** no sábado, ainda não sei.*
  - *Vou viajar **ou** na sexta **ou** no sábado, ainda não sei.*

1 **Relacione as frases de cada enunciado abaixo.**

➲ Clara **e** — b.	a. depois vamos sair para jantar.
1. Vamos ao cinema **e**	b. as amigas do colégio estão aqui.
2. Temos aula hoje à tarde **e**	c. inglês. Ele é tradutor.
3. Sua mãe veio **e**	d. amanhã de manhã.
4. Júlio fala muito bem francês **e**	e. me encontrar com Ana.
5. Hoje de manhã vou sair **e**	f. fez o jantar para a gente.
➲ Você quer um café **ou** — k.	g. para a praia?
6. A viagem dura oito **ou**	h. a Holanda. Não me lembro.
7. Vamos para o sítio **ou**	i. ou Maria, acho.
8. Luan quer visitar a Bélgica **ou**	j. nove horas de avião.
9. Sávio quer namorar Lívia	k. prefere um chá?
10. Vamos de barco, umas duas **ou**	l. três horas.
11. Setenta **ou**	m. oitenta pessoas é gente demais.

- Com ***nem*** introduzimos um segundo elemento que pretendemos negar; no contexto, há sempre um primeiro elemento que já foi negado, por meio de ***não*** ou do próprio ***nem***:

  - *João não veio.*
  - ***Nem*** *Maria. Que estranho!*
  - *Não quero chá* ***nem*** *café.*
  - *Luís não sabe inglês* ***nem*** *quer aprender.*

- Podemos pôr ***nem*** antes de todos os elementos que listamos. Dessa maneira, indicamos desde o princípio que todos esses elementos serão negativos:

  - *Ele* ***nem*** *veio* ***nem*** *telefonou para dizer que não viria.*
  - ***Nem*** *tenho namorado* ***nem*** *sou casada* ***nem*** *quero me casar.*

Não usamos vírgula antes de ***nem***.

2 **Carmen e sua mãe estão comprando presentes para a família. Quantas coisas elas vão comprar para cada pessoa?**

➲ Para Ana, um perfume ou uma bolsa e uma camiseta. ....1 ou 2....
1. Para Bruna, nem brinquedos nem doces: um livro. ....
2. Para Antônio, um livro, um pôster ou um CD. ....
3. Para Júlia, um porta-retratos ou um quadro. ....
4. Para Elisa, nem um piano, nem uma guitarra, nem nada. ....
5. Para Carla, uma camisa e um casaco ou uma calça e um cinto. ....
6. Para Cíntia, uma toalha e um sabonete. ....
7. Para Carla, uma planta e um CD ou um sapato e uma calça. ....
8. Para Marília, nem livro nem CD. Um cordão ou uma pulseira. ....

3 **Alguns amigos estão fazendo planos para o fim de semana. Complete as lacunas abaixo com *ou*, *e* ou *nem*.**

Carla: Sábado ➲ ..ou.. domingo de manhã a gente pode ir ao zoológico (1) .... depois passear no parque.
Rafael: Não dá tempo para as duas coisas: (2) .... vamos ao zoológico (3) .... vamos ao parque.
Mara: Não gosto (4) .... de uma ideia (5) .... da outra. Por que a gente não vai passar o dia na casa da Juliana?
Carla: Na casa da Juliana (6) .... na casa do Tomás? A casa do Tomás é maior e tem até jardim.
Rafael: Mas (7) .... Juliana (8) .... Tomás sabem nada dos nossos planos. Em vez disso, podemos ir à praia no fim de semana para tomar sol (9) .... descansar.
Mara: Também acho. É melhor mesmo. Vamos à praia de manhã (10) .... saímos para dançar à noite. O que vocês acham?

4 **Olhe os desenhos ao lado e complete as descrições com *e* ou *nem*. Você consegue adivinhar quem é o marido de Cristina?**

O tipo de homem ideal para Cristina...

➲ Não usa barba ..nem.. bigode.
1. Tem cabelo curto ...... liso.
2. Usa terno ...... gravata.
3. Não é ...... muito alto ...... muito magro.
4. Não tem olhos azuis ...... cabelo ruivo.

O marido de Cristina...

5. Tem barba ...... bigode.
6. Não tem ...... cabelo curto ...... liso.
7. Não usa ...... terno ...... gravata.
8. Não é ...... muito baixo ...... muito gordo.
9. Tem olhos azuis ...... cabelo ruivo.

O marido de Cristina é... ☐ ☐

B *Mas*

- ***Mas*** introduz uma ideia que contrasta com a anterior ou a limita:
  - *Eu tenho piscina em casa, **mas** não sei nadar.*
  - *Gosto muito do Pedro, **mas** não vou casar com ele.*
  - *Seu irmão não chegou, **mas** sua cunhada chegou.*
  - *A casa de Magna é maravilhosa, **mas** muito cara.*

- Podemos usar ***mas*** para acrescentar uma ideia que contrasta com outra ideia negativa anterior:
  - *Gabi não fala inglês, **mas** entende.*
  - *Não, não pedi presunto, **mas** trouxeram para mim.*
  - *Não tenho açúcar, **mas** tenho mel.*
  - *Você não foi bem na prova, **mas** conseguiu passar mesmo assim.*

👁 ***Mas*** vem sempre precedido de vírgula.

5 **Escreva *e, ou* ou *mas* nas lacunas abaixo. Observe o primeiro enunciado de cada grupo e complete os demais com uma dessas três palavras de modo a dar sequência ao primeiro.**

➲ Júlio quer ganhar muito dinheiro...
....e....fez entrevistas com três empresas.
....e....casar com uma mulher milionária.
....mas....não quer trabalhar.

1. Os Lopes têm uma casa na praia...
.... sempre viajam para a montanha.
.... na montanha. Não me lembro.
.... outra na montanha.

2. Ricardo está apaixonado por Márcia...
.... por Alice. Não tenho certeza.
.... não quer casar com ela.
.... está procurando um anel de noivado.

3. O novo empregado trabalha muito bem...
.... trabalha muito mal, dependendo do dia.
.... sem parar. É o melhor de todos.
.... pouco: é sempre o primeiro a sair.

4. Amanhã vamos ao cinema...
.... não antes das 19h porque tenho que trabalhar.
.... melhor, vamos dar uma volta, se não chover.
.... sair para jantar depois.

5. Rosa vai à academia todo dia...
.... faz exercício em casa, um dos dois.
.... ainda não está tão forte quanto Ludmila.
........, além disso, come só frutas e verduras.

6 **A atriz Glória Madalena está dando uma entrevista para um jornalista. Ela é muito pessimista, então se esquece de contar ao jornalista fatos positivos de sua vida. Ajude os filhos de Glória a completarem as frases abaixo de forma mais compatível com a realidade.**

➔ Não tenho nenhuma filha.
(Ela tem cinco netas maravilhosas.)
Ela não tem nenhuma filha, mas tem cinco netas maravilhosas.

1. Não tenho mais casa em Hollywood.
(Ela tem casas em Paris e Roma.)
....
2. Robert de Niro nunca quis namorar comigo.
(Ela teve romances com vários atores de Hollywood.)
....
3. Os críticos profissionais nunca me elogiaram.
(Ela ganhou muito dinheiro com o cinema.)
....
4. Nunca fiz um filme de aventura.
(Ela escreveu vários romances.)
....

C *Porque, como, é que*

■ Com ***porque*** explicamos a causa de algo:

[Jaime explica por que tem que voltar para casa: a filha está doente.]

As frases introduzidas por ***porque*** indicando causa costumam vir depois das frases em que se descrevem as consequências:

- *Não posso ir à festa de Patrícia **porque** vou viajar para Salvador.*

➔ 46.D. Causa: diferentes tipos de *por que*

■ Com ***como***, apresentamos um fato em que é necessário pensar antes para compreender outro fato depois:

[Se o rapaz considerar a chuva, compreenderá a proposta da moça.]

A causa apresentada com ***como*** vem normalmente antes:

- ***Como** Raquel trabalha muito, não tem tempo para sua família.*

■ ***É que*** serve para apresentar uma causa como a justificativa de algo:

- *Por que você está chegando tão tarde para trabalhar hoje?*
- ***É que** o despertador não tocou.*

- *Não fiz os deveres. **É que** não tive tempo durante a semana inteira.* [Nos dois casos a pessoa se justifica.]

7 **Complete as frases abaixo com a explicação mais adequada. Tenha cuidado com a ordem dos elementos.**

como não tem nada interessante no cinema ✓
porque a bateria do meu telefone acabou
como a gente já tinha os ingressos para o show
porque elas foram ao parque com a mãe
porque vão brincar na casa de uma colega
como Catarina sabe latim
porque essa está ficando pequena para a gente ✓
como o banco estava fechado
porque precisávamos de oito
como vai chover muito hoje

➲ *Como não tem nada interessante no cinema,* vamos ficar em casa para ver um filme da Netifliks.
➲ Dentro de um mês, a gente muda de casa *porque essa está ficando pequena para a gente.*

1. ...., pedi que ela me ajudasse com a tradução dessa citação "nulla dies sine linea" de Apeles ....
2. .... as crianças não estão em casa ....
3. ...., tive que pedir dinheiro ao meu irmão ....
4. .... não te telefonei ....
5. ...., não tivemos que entrar na fila ....
6. .... pusemos um exemplo a mais ....
7. ...., preciso levar minha sombrinha ....
8. .... os meninos vão chegar mais tarde hoje ....

8 **Complete cada diálogo com a opção mais adequada de acordo com o sentido.**

Porque Maria não me convidou. ✓ Sim, porque o peixe vai esfriar. É que meu pai é do Brasil. Não, porque ainda tenho muito trabalho no escritório e vou passar a noite lá. Não, porque a gente não tem ninguém com quem deixar as crianças, então vamos ficar em casa. É que não tenho escova. Porque já estamos em dezembro e os dias são maiores. É que não tinha ovos.

➲ • Por que você não veio à festa de ontem?
○ *Porque Maria não me convidou.*

1. • Você não preparou o bolo?
○ ....
2. • A gente já pode começar a comer?
○ ....
3. • Você vai ao lançamento do livro nesse fim de semana com seu marido?
○ ....
4. • Por que você não escovou os dentes?
○ ....
5. • Você volta ainda essa noite para casa?
○ ....
6. • Que ótimo saber que você fala português!
○ ....
7. • Por que está amanhecendo tão cedo?
○ ....

D *Que, onde, como*

- Podemos usar frases para dar informação sobre objetos, pessoas ou lugares que nomeamos com substantivos. Para conectar essas frases aos substantivos a que dizem respeito, usamos os pronomes relativos ***que*** (com objetos e pessoas) e ***onde*** (com lugares):

- *Esse cachorro se chama Totó.*

- *Esse cachorro* ***que*** *Ana está segurando se chama Totó.*

[Esse cachorro se chama Totó. Ana está segurando esse cachorro.]

- *O livro é fantástico.*

- *O livro* ***que*** *você me deu de presente é fantástico.*

[O livro é fantástico. Você me deu o livro de presente.]

- *O hotel fica na praia.*

- *O hotel* ***onde*** *Carlos trabalha fica na praia.*

[O hotel fica na praia. Carlos trabalha no hotel.]

9 **Na cartinha que Ângela está escrevendo para o Papai Noel, algumas frases foram apagadas. Você pode ajudar o Papai Noel a encontrar a informação da carta? No quadro ao lado você vai encontrar os elementos que estão faltando.**

Querido Papai Noel:

Esse ano quero o livro de animais que minha amiga Sandra tem, a boneca Lili (1), ... e (2) .... várias músicas, o DVD do desenho animado (3) .... com meus pais e é de uma princesa indiana (4) .... com um marinheiro (5) .... muito distante. Também quero ganhar o mp3 do cantor (6) .... CantaTevê esse ano e uma fantasia de fada. Para minha irmã Lúcia, (7) ...., peço uma bicicleta (8) .... para ir para a escola.

que minha amiga Sandra tem ✓
que tem nove anos
que vi ontem no cinema
que ela quer comprar
que se apaixona e se casa
que canta
que vive em um país
que anda
que ganhou o Festival

10 **Daniel está aprendendo português e escreve coisas curiosas sobre sua família, mas ele ainda tem alguns problemas para construir frases com *que*. Você pode ajudá-lo?**

➲ Meu tio Humberto tem uma casa maravilhosa. A casa dele fica na praia.
Meu tio Humberto tem uma casa maravilhosa que fica na praia.

1. Um primo meu é casado com uma japonesa. A japonesa se chama Takako Takamura.
....
2. Minha mãe é tradutora de uma empresa. A empresa fica a 10 km de nossa casa.
....
3. Denise, minha irmã, escreve romances. Os romances que ela escreve são muito famosos.
....
4. Douglas, meu irmão, tem uma máquina fotográfica porque seu hobby é fotografia. A máquina era do meu avô.
....
5. Hoje à noite, vou a uma festa. A festa vai ter muita gente divertida.
....

11 **Quando Douglas escreve sobre seus amigos, ele tem problemas para construir as frases usando *onde*. Reescreva as frases a seguir usando como modelo o exemplo abaixo.**

➲ Fábio trabalha em um cassino. Eu não posso entrar nesse cassino.
Fábio trabalha em um cassino onde eu não posso entrar.

1. Bianca é aeromoça de uma companhia aérea. Na companhia aérea, ela ganha muito dinheiro.
....
2. Sílvia trabalhava antes em uma editora, mas agora trabalha escrevendo guias de turismo. Eu já trabalhei nessa editora.
....
3. Guilherme morou o ano todo em um hotel de São Paulo. No hotel, não podem entrar nem crianças nem cachorros.
....
4. Ivan mora em uma reserva indígena da Amazônia. Nessa reserva, ainda não tem luz nem telefone.
....
5. Fernanda é professora de uma escola, mas quer parar de dar aula. Na escola, só tem 20 alunos.
....

■ Quando o sujeito ou o complemento de um verbo é uma oração subordinada com um verbo conjugado, usamos ***que*** para introduzir essa frase:

- *Sua irmã me disse **que** vem esse fim de semana.*
- *Eu vi **que** você comprou um carro novo.*
- *A chefe quer **que** a gente trabalhe no sábado.*
- *Eu gosto **que** me chamem de Patricinha.*
- *Já sei **que** você perdeu o ônibus.*

👁 Não usamos ***que*** quando o verbo da frase subordinada está no infinitivo:

- *A chefe quer **trabalhar** no sábado.*
- *É importante **levar** roupa de frio.*

👁 Para nos referirmos a pessoas, só usamos ***quem*** quando existe uma preposição antes:

- ***Com quem** você vai para a festa?* [Quando não há preposição, usamos ***que***: *As pessoas **que** eu mais amo são meu pai e minha mãe.*]

12 **Em que frases é necessário dizer *que*? Assinale com ↓ onde se deve pôr.**

- ➲ Detesto usar sapato de salto alto. Meus pés doem muito. (...✓...)
- ➲ Detesto ↓ você leia o jornal no café da manhã. (..que..)

1. Querem a gente jante essa noite em um restaurante mexicano. (........)
2. Eles querem jantar em um restaurante mexicano. (........)
3. Precisa pôr roupa social? (........)
4. É necessário eu ponha gravata? (........)
5. Ele gosta façam massagem nos pés dele. (........)
6. Ele gosta de fazer massagem nos pés dos outros. (........)
7. Ultimamente não consigo dormir. Estou muito nervosa. (........)

■ Da mesma maneira, podemos nos referir com uma frase ao **modo**, ao **lugar** ou ao **tempo** em que se realiza uma ação:

Modo:

Como
- *Adoro o café **como** minha mãe faz: com muito pó e pouco açúcar.*
- *Vou fazer uma feijoada **como** você me disse, sem cebola, mas com alho.*
- *Termine esse trabalho **como** você quiser, mas termine rápido.*

Lugar:

Onde
- *Visitamos o lugar **onde** nos conhecemos.*
- *Meus óculos não estão **onde** deixei. Você viu onde estão?*
- *Pare o carro **onde** você encontrar lugar, mas não em fila dupla.*

Tempo:

Quando
- *Encontramos com Daniel **quando** estávamos indo para a escola.*
- *Fico muito nervosa **quando** está chovendo.*
- *Vamos visitar vocês **quando** tivermos uns dias livres.*

13 ***Onde, como*** **ou** ***quando*?**

➲ Pendurei o quadro	onde	você me sugeriu, usando pregos finos.
	como	você me disse, ao lado do espelho.
	quando	não tinha ninguém em casa.
1. Clara fez um jantar	onde	só ela saberia fazer: fantástico!
	como	os pais dela foram viajar.
	quando	ela está morando agora: na casa dos pais dela.
2. Hoje eu comi	onde	terminei de fazer as coisas no banco.
	como	sempre, com pressa.
	quando	Carlos come, em um restaurante no Centro.
3. No concerto de ontem, Amadeu tocou piano	onde	costuma tocar todo sábado: no Auditório Geral.
	como	ninguém imaginava: durante o intervalo.
	quando	costuma tocar: pessimamente mal.
4. Comprei uma roupa social	onde	a da sua mãe, com cinto, só que preto e branco.
	como	começaram as promoções de fim de ano.
	quando	sua mãe comprou a dela: nas Lojas Brasileiras.

14 **Carla e Alberto são adolescentes e sempre evitam responder diretamente a seus pais. Associe as perguntas às respostas e escreva *onde*, *como* ou *quando* nas respostas, segundo o contexto.**

➲ Vocês vão viajar para onde?
1. Quando vocês estão pensando em voltar?
2. Onde vocês vão dormir?
3. Como vocês vão? De carro?
4. Quando vocês têm provas na escola?
5. Como vocês acham que vão passar nas provas se não vão estudar nada?

➲ Quando vamos conhecer seu namorado?
6. Qual é o nome dele?
7. Onde Davi mora?
8. Quando vamos conhecê-lo?
9. Quando ele começou a trabalhar?

(➲) Para ...onde... a gente sempre vai, para o campo.
a. ( ) .... a gente puder, não sei, de ônibus ou algo melhor.
b. ( ) .... a gente encontrar lugar, em uma pensão ou um camping.
c. ( ) .... sempre. Vamos estudar na semana que vem.
d. ( ) .... a gente voltar, daqui a alguns dias.
e. ( ) .... acabar o curso, em uma semana.

(➲) ...Quando... ele puder. É que está trabalhando muito agora.
f. ( ) .... a tia Adélia morava, mais ou menos.
g. ( ) Não sei, ... saiu do Ensino Médio, acho.
h. ( ) .... já te falei mil vezes, mãe: Davi.
i. ( ) .... vocês conheceram meus namorados todos: depois de um mês, dois, não sei, não tenho certeza.

15 **Tiago teve um problema com seu amigo Pedro. Tadeu é amigo dos dois e escreveu um e-mail para Tiago, perguntando o que houve. No e-mail abaixo, Tiago está respondendo para Tadeu. Preencha as lacunas com *como*, *onde* ou *quando*, de acordo com o contexto.**

Oi, Tadeu,
Tudo bem com você? Valeu pelos seus conselhos.

Vou fazer tudo ➲ ...como... você me disse. Vou falar com Pedro .... você me sugeriu, ... ele voltar de viagem. Vou lhe dizer que, ... ele tiver um tempinho, a gente precisa se ver .... for mais conveniente, talvez perto da universidade. Ele sabe que .... a gente se falou, antes de ele viajar, nós dois estávamos nervosos, não sabíamos .... estávamos com a cabeça e, ... a gente percebeu, já tínhamos falado muita coisa que não devíamos ter dito.

De novo, superobrigado por você me ajudar tanto.
Um abraço,
Tiago

E *Quando, até que, desde que, enquanto, sempre que, antes de (que), depois de (que)*

■ ***Quando*** serve para expressar que dois fatos estão conectados temporalmente.
Esses dois fatos podem ser simultâneos ou um antes e outro depois:

Quando	Fatos simultâneos	Um fato antes e outro depois

- *Mariano canta ópera **quando** toma banho.*
  [Mariano canta e toma banho ao mesmo tempo.]
- *Geralmente o arco-íris aparece **quando** numa parte do céu chove e em outra faz sol.*
- *Ele sempre ouvia música **quando** estava estudando.*

- *Nós dormimos **quando** o filme terminou.*

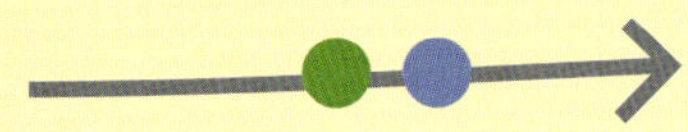

- ***Quando** fomos dormir, o filme já tinha terminado.*
  [Primeiro termina o filme. Depois vamos dormir.]

16 **Leia estas frases sobre os hábitos de Cíntia. Depois ordene as ações no quadro da direita. Cuidado: algumas ações são simultâneas.**

A. Cíntia levanta quando o despertador toca.
B. Quando ela sai de casa, desliga a televisão.
C. Depois que toma banho, se veste.
D. Toma café da manhã quando já está vestida.
E. Toma banho quando levanta.
F. Quando termina o café da manhã, sai de casa.
G. Vê televisão quando toma café da manhã.

➲ Primeiro ...toca o despertador... ;
depois ...levanta... .
1. depois .... ;
2. depois .... ;
3. a seguir................................
e .... ;
4. em seguida, ... ;
5. e, por último, ...

17 **Relacione as duas colunas abaixo, selecione sua opção e veja a seguir os resultados deste questionário.**

➲ A. Quando não consigo dormir,
B. Quando faz muito calor,
C. Quando meu / minha namorado/a me deixa,
D. Quando estou em um engarrafamento,

I a. saio para encontrar outro/a imediatamente.
b. vou para um mosteiro meditar.
c. tomo um remédio.

II a. conto ovelhas.
b. levanto e como alguma coisa.
c. tomo um remédio.

III a. olho as pessoas nos carros em volta.
b. coço a cabeça e o nariz.
c. tomo um remédio.

IV a. ponho minha roupa de baixo num frigorífico.
b. tomo um banho em cubos de gelo.
c. tomo um remédio.

Maioria de a: você é uma pessoa mais ou menos normal, não se preocupe.
Maioria de b: você é fabuloso/a, continue assim.
Maioria de c: você tem um problema.

■ Para conectar fatos temporalmente, podemos usar também ***desde que, até que, sempre que*** ou ***enquanto***:

Desde (que) / Até que — **Um fato é o limite temporal de outro.**

- *Ele esperou **até que** eu o chamei.*
- *De manhã, **até que** tomo um café, não consigo fazer nada.*
- *Por favor, **até que** eu te fale, não conte nada de nossa relação.*
- *Não como nada **desde** meio-dia.*
- *Nunca mais olhei para outra mulher **desde que** começamos a namorar.*

- ***Desde que** vou para a cama, não acordo **até que** o despertador toque.*

Sempre que — **Todas as vezes que um fato acontece, o outro também acontece.**

- *Antes, íamos ao cinema **sempre que** passava algo interessante.*
- ***Sempre que** a gente fica na casa dos nossos pais, você fica doente.*
- ***Sempre que** você vier a Salvador, já sabe que pode ficar na nossa casa.*

- ***Sempre que** caminho, ouço música.*

➲ 31.F. O Presente do subjuntivo com conjunções

➲ 34.B. Usos: *Quando você chegar, vamos conversar.*

Enquanto — **Dois fatos acontecem ao mesmo tempo.**

- ***Enquanto** ele estava vendo televisão, a gente estava jogando cartas.*
- *Você fala ao telefone **enquanto** dirige?*
- *É muito mal educado falar **enquanto** você está comendo.*

- *Canto sempre **enquanto** estou dirigindo.*

18 **O pequeno Luís está contando algumas coisas da sua vida, mas ele ainda não sabe falar bem. Ajude-o a selecionar a opção mais apropriada em cada caso.**

➲ Brinco com meus amigos no parque **enquanto/desde que/até que** meu pai me leva para casa.

1. Mas não posso ir ao parque **enquanto/sempre que/até que** quero. Só uma vez por dia.
2. Lavo as mãos e o rosto com sabão **enquanto/quando/até que** chego em casa, porque me sujo muito na rua.
3. Às vezes choro **desde que/sempre que/até que** comprem uma bala para mim. Adoro bala!
4. Minha mãe me dá a comida **desde que/enquanto/até que** vemos televisão juntos.
5. **Enquanto/Sempre que/Até que** brigo com outros meninos, meu pai me chama a atenção.
6. De manhã, fico na casa dos meus avós por um tempo **enquanto/desde que/até que** meus pais estão trabalhando.
7. Estou na creche **desde que/enquanto/até que** fiz dois anos. Mas eu não gosto de lá. Prefiro brincar no parque.

Antes de (que) / Depois de (que)

Um fato aconteceu antes ou depois do outro.

- *Por que a gente não limpa a casa um pouco **antes de** os convidados chegarem?*
- *Tivemos que limpar a casa um pouco **antes que** os convidados chegassem.*
- ***Antes de** apagar as velas, faça um pedido.*
- ***Depois que** os convidados saíram, a casa estava mais suja que **antes de** limpar.*
- *Vou jantar **depois de** tomar banho e vou sair **antes das** dez da noite.*

Com ***antes de (que)*** e ***depois de (que)***, usamos o subjuntivo ou o Infinitivo pessoal. Com o Infinitivo pessoal, o ***que*** é eliminado.

➲ 29. Infinitivo pessoal

19 **João Cabelão e Marcos Caveira estão falando sobre suas experiências com a calvície. Complete as lacunas abaixo com *enquanto, quando, sempre que, desde (que), até que, antes de (que)* ou *depois de (que)*, de acordo com o sentido de cada frase.**

João Cabelão

➲ ...Quando... perdi o primeiro fio de cabelo, com 22 anos, fui a um dermatologista.

1. Na verdade, ... eu nascer, meu pai já era completamente calvo. É uma coisa de família.
2. Fiz o tratamento dermatológico por 25 anos: .... a adolescência até os 40 anos.
3. .... ia ao cabelereiro, pedia para ele cortar bastante, para fortalecer o cabelo.
4. O cabeleireiro me deu um remédio e me disse que eu não podia nadar na praia .... durasse o tratamento.
5. .... terminar o tratamento, não caiu mais nem um fio de cabelo. Foi um verdadeiro milagre.

Marcos Caveira

6. Não fui a um médico .... um menino me chamou de "careca" na rua.
7. .... fiquei completamente careca, comprei um chapéu, mas era muito feio, então comprei um gorro.
8. .... perder o cabelo, eu nunca usava gorro, mas agora, se não ponho um, me resfrio ou sinto a cabeça queimar.
9. .... gastar todo o meu dinheiro em operações e transplantes que não serviram para nada, decidi me aceitar como eu sou.
10. Além disso, ... minha namorada me disse que ela gosta muito mais dos homens carecas, sou um homem feliz.

F Expressar condições com *se*: *Se você tiver tempo, me telefone.*

- Usamos ***se*** para introduzir uma condição:

- *Podemos ir juntos ao cinema hoje à tarde,* ***se*** *você quiser.*
- ***Se*** *você comprar um carro novo, vai me deixar dirigir?*
- *Vocês vêm nos ver na Semana Santa* ***se*** *conseguirem passagens baratas?*
- ***Se*** *minha mulher telefonar, diga para ela que saí.*

- Quando pensamos que a condição pode se realizar (no presente ou no futuro), usamos o Futuro do subjuntivo na frase introduzida por ***se***:

- ***Se*** *aumentarem meu salário, vamos dar uma festa para comemorar.*
- ***Se*** *você vir alguma coisa estranha, me telefone.*
- ***Se*** *você tiver férias em janeiro, pode ir viajar com a gente.*

➲ 36. Orações condicionais com Futuro do subjuntivo ou Pretérito imperfeito do subjuntivo

20 **Roberto Cordeiro, um senhor multimilionário, fez um testamento e pôs algumas condições para que seus herdeiros dividam seu dinheiro e suas propriedades. Complete cada uma das frases abaixo com os verbos dos quadros a seguir.**

➲ Meu filho mais velho, João, ...*vai ser*... diretor da empresa se ...*terminar*... a faculdade de Direito. Minha filha Marta (1) .... com a casa de Salvador se (2) .... a de Fortaleza e (3) .... com seu namorado. Minha mulher (4) .... 200.000 reais por ano, mas só se não (5) .... a casar e não (6) .... mais filhos. Meu sobrinho Luís (7) .... a editora Realeza se (8) .... da cadeia e (9) .... de beber. Meu irmão Pedro (10) .... na casa da ilha pelo resto da sua vida se (11) .... seu amante e (12) .... a ficar com sua mulher.

ter	ser ✓
ficar	morar
receber	vender
abandonar	parar
sair	voltar
dirigir	casar
voltar	terminar ✓

- Quando achamos que a condição não pode se realizar ou é improvável, usamos o Pretérito imperfeito do subjuntivo na frase introduzida por ***se***:

  - ***Se*** *eu voltasse a nascer, gostaria de ser como você.*
    [Mas não posso voltar a nascer.]
  - ***Se*** *você me chamasse para viajar, eu iria com você.*
    [Mas você não vai me chamar para viajar.]
  - ***Se*** *eu tivesse o dinheiro que você está me pedindo, eu te emprestaria.*
    [Mas eu não tenho esse dinheiro.]
  - ***Se*** *você se separasse da sua esposa, a gente poderia se casar.*
    [Mas você não vai se divorciar.]

- Na parte da oração que **<u>não</u>** é introduzida por ***se***, a forma verbal que usamos geralmente é o Futuro do pretérito:

  - ***Se*** *você fosse ao Rio nesse verão, a gente se* ***divertiria*** *muito.*
  - ***Se*** *você me pagasse o dinheiro que me deve, eu* ***poderia*** *viajar nas férias.*

➲ 36. Orações condicionais com Futuro do subjuntivo ou Pretérito imperfeito do subjuntivo

21 Assinale em cada frase abaixo onde se deve colocar *se* e depois escreva quem disse essa frase a Victor Valeriano: seu chefe (C), sua mulher (M) ou sua filha (F):

➲ Se [não me der dinheiro,] [não posso fazer as compras de mês.] ..M....

1. ele vai ter que vir no sábado não puder trabalhar hoje. ....
2. você for viajar para o Rio de Janeiro, traz uma canga de praia para mim? ....
3. você acabar o trabalho antes das 2 da tarde, me convida para tomar um café? ....
4. papai, você me leva ao parque de diversões eu tirar uma boa nota na prova? ....
5. você tiver tempo, passa pelo banco para sacar um dinheiro? ....
6. papai, não vou conseguir dormir você não ler uma historinha para mim! ....
7. me telefone você tiver algum problema no escritório sábado. ....

22 **Felizardo e Tristão são amigos, mas Felizardo é sempre muito mais otimista que Tristão. Decida qual dos dois disse cada uma das frases abaixo. Depois disso, relacione as frases com o final mais adequado.**

➲ Felizardo Se eu parar de fumar amanhã,
Tristão Se eu conseguisse parar de fumar amanhã,

1. .... Se eu estudasse um pouco mais todo dia,
   .... Se eu estudar um pouco mais todo dia,
2. .... Se Marta voltar a namorar comigo,
   .... Se Marta voltasse a namorar comigo,
3. .... Se o Flamengo ganhar o jogo de hoje,
   .... Se o Flamengo ganhasse o jogo de hoje,
4. .... Se eu comesse menos sanduíches de camarão,
   .... Se eu comer menos sanduíches de camarão,
5. .... Se eu perder cinco quilos,
   .... Se eu perdesse cinco quilos,

a. ...meu estômago agradeceria, com certeza.
b. ...vou aprender português em uns dois meses.
c. ....com certeza pararia de tossir e me sentiria muito melhor.
d. ...vamos para um bar à noite para comemorar.
e. ...eu gostaria de viajar com ela para o Natal.
f. ...não teria que comprar uma sunga nova para o verão.

23 **Tristão acaba de herdar uma fortuna de sua tia Glória e está fazendo planos para o futuro, mas ele acha que algumas coisas são possíveis e outras, não. Ajude-o a formular seus planos e escreva cada frase correspondente.**

Ela acha que é possível:

➲ Conseguir o amor de Laura
Comprar uma casa para seus pais
Mudar para Vitória
Parar de trabalhar por um ano
Viajar para Paris

Ela acha que é muito difícil:

➲ Ter cinco filhos
Poder comprar todas as casas do vilarejo onde ele mora
Morar em Nova York
Parar de trabalhar para sempre
Perder o medo de viajar de avião

➲ Se eu conseguir o amor de Laura, um dia nos casamos.
➲ Se nós tivéssemos cinco filhos, seríamos muito felizes, os sete.
1. ...., vou poder tirar férias por 12 meses!
2. ...., tenho certeza de que Laura vai vir comigo.
3. ...., vou poder aprender francês e fazer muitas compras.
4. ...., eles vão viver mais tranquilos que agora.
5. ...., em poucos anos voltaria a ser pobre.
6. ...., faria uma urbanização de luxo.
7. ...., viajaria para Cuba, Tailândia e China.
8. ...., teria um apartamento na Quinta Avenida.

- Quando na condição introduzida por ***se*** falamos de um passado impossível, que já não pode ser verdade porque outra coisa aconteceu, usamos o Pretérito imperfeito do subjuntivo composto nas frases introduzida por ***se***.

- Na outra parte da oração, usamos o Futuro do pretérito composto para falar de uma realidade passada hipotética, e o Futuro do pretérito simples para falar de um presente ou futuro hipotético:

  - ***Se** eu tivesse acendido uma vela, o gás teria explodido a casa.*
    Felizmente não encontrei o fósforo para acender.
  - ***Se** eu tivesse estudado mais, passaria na prova de amanhã.*
    Com certeza vou ser reprovado porque não estudei.

24 Complete a história abaixo com as frases do quadro ao lado e as formas verbais adequadas. Acrescente *se* quando for necessário.

Meu pai estava em um táxi. Estava fazendo calor e ele abriu o vidro do táxi. Entrou uma abelha e o picou. Meu pai era alérgico a picadas de abelha e ficou muito doente. O taxista o levou para o hospital. Meu pai se apaixonou pela médica que o curou. Ele se casou com ela. Eu nasci nove meses depois. Por isso, agora estou aqui e posso contar essa história para vocês.

Era uma tarde de verão. Meu pai tinha pegado um táxi porque estava atrasado para o trabalho. Se não estivesse fazendo muito calor, ➲ ele não teria aberto o vidro do táxi. Se ele não tivesse aberto o vidro do táxi, (1) .... por uma abelha. (2) .... a picadas de abelha, não (3) .... muito doente. (4) ....muito doente, o taxista (5) .... ele para o hospital. (6) .... para o hospital, (7) .... médica que o curou. (8) .... médica que o curou, (9) .... com ela. Se (10) .... com ela, eu (11) .... Se eu (12) .... nove meses depois, agora (13) .... aqui e (14) .... essa história.

CAPÍTULO 7

Ortografia

49 Letras e sons
50 Acentuação

49. Letras e sons

Em português, o alfabeto tem 26 letras:

A a *a*	**B b** *bê*	**C c** *cê*	**D d** *dê*	**E e** *é*	**F f** *efe*	**G g** *gê*	**H h** *agá*
I i *i*	**J j** *jota*	**K k** *cá*	**L l** *éle*	**M m** *eme*	**N n** *ene*	**O o** *ó*	**P p** *pê*
Q q *quê*	**R r** *erre*	**S s** *ésse*	**T t** *tê*	**U u** *u*	**V v** *vê*	**W w** *dáblio*	**X x** *xis*
Y y *ípsilon,*	**Z z** *zê*						

As letras *k*, *w* e *y* existem no alfabeto da língua portuguesa, mas só são usadas em abreviaturas, palavras estrangeiras e nomes próprios:

km (quilômetro) *W (watt)* *playground* *Kléber* *William*

As letras têm gênero masculino:
- *Aqui você tem que colocar **um** bê e não **um** vê.*

O ***h*** em início de palavra não é pronunciado: ***h**oje*, ***h**ospital* e ***h**otel* são pronunciadas como *oje*, *ospital* e *otel*.

O português brasileiro não tem uma correspondência total entre a escrita e a pronúncia. Na maioria dos dialetos, a pronúncia tem as seguintes características:

A vogal átona final ***e*** se pronuncia como [ɪ], mesmo em formas plurais: *el**e*** el[ɪ], *el**e**s* el[ɪ]s, *telefon**e*** telefon[ɪ], *telefon**e**s* telefon[ɪ]s;

A vogal átona final ***o*** se pronuncia como [ʊ], mesmo em formas plurais: *livr**o*** livr[ʊ], *livr**o**s* livr[ʊ]s, *carr**o*** carr[ʊ], *carr**o**s* carr[ʊ]s;

O ***l*** em final de sílaba se vocaliza, ou seja, se transforma em semivogal [ʊ]: *a**l**to* a[ʊ]to, *so**l*** so[ʊ];

As consoantes ***t*** e ***d*** antes de ***i*** são pronunciadas como [tʃ] e [dʒ], respectivamente: ***t**ia* [tʃ]ia, ***d**ia* [dʒ]ia;

As consoantes ***t*** e ***d*** antes de ***e*** em fim de palavra também são pronunciadas como [tʃ] ou [dʒ]: *par**t**e* par[tʃ]e, *ver**d**e* ver[dʒ]e.

A Grupos de letras que representam apenas um som: dígrafos

- Os seguintes grupos de letras representam apenas um som:

ch [ʃ]	***nh*** [ɲ]	***lh*** [ʎ]
China, chocolate *cachorro, cachaça*	*minha, tenho* *banho, vinho*	*lhe, filho* *olho, velha*
ss [s]	***sç, xc*** [s]	***rr*** [h] ou [x]
osso, pássaro, *pêssego, professora*	*cresço, desço* *exceção, excelente*	*cachorro, correr,* *corrida, erro*

O dígrafo ***rr*** é pronunciado de maneiras diferentes de acordo com o dialeto do português. A pronúncia mais frequente é [h].

A letra ***q*** é sempre seguida por ***u***: ***qu**adro*, ***qu**erido*, *tran**qu**ilo*.

1 **Em português, há muitos nomes de comidas e bebidas escritos com dígrafos. Complete as palavras abaixo para descobri-los.**

➲ Eu adoro brigadeiros, mas .ch..ocolate engorda.

1. Esquisito, mas o Joaquim não gosta de nenhum tipo de ......eijo, nem fresco nem curado.
2. A bebida quente dos gaúchos é um ......á ou mate chamado ......imarrão.
3. A imigração italiana introduziu a produção de vi......o, especialmente na região da Serra Gaúcha.
4. A mo......eca capixaba é preparada em panela de barro, com vários tipos de peixe e frutos do mar.
5. Em Minas Gerais, come-se uma gali......a ao mo......o pardo que é uma delícia!
6. O acompanhamento típico da comida brasileira é a farofa, cujo ingrediente principal é a fari......a de mandioca.
7. Uma sobremesa tipicamente baiana é o ......indim.
8. A carne favorita no ......urrasco brasileiro é a pica......a.

B Letras que podem representar sons diferentes

Letras					Sons
c	*a*	*casa*	*boca*	*vaca*	[k]
	o	*comer*	*acomodar*	*pouco*	
	u	*curioso*	*faculdade*	*cultura*	
c	*e*	*céu*	*acender*	*doce*	[s]
	i	*cidade*	*fácil*	*saci*	
l		Em início de sílaba ou de palavra:			[l]
		lado	*palavra*	*fila*	
l		Em fim de sílaba ou de palavra:			[ʊ]
		alto	*salgado*	*sal*	
		filtro	*bolso*	*túnel*	
		velcro	*úlcera*	*sol*	
m ou ***n***		Em início de sílaba ou de palavra:			[m] ou [n]
		nada	*cama*	*amor*	
		melhor	*dinâmico*	*medicina*	
		mulher	*banana*	*namorado*	
m ou ***n***		Em fim de sílaba ou de palavra:			Em fim de sílaba ou palavra, as letras ***m*** ou ***n*** não são pronunciadas. Elas nasalizam as vogais anteriores.
		antes [ã]tes	*onde* [õ]de	*rum* r[ũ]	
		tempo t[ẽ]po	*fim* f[ĩ]	*vinte* v[ĩ]te	
		antigo [ã]tigo	*som* s[õ]	*fonte* f[õ]te	
g	*a*	*gato*	*apagar*	*amiga*	[g]
	o	*gota*	*egoísta*	*lago*	
	u	*guloso*	*regular*	*angu*	
g	*e*	*gelatina*	*ingênuo*	*bege*	[ʒ]
	i	*girafa*	*agitado*	*corrigi*	

Letras					Sons
gu	a / o	guardar guaraná	iguana aguou	água enxáguo	[gʊ]
gu	e / i	Nunca ocorre em início de palavra.	aguentar linguiça	bilíngue pinguim	[gʊ]
gu	e / i	guerra guitarra	fogueira águia	pague consegui	[g]
qu	a / o	quadro quociente	aquário aquoso	ventríloqua oblíquo	[kʊ]
qu	e / i	Nunca ocorre em início de palavra.	frequente tranquilo	cinquenta equino	[kʊ]
qu	e / i	quente quilo	pequeno equilíbrio	fique aqui	[k]
rr		Nunca ocorre em início de palavra. Sempre está entre vogais: Qualquer vogal: carro	cachorro	barra	[h] ou [x], dependendo do dialeto
r		Em início de palavra, é pronunciado de forma forte: Qualquer vogal: roupa	relógio	rio	[h] ou [x], dependendo do dialeto
		Também é pronunciado de forma forte quando aparece depois de ***l***, ***n*** ou ***s***: Qualquer vogal: guelra	Henrique	Israel	[h] ou [x], dependendo do dialeto
r		Em encontros consonantais (consoante + ***r***), é pronunciado de maneira fraca: Qualquer vogal: braço	creme	abrir	[ɾ]
		Entre vogais, um ***r*** também é pronunciado de forma fraca: caro	farinha	aranha	[ɾ]
r		Em fim de palavra ou de sílaba, a pronúncia varia de acordo com o dialeto: Depois de qualquer vogal: carta	porta	amor	[h], [x] ou [ɾ], dependendo do dialeto

Letras				Sons
s	Som de [z] entre vogais:			[z]
	Qualquer vogal:			
	casa	*rosa*	*visível*	
	Som de [s] em início de palavra:			[s]
	Qualquer vogal:			
	salada	*sino*	*susto*	
x	Início de palavra:			[ʃ]
	xarope	*xícara*	*xenofobia*	
	Fim de palavra:			[ks]
	unissex	*fênix*	*fax*	
	Antes de consoante:			[s]
	expira	*texto*	*excluir*	
	Ex + vogal:			[z]
	exato	*exemplo*	*executar*	
	Entre vogais:			[ʃ], [s] ou [ks], não há regra definida
	caixa	*próximo*	*táxi*	

2 **Guilherme Alfredo, um papagaio muito estudioso, quer organizar as palavras abaixo de acordo com os sons que elas têm. Ajude-o a fazer essa organização.**

a. Sublinhe as letras com som [ɾ] e circule as com som [h].

➲ claro	carro	riso	escrever	Rio	rosa	enredo
rato	Brasil	Sara	remédio	calor	fraco	familiar
serra	rural	raro	estacionar	caro	cheiro	enrugar

b. Sublinhe as letras com som [k] e circule as com som [s].

coisa	➲ céu	copo	velocidade	Urca	cerca	cintura
colher	ecologia	conta	capacete	costa	casa	creme
acima	cesta	cortar	boneco	curioso	circo	cedo

c. Sublinhe as letras com som [g] e circule as com som [ʒ].

guerra	gente	➲ língua	generoso	gesto	antigo	cegueira
grupo	grêmio	dirigir	tragédia	gentil	gás	agenda
gata	grito	gorro	gracioso	ágil	genro	cirurgia

d. Sublinhe as letras com som [m, n] e circule as sem som que nasalizam a vogal anterior [ã, ẽ, ĩ, õ, ũ].

maçã	nacional	música	nem	mentira	mina	nunca
ministério	mel	manta	➲ máquina	melão	perfume	molho
número	cem	lembrar	nuvem	memória	namorado	maracujá

e. Sublinhe as letras com som de [l] e circule as com som de [ʊ].

labial	➔ mel	lágrima	perfil	letreiro	limão	lateral
Olinda	ler	livro	Salvador	Pantanal	lição	solteiro
legal	lâmpada	papel	salto	hotel	lealdade	profissional

f. Sublinhe as letras com som de [z] e circule as com som de [s].

saber	➔ casaco	senhora	sem	quase	sede	ansioso
salário	análise	setembro	desejo	visita	sete	curiosidade
seco	sapato	casamento	sou	subida	sotaque	coisa

g. Sublinhe as letras x com som de [s] e circule as com som de [z].

exterior	➔ exercício	extenso	exame	extrovertido	experiência	exalar
executivo	êxito	sexta	exportação	exótico	explorar	exagerar
expansão	explodir	êxodo	exuberante	exigente	exílio	expressivo

C Letras diferentes que representam o mesmo som

Letras					Sons
c	a / o / u	*cama* *colega* *curioso*	*pecado* *acomodar* *faculdade*	*pouca* *louco* *surucucu*	[k]
qu	e / i	*queijo* *quis*	*esquentar* *equipe*	*fique* *aqui*	[k]
c	e / i	*cedo* *cidade*	*bracelete* *facilmente*	*doce* *Cecília*	[s]
ç	a / o / u	Nunca ocorre em início de palavra.	*açaí* *açougue* *açúcar*	*praça* *pedaço* *Iguaçu*	[s]
s		Em início de palavra, seguida de qualquer vogal, a letra **s** tem som de [s]: *sapato* *sol*	*sexta-feira* *sul*	*sim* *sudeste*	[s]
		Na maioria dos dialetos, depois de qualquer vogal, mas sempre em fim de sílaba (ou de palavra): *pasta* *hospital*	*três* *dois*		[s]
ss		Nunca ocorre em início de palavra: *passado* *posso* *assim*	*passa* *pessimista* *pessoa*	*pêssego* *associação* *assunto*	[s]
sc	e / i	Nunca ocorre em início de palavra.	*seiscentos* *descido*	*crescer* *descer*	[s]
sç	a / o	Nunca ocorre em início de palavra.	*desça* *desço*	*nasça* *nasço*	[s]

Letras		Sons
x	Na maioria dos dialetos, depois de qualquer vogal no fim da sílaba (ou palavra): *texto* *explorar* *extrovertido*	[s]
z	Na maioria dos dialetos, depois de qualquer vogal no fim da sílaba (ou palavra): *felizmente* *feliz* *voz* *dez*	[s]
xc + *e*, *i*	Nunca ocorre em início de palavra. *exceção* *excêntrico* *excitado* *excipiente*	[s]
z	Com qualquer vogal: *zebra* *azeitona* *azar* *zíper* *cozinha* *onze* *zodíaco* *buzina* *juízo*	[z]
s	Com qualquer vogal, mas sempre entre vogais (nunca em início de palavra): *desejo* *asa* *visita* *mesa* *tesoura* *casa*	[z]
x	*Ex* + vogal, sempre em início de palavra: *exame* *exílio* *exacerbado* *êxodo* *exército* *exuberante* *exemplo* *exumar* *exato*	[z]
g + *e*, *i*	*gênero* *agência* *bege* *ginástica* *original* *corrigi*	[ʒ]
j	Com qualquer vogal: *jacaré* *jiló* *janela* *queijo* *berinjela* *jogo* *jeito* *justiça* *jiu-jitsu*	[ʒ]
ch	Antes de qualquer vogal: *chave* *chinelo* *bochecha* *cachorro* *fetiche* *choque* *chefe* *chorar* *chique*	[ʃ]
x	Antes de vogal, não existe regra, mas muitas vezes é pronunciado como [ʃ]: *vexame* *faxina* *xadrez* *xícara* *xenofobia* *eixo* *peixe* *enxofre* *abacaxi*	[ʃ]

3 **Complete as palavras que correspondem às definições abaixo. Todas as palavras têm pelo menos um *c*, *ç*, *s*, *ss* ou *z*. O dígrafo *ss* só ocupa um espaço.**

➲ É um ingrediente da culinária brasileira, mas a gente chora cortando isso. .c.. e b o ..l.. ..a.
1. Gênero musical brasileiro influenciado pelo jazz norte-americano. b o .... n .... v ....
2. Lugar onde podemos ver animais de diversos continentes. .... l ó g i ....
3. Parte do corpo onde fica o cérebro. ..... a .... e .... a
4. Sinônimo de acaso, má sorte ou superstição. a .... r
5. Forma geométrica redonda. .... í .... u l o
6. Organização resultante da união entre duas ou mais pessoas. a .... o .... i a .... o
7. Número igual a nada. .... r o
8. Floresta tropical da América do Sul com grande biodiversidade. A .... a .... n i a
9. Lugar onde se encontram espetáculos com palhaços e outros artistas. .... i .... o

4 **Nas mensagens de texto abaixo, a escrita do português foi abreviada. Você pode usar a ortografia padrão para decifrar as mensagens?**

5 **Ajude o papagaio Guilherme Alfredo a decidir que letras ele deve usar nas palavras abaixo. Se precisar, use o dicionário.**

g ou *j*?

➲ massa.g.em	an....inho	ener....ia	frá....il	acara....é	....eito	....or....eta
ló....ico	....i....ante	pro....etor	....ara....em	ur....ente	pá....ina	....irafa
estran....eiro	laran....eira	lo....ista	ob....eto	ho....e	a....ente	ca....ueiro

b ou *v*?

➲ fa.b.uloso	....inho	sam....a	este....e	....erde	o....ter	ha....itação
....er	possí....el	mó....el	a....raço	....om....a	....e....er	....oca....ulário
....itamina	....oca	....eijo	ár....ore	o....jeti....o	....oo	....i....er

6 **No quadrado abaixo, procure as palavras correspondentes às definições da esquerda. As palavras podem aparecer na direção horizontal ou vertical.**

➲ Pronome de segunda pessoa do singular.

1. Aves pequenas.
2. Animal que late, considerado o melhor amigo do homem.
3. Incêndio.
4. Número entre o 3 e o 5.
5. Muitas pessoas bebem de manhã, especialmente o de laranja.
6. Ratos adoram comer.
7. Feminino de "ele".
8. Corrente de água que vai para o mar.
9. As pessoas usam para lavar o cabelo.
10. Meio de transporte ferroviário que se locomove sobre trilhos.
11. Bebida geralmente quente que se bebe de manhã.
12. O dia anterior a hoje.

Q	O	P	Á	S	S	A	R	O	S
U	N	J	I	V	O	C	Ê	O	C
E	T	X	Z	S	X	C	A	F	É
I	E	O	Q	U	A	T	R	O	H
J	M	C	Q	C	M	R	W	G	O
O	N	R	I	O	P	E	I	O	M
E	L	A	L	X	U	M	K	M	E
C	A	C	H	O	R	R	O	P	M

7 **Ajude Guilherme Alfredo a classificar as seguintes palavras pelo som da letra sublinhada.**

➲ caminhão	enxurrada	embaixador	feijoada	vizinho	assento	origem
xadrez	descer	caçula	quilo	culpa	florzinha	visita
dificilmente	sinal	cheiro	xícara	exato	exemplo	beijo
amizade	experiente	quente	céu	costa	página	fazer
chuveiro	xampu	general	jejum	zelador	desejo	mercado
cueca	beleza	atriz	excitado	cachorro	canjica	caixa
ficha	gigante	xixi	cachecol	encher	macio	gente

Som [k]	Som [s]	Som [z]	Som [ʒ]	Som [ʃ]
➲ caminhão				

50. Acentuação

A O acento gráfico

- As palavras são formadas por sílabas. Uma **sílaba** é um grupo de sons pronunciados juntos com um só golpe de ar:

mar	*plan-ta*	*co-zi-nha*	*com-pu-ta-dor*	*re-a-li-da-de*
[1 sílaba]	[2 sílabas]	[3 sílabas]	[4 sílabas]	[5 sílabas]

- Em português, as palavras podem ter:

UMA SÍLABA (MONOSSÍLABAS)	DUAS SÍLABAS (DISSÍLABAS)	TRÊS SÍLABAS (TRISSÍLABAS)	MAIS DE TRÊS SÍLABAS (POLISSÍLABAS)
e, de, mim, pão, tem, flor, luz, pé, sem, sal	*li-vro, me-sa, lá-pis, car-ro*, dis-co, ca-sa*	*tran-qui-lo, gar-ra-fa*, pa-re-de, ca-der-no*	*po-lí-ti-ca, bi-bli-o-te-ca, te-le-vi-são, im-pres-sio-nan-te**

****rr*** e ***ss*** se separam na divisão silábica ortográfica: *ca-chor-ro, pás-sa-ro.*

- Toda palavra com mais de uma sílaba tem uma sílaba **tônica**, aquela que se pronuncia com **mais intensidade**. A sílaba tônica pode ser acentuada graficamente ou não, dependendo das regras de acentuação:

OXÍTONA	PAROXÍTONA	PROPAROXÍTONA
... ▫ ▫ ▫ ■	... ▫ ■ ▫	... ▫ ■ ▫ ▫
*so-**fá***	***e**-las*	***sá**-ba-do*
*jor-**nal***	*do-**min**-go*	***rá**-pi-do*
*com-pu-ta-**dor***	*ba-**na**-na*	*po-**lí**-ti-ca*
*op-**ção***	*li-te-ra-**tu**-ra*	*ma-te-**má**-ti-ca*

Os monossílabos podem ser **tônicos** ou **átonos**:

Tônicos: *céu, li, grão*, etc.

Átonos: *de, a, em*, etc.

Em português, a maior parte das palavras é naturalmente **paroxítona**: ... ▫ ▫ ■ ▫

- Em português, existem **quatro acentos gráficos**: **agudo** (´), **circunflexo** (^), **grave** (`) e **til** (~). O acento **agudo** marca as vogais abertas, enquanto o **circunflexo** marca as vogais fechadas. Esses dois acentos marcam, também, a sílaba tônica de cada palavra. O acento **grave** tem uma função gramatical (e não fonética) para indicar a crase (contração) entre a preposição ***a*** e os artigos definidos femininos ***a*** e ***as***: ***a*** + ***a*** = ***à*** / ***a*** + ***as*** = ***às***. O acento grave também é usado para indicar a contração da preposição ***a*** com o ***a*** inicial dos demonstrativos ***aquele***, ***aquela***, ***aqueles***, ***aquelas*** e ***aquilo***: ***àquele***(*s*), ***àquela***(*s*), ***àquilo***. O **til** marca a nasalidade das vogais ***a*** e ***o***, e, na maioria dos casos, marca também a sílaba tônica da palavra.

- **Proparoxítona** ... ▫ ■ ▫ ▫

Palavras proparoxítonas têm a **antepenúltima** sílaba tônica e são **sempre** acentuadas.

COM ACENTO SEMPRE

*re-**pú**-bli-ca*	***dú**-vi-da*	***bê**-ba-do*	***má**-qui-na*
***clí**-ni-ca*	***ár**-vo-re*	***úl**-ti-mo*	*di-**nâ**-mi-co*
*ma-**trí**-cu-la*	*e-**xér**-ci-to*	***plás**-ti-co*	*ex-**cên**-tri-co*
***sá**-ba-do*	*a-ca-**dê**-mi-co*	*fe-**nô**-me-no*	***tí**-mi-do*
***lâm**-pa-da*	***pás**-sa-ro*	***gê**-ne-ro*	***mú**-si-ca*

Paroxítona

Palavras paroxítonas têm a **penúltima** sílaba tônica. Elas são acentuadas quando terminam em ***i***(*s*), ***u***(*s*), ***um***, ***uns***, ***l***, ***n***, ***r***, ***x*** ou ***ps***.

SEM ACENTO PORQUE NÃO TERMINAM NAS LETRAS MENCIONADAS ACIMA		**COM** ACENTO PORQUE TERMINAM NAS LETRAS MENCIONADAS ACIMA	
ma-*pa*	*ca-**ne**-ta*	***lá***-*tex*	***fá***-*cil*
li-*vro*	*ca-**dei**-ra*	***jú***-*ri*	*di-**fí**-cil*
me-*sa*	*ca-**der**-no*	*o-**á**-sis*	*a-**má**-vel*
qua-*dro*	*es-**co**-la*	*bi-**quí**-ni*	***glú***-*ten*
*pau-**lis**-ta*	*a-**lu**-no*	***tê***-*nis*	*a-**çú**-car*
*ra-**pa**-zes*	*bi-bli-o-**te**-ca*	***bô***-*nus*	*ca-**rá**-ter*
car-*ros*	*fa-cul-**da**-de*	***Vê***-*nus*	***cân***-*cer*
*dou-**to**-ras*	*u-ni-ver-si-**da**-de*	***ál***-*bum(uns)*	***tó***-*rax*
*a-**tri**-zes*	***ho***-*mem*	***fó***-*rum(uns)*	***fê***-*mur*
*ga-**ra**-gens*	***jo***-*vem*	***jó***-*quei*	***bí***-*ceps*

1 **O professor ou a professora vai ler as palavras abaixo para os alunos. Coloque um acento onde for necessário.**

gostam	➲ árvore	marrom	rapido	gramatica	tunel	cadaver
climax	cachaça	onibus	quilometro	exame	papel	medium
martir	bananas	informatica	atores	agenda	matematica	etica
palavra	qualquer	humus	triceps	camisa	revista	velocidade
ginastica	abdomen	descontrole	perola	fala	calados	computadores
dispensavel	inteligente	hoje	fluor	amavel	nordestina	limpeza

Oxítona

Palavras oxítonas têm a **última** sílaba tônica. Elas são acentuadas quando terminam em ***a***(*s*), ***e***(*s*), ***o***(*s*), ***em*** ou ***ens***.

SEM ACENTO PORQUE JÁ SÃO OXÍTONAS		**COM** ACENTO PARA QUE SEJAM PRONUNCIADAS COMO OXÍTONAS	
*a-ba-ca-**xi***	*gra-va-**dor***	*o-**lá***	*por-tu-**guês***
*pe-**ru***	*dou-**tor***	*es-**tá***	*a-**vó***
*a-**qui***	*de-**tox***	*so-**fá***	*a-**vô***
*ca-**qui***	*u-nis-**sex***	*Pa-na-**má***	*tri-**cô***
*hos-pi-**tal***	*bo-**tox***	*Ca-na-**dá***	*tam-**bém***
*a-ni-**mal***	*ra-**paz***	*a-**té***	*re-**cém***
*pa-**pel***	*tal-**vez***	*bo-**né***	*al-**guém***
*a-**nel***	*na-**riz***	*ca-**dê***	*a-**lém***
*fu-**zil***	*fe-**roz***	*ca-**fé***	*ar-ma-**zéns***
*es-pa-**nhol***	*a-**triz***	*co-mi-**tê***	*pa-ra-**béns***
*e-le-va-**dor***	*a-**brir***	*ja-ca-**ré***	*fran-**cês***

2 **Nas palavras oxítonas abaixo, coloque o acento onde for necessário. Sua professora ou seu professor vai ler estas palavras para você.**

➲ inglês	plantas	atras	beleza	caju	calor	tabu
melhor	ali	abril	iglu	bebe	o bisavo	metro
alias	hotel	imbecil	orixa	civil	computador	voce
amor	dormir	estudarei	porem	karate	time	urubu
subir	cipo	picole	Malu	trabalhar	nenem	escrever
feliz	plato	judo	maracuja	guru	gibi	cristal

■ **O til**

O til (˜) é usado nas letras ***a*** ou ***o*** dos ditongos nasais –***ão***(s), –***ãe***(s), –***ães***, –***ões***. O til também é usado para indicar a nasalidade da vogal ***a***(s) no fim de palavra. Na maioria dos casos, o til indica, ao mesmo tempo, nasalidade e a sílaba tônica da palavra:

li-mão *cris-tãos* *ca-pi-tães* *li-ções* *ma-çãs*

a-ma-nhã *a-vi-ão* *op-ções* *a-le-mães*

Em palavras que têm til e outro acento, o til indica apenas nasalidade e o outro acento marca a sílaba tônica:

ór-fão *bên-ção* *ór-gão* *í-mã*

■ **Os monossílabos**

Os monossílabos tônicos terminados em ***a***(s), ***e***(s), ***o***(s) têm acento: ***chá***, ***gás***, ***lá***, ***má***, ***fé***, ***pé***, ***três***, ***nós***, ***pó***, ***só***.

3 **Seu professor ou sua professora vai ler as frases abaixo para os alunos.**
Coloque um acento onde for necessário.

➲ A moeda brasileira é o real e a dos Estados Unidos é o dólar.

1. Papai Noel vai me dar um caminhao de madeira no Natal.
2. No jardim da casa dos meus primos, tem uma arvore enorme onde a gente sempre brinca.
3. Para ir do Centro do Rio de Janeiro à Zona Sul, tem que passar varios tuneis.
4. Minha mae me deu um celular para poder me controlar.
5. Ontem briguei com meu tio porque ele me proibiu de beber cafe.
6. Prefiro sentar no sofa e assistir à TV do que fazer o dever de casa.
7. Voce tem que aprender a colocar os acentos em portugues.
8. A musica popular brasileira e muito variada, mas violao e instrumentos de percussao sao muito usados.
9. Vi uns jacares nadando no rio, mas, felizmente, nao ha tubaroes.
10. As crianças adoram fazer bolinhas de sabao, jogar domino, botao e correr em um pe so.
11. Tem alguem em casa?
12. Minha avo paterna e da Inglaterra e adora tomar cha enquanto le seus livros eletronicos.

■ Quando acrescentamos os pronomes –***lo***(***s***) ou –***la***(***s***) às formas verbais oxítonas que perdem as consoantes finais –***r*** ou –***s***, a vogal tônica aberta –***á*** ou fechada –***ê*** ou –***ô*** é acentuada:

dar + lo(s) → *dá-lo(s)*
comprar + la(s) → *comprá-la(s)*
adorar + lo(s) → *adorá-lo(s)*
fazer + la(s) → *fazê-la(s)*
ver + lo(s) → *vê-lo(s)*
compor + la(s) → *compô-la(s)*
pôr, pôs + lo(s) → *pô-lo(s)*

➲ 15.1.A. Colocação dos pronomes de objeto no discurso monitorado

- Os advérbios formados por adjetivo + ***mente*** são paroxítonos e não são acentuados, mesmo quando o adjetivo tiver acento:

claramente → *[cla-ra + men-te]*	*facilmente* → *[fá-cil + men-te]*
igualmente → *[i-gual + men-te]*	*amavelmente* → *[a-má-vel + men-te]*

Quando esses advérbios são derivados de adjetivos, o advérbio sempre adota a forma feminina:

amoroso → *amoros**a**mente* *lógico* → *logic**a**mente* *cuidadoso* → *cuidados**a**mente*

4 Nas frases abaixo, escreva as combinações de verbo e objeto direto, colocando o acento onde for necessário. Os objetos já estão marcados.

➲ Tiago vai comprar <u>um presente</u> amanhã. (-lo) comprá-lo
1. Guilherme quer receber <u>um presente</u>. (-lo) ....
2. Tom Jobim conseguiu escrever <u>as melhores músicas</u>. (-las) ....
3. Maria Bethânia vai cantar <u>a música</u> do seu irmão. (-la) ....
4. Papai Noel tem que trazer <u>os melhores brinquedos</u>. (-los) ....
5. Amanhã vão colocar <u>a árvore de Natal</u> no meio da Lagoa. (-la) ....
6. Quero levar <u>muitas flores brancas</u> para Iemanjá. (-las) ....
7. Vamos fazer <u>um bolo de aniversário</u> para o Guilherme. (-lo) ....

5 Na frases abaixo, substitua a parte sublinhada por um advérbio formado pelos adjetivos indicados + a terminação *-mente*.

perigoso	provável	diário	agressivo ✓	infeliz	último

➲ Ele se comportou <u>de forma agressiva</u>. Começou a dar gritos e a quebrar coisas e foi embora.

agressivamente

1. <u>Todo dia</u> bebo um copo de leite antes de dormir.

....

2. O ator principal está muito cansado <u>nos últimos dias</u>.

....

3. Carla e Roberto vão mudar de casa porque vão ter gêmeos? <u>É provável</u>.

....

4. Meu tio estava dirigindo <u>de forma perigosa</u>.

....

5. <u>De uma forma infeliz</u>, só por um cigarro, ele voltou a fumar.

....

B Acento diferencial

■ Em algumas palavras que têm grafia igual, uma tem acento e outra não:

SEM ACENTO

poder *pode* [2ª ou 3ª pessoa do verbo ***poder*** no Presente do indicativo: *Carlinha me disse que ela pode vir para cá amanhã.*]

por [preposição: *Você pode passar por aqui amanhã?*]

ter *tem* [verbo ***ter*** no singular: *Você tem medo de aranha?*]

vir *vem* [verbo ***vir*** no singular: *Giovane vem me ver todo fim de semana.*]

COM ACENTO

poder *pôde* [2ª ou 3ª pessoa do verbo ***poder*** no Pretérito perfeito do indicativo: *Ontem, o avião não pôde levantar voo por causa do clima.*]

pôr [verbo: *Será que eu devo pôr mais sal na comida?*]

ter *têm* [verbo ***ter*** no plural: *Vocês têm um real para me emprestar?*]

vir *vêm* [verbo ***vir*** no plural: *Não sei quando as crianças vêm para cá.*]

■ Os derivados dos verbos ***ter*** e ***vir*** também têm acento agudo no singular e circunflexo no plural:

SINGULAR

- *Carlos sempre* ***mantém*** *a palavra.*
- *Vitória sempre* ***intervém*** *quando o professor está falando.*

PLURAL

- *Carlos e Luciana sempre* ***mantêm*** *a palavra.*
- *Vitória e Marcela sempre* ***intervêm*** *quando o professor está falando.*

6 Romeu e Julieta são um casal moderno e seus pais não querem que eles namorem. Nas frases abaixo, use o acento diferencial quando for necessário.

➲ Semana passada, Romeu não pode falar com Julieta porque os pais dela não deixaram. pôde

1. Romeu não pode ir ver Julieta todo dia. ....
2. Mês passado, Julieta não pode ir ao aniversário de Romeu. ....
3. Julieta tem uma paixão enorme por Romeu. ....
4. Romeu e Julieta tem uma linda história de amor, apesar de as famílias serem contra o namoro. ....
5. Ninguém sabe por que as famílias dos dois não se dão bem. ....
6. Julieta quer logo por um anel de casamento no dedo. ....
7. Romeu vem ver Julieta no meio da noite. ....
8. Romeu mantem sua palavra e quer sempre estar perto de Julieta. ....
9. Romeu e Julieta mantem o amor que sentem um pelo outro, apesar das circunstâncias. ....
10. Os primos de Romeu às vezes intervem, mas a família não os ouve. ....
11. A mãe de Julieta às vezes intervem junto ao marido, mas ele não a ouve. ....

C Ditongos

- Ditongo é o encontro de uma **vogal** (*a*, *e*, *o*) e uma **semivogal** (*i*, *u*) na mesma sílaba. Esses dois sons são pronunciados em uma emissão de voz única:

pei-xe	*his-tó-ria*	*mais*	*joi-a*	*re-ló-gio*

Quando as vogais ***a***, ***e*** e ***o*** aparecem contíguas em uma palavra, elas não compõem um ditongo e, por isso, pertencem a sílabas diferentes:

a-é-re-o	*o-ce-a-no*	*a-or-ta*	*ma-es-tro*	*po-e-ta*	*te-a-tro*

As palavras terminadas em ditongos crescentes, ou seja semivogal (*i*, *u*) + vogal (*a*, *e*, *o*) (combinações *–ia*(*s*), *–ie*(*s*), *–io*(*s*), *–ua*(*s*), *–ue*(*s*), *–uo*(*s*)), têm acento só quando são paroxítonas. Nesse caso, como se trata de um ditongo, as duas últimas vogais são unidas na mesma sílaba. Quando a palavra não tem acento na penúltima sílaba, as duas vogais são separadas, formando um hiato.

- **Paroxítona**

SEM ACENTO PORQUE AS DUAS ÚLTIMAS VOGAIS SÃO SEPARADAS EM DUAS SÍLABAS		**COM** ACENTO PORQUE AS DUAS ÚLTIMAS VOGAIS SÃO UNIDAS NA MESMA SÍLABA	
li-vra-ri-a	*de-sa-fi-o*	*pro-nún-cia*	*dor-mi-tó-rio*
a-le-gri-a	*e-lo-gi-o*	*far-má-cia*	*e-di-fí-cio*
se-cre-ta-ri-a	*na-vi-o*	*se-cre-tá-ria*	*es-cri-tó-rio*
Ma-ri-a	*ar-re-pi-o*	*Má-rio*	*la-bo-ra-tó-rio*
pa-da-ri-a	*mei-o*	*his-tó-ria*	*lín-gua*
bio-gra-fi-a	*ru-a*	*fa-mí-lia*	*á-gua*
bio-lo-gi-a	*lu-a*	*es-pé-cie*	*bi-lín-gue*
et-ni-a	*su-a*	*sé-rie*	*am-bí-guo*

Os ditongos grafados por ***–éis***, ***–éu***(*s*) ***–ói***(*s*) ou ***–óis*** da sílaba tônica das palavras oxítonas são acentuados: *anéis*, *troféu*, *herói*, *lençóis*.

Os ditongos representados por *–**ei*** ou *–**oi*** na sílaba tônica das palavras paroxítonas não têm acento: *ideia*, *aldeia*, *baleia*, *meia*, *geleia*, *dezoito*, *heroico*, *paranoico*.

- As vogais tônicas ***i*** ou ***u*** têm acento quando:

Estão em palavras oxítonas e paroxítonas e são antecedidas de vogal com a qual não formam ditongo. Além disso, têm acento desde que não formem sílaba com a consoante seguinte:

aí, *baú*, *baía*, *cafeína*, *ciúme*, *juízes*, *paraíso*, *raízes*, *saída*, *sanduíche*

Exceto pela letra **s**, que pode formar sílaba com a vogal seguinte e ainda recebe acento: *Luís*, *país*, *egoísmo*.

- Nas palavras oxítonas e paroxítonas, as vogais ***i*** e ***u*** não têm acento quando:

– a vogal ***i*** ou ***u*** não formar ditongo com a vogal que vem antes;
– a vogal ***i*** ou ***u*** é seguida por ***nh***;
– a vogal ***i*** ou ***u*** forma sílaba com a consoante seguinte, que pode ser ***l***, ***m***, ***n***, ***r***, ***z***:

rainha, *Raul*, *Coimbra*, *ruim*, *ainda*, *triunfo*, *atrair*, *influir*, *juiz*, *raiz*

7 **Seu professor ou sua professora vai ler as palavras abaixo para os alunos. Coloque um acento onde for necessário.**

cueca	viagem	suave	➲ baú	Caetano	lisboeta
sauna	bienal	depois	os pais	cuidado	ruina
Lais	raiz	fieis	escreverei	seis	oito
vitoria	feio	sabiamos	ideia	cliente	sou
Raul	fiel	confiavamos	tia	caracois	cheiro
sueco	estoico	proibo	dificeis	teorico	igual
duo	dia	ingenuo	vendia	predio	odio
Brasilia	adeus	video	tua	portaria	frio
epopeia	juizes	rainha	cachecois	ciume	proteina
pasteis	cruel	aveia	pinguim	farois	obvio

Verbos conjugados

Verbos conjugados

A Verbos Regulares

FALAR É o modelo de conjugação de todos os verbos regulares terminados em *-ar*.

INDICATIVO

Presente	Futuro do pres.	Pret. mais-que-perf. comp.
falo	falarei	tinha falado
falas	falarás	tinhas falado
fala	falará	tinha falado
fala	falará	tinha falado
fala	falará	tinha falado
falamos	falaremos	tínhamos falado
falam	falarão	tinham falado
falam	falarão	tinham falado

Pretérito perfeito	Futuro do pretérito	Futuro do pres. composto
falei	falaria	vou ter falado
falaste	falarias	vais ter falado
falou	falaria	vai ter falado
falou	falaria	vai ter falado
falou	falaria	vai ter falado
falamos	falaríamos	vamos ter falado
falaram	falariam	vão ter falado
falaram	falariam	vão ter falado

Pret. imperfeito	Pret. perf. comp.	Futuro do pret. composto
falava	tenho falado	teria falado
falavas	tens falado	terias falado
falava	tem falado	teria falado
falava	tem falado	teria falado
falava	tem falado	teria falado
falávamos	temos falado	teríamos falado
falavam	têm falado	teriam falado
falavam	têm falado	teriam falado

INFINITIVO

falar

GERÚNDIO

falando

PARTICÍPIO

falado

INFINITIVO PESSOAL

Eu falar
Tu falares
Você falar
Ele/Ela falar
A gente falar
Nós falarmos
Vocês falarem
Eles/Elas falarem

SUBJUNTIVO

Presente	Futuro	Pretérito mais-que-perfeito
fale	falar	tivesse falado
fales	falares	tivesses falado
fale	falar	tivesse falado
fale	falar	tivesse falado
fale	falar	tivesse falado
falemos	falarmos	tivéssemos falado
falem	falarem	tivessem falado
falem	falarem	tivessem falado

Imperfeito	Pretérito perfeito	Futuro composto
falasse	tenha falado	tiver falado
falasses	tenhas falado	tiveres falado
falasse	tenha falado	tiver falado
falasse	tenha falado	tiver falado
falasse	tenha falado	tiver falado
falássemos	tenhamos falado	tivermos falado
falassem	tenham falado	tiverem falado
falassem	tenham falado	tiverem falado

IMPERATIVO

Afirmativo
Fala **tu**
Fale **você**
Falemos **nós**
Falem **vocês**

Negativo
Não fales **tu**
Não fale **você**
Não falemos **nós**
Não falem **vocês**

COMER É o modelo de conjugação de todos os verbos regulares terminados em *-er*.

INDICATIVO

Presente	Futuro do pres.	Pret. mais-que-perf. comp.
como	comerei	tinha comido
comes	comerás	tinhas comido
come	comerá	tinha comido
come	comerá	tinha comido
come	comerá	tinha comido
comemos	comeremos	tínhamos comido
comem	comerão	tinham comido
comem	comerão	tinham comido

Pretérito perfeito	Futuro do pretérito	Futuro do pres. composto
comi	comeria	vou ter comido
comeste	comerias	vais ter comido
comeu	comeria	vai ter comido
comeu	comeria	vai ter comido
comeu	comeria	vai ter comido
comemos	comeríamos	vamos ter comido
comeram	comeriam	vão ter comido
comeram	comeriam	vão ter comido

Pret. imperfeito	Pret. perf. comp.	Futuro do pret. composto
comia	tenho comido	teria comido
comias	tens comido	terias comido
comia	tem comido	teria comido
comia	tem comido	teria comido
comia	tem comido	teria comido
comíamos	temos comido	teríamos comido
comiam	têm comido	teriam comido
comiam	têm comido	teriam comido

INFINITIVO

comer

GERÚNDIO

comendo

PARTICÍPIO

comido

INFINITIVO PESSOAL

Eu comer
Tu comeres
Você comer
Ele/Ela comer
A gente comer
Nós comermos
Vocês comerem
Eles/Elas comerem

SUBJUNTIVO

Presente	Futuro	Pretérito mais-que-perfeito
coma	comer	tivesse comido
comas	comeres	tivesses comido
coma	comer	tivesse comido
coma	comer	tivesse comido
coma	comer	tivesse comido
comamos	comermos	tivéssemos comido
comam	comerem	tivessem comido
comam	comerem	tivessem comido

Imperfeito	Pretérito perfeito	Futuro composto
comesse	tenha comido	tiver comido
comesses	tenhas comido	tiveres comido
comesse	tenha comido	tiver comido
comesse	tenha comido	tiver comido
comesse	tenha comido	tiver comido
comêssemos	tenhamos comido	tivermos comido
comessem	tenham comido	tiverem comido
comessem	tenham comido	tiverem comido

IMPERATIVO

Afirmativo
Come **tu**
Coma **você**
Comamos **nós**
Comam **vocês**

Negativo
Não comas **tu**
Não coma **você**
Não comamos **nós**
Não comam **vocês**

DECIDIR É o modelo de conjugação de todos os verbos regulares terminados em *–ir*.

INDICATIVO

Presente	Futuro do pres.	Pret. mais-que-perf. comp.
decido	decidirei	tinha decidido
decides	decidirás	tinhas decidido
decide	decidirá	tinha decidido
decide	decidirá	tinha decidido
decide	decidirá	tinha decidido
decidimos	decidiremos	tínhamos decidido
decidem	decidirão	tinham decidido
decidem	decidirão	tinham decidido

Pretérito perfeito	Futuro do pretérito	Futuro do pres. composto
decidi	decidiria	vou ter decidido
decidiste	decidirias	vais ter decidido
decidiu	decidiria	vai ter decidido
decidiu	decidiria	vai ter decidido
decidiu	decidiria	vai ter decidido
decidimos	decidiríamos	vamos ter decidido
decidiram	decidiriam	vão ter decidido
decidiram	decidiriam	vão ter decidido

Pret. imperfeito	Pret. perf. comp.	Futuro do pret. composto
decidia	tenho decidido	teria decidido
decidias	tens decidido	terias decidido
decidia	tem decidido	teria decidido
decidia	tem decidido	teria decidido
decidia	tem decidido	teria decidido
decidíamos	temos decidido	teríamos decidido
decidiam	têm decidido	teriam decidido
decidiam	têm decidido	teriam decidido

INFINITIVO

decidir

GERÚNDIO

decidindo

PARTICÍPIO

decidido

INFINITIVO PESSOAL

Eu decidir
Tu decidires
Você decidir
Ele/Ela decidir
A gente decidir
Nós decidirmos
Vocês decidirem
Eles/Elas decidirem

SUBJUNTIVO

Presente	Futuro	Pretérito mais-que-perfeito
decida	decidir	tivesse decidido
decidas	decidires	tivesses decidido
decida	decidir	tivesse decidido
decida	decidir	tivesse decidido
decida	decidir	tivesse decidido
decidamos	decidirmos	tivéssemos decidido
decidam	decidirem	tivessem decidido
decidam	decidirem	tivessem decidido

Imperfeito	Pretérito perfeito	Futuro composto
decidisse	tenha decidido	tiver decidido
decidisses	tenhas decidido	tiveres decidido
decidisse	tenha decidido	tiver decidido
decidisse	tenha decidido	tiver decidido
decidisse	tenha decidido	tiver decidido
decidíssemos	tenhamos decidido	tivermos decidido
decidissem	tenham decidido	tiverem decidido
decidissem	tenham decidido	tiverem decidido

IMPERATIVO

Afirmativo
Decide **tu**
Decida **você**
Decidamos **nós**
Decidam **vocês**

Negativo
Não decidas **tu**
Não decida **você**
Não decidamos **nós**
Não decidam **vocês**

B Verbos irregulares

AGIR

INDICATIVO

Presente	Futuro do pres.	Pret. mais-que-perf. comp.
ajo	agirei	tinha agido
ages	agirás	tinhas agido
age	agirá	tinha agido
age	agirá	tinha agido
age	agirá	tinha agido
agimos	agiremos	tínhamos agido
agem	agirão	tinham agido
agem	agirão	tinham agido

Pretérito perfeito	Futuro do pretérito	Futuro do pres. composto
agi	agiria	vou ter agido
agiste	agirias	vais ter agido
agiu	agiria	vai ter agido
agiu	agiria	vai ter agido
agiu	agiria	vai ter agido
agimos	agiríamos	vamos ter agido
agiram	agiriam	vão ter agido
agiram	agiriam	vão ter agido

Pret. imperfeito	Pret. perf. comp.	Futuro do pret. composto
agia	tenho agido	teria agido
agias	tens agido	terias agido
agia	tem agido	teria agido
agia	tem agido	teria agido
agia	tem agido	teria agido
agíamos	temos agido	teríamos agido
agiam	têm agido	teriam agido
agiam	têm agido	teriam agido

INFINITIVO

agir

GERÚNDIO

agindo

PARTICÍPIO

agido

INFINITIVO PESSOAL

Eu agir
Tu agires
Você agir
Ele/Ela agir
A gente agir
Nós agirmos
Vocês agirem
Eles/Elas agirem

SUBJUNTIVO

Presente	Futuro	Pretérito mais-que-perfeito
aja	agir	tivesse agido
ajas	agires	tivesses agido
aja	agir	tivesse agido
aja	agir	tivesse agido
aja	agir	tivesse agido
ajamos	agirmos	tivéssemos agido
ajam	agirem	tivessem agido
ajam	agirem	tivessem agido

Imperfeito	Pretérito perfeito	Futuro composto
agisse	tenha agido	tiver agido
agisses	tenhas agido	tiveres agido
agisse	tenha agido	tiver agido
agisse	tenha agido	tiver agido
agisse	tenha agido	tiver agido
agíssemos	tenhamos agido	tivermos agido
agissem	tenham agido	tiverem agido
agissem	tenham agido	tiverem agido

IMPERATIVO

Afirmativo
Age **tu**
Aja **você**
Ajamos **nós**
Ajam **vocês**

Negativo
Não ajas **tu**
Não aja **você**
Não ajamos **nós**
Não ajam **vocês**

■ O som [ʒ] se escreve com ***g*** antes de ***e***, ***i***, mas com ***j*** antes de ***a***, ***o***, ***u***.
Corrigir, ***dirigir***, ***exigir***, ***fingir***, ***fugir***, ***reagir***, etc. seguem o paradigma de ***agir***.

BLOQUEAR

INDICATIVO

Presente	Futuro do pres.	Pret. mais-que-perf. comp.
bloqueio	bloquearei	tinha bloqueado
bloqueias	bloquearás	tinhas bloqueado
bloqueia	bloqueará	tinha bloqueado
bloqueia	bloqueará	tinha bloqueado
bloqueia	bloqueará	tinha bloqueado
bloqueamos	bloquearemos	tínhamos bloqueado
bloqueiam	bloquearão	tinham bloqueado
bloqueiam	bloquearão	tinham bloqueado

Pretérito perfeito	Futuro do pretérito	Futuro do pres. composto
bloqueei	bloquearia	vou ter bloqueado
bloqueaste	bloquearias	vais ter bloqueado
bloqueou	bloquearia	vai ter bloqueado
bloqueou	bloquearia	vai ter bloqueado
bloqueou	bloquearia	vai ter bloqueado
bloqueamos	bloquearíamos	vamos ter bloqueado
bloquearam	bloqueariam	vão ter bloqueado
bloquearam	bloqueariam	vão ter bloqueado

Pret. imperfeito	Pret. perf. comp.	Futuro do pret. composto
bloqueava	tenho bloqueado	teria bloqueado
bloqueavas	tens bloqueado	terias bloqueado
bloqueava	tem bloqueado	teria bloqueado
bloqueava	tem bloqueado	teria bloqueado
bloqueava	tem bloqueado	teria bloqueado
bloqueávamos	temos bloqueado	teríamos bloqueado
bloqueavam	têm bloqueado	teriam bloqueado
bloqueavam	têm bloqueado	teriam bloqueado

INFINITIVO

bloquear

GERÚNDIO

bloqueando

PARTICÍPIO

bloqueado

INFINITIVO PESSOAL

Eu bloquear
Tu bloqueares
Você bloquear
Ele/Ela bloquear
A gente bloquear
Nós bloquearmos
Vocês bloquearem
Eles/Elas bloquearem

SUBJUNTIVO

Presente	Futuro	Pretérito mais-que-perfeito
bloqueie	bloquear	tivesse bloqueado
bloqueies	bloqueares	tivesses bloqueado
bloqueie	bloquear	tivesse bloqueado
bloqueie	bloquear	tivesse bloqueado
bloqueie	bloquear	tivesse bloqueado
bloqueemos	bloquearmos	tivéssemos bloqueado
bloqueiem	bloquearem	tivessem bloqueado
bloqueiem	bloquearem	tivessem bloqueado

Imperfeito	Pretérito perfeito	Futuro composto
bloqueasse	tenha bloqueado	tiver bloqueado
bloqueasses	tenhas bloqueado	tiveres bloqueado
bloqueasse	tenha bloqueado	tiver bloqueado
bloqueasse	tenha bloqueado	tiver bloqueado
bloqueasse	tenha bloqueado	tiver bloqueado
bloqueássemos	tenhamos bloqueado	tivermos bloqueado
bloqueassem	tenham bloqueado	tiverem bloqueado
bloqueassem	tenham bloqueado	tiverem bloqueado

IMPERATIVO

Afirmativo
Bloqueia **tu**
Bloqueie **você**
Bloqueemos **nós**
Bloqueiem **vocês**

Negativo
Não bloqueies **tu**
Não bloqueie **você**
Não bloqueemos **nós**
Não bloqueiem **vocês**

■ ***Frear*, *nomear*, *passear*, *pentear*,** etc. seguem o paradigma de ***bloquear***.

CABER

INDICATIVO

Presente	Futuro do pres.	Pret. mais-que-perf. comp.
caibo	caberei	tinha cabido
cabes	caberás	tinhas cabido
cabe	caberá	tinha cabido
cabe	caberá	tinha cabido
cabe	caberá	tinha cabido
cabemos	caberemos	tínhamos cabido
cabem	caberão	tinham cabido
cabem	caberão	tinham cabido

Pretérito perfeito	Futuro do pretérito	Futuro do pres. composto
coube	caberia	vou ter cabido
coubeste	caberias	vais ter cabido
coube	caberia	vai ter cabido
coube	caberia	vai ter cabido
coube	caberia	vai ter cabido
coubemos	caberíamos	vamos ter cabido
couberam	caberiam	vão ter cabido
couberam	caberiam	vão ter cabido

Pret. imperfeito	Pret. perf. comp.	Futuro do pret. composto
cabia	tenho cabido	teria cabido
cabias	tens cabido	terias cabido
cabia	tem cabido	teria cabido
cabia	tem cabido	teria cabido
cabia	tem cabido	teria cabido
cabíamos	temos cabido	teríamos cabido
cabiam	têm cabido	teriam cabido
cabiam	têm cabido	teriam cabido

INFINITIVO

caber

GERÚNDIO

cabendo

PARTICÍPIO

cabido

INFINITIVO PESSOAL

Eu caber
Tu caberes
Você caber
Ele/Ela caber
A gente caber
Nós cabermos
Vocês caberem
Eles/Elas caberem

SUBJUNTIVO

Presente	Futuro	Pretérito mais-que-perfeito
caiba	**couber**	tivesse cabido
caibas	**couberes**	tivesses cabido
caiba	**couber**	tivesse cabido
caiba	**couber**	tivesse cabido
caiba	**couber**	tivesse cabido
caibamos	**coubermos**	tivéssemos cabido
caibam	**couberem**	tivessem cabido
caibam	**couberem**	tivessem cabido

Imperfeito	Pretérito perfeito	Futuro composto
coubesse	tenha cabido	tiver cabido
coubesses	tenhas cabido	tiveres cabido
coubesse	tenha cabido	tiver cabido
coubesse	tenha cabido	tiver cabido
coubesse	tenha cabido	tiver cabido
coubéssemos	tenhamos cabido	tivermos cabido
coubessem	tenham cabido	tiverem cabido
coubessem	tenham cabido	tiverem cabido

IMPERATIVO

Afirmativo
Cabe **tu**
Caiba **você**
Caibamos **nós**
Caibam **vocês**

Negativo
Não **caibas** **tu**
Não **caiba** **você**
Não **caibamos** **nós**
Não **caibam** **vocês**

COMEÇAR

INDICATIVO

Presente	Futuro do pres.	Pret. mais-que-perf. comp.
começo	começarei	tinha começado
começas	começarás	tinhas começado
começa	começará	tinha começado
começa	começará	tinha começado
começa	começará	tinha começado
começamos	começaremos	tínhamos começado
começam	começarão	tinham começado
começam	começarão	tinham começado

Pretérito perfeito	Futuro do pretérito	Futuro do pres. composto
comecei	começaria	vou ter começado
começaste	começarias	vais ter começado
começou	começaria	vai ter começado
começou	começaria	vai ter começado
começou	começaria	vai ter começado
começamos	começaríamos	vamos ter começado
começaram	começariam	vão ter começado
começaram	começariam	vão ter começado

Pret. imperfeito	Pret. perf. comp.	Futuro do pret. composto
começava	tenho começado	teria começado
começavas	tens começado	terias começado
começava	tem começado	teria começado
começava	tem começado	teria começado
começava	tem começado	teria começado
começávamos	temos começado	teríamos começado
começavam	têm começado	teriam começado
começavam	têm começado	teriam começado

INFINITIVO

começar

GERÚNDIO

começando

PARTICÍPIO

começado

INFINITIVO PESSOAL

Eu começar
Tu começares
Você começar
Ele/Ela começar
A gente começar
Nós começarmos
Vocês começarem
Eles/Elas começarem

SUBJUNTIVO

Presente	Futuro	Pretérito mais-que-perfeito
comece	começar	tivesse começado
comeces	começares	tivesses começado
comece	começar	tivesse começado
comece	começar	tivesse começado
comece	começar	tivesse começado
comecemos	começarmos	tivéssemos começado
comecem	começarem	tivessem começado
comecem	começarem	tivessem começado

Imperfeito	Pretérito perfeito	Futuro composto
começasse	tenha começado	tiver começado
começasses	tenhas começado	tiveres começado
começasse	tenha começado	tiver começado
começasse	tenha começado	tiver começado
começasse	tenha começado	tiver começado
começássemos	tenhamos começado	tivermos começado
começassem	tenham começado	tiverem começado
começassem	tenham começado	tiverem começado

IMPERATIVO

Afirmativo

Começa **tu**
Comece **você**
Comecemos **nós**
Comecem **vocês**

Negativo

Não comeces **tu**
Não comece **você**
Não comecemos **nós**
Não comecem **vocês**

■ O som [s] se escreve com *ç* antes de ***a***, ***o***, ***u***, mas com *ç* antes de ***e***, ***i***.
Abraçar, ***almoçar***, ***dançar***, ***forçar***, ***lançar***, etc. seguem o paradigma de ***começar***.

CONHECER

INDICATIVO

Presente	Futuro do pres.	Pret. mais-que-perf. comp.
conheço	conhecerei	tinha conhecido
conheces	conhecerás	tinhas conhecido
conhece	conhecerá	tinha conhecido
conhece	conhecerá	tinha conhecido
conhece	conhecerá	tinha conhecido
conhecemos	conheceremos	tínhamos conhecido
conhecem	conhecerão	tinham conhecido
conhecem	conhecerão	tinham conhecido

Pretérito perfeito	Futuro do pretérito	Futuro do pres. composto
conheci	conheceria	vou ter conhecido
conheceste	conhecerias	vais ter conhecido
conheceu	conheceria	vai ter conhecido
conheceu	conheceria	vai ter conhecido
conheceu	conheceria	vai ter conhecido
conhecemos	conheceríamos	vamos ter conhecido
conheceram	conheceriam	vão ter conhecido
conheceram	conheceriam	vão ter conhecido

Pret. imperfeito	Pret. perf. comp.	Futuro do pret. composto
conhecia	tenho conhecido	teria conhecido
conhecias	tens conhecido	terias conhecido
conhecia	tem conhecido	teria conhecido
conhecia	tem conhecido	teria conhecido
conhecia	tem conhecido	teria conhecido
conhecíamos	temos conhecido	teríamos conhecido
conheciam	têm conhecido	teriam conhecido
conheciam	têm conhecido	teriam conhecido

INFINITIVO

conhecer

GERÚNDIO

conhecendo

PARTICÍPIO

conhecido

INFINITIVO PESSOAL

Eu conhecer
Tu conheceres
Você conhecer
Ele/Ela conhecer
A gente conhecer
Nós conhecermos
Vocês conhecerem
Eles/Elas conhecerem

SUBJUNTIVO

Presente	Futuro	Pretérito mais-que-perfeito
conheça	conhecer	tivesse conhecido
conheças	conheceres	tivesses conhecido
conheça	conhecer	tivesse conhecido
conheça	conhecer	tivesse conhecido
conheça	conhecer	tivesse conhecido
conheçamos	conhecermos	tivéssemos conhecido
conheçam	conhecerem	tivessem conhecido
conheçam	conhecerem	tivessem conhecido

Imperfeito	Pretérito perfeito	Futuro composto
conhecesse	tenha conhecido	tiver conhecido
conhecesses	tenhas conhecido	tiveres conhecido
conhecesse	tenha conhecido	tiver conhecido
conhecesse	tenha conhecido	tiver conhecido
conhecesse	tenha conhecido	tiver conhecido
conhecêssemos	tenhamos conhecido	tivermos conhecido
conhecessem	tenham conhecido	tiverem conhecido
conhecessem	tenham conhecido	tiverem conhecido

IMPERATIVO

Afirmativo
Conhece **tu**
Conheça você
Conheçamos nós
Conheçam vocês

Negativo
Não conheças tu
Não conheça você
Não conheçamos nós
Não conheçam vocês

■ O som [s] se escrever com *c* antes de ***e***, ***i***, mas com *ç* antes de ***a***, ***o***, ***u***.
Crescer, ***descer***, ***esquecer***, ***parecer***, etc. seguem o paradigma de ***conhecer***.

CONCLUIR

INDICATIVO

Presente	Futuro do pres.	Pret. mais-que-perf. comp.
concluo	concluirei	tinha concluído
concluis	concluirás	tinhas concluído
conclui	concluirá	tinha concluído
conclui	concluirá	tinha concluído
conclui	concluirá	tinha concluído
conncluímos	concluiremos	tínhamos concluído
concluem	concluirão	tinham concluído
concluem	concluirão	tinham concluído

Pretérito perfeito	Futuro do pretérito	Futuro do pres. composto
concluí	concluiria	vou ter concluído
concluíste	concluirias	vais ter concluído
concluiu	concluiria	vai ter concluído
concluiu	concluiria	vai ter concluído
concluiu	concluiria	vai ter concluído
concluímos	concluiríamos	vamos ter concluído
concluíram	concluiriam	vão ter concluído
concluíram	concluiriam	vão ter concluído

Pret. imperfeito	Pret. perf. comp.	Futuro do pret. composto
concluía	tenho concluído	teria concluído
concluías	tens concluído	terias concluído
concluía	tem concluído	teria concluído
concluía	tem concluído	teria concluído
concluía	tem concluído	teria concluído
concluíamos	temos concluído	teríamos concluído
concluíam	têm concluído	teriam concluído
concluíam	têm concluído	teria concluído

INFINITIVO

concluir

GERÚNDIO

concluindo

PARTICÍPIO

concluído

INFINITIVO PESSOAL

Eu concluir
Tu concluíres
Você concluir
Ele/Ela concluir
A gente concluir
Nós concluirmos
Vocês concluírem
Eles/Elas concluírem

SUBJUNTIVO

Presente	Futuro	Pretérito mais-que-perfeito
conclua	concluir	tivesse concluído
concluas	concluíres	tivesses concluído
conclua	concluir	tivesse concluído
conclua	concluir	tivesse concluído
conclua	concluir	tivesse concluído
concluamos	concluirmos	tivéssemos concluído
concluam	concluírem	tivessem concluído
concluam	concluírem	tivessem concluído

Imperfeito	Pretérito perfeito	Futuro composto
concluísse	tenha concluído	tiver concluído
concluísses	tenhas concluído	tiveres concluído
concluísse	tenha concluído	tiver concluído
concluísse	tenha concluído	tiver concluído
concluísse	tenha concluído	tiver concluído
concluíssemos	tenhamos concluído	tivermos concluído
concluíssem	tenham concluído	tiverem concluído
concluíssem	tenha concluído	tiverem concluído

IMPERATIVO

Afirmativo
Conclui tu
Conclua **você**
Concluamos **nós**
Concluam **vocês**

Negativo
Não concluas **tu**
Não conclua **você**
Não concluamos **nós**
Não concluam **vocês**

■ ***Contribuir*, *diminuir*, *distribuir*, *incluir*, *possuir*, *substituir***, etc. seguem o paradigma de ***concluir***.

CONSEGUIR

INDICATIVO

Presente	Futuro do pres.	Pret. mais-que-perf. comp.
consigo	conseguirei	tinha conseguido
consegues	conseguirás	tinhas conseguido
consegue	conseguirá	tinha conseguido
consegue	conseguirá	tinha conseguido
consegue	conseguirá	tinha conseguido
conseguimos	conseguiremos	tínhamos conseguido
conseguem	conseguirão	tinham conseguido
conseguem	conseguirão	tinham conseguido

Pretérito perfeito	Futuro do pretérito	Futuro do pres. composto
consegui	conseguiria	vou ter conseguido
conseguiste	conseguirias	vais ter conseguido
conseguiu	conseguiria	vai ter conseguido
conseguiu	conseguiria	vai ter conseguido
conseguiu	conseguiria	vai ter conseguido
conseguimos	conseguiríamos	vamos ter conseguido
conseguiram	conseguiriam	vão ter conseguido
conseguiram	conseguiriam	vão ter conseguido

Pret. imperfeito	Pret. perf. comp.	Futuro do pret. composto
conseguia	tenho conseguido	teria conseguido
conseguias	tens conseguido	terias conseguido
conseguia	tem conseguido	teria conseguido
conseguia	tem conseguido	teria conseguido
conseguia	tem conseguido	teria conseguido
conseguíamos	temos conseguido	teríamos conseguido
conseguiam	têm conseguido	teriam conseguido
conseguia	têm conseguido	teriam conseguido

INFINITIVO

conseguir

GERÚNDIO

conseguindo

PARTICÍPIO

conseguido

INFINITIVO PESSOAL

Eu conseguir
Tu conseguires
Você conseguir
Ele/Ela conseguir
A gente conseguir
Nós conseguirmos
Vocês conseguirem
Eles/Elas conseguirem

SUBJUNTIVO

Presente	Futuro	Pretérito mais-que-perfeito
consiga	conseguir	tivesse conseguido
consigas	conseguires	tivesses conseguido
consiga	conseguir	tivesse conseguido
consiga	conseguir	tivesse conseguido
consiga	conseguir	tivesse conseguido
consigamos	conseguirmos	tivéssemos conseguido
consigam	conseguirem	tivessem conseguido
consiga	conseguirem	tivessem conseguido

Imperfeito	Pretérito perfeito	Futuro composto
conseguisse	tenha conseguido	tiver conseguido
conseguisses	tenhas conseguido	tiveres conseguido
conseguisse	tenha conseguido	tiver conseguido
conseguisse	tenha conseguido	tiver conseguido
conseguisse	tenha conseguido	tiver conseguido
conseguíssemos	tenhamos conseguido	tivermos conseguido
conseguissem	tenham conseguido	tiverem conseguido
conseguissem	tenham conseguido	tiverem conseguido

IMPERATIVO

Afirmativo
Consegue **tu**
Consiga **você**
Consigamos **nós**
Consigam **vocês**

Negativo
Não consigas **tu**
Não consiga **você**
Não consigamos **nós**
Não consigam **vocês**

■ O som [g] se escreve com ***gu*** antes de ***e***, ***i***, mas com ***g*** antes de ***a***, ***o***, ***u***.
Perseguir, ***seguir***, etc. seguem o paradigma de ***conseguir***.

CONSTRUIR

INDICATIVO

Presente	Futuro do pres.	Pret. mais-que-perf. comp.
construo	construirei	tinha construído
constróis	construirás	tinhas construído
constrói	construirá	tinha construído
constrói	construirá	tinha construído
constrói	construirá	tinha construído
construímos	construiremos	tínhamos construído
constroem	construirão	tinham construído
constroem	construirão	tinham construído

Pretérito perfeito	Futuro do pretérito	Futuro do pres. composto
construí	construiria	vou ter construído
construíste	construirias	vais ter construído
construiu	construiria	vai ter construído
construiu	construiria	vai ter construído
construiu	construiria	vai ter construído
construímos	construiríamos	vamos ter construído
construíram	construiriam	vão ter construído
construíram	construiriam	vão ter construído

Pret. imperfeito	Pret. perf. comp.	Futuro do pret. composto
construía	tenho construído	teria construído
construías	tens construído	terias construído
construía	tem construído	teria construído
construía	tem construído	teria construído
construía	tem construído	teria construído
construíamos	temos construído	teríamos construído
construíam	têm construído	teriam construído
construíam	têm construído	teriam construído

INFINITIVO

construir

GERÚNDIO

construindo

PARTICÍPIO

construído

INFINITIVO PESSOAL

Eu construir
Tu construíres
Você construir
Ele/Ela construir
A gente construir
Nós construirmos
Vocês construírem
Eles/Elas construírem

SUBJUNTIVO

Presente	Futuro	Pretérito mais-que-perfeito
construa	construir	tivesse construído
construas	construíres	tivesses construído
construa	construir	tivesse construído
construa	construir	tivesse construído
construa	construir	tivesse construído
construamos	construirmos	tivéssemos construído
construam	construírem	tivessem construído
construam	construírem	tivessem construído

Imperfeito	Pretérito perfeito	Futuro composto
construísse	tenha construído	tiver construído
construísses	tenhas construído	tiveres construído
construísse	tenha construído	tiver construído
construísse	tenha construído	tiver construído
construísse	tenha construído	tiver construído
construíssemos	tenhamos construído	tivermos construído
construíssem	tenham construído	tiverem construído
construíssem	tenham construído	tiverem construído

IMPERATIVO

Afirmativo
Constrói **tu**
Construa **você**
Construamos **nós**
Construam **vocês**

Negativo
Não construas **tu**
Não construa **você**
Não construamos **nós**
Não construam **vocês**

■ ***Destruir*** segue o paradigma de ***construir***.

CRER

INDICATIVO

Presente	Futuro do pres.	Pret. mais-que-perf. comp.
creio	crerei	tinha crido
crês	crerás	tinhas crido
crê	crerá	tinha crido
crê	crerá	tinha crido
crê	crerá	tinha crido
cremos	creremos	tínhamos crido
creem	crerão	tinham crido
creem	crerão	tinham crido

Pretérito perfeito	Futuro do pretérito	Futuro do pres. composto
cri	creria	vou ter crido
creste	crerias	vais ter crido
creu	creria	vai ter crido
creu	creria	vai ter crido
creu	creria	vai ter crido
cremos	creríamos	vamos ter crido
creram	creriam	vão ter crido
creram	creriam	vão ter crido

Pret. imperfeito	Pret. perf. comp.	Futuro do pret. composto
cria	tenho crido	teria crido
crias	tens crido	terias crido
cria	tem crido	teria crido
cria	tem crido	teria crido
cria	tem crido	teria crido
críamos	temos crido	teríamos crido
criam	têm crido	teriam crido
criam	têm crido	teriam crido

INFINITIVO

crer

GERÚNDIO

crendo

PARTICÍPIO

crido

INFINITIVO PESSOAL

Eu crer
Tu creres
Você crer
Ele/Ela crer
A gente crer
Nós crermos
Vocês crerem
Eles/Elas crerem

SUBJUNTIVO

Presente	Futuro	Pretérito mais-que-perfeito
creia	crer	tivesse crido
creias	creres	tivesses crido
creia	crer	tivesse crido
creia	crer	tivesse crido
creia	crer	tivesse crido
creiamos	crermos	tivéssemos crido
creiam	crerem	tivessem crido
creiam	crerem	tivessem crido

Imperfeito	Pretérito perfeito	Futuro composto
cresse	tenha crido	tiver crido
cresses	tenhas crido	tiveres crido
cresse	tenha crido	tiver crido
cresse	tenha crido	tiver crido
cresse	tenha crido	tiver crido
crêssemos	tenhamos crido	tivermos crido
cressem	tenham crido	tiverem crido
cressem	tenham crido	tiverem crido

IMPERATIVO

Afirmativo
Crê **tu**
Creia **você**
Creiamos **nós**
Creiam **vocês**

Negativo
Não creias **tu**
Não creia **você**
Não creiamos **nós**
Não creiam **vocês**

■ As formas ***crês*** e ***crê*** são regulares, mas têm acento para que o "e" seja pronunciado como [e], não [i]

CHEGAR

INDICATIVO

Presente
chego
chegas
chega
chega
chega
chegamos
chegam
chegam

Futuro do pres.
chegarei
chegarás
chegará
chegará
chegará
chegaremos
chegarão
chegarão

Pret. mais-que-perf. comp.
tinha chegado
tinhas chegado
tinha chegado
tinha chegado
tinha chegado
tínhamos chegado
tinham chegado
tinham chegado

Pretérito perfeito
cheguei
chegaste
chegou
chegou
chegou
chegamos
chegaram
chegaram

Futuro do pretérito
chegaria
chegarias
chegaria
chegaria
chegaria
chegaríamos
chegariam
chegariam

Futuro do pres. composto
vou ter chegado
vais ter chegado
vai ter chegado
vai ter chegado
vai ter chegado
vamos ter chegado
vão ter chegado
vão ter chegado

Pret. imperfeito
chegava
chegavas
chegava
chegava
chegava
chegávamos
chegavam
chegavam

Pret. perf. comp.
tenho chegado
tens chegado
tem chegado
tem chegado
tem chegado
temos chegado
têm chegado
têm chegado

Futuro do pret. composto
teria chegado
terias chegado
teria chegado
teria chegado
teria chegado
teríamos chegado
teriam chegado
teriam chegado

INFINITIVO

chegar

GERÚNDIO

chegando

PARTICÍPIO

chegado

INFINITIVO PESSOAL

Eu chegar
Tu chegares
Você chegar
Ele/Ela chegar
A gente chegar
Nós chegarmos
Vocês chegarem
Eles/Elas chegarem

SUBJUNTIVO

Presente
chegue
chegues
chegue
chegue
chegue
cheguemos
cheguem
cheguem

Futuro
chegar
chegares
chegar
chegar
chegar
chegarmos
chegarem
chegarem

Pretérito mais-que-perfeito
tivesse chegado
tivesses chegado
tivesse chegado
tivesse chegado
tivesse chegado
tivéssemos chegado
tivessem chegado
tivessem chegado

Imperfeito
chegasse
chegasses
chegasse
chegasse
chegasse
chegássemos
chegassem
chegassem

Pretérito perfeito
tenha chegado
tenhas chegado
tenha chegado
tenha chegado
tenha chegado
tenhamos chegado
tenham chegado
tenham chegado

Futuro composto
tiver chegado
tiveres chegado
tiver chegado
tiver chegado
tiver chegado
tivermos chegado
tiverem chegado
tiverem chegado

IMPERATIVO

Afirmativo
Chega **tu**
Chegue você
Cheguemos nós
Cheguem vocês

Negativo
Não **chegues tu**
Não **chegue você**
Não **cheguemos nós**
Não **cheguem vocês**

■ O som [g] se escreve com *g* antes de *a*, *o*, *u*, mas com *gu* antes de *e*, *i*.
Brigar, *conjugar*, *jogar*, *ligar*, *pagar*, etc. seguem o paradigma de *chegar*.

DAR

INDICATIVO

Presente	Futuro do pres.	Pret. mais-que-perf. comp.
dou	darei	tinha dado
dás	darás	tinhas dado
dá	dará	tinha dado
dá	dará	tinha dado
dá	dará	tinha dado
damos	daremos	tínhamos dado
dão	darão	tinham dado
dão	darão	tinham dado

Pretérito perfeito	Futuro do pretérito	Futuro do pres. composto
dei	daria	vou ter dado
destes	darias	vais ter dado
deu	daria	vai ter dado
deu	daria	vai ter dado
deu	daria	vai ter dado
demos	daríamos	vamos ter dado
deram	dariam	vão ter dado
deram	dariam	vão ter dado

Pret. imperfeito	Pret. perf. comp.	Futuro do pret. composto
dava	tenho dado	teria dado
davas	tens dado	terias dado
dava	tem dado	teria dado
dava	tem dado	teria dado
dava	tem dado	teria dado
dávamos	temos dado	teríamos dado
davam	têm dado	teriam dado
davam	têm dado	teriam dado

INFINITIVO

dar

GERÚNDIO

dando

PARTICÍPIO

dado

INFINITIVO PESSOAL

Eu dar
Tu dares
Você dar
Ele/Ela dar
A gente dar
Nós darmos
Vocês darem
Eles/Elas darem

SUBJUNTIVO

Presente	Futuro	Pretérito mais-que-perfeito
dê	der	tivesse dado
dês	deres	tivesses dado
dê	der	tivesse dado
dê	der	tivesse dado
dê	der	tivesse dado
demos	dermos	tivéssemos dado
deem	derem	tivessem dado
deem	derem	tivessem dado

Imperfeito	Pretérito perfeito	Futuro composto
desse	tenha dado	tiver dado
desses	tenhas dado	tiveres dado
desse	tenha dado	tiver dado
desse	tenha dado	tiver dado
desse	tenha dado	tiver dado
déssemos	tenhamos dado	tivermos dado
dessem	tenham dado	tiverem dado
dessem	tenham dado	tiverem dado

IMPERATIVO

Afirmativo
Dá **tu**
Dê **você**
Dêmos **nós**
Deem **vocês**

Negativo
Não dês **tu**
Não dê **você**
Não dêmos **nós**
Não deem **vocês**

DIZER

INDICATIVO

Presente	Futuro do pres.	Pret. mais-que-perf. comp.
digo	direi	tinha dito
dizes	dirás	tinhas dito
diz	dirá	tinha dito
diz	dirá	tinha dito
diz	dirá	tinha dito
dizemos	diremos	tínhamos dito
dizem	dirão	tinham dito
dizem	dirão	tinham dito

Pretérito perfeito	Futuro do pretérito	Futuro do pres. composto
disse	diria	vou ter dito
disseste	dirias	vais ter dito
disse	diria	vai ter dito
disse	diria	vai ter dito
disse	diria	vai ter dito
dissemos	diríamos	vamos ter dito
disseram	diriam	vão ter dito
disseram	diriam	vão ter dito

Pret. imperfeito	Pret. perf. comp.	Futuro do pret. composto
dizia	tenho dito	teria dito
dizias	tens dito	terias dito
dizia	tem dito	teria dito
dizia	tem dito	teria dito
dizia	tem dito	teria dito
dizíamos	temos dito	teríamos dito
diziam	têm dito	teriam dito
diziam	têm dito	teriam dito

INFINITIVO

dizer

GERÚNDIO

dizendo

PARTICÍPIO

dito

INFINITIVO PESSOAL

Eu dizer
Tu dizeres
Você dizer
Ele/Ela dizer
A gente dizer
Nós dizermos
Eles/Elas dizerem
Vocês dizerem

SUBJUNTIVO

Presente	Futuro	Pretérito mais-que-perfeito
diga	disser	tivesse dito
digas	disseres	tivesses dito
diga	disser	tivesse dito
diga	disser	tivesse dito
diga	disser	tivesse dito
digamos	dissermos	tivéssemos dito
digam	disserem	tivessem dito
digam	disserem	tivessem dito

Imperfeito	Pretérito perfeito	Futuro composto
dissesse	tenha dito	tiver dito
dissesses	tenhas dito	tiveres dito
dissesse	tenha dito	tiver dito
dissesse	tenha dito	tiver dito
dissesse	tenha dito	tiver dito
disséssemos	tenhamos dito	tivermos dito
dissessem	tenham dito	tiverem dito
dissessem	tenham dito	tiverem dito

IMPERATIVO

Afirmativo
Diz **tu**
Diga **você**
Digamos **nós**
Digam **vocês**

Negativo
Não digas **tu**
Não diga **você**
Não digamos **nós**
Não digam **vocês**

■ ***Bendizer***, ***condizer***, ***contradizer***, ***desdizer***, ***predizer***, etc. seguem o paradigma de ***dizer***.

DORMIR

INDICATIVO

Presente	Futuro do pres.	Pret. mais-que-perf. comp.
durmo	dormirei	tinha dormido
dormes	dormirás	tinhas dormido
dorme	dormirá	tinha dormido
dorme	dormirá	tinha dormido
dorme	dormirá	tinha dormido
dormimos	dormiremos	tínhamos dormido
dormem	dormirão	tinham dormido
dormem	dormirão	tinham dormido

Pretérito perfeito	Futuro do pretérito	Futuro do pres. composto
dormi	dormiria	vou ter dormido
dormiste	dormirias	vais ter dormido
dormiu	dormiria	vai ter dormido
dormiu	dormiria	vai ter dormido
dormiu	dormiria	vai ter dormido
dormimos	dormiríamos	vamos ter dormido
dormiram	dormiriam	vão ter dormido
dormiram	dormiriam	vão ter dormido

Pret. imperfeito	Pret. perf. comp.	Futuro do pret. composto
dormia	tenho dormido	teria dormido
dormias	tens dormido	terias dormido
dormia	tem dormido	teria dormido
dormia	tem dormido	teria dormido
dormia	tem dormido	teria dormido
dormíamos	temos dormido	teríamos dormido
dormiam	têm dormido	teriam dormido
dormiam	têm dormido	teriam dormido

INFINITIVO

dormir

GERÚNDIO

dormindo

PARTICÍPIO

dormido

INFINITIVO PESSOAL

Eu dormir
Tu dormires
Você dormir
Ele/Ela dormir
A gente dormir
Nós dormirmos
Vocês dormirem
Eles/Elas dormirem

SUBJUNTIVO

Presente	Futuro	Pretérito mais-que-perfeito
durma	dormir	tivesse dormido
durmas	dormires	tivesses dormido
durma	dormir	tivesse dormido
durma	dormir	tivesse dormido
durma	dormir	tivesse dormido
durmamos	dormirmos	tivéssemos dormido
durmam	dormirem	tivessem dormido
durmam	dormirem	tivessem dormido

Imperfeito	Pretérito perfeito	Futuro composto
dormisse	tenha dormido	tiver dormido
dormisses	tenhas dormido	tiveres dormido
dormisse	tenha dormido	tiver dormido
dormisse	tenha dormido	tiver dormido
dormisse	tenha dormido	tiver dormido
dormíssemos	tenhamos dormido	tivermos dormido
dormissem	tenham dormido	tiverem dormido
dormissem	tenham dormido	tiverem dormido

IMPERATIVO

Afirmativo
Dorme **tu**
Durma você
Durmamos nós
Durmam vocês

Negativo
Não durmas tu
Não durma você
Não durmamos nós
Não durmam vocês

■ ***Cobrir***, ***descobrir***, ***engolir***, ***tossir***, etc. seguem o paradigma de ***dormir***.

ESTAR

INDICATIVO

Presente	Futuro do pres.	Pret. mais-que-perf. comp.
estou	estarei	tinha estado
estás	estarás	tinhas estado
está	estará	tinha estado
está	estará	tinha estado
está	estará	tinha estado
estamos	estaremos	tínhamos estado
estão	estarão	tinham estado
estão	estarão	tinham estado

Pretérito perfeito	Futuro do pretérito	Futuro do pres. composto
estive	estaria	vou ter estado
estiveste	estarias	vais ter estado
esteve	estaria	vai ter estado
esteve	estaria	vai ter estado
esteve	estaria	vai ter estado
estivemos	estaríamos	vamos ter estado
estiveram	estariam	vão ter estado
estiveram	estariam	vão ter estado

Pret. imperfeito	Pret. perf. comp.	Futuro do pret. composto
estava	tenho estado	teria estado
estavas	tens estado	terias estado
estava	tem estado	teria estado
estava	tem estado	teria estado
estava	tem estado	teria estado
estávamos	temos estado	teríamos estado
estavam	têm estado	teriam estado
estavam	têm estado	teriam estado

INFINITIVO

estar

GERÚNDIO

estando

PARTICÍPIO

estado

INFINITIVO PESSOAL

Eu estar
Tu estares
Você estar
Ele/Ela estar
A gente estar
Nós estarmos
Vocês estarem
Eles/Elas estarem

SUBJUNTIVO

Presente	Futuro	Pretérito mais-que-perfeito
esteja	**estiver**	tivesse estado
estejas	**estiveres**	tivesses estado
esteja	**estiver**	tivesse estado
esteja	**estiver**	tivesse estado
esteja	**estiver**	tivesse estado
estejamos	**estivermos**	tivéssemos estado
estejam	**estiverem**	tivessem estado
estejam	**estiverem**	tivessem estado

Imperfeito	Pretérito perfeito	Futuro composto
estivesse	tenha estado	tiver estado
estivesses	tenhas estado	tiveres estado
estivesse	tenha estado	tiver estado
estivesse	tenha estado	tiver estado
estivesse	tenha estado	tiver estado
estivéssemos	tenhamos estado	tivermos estado
estivessem	tenham estado	tiverem estado
estivessem	tenham estado	tiverem estado

IMPERATIVO

Afirmativo
Está **tu**
Esteja você
Estejamos nós
Estejam vocês

Negativo
Não estejas tu
Não esteja você
Não estejamos nós
Não estejam vocês

FAZER

INDICATIVO

Presente	Futuro do pres.	Pret. mais-que-perf. comp.
faço	farei	tinha feito
fazes	farás	tinhas feito
faz	fará	tinha feito
faz	fará	tinha feito
faz	fará	tinha feito
fazemos	faremos	tínhamos feito
fazem	farão	tinham feito
fazem	farão	tinham feito

Pretérito perfeito	Futuro do pretérito	Futuro do pres. composto
fiz	faria	vou ter feito
fizeste	farias	vais ter feito
fez	faria	vai ter feito
fez	faria	vai ter feito
fez	faria	vai ter feito
fizemos	faríamos	vamos ter feito
fizeram	fariam	vão ter feito
fizeram	fariam	vão ter feito

Pret. imperfeito	Pret. perf. comp.	Futuro do pret. composto
fazia	tenho feito	teria feito
fazias	tens feito	terias feito
fazia	tem feito	teria feito
fazia	tem feito	teria feito
fazia	tem feito	teria feito
fazíamos	temos feito	teríamos feito
faziam	têm feito	teriam feito
faziam	têm feito	teriam feito

INFINITIVO

fazer

GERÚNDIO

fazendo

PARTICÍPIO

feito

INFINITIVO PESSOAL

Eu fazer
Tu fazeres
Você fazer
Ele/Ela fazer
A gente fazer
Nós fazermos
Vocês fazerem
Eles/Elas fazerem

SUBJUNTIVO

Presente	Futuro	Pretérito mais-que-perfeito
faça	fizer	tivesse feito
faças	fizeres	tivesses feito
faça	fizer	tivesse feito
faça	fizer	tivesse feito
faça	fizer	tivesse feito
façamos	fizermos	tivéssemos feito
façam	fizerem	tivessem feito
façam	fizerem	tivessem feito

Imperfeito	Pretérito perfeito	Futuro composto
fizesse	tenha feito	tiver feito
fizesses	tenhas feito	tiveres feito
fizesse	tenha feito	tiver feito
fizesse	tenha feito	tiver feito
fizesse	tenha feito	tiver feito
fizéssemos	tenhamos feito	tivermos feito
fizessem	tenham feito	tiverem feito
fizessem	tenham feito	tiverem feito

IMPERATIVO

Afirmativo
Faz tu
Faça você
Façamos nós
Façam vocês

Negativo
Não faças tu
Não faça você
Não façamos nós
Não façam vocês

■ *Desfazer*, *refazer*, *satisfazer*, etc. seguem o paradigma de *fazer*.

HAVER

INDICATIVO

Presente	Futuro do pres.	Pret. mais-que-perf. comp.
hei	haverei	tinha havido
hás	haverás	tinhas havido
há	haverá	tinha havido
há	haverá	tinha havido
há	haverá	tinha havido
havemos	haveremos	tínhamos havido
hão	haverão	tinham havido
hão	haverão	tinham havido

Pretérito perfeito	Futuro do pretérito	Futuro do pres. composto
houve	haveria	vou ter havido
houveste	haverias	vais ter havido
houve	haveria	vai ter havido
houve	haveria	vai ter havido
houve	haveria	vai ter havido
houvemos	haveríamos	vamos ter havido
houveram	haveriam	vão ter havido
houveram	haveriam	vão ter havido

Pret. imperfeito	Pret. perf. comp.	Futuro do pret. composto
havia	tenho havido	teria havido
havias	tens havido	terias havido
havia	tem havido	teria havido
havia	tem havido	teria havido
havia	tem havido	teria havido
havíamos	temos havido	teríamos havido
haviam	têm havido	teriam havido
haviam	têm havido	teriam havido

INFINITIVO

haver

GERÚNDIO

havendo

PARTICÍPIO

havido

INFINITIVO PESSOAL

Eu haver
Tu haveres
Você haver
Ele/Ela haver
A gente haver
Nós havermos
Vocês haverem
Eles/Elas haverem

SUBJUNTIVO

Presente	Futuro	Pretérito mais-que-perfeito
haja	houver	tivesse havido
hajas	houveres	tivesses havido
haja	houver	tivesse havido
haja	houver	tivesse havido
haja	houver	tivesse havido
hajamos	houvermos	tivéssemos havido
hajam	houverem	tivessem havido
hajam	houverem	tivessem havido

Imperfeito	Pretérito perfeito	Futuro composto
houvesse	tenha havido	tiver havido
houvesses	tenhas havido	tiveres havido
houvesse	tenha havido	tiver havido
houvesse	tenha havido	tiver havido
houvesse	tenha havido	tiver havido
houvéssemos	tenhamos havido	tivermos havido
houvessem	tenham havido	tiverem havido
houvessem	tenham havido	tiverem havido

IMPERATIVO

Afirmativo
Há **tu**
Haja **você**
Hajamos **nós**
Hajam **vocês**

Negativo
Não hajas **tu**
Não haja **você**
Não hajamos **nós**
Não hajam **vocês**

IR

INDICATIVO

Presente	Futuro do pres.	Pret. mais-que-perf. comp.
vou	irei	tinha ido
vais	irás	tinhas ido
vai	irá	tinha ido
vai	irá	tinha ido
vai	irá	tinha ido
vamos	iremos	tínhamos ido
vão	irão	tinham ido
vão	irão	tinham ido

Pretérito perfeito	Futuro do pretérito	Futuro do pres. composto
fui	iria	vou ter ido
foste	irias	vais ter ido
foi	iria	vai ter ido
foi	iria	vai ter ido
foi	iria	vai ter ido
fomos	iríamos	vamos ter ido
foram	iriam	vão ter ido
foram	iriam	vão ter ido

Pret. imperfeito	Pret. perf. comp.	Futuro do pret. composto
ia	tenho ido	teria ido
ias	tens ido	terias ido
ia	tem ido	teria ido
ia	tem ido	teria ido
ia	tem ido	teria ido
íamos	temos ido	teríamos ido
iam	têm ido	teriam ido
iam	têm ido	teriam ido

INFINITIVO

ir

GERÚNDIO

indo

PARTICÍPIO

ido

INFINITIVO PESSOAL

Eu ir
Tu ires
Você ir
Ele/Ela ir
A gente ir
Nós irmos
Vocês irem
Eles/Elas irem

SUBJUNTIVO

Presente	Futuro	Pretérito mais-que-perfeito
vá	for	tivesse ido
vás	fores	tivesses ido
vá	for	tivesse ido
vá	for	tivesse ido
vá	for	tivesse ido
vamos	formos	tivéssemos ido
vão	forem	tivessem ido
vão	forem	tivessem ido

Imperfeito	Pretérito perfeito	Futuro composto
fosse	tenha ido	tiver ido
fosses	tenhas ido	tiveres ido
fosse	tenha ido	tiver ido
fosse	tenha ido	tiver ido
fosse	tenha ido	tiver ido
fôssemos	tenhamos ido	tivermos ido
fossem	tenham ido	tiverem ido
fossem	tenham ido	tiverem ido

IMPERATIVO

Afirmativo
Vai tu
Vá você
Vamos nós
Vão vocês

Negativo
Não vás tu
Não vá você
Não vamos nós
Não vão vocês

LER

INDICATIVO

Presente	Futuro do pres.	Pret. mais-que-perf. comp.
leio	lerei	tinha lido
lês	lerás	tinhas lido
lê	lerá	tinha lido
lê	lerá	tinha lido
lê	lerá	tinha lido
lemos	leremos	tínhamos lido
leem	lerão	tinham lido
leem	lerão	tinham lido

Pretérito perfeito	Futuro do pretérito	Futuro do pres. composto
li	leria	vou ter lido
leste	lerias	vais ter lido
leu	leria	vai ter lido
leu	leria	vai ter lido
leu	leria	vai ter lido
lemos	leríamos	vamos ter lido
leram	leriam	vão ter lido
leram	leriam	vão ter lido

Pret. imperfeito	Pret. perf. comp.	Futuro do pret. composto
lia	tenho lido	teria lido
lias	tens lido	terias lido
lia	tem lido	teria lido
lia	tem lido	teria lido
lia	tem lido	teria lido
líamos	temos lido	teríamos lido
liam	têm lido	teriam lido
liam	têm lido	teriam lido

INFINITIVO

ler

GERÚNDIO

lendo

PARTICÍPIO

lido

INFINITIVO PESSOAL

Eu ler
Tu leres
Você ler
Ele/Ela ler
A gente ler
Nós lermos
Vocês lerem
Eles/Elas lerem

SUBJUNTIVO

Presente	Futuro	Pretérito mais-que-perfeito
leia	ler	tivesse lido
leias	leres	tivesses lido
leia	ler	tivesse lido
leia	ler	tivesse lido
leia	ler	tivesse lido
leiamos	lermos	tivéssemos lido
leiam	lerem	tivessem lido
leiam	lerem	tivessem lido

Imperfeito	Pretérito perfeito	Futuro composto
lesse	tenha lido	tiver lido
lesses	tenhas lido	tiveres lido
lesse	tenha lido	tiver lido
lesse	tenha lido	tiver lido
lesse	tenha lido	tiver lido
lêssemos	tenhamos lido	tivermos lido
lessem	tenham lido	tiverem lido
lessem	tenham lido	tiverem lido

IMPERATIVO

Afirmativo
Lê **tu**
Leia **você**
Leiamos **nós**
Leiam **vocês**

Negativo
Não leias **tu**
Não leia **você**
Não leiamos **nós**
Não leiam **vocês**

■ As formas ***lês*** e ***lê*** são regulares, mas têm acento para que o "e" seja pronunciado como [e], não [i]

MEDIR

INDICATIVO

Presente	Futuro do pres.	Pret. mais-que-perf. comp.
meço	medirei	tinha medido
medes	medirás	tinhas medido
mede	medirá	tinha medido
mede	medirá	tinha medido
mede	medirá	tinha medido
medimos	mediremos	tínhamos medido
medem	medirão	tinham medido
medem	medirão	tinham medido

Pretérito perfeito	Futuro do pretérito	Futuro do pres. composto
medi	mediria	vou ter medido
mediste	medirias	vais ter medido
mediu	mediria	vai ter medido
mediu	mediria	vai ter medido
mediu	mediria	vai ter medido
medimos	mediríamos	vamos ter medido
mediram	mediriam	vão ter medido
mediram	mediriam	vão ter medido

Pret. imperfeito	Pret. perf. comp.	Futuro do pret. composto
media	tenho medido	teria medido
medias	tens medido	terias medido
media	tem medido	teria medido
media	tem medido	teria medido
media	tem medido	teria medido
medíamos	temos medido	teríamos medido
mediam	têm medido	teriam medido
mediam	têm medido	teriam medido

INFINITIVO

medir

GERÚNDIO

medindo

PARTICÍPIO

medido

INFINITIVO PESSOAL

Eu medir
Tu medires
Você medir
Ele/Ela medir
A gente medir
Nós medirmos
Vocês medirem
Eles/Elas medirem

SUBJUNTIVO

Presente	Futuro	Pretérito mais-que-perfeito
meça	medir	tivesse medido
meças	medires	tivesses medido
meça	medir	tivesse medido
meça	medir	tivesse medido
meça	medir	tivesse medido
meçamos	medirmos	tivéssemos medido
meçam	medirem	tivessem medido
meçam	medirem	tivessem medido

Imperfeito	Pretérito perfeito	Futuro composto
medisse	tenha medido	tiver medido
medisses	tenhas medido	tiveres medido
medisse	tenha medido	tiver medido
medisse	tenha medido	tiver medido
medisse	tenha medido	tiver medido
medíssemos	tenhamos medido	tivermos medido
medissem	tenham medido	tiverem medido
medissem	tenham medido	tiverem medido

IMPERATIVO

Afirmativo
Mede tu
Meça você
Meçamos nós
Meçam vocês

Negativo
Não meças tu
Não meça você
Não meçamos nós
Não meçam vocês

ODIAR

INDICATIVO

Presente
odeio
odeias
odeia
odeia
odeia
odiamos
odeiam
odeiam

Futuro do pres.
odiarei
odiarás
odiará
odiará
odiará
odiaremos
odiarão
odiarão

Pret. mais-que-perf. comp.
tinha odiado
tinhas odiado
tinha odiado
tinha odiado
tinha odiado
tínhamos odiado
tinham odiado
tinham odiado

Pretérito perfeito
odiei
odiaste
odiou
odiou
odiou
odiamos
odiaram
odiaram

Futuro do pretérito
odiaria
odiarias
odiaria
odiaria
odiaria
odiaríamos
odiariam
odiariam

Futuro do pres. composto
vou ter odiado
vais ter odiado
vai ter odiado
vai ter odiado
vai ter odiado
vamos ter odiado
vão ter odiado
vão ter odiado

Pret. imperfeito
odiava
odiavas
odiava
odiava
odiava
odiávamos
odiavam
odiavam

Pret. perf. comp.
tenho odiado
tens odiado
tem odiado
tem odiado
tem odiado
temos odiado
têm odiado
têm odiado

Futuro do pret. composto
teria odiado
terias odiado
teria odiado
teria odiado
teria odiado
teríamos odiado
teriam odiado
teriam odiado

INFINITIVO

odiar

GERÚNDIO

odiando

PARTICÍPIO

odiado

INFINITIVO PESSOAL

Eu odiar
Tu odiares
Você odiar
Ele/Ela odiar
A gente odiar
Nós odiarmos
Vocês odiarem
Eles/Elas odiarem

SUBJUNTIVO

Presente
odeie
odeies
odeie
odeie
odeie
odiemos
odeiem
odeiem

Futuro
odiar
odiares
odiar
odiar
odiar
odiarmos
odiarem
odiarem

Pretérito mais-que-perfeito
tivesse odiado
tivesses odiado
tivesse odiado
tivesse odiado
tivesse odiado
tivéssemos odiado
tivessem odiado
tivessem odiado

Imperfeito
odiasse
odiasses
odiasse
odiasse
odiasse
odiássemos
odiassem
odiassem

Pretérito perfeito
tenha odiado
tenhas odiado
tenha odiado
tenha odiado
tenha odiado
tenhamos odiado
tenham odiado
tenham odiado

Futuro composto
tiver odiado
tiveres odiado
tiver odiado
tiver odiado
tiver odiado
tivermos odiado
tiverem odiado
tiverem odiado

IMPERATIVO

Afirmativo
Odeia **tu**
Odeie **você**
Odiemos **nós**
Odeiem **Vocês**

Negativo
Não odeies **tu**
Não odeie **você**
Não odiemos **nós**
Não odeiem **vocês**

■ ***Ansiar*, *incendiar*, *mediar*, *remediar***, etc. seguem o paradigma de ***odiar***.

OUVIR

INDICATIVO

Presente	Futuro do pres.	Pret. mais-que-perf. comp.
ouço	ouvirei	tinha ouvido
ouves	ouvirás	tinhas ouvido
ouve	ouvirá	tinha ouvido
ouve	ouvirá	tinha ouvido
ouve	ouvirá	tinha ouvido
ouvimos	ouviremos	tínhamos ouvido
ouvem	ouvirão	tinham ouvido
ouvem	ouvirão	tinham ouvido

Pretérito perfeito	Futuro do pretérito	Futuro do pres. composto
ouvi	ouviria	vou ter ouvido
ouviste	ouvirias	vais ter ouvido
ouviu	ouviria	vai ter ouvido
ouviu	ouviria	vai ter ouvido
ouviu	ouviria	vai ter ouvido
ouvimos	ouviríamos	vamos ter ouvido
ouviram	ouviriam	vão ter ouvido
ouviram	ouviriam	vão ter ouvido

Pret. imperfeito	Pret. perf. comp.	Futuro do pret. composto
ouvia	tenho ouvido	teria ouvido
ouvias	tens ouvido	terias ouvido
ouvia	tem ouvido	teria ouvido
ouvia	tem ouvido	teria ouvido
ouvia	tem ouvido	teria ouvido
ouvíamos	temos ouvido	teríamos ouvido
ouviam	têm ouvido	teriam ouvido
ouviam	têm ouvido	teriam ouvido

INFINITIVO

ouvir

GERÚNDIO

ouvindo

PARTICÍPIO

ouvido

INFINITIVO PESSOAL

Eu ouvir
Tu ouvires
Você ouvir
Ele/Ela ouvir
A gente ouvir
Nós ouvirmos
Vocês ouvirem
Eles/Elas ouvirem

SUBJUNTIVO

Presente	Futuro	Pretérito mais-que-perfeito
ouça	ouvir	tivesse ouvido
ouças	ouvires	tivesses ouvido
ouça	ouvir	tivesse ouvido
ouça	ouvir	tivesse ouvido
ouça	ouvir	tivesse ouvido
ouçamos	ouvirmos	tivéssemos ouvido
ouçam	ouvirem	tivessem ouvido
ouçam	ouvirem	tivessem ouvido

Imperfeito	Pretérito perfeito	Futuro composto
ouvisse	tenha ouvido	tiver ouvido
ouvisses	tenhas ouvido	tiveres ouvido
ouvisse	tenha ouvido	tiver ouvido
ouvisse	tenha ouvido	tiver ouvido
ouvisse	tenha ouvido	tiver ouvido
ouvíssemos	tenhamos ouvido	tivermos ouvido
ouvissem	tenham ouvido	tiverem ouvido
ouvisse	tenham ouvido	tiverem ouvido

IMPERATIVO

Afirmativo
Ouve **tu**
Ouça **você**
Ouçamos **nós**
Ouçam **vocês**

Negativo
Não ouças **tu**
Não ouça **você**
Não ouçamos **nós**
Não ouçam **vocês**

PEDIR

INDICATIVO

Presente
peço
pedes
pede
pede
pede
pedimos
pedem
pedem

Pretérito perfeito
pedi
pediste
pediu
pediu
pediu
pedimos
pediram
pediram

Pret. imperfeito
pedia
pedias
pedia
pedia
pedia
pedíamos
pediam
pediam

Futuro do pres.
pedirei
pedirás
pedirá
pedirá
pedirá
pediremos
pedirão
pedirão

Futuro do pretérito
pediria
pedirias
pediria
pediria
pediria
pediríamos
pediriam
pediriam

Pret. perf. comp.
tenho pedido
tens pedido
tem pedido
tem pedido
tem pedido
temos pedido
têm pedido
têm pedido

Pret. mais-que-perf. comp.
tinha pedido
tinhas pedido
tinha pedido
tinha pedido
tinha pedido
tínhamos pedido
tinham pedido
tinham pedido

Futuro do pres. composto
vou ter pedido
vais ter pedido
vai ter pedido
vai ter pedido
vai ter pedido
vamos ter pedido
vão ter pedido
vão ter pedido

Futuro do pret. composto
teria pedido
terias pedido
teria pedido
teria pedido
teria pedido
teríamos pedido
teriam pedido
teriam pedido

INFINITIVO
pedir

GERÚNDIO
pedindo

PARTICÍPIO
pedido

INFINITIVO PESSOAL
Eu pedir
Tu pedires
Você pedir
Ele/Ela pedir
A gente pedir
Nós pedirmos
Vocês pedirem
Eles/Elas pedirem

SUBJUNTIVO

Presente
peça
peças
peça
peça
peça
peçamos
peçam
peçam

Imperfeito
pedisse
pedisses
pedisse
pedisse
pedisse
pedíssemos
pedissem
pedissem

Futuro
pedir
pedires
pedir
pedir
pedir
pedirmos
pedirem
pedirem

Pretérito perfeito
tenha pedido
tenhas pedido
tenha pedido
tenha pedido
tenha pedido
tenhamos pedido
tenham pedido
tenham pedido

Pretérito mais-que-perfeito
tivesse pedido
tivesses pedido
tivesse pedido
tivesse pedido
tivesse pedido
tivéssemos pedido
tivessem pedido
tivessem pedido

Futuro composto
tiver pedido
tiveres pedido
tiver pedido
tiver pedido
tiver pedido
tivermos pedido
tiverem pedido
tiverem pedido

IMPERATIVO

Afirmativo
Pede **tu**
Peça você
Peçamos nós
Peçam vocês

Negativo
Não peças tu
Não peça você
Não peçamos nós
Não peçam vocês

PERDER

INDICATIVO

Presente	Futuro do pres.	Pret. mais-que-perf. comp.
perco	perderei	tinha perdido
perdes	perderás	tinhas perdido
perde	perderá	tinha perdido
perde	perderá	tinha perdido
perde	perderá	tinha perdido
perdemos	perderemos	tínhamos perdido
perdem	perderão	tinham perdido
perdem	perderão	tinham perdido

Pretérito perfeito	Futuro do pretérito	Futuro do pres. composto
perdi	perderia	vou ter perdido
perdeste	perderias	vais ter perdido
perdeu	perderia	vai ter perdido
perdeu	perderia	vai ter perdido
perdeu	perderia	vai ter perdido
perdemos	perderíamos	vamos ter perdido
perderam	perderiam	vão ter perdido
perderam	perderiam	vão ter perdido

Pret. imperfeito	Pret. perf. comp.	Futuro do pret. composto
perdia	tenho perdido	teria perdido
perdias	tens perdido	terias perdido
perdia	tem perdido	teria perdido
perdia	tem perdido	teria perdido
perdia	tem perdido	teria perdido
perdíamos	temos perdido	teríamos perdido
perdiam	têm perdido	teriam perdido
perdiam	têm perdido	teriam perdido

INFINITIVO

perder

GERÚNDIO

perdendo

PARTICÍPIO

perdido

INFINITIVO PESSOAL

Eu perder
Tu perderes
Você perder
Ele/Ela perder
A gente perder
Nós perdermos
Vocês perderem
Eles/Elas perderem

SUBJUNTIVO

Presente	Futuro	Pretérito mais-que-perfeito
perca	perder	tivesse perdido
percas	perderes	tivesses perdido
perca	perder	tivesse perdido
perca	perder	tivesse perdido
perca	perder	tivesse perdido
percamos	perdermos	tivéssemos perdido
percam	perderem	tivessem perdido
percam	perderem	tivessem perdido

Imperfeito	Pretérito perfeito	Futuro composto
perdesse	tenha perdido	tiver perdido
perdesses	tenhas perdido	tiveres perdido
perdesse	tenha perdido	tiver perdido
perdesse	tenha perdido	tiver perdido
perdesse	tenha perdido	tiver perdido
perdêssemos	tenhamos perdido	tivermos perdido
perdessem	tenham perdido	tiverem perdido
perdessem	tenham perdido	tiverem perdido

IMPERATIVO

Afirmativo
Perde **tu**
Perca **você**
Percamos **nós**
Percam **vocês**

Negativo
Não percas **tu**
Não perca **você**
Não percamos **nós**
Não percam **vocês**

PODER

INDICATIVO

Presente	Futuro do pres.	Pret. mais-que-perf. comp.
posso	poderei	tinha podido
podes	poderás	tinhas podido
pode	poderá	tinha podido
pode	poderá	tinha podido
pode	poderá	tinha podido
podemos	poderemos	tínhamos podido
podem	poderão	tinham podido
podem	poderão	tinham podido

Pretérito perfeito	Futuro do pretérito	Futuro do pres. composto
pude	poderia	vou ter podido
pudeste	poderias	vais ter podido
pôde	poderia	vai ter podido
pôde	poderia	vai ter podido
pôde	poderia	vai ter podido
pudemos	poderíamos	vamos ter podido
puderam	poderiam	vão ter podido
puderam	poderiam	vão ter podido

Pret. imperfeito	Pret. perf. comp.	Futuro do pret. composto
podia	tenho podido	teria podido
podias	tens podido	terias podido
podia	tem podido	teria podido
podia	tem podido	teria podido
podia	tem podido	teria podido
podíamos	temos podido	teríamos podido
podiam	têm podido	teriam podido
podiam	têm podido	teriam podido

INFINITIVO

poder

GERÚNDIO

podendo

PARTICÍPIO

podido

INFINITIVO PESSOAL

Eu poder
Tu poderes
Você poder
Ele/Ela poder
A gente poder
Nós podermos
Vocês poderem
Eles/Elas poderem

SUBJUNTIVO

Presente	Futuro	Pretérito mais-que-perfeito
possa	puder	tivesse podido
possas	puderes	tivesses podido
possa	puder	tivesse podido
possa	puder	tivesse podido
possa	puder	tivesse podido
possamos	pudermos	tivéssemos podido
possam	puderem	tivessem podido
possam	puderem	tivessem podido

Imperfeito	Pretérito perfeito	Futuro composto
pudesse	tenha podido	tiver podido
pudesses	tenhas podido	tiveres podido
pudesse	tenha podido	tiver podido
pudesse	tenha podido	tiver podido
pudesse	tenha podido	tiver podido
pudéssemos	tenhamos podido	tivermos podido
pudessem	tenham podido	tiverem podido
pudessem	tenham podido	tiverem podido

IMPERATIVO

Afirmativo
Pode **tu**
Possa **você**
Possamos **nós**
Possam **vocês**

Negativo
Não possas **tu**
Não possa **você**
Não possamos **nós**
Não possam **vocês**

PÔR

INDICATIVO

Presente	Futuro do pres.	Pret. mais-que-perf. comp.
ponho	porei	tinha posto
pões	porás	tinhas posto
põe	porá	tinha posto
põe	porá	tinha posto
põe	porá	tinha posto
pomos	poremos	tínhamos posto
põem	porão	tinham posto
põem	porão	tinham posto

Pretérito perfeito	Futuro do pretérito	Futuro do pres. composto
pus	poria	vou ter posto
puseste	porias	vais ter posto
pôs	poria	vai ter posto
pôs	poria	vai ter posto
pôs	poria	vai ter posto
pusemos	poríamos	vamos ter posto
puseram	poriam	vão ter posto
puseram	poriam	vão ter posto

Pret. imperfeito	Pret. perf. comp.	Futuro do pret. composto
punha	tenho posto	teria posto
punhas	tens posto	terias posto
punha	tem posto	teria posto
punha	tem posto	teria posto
punha	tem posto	teria posto
púnhamos	temos posto	teríamos posto
punham	têm posto	teriam posto
punham	têm posto	teriam posto

INFINITIVO

pôr

GERÚNDIO

pondo

PARTICÍPIO

posto

INFINITIVO PESSOAL

Eu pôr
Tu pores
Você pôr
Ele/Ela pôr
A gente pôr
Nós pormos
Vocês porem
Eles/Elas porem

SUBJUNTIVO

Presente	Futuro	Pretérito mais-que-perfeito
ponha	puser	tivesse posto
ponhas	puseres	tivesses posto
ponha	puser	tivesse posto
ponha	puser	tivesse posto
ponha	puser	tivesse posto
ponhamos	pusermos	tivéssemos posto
ponham	puserem	tivessem posto
ponham	puserem	tivessem posto

Imperfeito	Pretérito perfeito	Futuro composto
pusesse	tenha posto	tiver posto
pusesses	tenhas posto	tiveres posto
pusesse	tenha posto	tiver posto
pusesse	tenha posto	tiver posto
pusesse	tenha posto	tiver posto
puséssemos	tenhamos posto	tivermos posto
pusessem	tenham posto	tiverem posto
pusessem	tenham posto	tiverem posto

IMPERATIVO

Afirmativo
Põe tu
Ponha você
Ponhamos nós
Ponham vocês

Negativo
Não ponhas tu
Não ponha você
Não ponhamos nós
Não ponham vocês

PRODUZIR

INDICATIVO

Presente	Futuro do pres.	Pret. mais-que-perf. comp.
produzo	produzirei	tinha produzido
produzes	produzirás	tinhas produzido
produz	produzirá	tinha produzido
produz	produzirá	tinha produzido
produz	produzirá	tinha produzido
produzimos	produziremos	tínhamos produzido
produzem	produzirão	tinham produzido
produzem	produzirão	tinham produzido

Pretérito perfeito	Futuro do pretérito	Futuro do pres. composto
produzi	produziria	vou ter produzido
produziste	produzirias	vais ter produzido
produziu	produziria	vai ter produzido
produziu	produziria	vai ter produzido
produziu	produziria	vai ter produzido
produzimos	produziríamos	vamos ter produzido
produziram	produziriam	vão ter produzido
produziram	produziriam	vão ter produzido

Pret. imperfeito	Pret. perf. comp.	Futuro do pret. composto
produzia	tenho produzido	teria produzido
produzias	tens produzido	terias produzido
produzia	tem produzido	teria produzido
produzia	tem produzido	teria produzido
produzia	tem produzido	teria produzido
produzíamos	temos produzido	teríamos produzido
produziam	têm produzido	teriam produzido
produziam	têm produzido	teriam produzido

INFINITIVO

produzir

GERÚNDIO

produzindo

PARTICÍPIO

produzido

INFINITIVO PESSOAL

Eu produzir
Tu produzires
Você produzir
Ele/Ela produzir
A gente produzir
Nós produzirmos
Vocês produzirem
Eles/Elas produzirem

SUBJUNTIVO

Presente	Futuro	Pretérito mais-que-perfeito
produza	produzir	tivesse produzido
produzas	produzires	tivesses produzido
produza	produzir	tivesse produzido
produza	produzir	tivesse produzido
produza	produzir	tivesse produzido
produzamos	produzirmos	tivéssemos produzido
produzam	produzirem	tivessem produzido
produzam	produzirem	tivessem produzido

Imperfeito	Pretérito perfeito	Futuro composto
produzisse	tenha produzido	tiver produzido
produzisses	tenhas produzido	tiveres produzido
produzisse	tenha produzido	tiver produzido
produzisse	tenha produzido	tiver produzido
produzisse	tenha produzido	tiver produzido
produzíssemos	tenhamos produzido	tivermos produzido
produzissem	tenham produzido	tiverem produzido
produzissem	tenham produzido	tiverem produzido

IMPERATIVO

Afirmativo
Produz tu
Produza você
Produzamos nós
Produzam vocês

Negativo
Não produzas tu
Não produza você
Não produzamos nós
Não produzam vocês

■ ***Conduzir***, ***deduzir***, ***reproduzir***, ***traduzir***, etc. seguem o paradigma de ***produzir***.

PROTEGER

INDICATIVO

Presente	Futuro do pres.	Pret. mais-que-perf. comp.
protejo	protegerei	tinha protegido
proteges	protegerás	tinhas protegido
protege	protegerá	tinha protegido
protege	protegerá	tinha protegido
protege	protegerá	tinha protegido
protegemos	protegeremos	tínhamos protegido
protegem	protegerão	tinham protegido
protegem	protegerão	tinham protegido

Pretérito perfeito	Futuro do pretérito	Futuro do pres. composto
protegi	protegeria	vou ter protegido
protegeste	protegerias	vais ter protegido
protegeu	protegeria	vai ter protegido
protegeu	protegeria	vai ter protegido
protegeu	protegeria	vai ter protegido
protegemos	protegeríamos	vamos ter protegido
protegeram	protegeriam	vão ter protegido
protegeram	protegeriam	vão ter protegido

Pret. imperfeito	Pret. perf. comp.	Futuro do pret. composto
protegia	tenho protegido	teria protegido
protegias	tens protegido	terias protegido
protegia	tem protegido	teria protegido
protegia	tem protegido	teria protegido
protegia	tem protegido	teria protegido
protegíamos	temos protegido	teríamos protegido
protegiam	têm protegido	teriam protegido
protegiam	têm protegido	teriam protegido

INFINITIVO

proteger

GERÚNDIO

protegendo

PARTICÍPIO

protegido

INFINITIVO PESSOAL

Eu proteger
Tu protegeres
Você proteger
Ele/Ela proteger
A gente proteger
Nós protegermos
Vocês protegerem
Eles/Elas protegerem

SUBJUNTIVO

Presente	Futuro	Pretérito mais-que-perfeito
proteja	proteger	tivesse protegido
protejas	protegeres	tivesses protegido
proteja	proteger	tivesse protegido
proteja	proteger	tivesse protegido
proteja	proteger	tivesse protegido
protejamos	protegermos	tivéssemos protegido
protejam	protegerem	tivessem protegido
protejam	protegerem	tivessem protegido

Imperfeito	Pretérito perfeito	Futuro composto
protegesse	tenha protegido	tiver protegido
protegesses	tenhas protegido	tiveres protegido
protegesse	tenha protegido	tiver protegido
protegesse	tenha protegido	tiver protegido
protegesse	tenha protegido	tiver protegido
protegêssemos	tenhamos protegido	tivermos protegido
protegessem	tenham protegido	tiverem protegido
protegessem	tenham protegido	tiverem protegido

IMPERATIVO

Afirmativo
Protege **tu**
Proteja você
Protejamos nós
Protejam vocês

Negativo
Não protejas tu
Não proteja você
Não protejamos nós
Não protejam vocês

■ O som [ʒ] se escreve com ***g*** antes de ***e***, ***i***, mas com ***j*** antes de ***a***, ***o***, ***u***.
Desproteger, ***eleger***, etc. seguem o paradigma de ***proteger***.

QUERER

INDICATIVO

Presente	Futuro do pres.	Pret. mais-que-perf. comp.
quero	quererei	tinha querido
queres	quererás	tinhas querido
quer	quererá	tinha querido
quer	quererá	tinha querido
quer	quererá	tinha querido
queremos	quereremos	tínhamos querido
querem	quererão	tinham querido
querem	quererão	tinham querido

Pretérito perfeito	Futuro do pretérito*	Futuro do pres. composto
quis	quereria	vou ter querido
quiseste	quererias	vais ter querido
quis	quereria	vai ter querido
quis	quereria	vai ter querido
quis	quereria	vai ter querido
quisemos	quereríamos	vamos ter querido
quiseram	quereriam	vão ter querido
quiseram	quereriam	vão ter querido

Pret. imperfeito	Pret. perf. comp.	Futuro do pret. composto
queria	tenho querido	teria querido
querias	tens querido	terias querido
queria	tem querido	teria querido
queria	tem querido	teria querido
queria	tem querido	teria querido
queríamos	temos querido	teríamos querido
queriam	têm querido	teriam querido
queriam	têm querido	teriam querido

INFINITIVO

querer

GERÚNDIO

querendo

PARTICÍPIO

querido

INFINITIVO PESSOAL

Eu querer
Tu quereres
Você querer
Ele/Ela querer
A gente querer
Nós querermos
Vocês quererem
Eles/Elas quererem

SUBJUNTIVO

Presente	Futuro	Pretérito mais-que-perfeito
queira	quiser	tivesse querido
queiras	quiseres	tivesses querido
queira	quiser	tivesse querido
queira	quiser	tivesse querido
queira	quiser	tivesse querido
queiramos	quisermos	tivéssemos querido
queiram	quiserem	tivessem querido
queiram	quiserem	tivessem querido

Imperfeito	Pretérito perfeito	Futuro composto
quisesse	tenha querido	tiver querido
quisesses	tenhas querido	tiveres querido
quisesse	tenha querido	tiver querido
quisesse	tenha querido	tiver querido
quisesse	tenha querido	tiver querido
quiséssemos	tenhamos querido	tivermos querido
quisessem	tenham querido	tiverem querido
quisessem	tenham querido	tiverem querido

IMPERATIVO

Afirmativo
Quer tu
Queira você
Queiramos nós
Queiram vocês

Negativo
Não queiras tu
Não queira você
Não queiramos nós
Não queiram vocês

■ No português corrente, só se usa o Futuro do Pretérito como ***queria***, ***querias***, ***queria***, etc.

RIR

INDICATIVO

Presente	Futuro do pres.	Pret. mais-que-perf. comp.
rio	rirei	tinha rido
ris	rirás	tinhas rido
ri	rirá	tinha rido
ri	rirá	tinha rido
ri	rirá	tinha rido
rimos	riremos	tínhamos rido
riem	rirão	tinham rido
riem	rirão	tinham rido

Pretérito perfeito	Futuro do pretérito	Futuro do pres. composto
ri	riria	vou ter rido
riste	ririas	vais ter rido
riu	riria	vai ter rido
riu	riria	vai ter rido
riu	riria	vai ter rido
rimos	riríamos	vamos ter rido
riram	ririam	vão ter rido
riram	ririam	vão ter rido

Pret. imperfeito	Pret. perf. comp.	Futuro do pret. composto
ria	tenho rido	teria rido
rias	tens rido	terias rido
ria	tem rido	teria rido
ria	tem rido	teria rido
ria	tem rido	teria rido
ríamos	temos rido	teríamos rido
riam	têm rido	teriam rido
riam	têm rido	teriam rido

INFINITIVO

rir

GERÚNDIO

rindo

PARTICÍPIO

rido

INFINITIVO PESSOAL

Eu rir
Tu rires
Você rir
Ele/Ela rir
A gente rir
Nós rirmos
Vocês rirem
Eles/Elas rirem

SUBJUNTIVO

Presente	Futuro	Pretérito mais-que-perfeito
ria	rir	tivesse rido
rias	rires	tivesses rido
ria	rir	tivesse rido
ria	rir	tivesse rido
ria	rir	tivesse rido
riamos	rirmos	tivéssemos rido
riam	rirem	tivessem rido
riam	rirem	tivessem rido

Imperfeito	Pretérito perfeito	Futuro composto
risse	tenha rido	tiver rido
risses	tenhas rido	tiveres rido
risse	tenha rido	tiver rido
risse	tenha rido	tiver rido
risse	tenha rido	tiver rido
ríssemos	tenhamos rido	tivermos rido
rissem	tenham rido	tiverem rido
rissem	tenham rido	tiverem rido

IMPERATIVO

Afirmativo
Ri **tu**
Ria **você**
Riamos **nós**
Riam **vocês**

Negativo
Não rias **tu**
Não ria **você**
Não riamos **nós**
Não riam **vocês**

SABER

INDICATIVO

Presente	Futuro do pres.	Pret. mais-que-perf. comp.
sei	saberei	tinha sabido
sabes	saberás	tinhas sabido
sabe	saberá	tinha sabido
sabe	saberá	tinha sabido
sabe	saberá	tinha sabido
sabemos	saberemos	tínhamos sabido
sabem	saberão	tinham sabido
sabem	saberão	tinham sabido

Pretérito perfeito	Futuro do pretérito	Futuro do pres. composto
soube	saberia	vou ter sabido
soubeste	saberias	vais ter sabido
soube	saberia	vai ter sabido
soube	saberia	vai ter sabido
soube	saberia	vai ter sabido
soubemos	saberíamos	vamos ter sabido
souberam	saberiam	vão ter sabido
souberam	saberiam	vão ter sabido

Pret. imperfeito	Pret. perf. comp.	Futuro do pret. composto
sabia	tenho sabido	teria sabido
sabias	tens sabido	terias sabido
sabia	tem sabido	teria sabido
sabia	tem sabido	teria sabido
sabia	tem sabido	teria sabido
sabíamos	temos sabido	teríamos sabido
sabiam	têm sabido	teriam sabido
sabiam	têm sabido	teriam sabido

INFINITIVO

saber

GERÚNDIO

sabendo

PARTICÍPIO

sabido

INFINITIVO PESSOAL

Eu saber
Tu saberes
Você saber
Ele/Ela saber
A gente saber
Nós sabermos
Vocês saberem
Eles/Elas saberem

SUBJUNTIVO

Presente	Futuro	Pretérito mais-que-perfeito
saiba	souber	tivesse sabido
saibas	souberes	tivesses sabido
saiba	souber	tivesse sabido
saiba	souber	tivesse sabido
saiba	souber	tivesse sabido
saibamos	soubermos	tivéssemos sabido
saibam	souberem	tivessem sabido
saibam	souberem	tivessem sabido

Imperfeito	Pretérito perfeito	Futuro composto
soubesse	tenha sabido	tiver sabido
soubesses	tenhas sabido	tiveres sabido
soubesse	tenha sabido	tiver sabido
soubesse	tenha sabido	tiver sabido
soubesse	tenha sabido	tiver sabido
soubéssemos	tenhamos sabido	tivermos sabido
soubessem	tenham sabido	tiverem sabido
soubessem	tenham sabido	tiverem sabido

IMPERATIVO

Afirmativo
Sabe tu
Saiba você
Saibamos nós
Saibam vocês

Negativo
Não saibas tu
Não saiba você
Não saibamos nós
Não saibam vocês

SAIR

INDICATIVO

Presente
saio
sais
sai
sai
sai
saímos
saem
saem

Pretérito perfeito
saí
saíste
saiu
saiu
saiu
saímos
saíram
saíram

Pret. imperfeito
saía
saías
saía
saía
saía
saíamos
saíam
saíam

Futuro do pres.
sairei
sairás
sairá
sairá
sairá
sairemos
sairão
sairão

Futuro do pretérito
sairia
sairias
sairia
sairia
sairia
sairíamos
sairiam
sairiam

Pret. perf. comp.
tenho saído
tens saído
tem saído
tem saído
tem saído
temos saído
têm saído
têm saído

Pret. mais-que-perf. comp.
tinha saído
tinhas saído
tinha saído
tinha saído
tinha saído
tínhamos saído
tinham saído
tinham saído

Futuro do pres. composto
vou ter saído
vais ter saído
vai ter saído
vai ter saído
vai ter saído
vamos ter saído
vão ter saído
vão ter saído

Futuro do pret. composto
teria saído
terias saído
teria saído
teria saído
teria saído
teríamos saído
teriam saído
teriam saído

INFINITIVO
sair

GERÚNDIO
saindo

PARTICÍPIO
saído

INFINITIVO PESSOAL
Eu sair
Tu saíres
Você sair
Ele/Ela sair
A gente sair
Nós sairmos
Vocês saírem
Eles/Elas saírem

SUBJUNTIVO

Presente
saia
saias
saia
saia
saia
saiamos
saiam
saiam

Imperfeito
saísse
saísses
saísse
saísse
saísse
saíssemos
saíssem
saíssem

Futuro
sair
saíres
sair
sair
sair
sairmos
saírem
saírem

Pretérito perfeito
tenha saído
tenhas saído
tenha saído
tenha saído
tenha saído
tenhamos saído
tenham saído
tenham saído

Pretérito mais-que-perfeito
tivesse saído
tivesses saído
tivesse saído
tivesse saído
tivesse saído
tivéssemos saído
tivessem saído
tivessem saído

Futuro composto
tiver saído
tiveres saído
tiver saído
tiver saído
tiver saído
tivermos saído
tiverem saído
tiverem saído

IMPERATIVO

Afirmativo
Sai **tu**
Saia **você**
Saiamos **nós**
Saiam **vocês**

Negativo
Não saias **tu**
Não saia **você**
Não saiamos **nós**
Não saiam **vocês**

SENTIR

INDICATIVO

Presente	Futuro do pres.	Pret. mais-que-perf. comp.
sinto	sentirei	tinha sentido
sentes	sentirás	tinhas sentido
sente	sentirá	tinha sentido
sente	sentirá	tinha sentido
sente	sentirá	tinha sentido
sentimos	sentiremos	tínhamos sentido
sentem	sentirão	tinham sentido
sentem	sentirão	tinham sentido
Pretérito perfeito	**Futuro do pretérito***	**Futuro do pres. composto**
senti	sentiria	vou ter sentido
sentiste	sentirias	vais ter sentido
sentiu	sentiria	vai ter sentido
sentiu	sentiria	vai ter sentido
sentiu	sentiria	vai ter sentido
sentimos	sentiríamos	vamos ter sentido
sentiram	sentiriam	vão ter sentido
sentiram	sentiriam	vão ter sentido
Pret. imperfeito	**Pret. perf. comp.**	**Futuro do pret. composto**
sentia	tenho sentido	teria sentido
sentias	tens sentido	terias sentido
sentia	tem sentido	teria sentido
sentia	tem sentido	teria sentido
sentia	tem sentido	teria sentido
sentíamos	temos sentido	teríamos sentido
sentiam	têm sentido	teriam sentido
sentiam	têm sentido	teriam sentido

INFINITIVO

sentir

GERÚNDIO

sentindo

PARTICÍPIO

sentido

INFINITIVO PESSOAL

Eu sentir
Tu sentires
Você sentir
Ele/Ela sentir
A gente sentir
Nós sentirmos
Vocês sentirem
Eles/Elas sentirem

SUBJUNTIVO

Presente	Futuro	Pretérito mais-que-perfeito
sinta	sentir	tivesse sentido
sintas	sentires	tivesses sentido
sinta	sentir	tivesse sentido
sinta	sentir	tivesse sentido
sinta	sentir	tivesse sentido
sintamos	sentirmos	tivéssemos sentido
sintam	sentirem	tivessem sentido
sintam	sentirem	tivessem sentido
Imperfeito	**Pretérito perfeito**	**Futuro composto**
sentisse	tenha sentido	tiver sentido
sentisse	tenhas sentido	tiveres sentido
sentisse	tenha sentido	tiver sentido
sentisse	tenha sentido	tiver sentido
sentisse	tenha sentido	tiver sentido
sentíssemos	tenhamos sentido	tivermos sentido
sentissem	tenham sentido	tiverem sentido
sentissem	tenham sentido	tiverem sentido

IMPERATIVO

Afirmativo
Sente **tu**
Sinta **você**
Sintamos **nós**
Sintam **vocês**

Negativo
Não sintas **tu**
Não sinta **você**
Não sintamos **nós**
Não sintam **vocês**

■ ***Competir, conferir, desmentir, divertir, mentir, preferir, pressentir, repetir, seguir, servir, vestir***, etc. seguem o paradigma de ***sentir***.

SER

INDICATIVO

Presente	Futuro do pres.	Pret. mais-que-perf. comp.
sou	serei	tinha sido
és	serás	tinhas sido
é	será	tinha sido
é	será	tinha sido
é	será	tinha sido
somos	seremos	tínhamos sido
são	serão	tinham sido
são	serão	tinham sido

Pretérito perfeito	Futuro do pretérito	Futuro do pres. composto
fui	seria	vou ter sido
foste	serias	vais ter sido
foi	seria	vai ter sido
foi	seria	vai ter sido
foi	seria	vai ter sido
fomos	seríamos	vamos ter sido
foram	seriam	vão ter sido
foram	seriam	vão ter sido

Pret. imperfeito	Pret. perf. comp.	Futuro do pret. composto
era	tenho sido	teria sido
eras	tens sido	terias sido
era	tem sido	teria sido
era	tem sido	teria sido
era	tem sido	teria sido
éramos	temos sido	teríamos sido
eram	têm sido	teriam sido
eram	têm sido	teriam sido

INFINITIVO

ser

GERÚNDIO

sendo

PARTICÍPIO

sido

INFINITIVO PESSOAL

Eu ser
Tu seres
Você ser
Ele/Ela ser
A gente ser
Nós sermos
Vocês serem
Eles/Elas serem

SUBJUNTIVO

Presente	Futuro	Pretérito mais-que-perfeito
seja	for	tivesse sido
sejas	fores	tivesses sido
seja	for	tivesse sido
seja	for	tivesse sido
seja	for	tivesse sido
sejamos	formos	tivéssemos sido
sejam	forem	tivessem sido
sejam	forem	tivessem sido

Imperfeito	Pretérito perfeito	Futuro composto
fosse	tenha sido	tiver sido
fosses	tenhas sido	tiveres sido
fosse	tenha sido	tiver sido
fosse	tenha sido	tiver sido
fosse	tenha sido	tiver sido
fôssemos	tenhamos sido	tivermos sido
fossem	tenham sido	tiverem sido
fossem	tenham sido	tiverem sido

IMPERATIVO

Afirmativo
Sê tu
Seja você
Sejamos nós
Sejam vocês

Negativo
Não sejas tu
Não seja você
Não sejamos nós
Não sejam vocês

SUBIR

INDICATIVO

Presente	Futuro do pres.	Pret. mais-que-perf. comp.
subo	subirei	tinha subido
sobes	subirás	tinhas subido
sobe	subirá	tinha subido
sobe	subirá	tinha subido
sobe	subirá	tinha subido
subimos	subiremos	tínhamos subido
sobem	subirão	tinham subido
sobem	subirão	tinham subido

Pretérito perfeito	Futuro do pretérito*	Futuro do pres. composto
subi	subiria	vou ter subido
subiste	subirias	vais ter subido
subiu	subiria	vai ter subido
subiu	subiria	vai ter subido
subiu	subiria	vai ter subido
subimos	subiríamos	vamos ter subido
subiram	subiriam	vão ter subido
subiram	subiriam	vão ter subido

Pret. imperfeito	Pret. perf. comp.	Futuro do pret. composto
subia	tenho subido	teria subido
subias	tens subido	terias subido
subia	tem subido	teria subido
subia	tem subido	teria subido
subia	tem subido	teria subido
subíamos	temos subido	teríamos subido
subiam	têm subido	teriam subido
subiam	têm subido	teriam subido

INFINITIVO

subir

GERÚNDIO

subindo

PARTICÍPIO

subido

INFINITIVO PESSOAL

Eu subir
Tu subires
Você subir
Ele/Ela subir
A gente subir
Nós subirmos
Vocês subirem
Eles/Elas subirem

SUBJUNTIVO

Presente	Futuro	Pretérito mais-que-perfeito
suba	subir	tivesse subido
subas	subires	tivesses subido
suba	subir	tivesse subido
suba	subir	tivesse subido
suba	subir	tivesse subido
subamos	subirmos	tivéssemos subido
subam	subirem	tivessem subido
subam	subirem	tivessem subido

Imperfeito	Pretérito perfeito	Futuro composto
subisse	tenha subido	tiver subido
subisses	tenhas subido	tiveres subido
subisse	tenha subido	tiver subido
subisse	tenha subido	tiver subido
subisse	tenha subido	tiver subido
subíssemos	tenhamos subido	tivermos subido
subissem	tenham subido	tiverem subido
subissem	tenham subido	tiverem subido

IMPERATIVO

Afirmativo
Sobe tu
Suba **você**
Subamos **nós**
Subam **vocês**

Negativo
Não subas **tu**
Não suba **você**
Não subamos **nós**
Não subam **vocês**

■ ***Acudir, consumir, fugir, sacudir, sumir,*** etc. seguem o paradigma de ***subir.***

TER

INDICATIVO

Presente	Futuro do pres.	Pret. mais-que-perf. comp.
tenho	terei	tinha tido
tens	terás	tinhas tido
tem	terá	tinha tido
tem	terá	tinha tido
tem	terá	tinha tido
temos	teremos	tínhamos tido
têm	terão	tinham tido
têm	terão	tinham tido

Pretérito perfeito	Futuro do pretérito	Futuro do pres. composto
tive	teria	vou ter tido
tiveste	terias	vais ter tido
teve	teria	vai ter tido
teve	teria	vai ter tido
teve	teria	vai ter tido
tivemos	teríamos	vamos ter tido
tiveram	teriam	vão ter tido
tiveram	teriam	vão ter tido

Pret. imperfeito	Pret. perf. comp.	Futuro do pret. composto
tinha	tenho tido	teria tido
tinhas	tens tido	terias tido
tinha	tem tido	teria tido
tinha	tem tido	teria tido
tinha	tem tido	teria tido
tínhamos	temos tido	teríamos tido
tinham	têm tido	teriam tido
tinham	têm tido	teriam tido

INFINITIVO

ter

GERÚNDIO

tendo

PARTICÍPIO

tido

INFINITIVO PESSOAL

Eu ter
Tu teres
Você ter
Ele/Ela ter
A gente ter
Nós termos
Vocês terem
Eles/Elas terem

SUBJUNTIVO

Presente	Futuro	Pretérito mais-que-perfeito
tenha	tiver	tivesse tido
tenhas	tiveres	tivesses tido
tenha	tiver	tivesse tido
tenha	tiver	tivesse tido
tenha	tiver	tivesse tido
tenhamos	tivermos	tivéssemos tido
tenham	tiverem	tivessem tido
tenham	tiverem	tivessem tido

Imperfeito	Pretérito perfeito	Futuro composto
tivesse	tenha tido	tiver tido
tivesses	tenhas tido	tiveres tido
tivesse	tenha tido	tiver tido
tivesse	tenha tido	tiver tido
tivesse	tenha tido	tiver tido
tivéssemos	tenhamos tido	tivermos tido
tivessem	tenham tido	tiverem tido
tivessem	tenham tido	tiverem tido

IMPERATIVO

Afirmativo
Tem tu
Tenha você
Tenhamos nós
Tenham vocês

Negativo
Não tenhas tu
Não tenha você
Não tenhamos nós
Não tenham vocês

■ ***Conter*, *deter*, *entreter*, *manter*, *obter*, *reter***, etc. seguem o paradigma de ***ter***.

TOCAR

INDICATIVO

Presente	Futuro do pres.	Pret. mais-que-perf. comp.
toco	tocarei	tinha tocado
tocas	tocarás	tinhas tocado
toca	tocará	tinha tocado
toca	tocará	tinha tocado
toca	tocará	tinha tocado
tocamos	tocaremos	tínhamos tocado
tocam	tocarão	tinham tocado
tocam	tocarão	tinham tocado

Pretérito perfeito	Futuro do pretérito*	Futuro do pres. composto
toquei	tocaria	vou ter tocado
tocaste	tocarias	vais ter tocado
tocou	tocaria	vai ter tocado
tocou	tocaria	vai ter tocado
tocou	tocaria	vai ter tocado
tocamos	tocaríamos	vamos ter tocado
tocaram	tocariam	vão ter tocado
tocaram	tocariam	vão ter tocado

Pret. imperfeito	Pret. perf. comp.	Futuro do pret. composto
tocava	tenho tocado	teria tocado
tocavas	tens tocado	terias tocado
tocava	tem tocado	teria tocado
tocava	tem tocado	teria tocado
tocava	tem tocado	teria tocado
tocávamos	temos tocado	teríamos tocado
tocavam	têm tocado	teriam tocado
tocavam	têm tocado	teriam tocado

INFINITIVO

tocar

GERÚNDIO

tocando

PARTICÍPIO

tocado

INFINITIVO PESSOAL

Eu tocar
Tu tocares
Você tocar
Ele/Ela tocar
A gente tocar
Nós tocarmos
Vocês tocarem
Eles/Elas tocarem

SUBJUNTIVO

Presente	Futuro	Pretérito mais-que-perfeito
toque	tocar	tivesse tocado
toques	tocares	tivesses tocado
toque	tocar	tivesse tocado
toque	tocar	tivesse tocado
toque	tocar	tivesse tocado
toquemos	tocarmos	tivéssemos tocado
toquem	tocarem	tivessem tocado
toquem	tocarem	tivessem tocado

Imperfeito	Pretérito perfeito	Futuro composto
tocasse	tenha tocado	tiver tocado
tocasses	tenhas tocado	tiveres tocado
tocasse	tenha tocado	tiver tocado
tocasse	tenha tocado	tiver tocado
tocasse	tenha tocado	tiver tocado
tocássemos	tenhamos tocado	tivermos tocado
tocassem	tenham tocado	tiverem tocado
tocassem	tenham tocado	tiverem tocado

IMPERATIVO

Afirmativo
Toca **tu**
Toque você
Toquemos nós
Toquem vocês

Negativo
Não toques tu
Não toque você
Não toquemos nós
Não toquem vocês

■ O som [k] se escreve com c antes de ***a***, ***o***, ***u***, mas com ***qu*** antes de ***e***, ***i***.
Buscar, ***colocar***, ***educar***, ***explicar***, ***ficar***, ***pescar***, etc. seguem o paradigma de ***tocar***.

TRAZER

INDICATIVO

Presente	Futuro do pres.	Pret. mais-que-perf. comp.
trago	trarei	tinha trazido
trazes	trarás	tinhas trazido
traz	trará	tinha trazido
traz	trará	tinha trazido
traz	trará	tinha trazido
trazemos	traremos	tínhamos trazido
trazem	trarão	tinham trazido
trazem	trarão	tinham trazido

Pretérito perfeito	Futuro do pretérito	Futuro do pres. composto
trouxe	traria	vou ter trazido
trouxeste	trarias	vais ter trazido
trouxe	traria	vai ter trazido
trouxe	traria	vai ter trazido
trouxe	traria	vai ter trazido
trouxemos	traríamos	vamos ter trazido
trouxeram	trariam	vão ter trazido
trouxeram	trariam	vão ter trazido

Pret. imperfeito	Pret. perf. comp.	Futuro do pret. composto
trazia	tenho trazido	teria trazido
trazias	tens trazido	terias trazido
trazia	tem trazido	teria trazido
trazia	tem trazido	teria trazido
trazia	tem trazido	teria trazido
trazíamos	temos trazido	teríamos trazido
traziam	têm trazido	teriam trazido
traziam	têm trazido	teriam trazido

INFINITIVO

trazer

GERÚNDIO

trazendo

PARTICÍPIO

trazido

INFINITIVO PESSOAL

Eu trazer
Tu trazeres
Você trazer
Ele/Ela trazer
A gente trazer
Nós trazermos
Vocês trazerem
Eles/Elas trazerem

SUBJUNTIVO

Presente	Futuro	Pretérito mais-que-perfeito
traga	trouxer	tivesse trazido
tragas	trouxeres	tivesses trazido
traga	trouxer	tivesse trazido
traga	trouxer	tivesse trazido
traga	trouxer	tivesse trazido
tragamos	trouxermos	tivéssemos trazido
tragam	trouxerem	tivessem trazido
tragam	trouxerem	tivessem trazido

Imperfeito	Pretérito perfeito	Futuro composto
trouxesse	tenha trazido	tiver trazido
trouxesses	tenhas trazido	tiveres trazido
trouxesse	tenha trazido	tiver trazido
trouxesse	tenha trazido	tiver trazido
trouxesse	tenha trazido	tiver trazido
trouxéssemos	tenhamos trazido	tivermos trazido
trouxessem	tenham trazido	tiverem trazido
trouxessem	tenham trazido	tiverem trazido

IMPERATIVO

Afirmativo
Traz tu
Traga você
Tragamos nós
Tragam vocês

Negativo
Não tragas tu
Não traga você
Não tragamos nós
Não tragam vocês

VALER

INDICATIVO

Presente	Futuro do pres.	Pret. mais-que-perf. comp.
valho	valerei	tinha valido
vales	valerás	tinhas valido
vale	valerá	tinha valido
vale	valerá	tinha valido
vale	valerá	tinha valido
valemos	valeremos	tínhamos valido
valem	valerão	tinham valido
valem	valerão	tinham valido

Pretérito perfeito	Futuro do pretérito	Futuro do pres. composto
vali	valeria	vou ter valido
valeste	valerias	vais ter valido
valeu	valeria	vai ter valido
valeu	valeria	vai ter valido
valeu	valeria	vai ter valido
valemos	valeríamos	vamos ter valido
valeram	valeriam	vão ter valido
valeram	valeriam	vão ter valido

Pret. imperfeito	Pret. perf. comp.	Futuro do pret. composto
valia	tenho valido	teria valido
valias	tens valido	terias valido
valia	tem valido	teria valido
valia	tem valido	teria valido
valia	tem valido	teria valido
valíamos	temos valido	teríamos valido
valiam	têm valido	teriam valido
valiam	têm valido	teriam valido

INFINITIVO

valer

GERÚNDIO

valendo

PARTICÍPIO

valido

INFINITIVO PESSOAL

Eu valer
Tu valeres
Você valer
Ele/Ela valer
A gente valer
Nós valermos
Vocês valerem
Eles/Elas valerem

SUBJUNTIVO

Presente	Futuro	Pretérito mais-que-perfeito
valha	valer	tivesse valido
valhas	valeres	tivesses valido
valha	valer	tivesse valido
valha	valer	tivesse valido
valha	valer	tivesse valido
valhamos	valermos	tivéssemos valido
valham	valerem	tivessem valido
valham	valerem	tivessem valido

Imperfeito	Pretérito perfeito	Futuro composto
valesse	tenha valido	tiver valido
valesses	tenhas valido	tiveres valido
valesse	tenha valido	tiver valido
valesse	tenha valido	tiver valido
valesse	tenha valido	tiver valido
valêssemos	tenhamos valido	tivermos valido
valessem	tenham valido	tiverem valido
valessem	tenham valido	tiverem valido

IMPERATIVO

Afirmativo
Vale **tu**
Valha você
Valhamos nós
Valham vocês

Negativo
Não valhas tu
Não valha você
Não valhamos nós
Não valham vocês

VER

INDICATIVO

Presente	Futuro do pres.	Pret. mais-que-perf. comp.
vejo	verei	tinha visto
vês	verás	tinhas visto
vê	verá	tinha visto
vê	verá	tinha visto
vê	verá	tinha visto
vemos	veremos	tínhamos visto
veem	verão	tinham visto
veem	verão	tinham visto
Pretérito perfeito	**Futuro do pretérito**	**Futuro do pres. composto**
vi	veria	vou ter visto
viste	verias	vais ter visto
viu	veria	vai ter visto
viu	veria	vai ter visto
viu	veria	vai ter visto
vimos	veríamos	vamos ter visto
viram	veriam	vão ter visto
viram	veriam	vão ter visto
Pret. imperfeito	**Pret. perf. comp.**	**Futuro do pret. composto**
via	tenho visto	teria visto
vias	tens visto	terias visto
via	tem visto	teria visto
via	tem visto	teria visto
via	tem visto	teria visto
víamos	temos visto	teríamos visto
viam	têm visto	teriam visto
viam	têm visto	teriam visto

INFINITIVO

ver

GERÚNDIO

vendo

PARTICÍPIO

visto

INFINITIVO PESSOAL

Eu ver
Tu veres
Você ver
Ele/Ela ver
A gente ver
Nós vermos
Vocês verem
Eles/Elas verem

SUBJUNTIVO

Presente	Futuro	Pretérito mais-que-perfeito
veja	vir	tivesse visto
vejas	vires	tivesses visto
veja	vir	tivesse visto
veja	vir	tivesse visto
veja	vir	tivesse visto
vejamos	virmos	tivéssemos visto
vejam	virem	tivessem visto
vejam	virem	tivessem visto
Imperfeito	**Pretérito perfeito**	**Futuro composto**
visse	tenha visto	tiver visto
visses	tenhas visto	tiveres visto
visse	tenha visto	tiver visto
visse	tenha visto	tiver visto
visse	tenha visto	tiver visto
víssemos	tenhamos visto	tivermos visto
vissem	tenham visto	tiverem visto
vissem	tenham visto	tiverem visto

IMPERATIVO

Afirmativo
Vê tu
Veja você
Vejamos nós
Vejam vocês

Negativo
Não vejas tu
Não veja você
Não vejamos nós
Não vejam vocês

■ *Antever*, *prever*, *rever*, etc. seguem o paradigma de *ver*.

VIR

INDICATIVO

Presente	Futuro do pres.	Pret. mais-que-perf. comp.
venho	virei	tinha vindo
vens	virás	tinhas vindo
vem	virá	tinha vindo
vem	virá	tinha vindo
vem	virá	tinha vindo
vimos	viremos	tínhamos vindo
vêm	virão	tinham vindo
vêm	virão	tinham vindo

Pretérito perfeito	Futuro do pretérito	Futuro do pres. composto
vim	viria	vou ter vindo
vieste	virias	vais ter vindo
veio	viria	vai ter vindo
veio	viria	vai ter vindo
veio	viria	vai ter vindo
viemos	viríamos	vamos ter vindo
vieram	viriam	vão ter vindo
vieram	viriam	vão ter vindo

Pret. imperfeito	Pret. perf. comp.	Futuro do pret. composto
vinha	tenho vindo	teria vindo
vinhas	tens vindo	terias vindo
vinha	tem vindo	teria vindo
vinha	tem vindo	teria vindo
vinha	tem vindo	teria vindo
vínhamos	temos vindo	teríamos vindo
vinham	têm vindo	teriam vindo
vinham	têm vindo	teriam vindo

INFINITIVO

vir

GERÚNDIO

vindo

PARTICÍPIO

vindo

INFINITIVO PESSOAL

Eu vir
Tu vires
Você vir
Ele/Ela vir
A gente vir
Nós virmos
Vocês virem
Eles/Elas virem

SUBJUNTIVO

Presente	Futuro	Pretérito mais-que-perfeito
venha	vier	tivesse vindo
venhas	vieres	tivesses vindo
venha	vier	tivesse vindo
venha	vier	tivesse vindo
venha	vier	tivesse vindo
venhamos	viermos	tivéssemos vindo
venham	vierem	tivessem vindo
venham	vierem	tivessem vindo

Imperfeito	Pretérito perfeito	Futuro composto
viesse	tenha vindo	tiver vindo
viesses	tenhas vindo	tiveres vindo
viesse	tenha vindo	tiver vindo
viesse	tenha vindo	tiver vindo
viesse	tenha vindo	tiver vindo
viéssemos	tenhamos vindo	tivermos vindo
viessem	tenham vindo	tiverem vindo
viessem	tenham vindo	tiverem vindo

IMPERATIVO

Afirmativo
Vem tu
Venha você
Venhamos nós
Venham vocês

Negativo
Não venhas tu
Não venha você
Não venhamos nós
Não venham vocês

■ *Convir*, *intervir*, etc. seguem o paradigma de *vir*.

C Lista de verbos irregulares

- Os verbos da esquerda são conjugados de acordo com os paradigmas dos verbos indicados à direita.
  O número se refere à página da conjugação do paradigma.
  Os verbos em azul estão conjugados nas tabelas de verbos.
  As formas que são consideradas irregulares só por questões ortográficas não foram marcadas nestas tabelas.

Abraçar: *começar*, 290
Abrir: regular, mas com particípio irregular *aberto*.
Aceitar: regular, mas com particípio duplo: *aceitado* e *aceito*.
Acender: regular, mas com particípio duplo: *acendido* e *aceso*.
Acontecer: *conhecer*, 291
Acudir: *subir*, 320
Agir: 287
Alcançar: *começar*, 290
Almoçar: *começar*, 290
Ameaçar: *começar*, 290
Ansiar: *odiar*, 306
Antever: *ver*, 325
Aparecer: *conhecer*, 291
Atacar: *tocar*, 322
Atingir: *agir*, 287
Atrair: *sair*, 317
Avançar: *começar*, 290

Bendizer: *dizer*, 298
Bloquear: 288
Brigar: *chegar*, 296
Buscar: *tocar*, 322

Caber: 289
Cair: *sair*, 317
Carregar: *chegar*, 296
Chegar: 296
Cobrir: *dormir*, 299, particípio irregular *coberto*.
Colocar: *tocar*, 322
Começar: 290
Competir: *sentir*, 318
Compor: *pôr*, 311
Comunicar: *tocar*, 322
Concluir: 292
Condizer: *dizer*, 298
Conduzir: *produzir*, 312
Conferir: *sentir*, 318
Conhecer: 291
Conjugar: *chegar*, 296
Conseguir: 293
Construir: 294
Consumir: *subir*, 320
Conter: *ter*, 321
Contradizer: *dizer*, 298
Contrapor: *pôr*, 311
Contribuir: *concluir*, 292
Convencer: *conhecer*, 291
Convir: *vir*, 326
Corrigir: *agir*, 287
Crer: 295
Crescer: *conhecer*, 291
Criticar: *tocar*, 322
Cuspir: *subir*, 320

Dançar: *começar*, 290
Dar: 297
Dedicar: *tocar*, 322
Deduzir: *produzir*, 312
Descer: *conhecer*, 291
Descobrir: *dormir*, 299
Descrever: *escrever*, regular, mas com particípio irregular *descrito*.
Desdizer: *dizer*, 298
Desfazer: *fazer*, 301
Desmentir: *sentir*, 318
Desproteger: *proteger*, 313
Destruir: *construir*, 294
Deter: *ter*, 321
Diminuir: *concluir*, 292
Dirigir: *agir*, 287
Dispor: *pôr*, 311
Distrair: *sair*, 317
Distribuir: *concluir*, 292
Divertir: *sentir*, 318
Dizer: 298, particípio irregular *dito*.
Dormir: 299

Educar: *tocar*, 322
Eleger: *proteger*, 313, particípio duplo: *elegido* e *eleito*.
Empregar: *chegar*, 296
Engolir: *dormir*, 299
Entregar: regular, mas com particípio duplo: *entregado* e *entregue*.
Entreter: *ter*, 321
Enxugar: regular, mas com particípio duplo: *enxugado* e *enxuto*.
Escrever: regular, mas com particípio irregular *escrito*.
Esquecer: *conhecer*, 291
Estar: 300
Exigir: *agir*, 287
Explicar: *tocar*, 322
Expor: *pôr*, 311
Expressar: regular, mas com particípioduplo: *expressado* e *expresso*.
Exprimir: regular, mas com particípio duplo: *exprimido* e *expresso*.
Expulsar: regular, mas com particípio duplo: *expulsado* e *expulso*.

Fazer: 301, particípio irregular *feito*.
Ferir: *sentir*, 318
Ficar: *tocar*, 322
Fingir: *agir*, 287
Forçar: *começar*, 290
Frear: *bloquear*, 288
Fugir: *agir*, 287; *subir*, 320

Ganhar: regular, mas com particípio duplo: *ganhado* e *ganho*.
Gastar: regular, mas com particípio duplo: *gastado* e *gasto*.

Haver: 302

Identificar: *tocar*, 322
Impedir: *pedir*, 308
Impor: *pôr*, 311
Imprimir: regular, mas com particípio duplo: *imprimido* e *impresso*.
Incluir: *concluir*, 292
Intervir: *vir*, 326
Investir: *sentir*, 318
Ir: 303
Isentar: regular, mas com particípio duplo: *isentado* e *isento*.

Jogar: *chegar*, 296
Julgar: *chegar*, 296

Lançar: *começar*, 290
Ler: 304
Ligar: *chegar*, 296
Limpar: regular, mas com particípio duplo: *limpado* e *limpo*.

Manter: *ter*, 321
Marcar: *tocar*, 322
Matar: regular, mas com particípio duplo: *matado* e *morto*.
Mediar: *odiar*, 306

Medir: 305
Mentir: *sentir*, 318
Merecer: *conhecer*, 291
Morrer: regular, mas com particípio duplo: *morrido* e *morto*.

Nascer: *conhecer*, 291
Negar: *chegar*, 296
Nomear: *bloquear*, 288

Obter: *ter*, 321
Odiar: 306
Oferecer: *conhecer*, 291
Omitir: regular, mas com particípio duplo: *omitido* e *omisso*.
Opor: *pôr*, 311
Ouvir: 307

Pagar: *chegar*, 296, particípio duplo: *pagado* e *pago*.
Pegar: regular, mas com particípio duplo: *pegado* e *pego*.
Parecer: *conhecer*, 291
Passear: *bloquear*, 288
Pedir: 308
Pentear: *bloquear*, 288
Perder: 309
Perseguir: *conseguir*, 293
Pertencer: *conhecer*, 291
Pescar: *tocar*, 322
Poder: 310
Pôr: 311, particípio irregular *posto*.
Possuir: *concluir*, 292
Praticar: *tocar*, 322
Predizer: *dizer*, 298
Preferir: *sentir*, 318
Prejudicar: *tocar*, 322
Prender: regular, mas com particípio duplo: *prendido* e *preso*.
Pressentir: *sentir*, 318
Pressupor: *pôr*, 311
Prever: *ver*, 325
Prevenir: *sentir*, 318
Produzir: 312
Progredir: *sentir*, 318
Propor: *pôr*, 311
Proteger: 313
Provocar: *tocar*, 322
Publicar: *tocar*, 322

Querer: 314

Reconhecer: *conhecer*, 291
Reproduzir: *produzir*, 312
Refazer: *fazer*, 301
Referir: *sentir*, 318
Remediar: *odiar*, 306
Repetir: *sentir*, 318
Repor: *pôr*, 311
Reter: *ter*, 321
Rever: *ver*, 325
Rir: 315

Saber: 316
Sacudir: *subir*, 320
Sair: 317
Salvar: regular, mas com particípio duplo: *salvado* e *salvo*.
Satisfazer: *fazer*, 301
Seguir: *conseguir*, 293
Sentir: 318
Ser: 319
Servir: *sentir*, 318
Significar: *tocar*, 322
Sobrepor: *pôr*, 311
Soltar: regular, mas com particípio duplo: *soltado* e *solto*.
Subir: 320
Submergir: regular, mas com particípio duplo: *submergido* e *submerso*.
Substituir: *concluir*, 292
Sumir: *subir*, 320
Supor: *pôr*, 311
Surgir: *agir*, 287
Suspender: regular, mas com particípio duplo: *suspendido* e *suspenso*.

Ter: 321
Tocar: 322
Tossir: *dormir*, 299
Traduzir: *produzir*, 312
Trazer: 323
Trocar: *tocar*, 322

Valer: 324
Ver: 325, particípio irregular *visto*.
Vencer: *conhecer*, 291
Vestir: *sentir*, 318
Vir: 326, particípio irregular *vindo*.

Chave de respostas

Chave de respostas

1. Substantivo. Gênero dos nomes das coisas

Página 14

1 1. copo; 2. óculos; 3. casa; 4. plantas.

2 1. caneta / pena; 2. apartamento / casa; 3. sapato / camisa; 4. filhos / meninas / meninos.

Página 15

3 1. *Braço* é masculino e as outras palavras são femininas. 2. *Impressora* é feminino e as outras palavras são masculinas. 3. *Árvore* é feminino e as outras palavras são masculinas. 4. *Sabor* é masculino e as outras palavras são femininas. 5. *Nariz* é masculino e as outras palavras são femininas.

4 **Masculinos**: o café, o leite, o micro-ondas, o nariz, o pé, o sal, o salão, o sangue, o sol, o táxi.
Femininos: a árvore, a aula, a carne, a crise, a fonte, a lua, a ponte, a tarde, a tese.

Página 16

5 I. o laptop / a aula.
II. o xampu / o guarda-chuva / a camisa.
III. um problema / a moto / a chave.
IV. um erro / o computador.
V. o tema / da reunião.
VI. a poltrona / um compromisso / uma parte / da tarde.

6 1. o; 2. o; 3. o; 4. o; 5. o; 6. o; 7. o; 8. o; 9. a; 10. o; 11. o; 12. o; 13. o; 14. o; 15. a; 16. o; 17. o; 18. o; 19. a; 20. a; 21. a; 22. o; 23. a; 24. a; 25. a; 26. a.

2. Substantivo. Gênero dos nomes de pessoas e animais

Página 17

1 1. g: cabeleireiro; 2. d: psicólogo; 3. h: contador ; 4. a: vizinha; 5. c: irmã; 6. f: professora; 7. e: padeiro.

2 1. tia; 2. primas; 3. amigos; 4. filhas / filhos; 5. escritora / pintora; 6. menina.

Página 18

3 1. marido ou esposo; 2. mãe / mãe; 3. mulher / esposa; 4. mulher ou esposa / pai; 5. filha; 6. irmão / pai; 7. pai / esposa ou mulher; 8. mãe / marido ou esposo; 9. filho; 10. filha; 11. filho.

4 1. pianista; 2. pianista; 3. policial; 4. taxista; 5. professora; 6. jornalista; 7. cantor; 8. atriz; 9. ator; 10. veterinário; 11. jogadora de futebol.

Página 19

5 MARCA DE MAS. / FEM.: gato/-a, pato/-a, urso/-a.
UMA PALAVRA DIFERENTE PARA CADA SEXO: boi / vaca, cavalo / égua, galo / galinha.
FEMININO INVARIÁVEL: formiga, girafa, lula, tartaruga.
MASCULINO INVARIÁVEL: camarão, caracol, crocodilo, dinossauro, hipopótamo, mexilhão.

6 1. um canguru macho *ou* um canguru fêmea; 2. um rato *ou* uma rata; 3. um camaleão *ou* uma camaleoa; 4. um pato *ou* uma pata; 5. uma cobra macho *ou* uma cobra fêmea; 6. uma coruja macho *ou* uma coruja fêmea.

Página 20

7 1. campeã; 2. irmã / foliã; 3. solteirona; 4. cirurgiã; 5. patroa; 6. avó; 7. cidadãs.

3. Substantivo. Número

Página 23

1 1. peixes; 2. sóis; 3. relógios; 4. blusas; 5. grãos; 6. anões; 7. sofás; 8. botões; 9. pães.

2 1. papéis; 2. panelas; 3. talheres; 4. canetas; 5. cores; 6. árvores; 7. grãos; 8. fósseis; 9. bebês.

3 1. geladeira; 2. máquina de lavar roupa; 3. estante; 4. sofá; 5. quadro; 6. cafeteira; 7. abridor de latas; 8. fogão.

Página 24

4 1. e: turma, estava, emocionada; 2. c: fãs, estavam, interessadas, 3. d: público, saiu, satisfeito; 4. b: polícia, estava, atenta.

5 1. pastel; 2. peixe; 3. anel; 4. luz; 5. pão.

6 1. dois relógios de parede; 2. dois escorredores de prato; 3. duas cortinas para o banheiro; 4. duas sungas de lycra; 5. dois celulares; 6. duas televisões; 7. dois pães.

4. Adjetivo

Página 26

1 1. carinhosa; 2. preguiçosa; 3. bonita; 4. superficial; 5. dorminhoca; 6. cristã; 7. são; 8. otimista; 9. ruivo; 10. feliz; 11. gentil; 12. tímido; 13. alegre; 14. comilão; 15. versátil; 16. independente; 17. forte; 18. inteligente; 19. pedante; 20. nervoso.

2 1. *bonito* (o único que tem feminino e masculino).
2. *alto* (o único que tem feminino e masculino).
3. *comilão* (o único que tem feminino em **–ona**).

Página 27

3 1. duas crianças contentes; 2. duas pessoas felizes; 3. duas crianças choronas; 4. duas camisas azuis; 5. dois homens faladores; 6. duas mulheres interessantes.

4 1. americano *ou* norte-americano; 2. italianas; 3. colombiano; 4. turcos; 5. cubanos; 6. japonesa; 7. escocês; 8. senegalês; 9. suíços; 10. finlandesa; 11. espanhóis; 12. franceses; 13. chinesa.

Página 28

5 1. c; 2. b; 3. d; 4. d; 5. b; 6. b; 7. a.

6 1. são argentinos, mas eu nasci no Brasil.
2. são maravilhosos e têm casas lindas.
3. são meios de comunicação mais objetivos que a televisão.
4. são meios de transporte mais ecológicos.
5. são muito perigosos para a saúde.
6. estão molhados e você pode cair.

Página 29

7 1. Tem uma torneira aberta. 2. Veste a camisa laranja. 3. Me dá um prato vazio? 4. Trouxe a roupa suja. 5. Põe a garrafa cheia. 6. É um carro espaçoso. 7. Moro em uma moradia universitária. 8. A carta está em um envelope fechado.

8 1. destaca; 2. distingue; 3. distingue; 4. destaca; 5. destaca; 6. distingue; 7. destaca; 8. distingue.

Página 30

9 edifício industrial / objeto redondo / relógio japonês / carro oficial / casa vazia.

10 1. segundo marido; 2. praias caribenhas; 3. dia seguinte; 4. rodovia perigosa; 5. terceiro marido; 6. festa particular; 7. próximo marido; 8. próximo presidente; 9. banco suíço; 10. experiências anteriores; 11. Lucas Sétimo.

5. Artigos: *um*, *o*, etc.

Página 33

1 1. Umas / uns; 2. Um / uma; 3. Uma / um; 4. Um / uma; 5. Os / das; 6. A / do; 7. O / da; 8. A / ao.

2 1. uma; 2. na / última; 3. as; 4. uma / horrorosa; 5. uma / uma / A; 6. A / a; 7. a / mesma; 8. a; 9. os.

3 1. na; 2. da; 3. ao; 4. na; 5. dos; 6. das; 7. no; 8. à; 9. na; 10. da; 11. no.

Página 34

4 1. ab / ba; 2. ab / ba; 3. ab / ba; 4. aa / bb; 5. ab / ba.

Página 35

5 1. o, uma; 2. um, um; 3. o; 4. um, um; 5. o, um, o.

6 1. Sim; 2. Não; 3. Não; 4. Não; 5. Não; 6. Sim; 7. Sim; 8. Sim

Página 37

7 1. d: ~~ø~~ / O; 2. f: ø / ~~um~~; 3. e: ø / ~~um~~; 4. c: ~~ø~~ /o; 5. b: ~~ø~~ / um; 6. l: ~~ø~~ / O; 7. a: ø / ~~o~~; 8. j: ~~ø~~ / um; 9. i: ~~ø~~ / do; 10. k: ø / ~~um~~; 11. h: ~~ø~~ / o.

8 Mãe: um; João: A / ø; Pai: o / a; Sabrina: uma / a; Mãe: ø / a; João: a / ø; Mãe: Os / uma / ø / uma.

Página 38

9 1. a garganta / a vida; 2. Os monstros / os morcegos / os seres vivos; 3. Os monstros / o céu / o velho; 4. os monstros / o medo / o sentimento / ao cemitério / as tumbas; 5. Os monstros / a lua; 6. as noites / os esqueletos / a dança / Os monstros; 7. Os vampiros / as pessoas.

10 1. Você pode me emprestar uma ~~meia~~?; 2. os ~~envelopes~~ amarelos, os ~~envelopes~~ que estão...; 3. Não, acabo de tomar uma ~~limonada~~; 4. um ~~relógio~~ que tem cronômetro; 5. A ~~menina~~ de óculos, a ~~menina~~ alta, a ~~menina~~ que está em pé; 6. Preciso de umas ~~blusas~~ para trabalhar; 7. Dois: para mim um ~~café~~ puro e para ele um ~~café~~ com leite.

11 1. magro; 2. cabelo comprido; 3. camiseta apertada; 4. usa peruca; 5. cachecol azul; 6. está fazendo ioga; 7. mais charmosa.

Página 40

12 1. do México / na / do; 2. da Alemanha / em; 3. de Israel / em; 4. de Angola / em; 5. do Egito / no; 6. da Inglaterra / em; 7. de Cuba / em; 8. da França / em; 9. da Rússia / em; 10. da Itália / em.

6. Demonstrativos: *este*, *esse*, *aquele*, etc.,

Página 42

1 1. esses; 2. Esse; 3. esse; 4. esse; 5. essa; 6. essas; 7. essas; 8. aquela; 9. aquele; 10. aquele; 11. aquela.

2 1. d; 2. b; 3. c.

3 1. essas; 2. essas; 3. aquela; 4. aquela; 5. esses.

Página 43

4 1. d; 2. c; 3. a; 4. f; 5. b.

5 1. livros; 2. calculadora; 3. rapaz; 4. caderno; 5. brincos.

Página 45

6 1.isso; 2. aquilo; 3. aquilo; 4. aquilo; 5. isso; 6. aquilo; 7. aquilo.

7 1. e; 2. f; 3. g; 4. c; 5. d; 6. b.
Não sabe o nome: 1, 3.
O nome do objeto não faz diferença: 5, 6.
Não é um objeto: 2, 4.

Página 46

8 1. isso; 2. aquilo; 3. Aquilo; 4. isso; 5. aquilo.

9 1. aquilo; 2. Isso; 3. essa carta *ou* isso; 4. essa; 5. esse senhor; 6. aquela menina; 7. esse móvel *ou* isso; 8. Esse.

7. Possessivos: *meu*, *teu*, *seu*, *nosso*, etc.

Página 48

1 1. nossas / nossos; 2. sua / seu / sua / seus / suas; 3. nosso / nossas / nossas / nossa / nossos; 4. de vocês / de vocês / de vocês; 5. sua / seu / suas / suas / seus / seus.

2 1. meus; 2. seus; 3. seus; 4. meu; 5. sua; 6. sua; 7. meus; 8. meu; 9. seu; 10. sua; 11. sua.

Página 49

3 1. da gente; 2. da gente; 3. de vocês; 4. deles; 5. dela; 6. dela; 7. de vocês; 8. dela.

4 1. f: Gosta, sim, ele tem um monte de discos dela.
2. e: Sério? Por que você não pede a esse amigo seu *ou* de vocês para vir nos ajudar?
3. c: Eu sei, mas ele ainda está com alguns livros meus que emprestei para ele no ano passado.
4. d: Vários quadros dele. São lindos. Ele tem muito talento para pintura.
5. b: E os convidados são todos amigos seus *ou* de vocês?

Página 50

5 1. uns livros seus; 2. seu carro; 3. seu sapato; 4. livro nosso.

6 1. Gosto mais da sua dentista que da nossa. Ela é mais competente e melhor. 2. Meu celular está sem bateria. Você pode me emprestar o seu? 3. Essas são minhas toalhas. As suas estão no armário. 4. Aquela é a minha chave. A sua está na porta de entrada. 5. Meu salário é muito mais alto que o deles. E eu trabalho muito menos. 6. Ele tem uma letra de mão muito difícil de se ler, mas a da gente é linda. 7. Entre a bicicleta do André e a dela, prefiro a do André. 8. Temos o mesmo carro, mas o seu tem ar condicionado. 9. Nunca te disse antes, mas prefiro seu café ao meu.

8. Indefinidos: *todos, alguns, alguém, nada, outro*, etc.

Página 52

1 1. algumas / nenhuma / todas; 2. alguns / nenhum / todos; 3. alguns / nenhum / todos; 4. alguns / nenhum / todos; 5. algumas / nenhuma / todas; 6. alguns / Nenhum / todos; 7. alguns / nenhum / todos; 8. algumas / nenhuma / todas.

2 1. algumas; 2. Alguns; 3. todos / nenhum; 4. nenhum; 5. algum; 6. Nenhuma; 7. alguns; 8. alguma; 9. algumas.

Página 53

3 1. Alguns; 2. algumas; 3. Nenhuma; 4. algumas; 5. todas; 6. Algumas; 7. nenhum; 8. Alguns; 9. Todas; 10. alguns.

4 1. preguiçosa; 2. barata; 3. escuro; 4. vermelho; 5. rápido.

Página 54

5 1. alguma coisa; 2. Ninguém; 3. alguma coisa; 4. nada; 5. tudo; 6. nada; 7. alguém; 8. alguma coisa; 9. nada; 10. ninguém; 11. nada; 12. alguém; 13. ninguém.

6 1. alguém / ninguém / ninguém / nada; 2. algum / alguma / nada; 3. alguma coisa / algumas; 4. algum / nada; 5. Alguém / algum; 6. algum / nenhum / Nenhum / nada; 7. alguma coisa / alguma coisa / nenhum / algumas; 8. Alguns / alguma coisa / nada / alguns / alguma coisa.

Página 55

7 1. (correta); 2. não tem problema nenhum; 3. (correta); 4. eu não vi nada; 5. não quer me dar nenhum; 6. não vai se parecer nada com você.

Página 57

8 1. d: outro; 2. b: outra; 3. c: outras; 4. a: outras.

9 1. uma outra; 2. outros três; 3. outro; 4. outras duas; 5. outro; 6. outras duas.

10 1. (uma, casa, outra) uma outra casa; 2. (outra, ~~a~~, parte) outra parte; 3. (outra, sua, filha) sua outra filha; 4. (filhos, outros, dois) outros dois filhos; 5. (bezerro, um, outro) um outro bezerro; 6. (três, casas, outras) outras três casas; 7. (rapaz, outro, aquele) aquele outro rapaz.

9. Numerais cardinais: *um, dois, três*, etc.

Página 58

1 1. dez; 2. duas; 3. doze; 4. dezoito; 5. catorze *ou* quatorze; 6. dezesseis; 7. oito; 8. seis; 9. duas.

2 1. dois / um; 2. uma / três; 3. Uma / um; 4. Um / uma; 5. Três / dois / um; 6. Dois / uma / uma.

Página 59

3 1. (12) doze; 2. (14) catorze *ou* quatorze; 3. (7) sete; 4. (13) treze; 5. (11) onze; 6. (10) dez; 7. (12) doze; 8. (19) dezenove.

Página 60

4 1. quarenta e dois; 2. trinta e quatro; 3. trinta; 4. setenta; 5. oitenta e seis; 6. quarenta e nove; 7. sessenta e oito.

5 1. setenta e uma fotografias; 2. sessenta e três livros de arte; 3. oitenta e quatro CDs de samba; 4. três vasos de flor; 5. nove toalhas; 6. quarenta e dois talheres; 7. cinco plantas; 8. dois candelabros.

6 1. dezessete; 2. setenta e nove; 3. noventa e seis; 4. trinta e três; 5. vinte e um; 6. quarenta e cinco; 7. sessenta e um; 8. oitenta e dois; 9. cinquenta e seis.

7 1. (56) cinquenta e seis; 2. (25) vinte e cinco; 3. (50) cinquenta; 4. (81) oitenta e um; 5. (64) sessenta e quatro; 6. (45) quarenta e cinco; 7. (33) trinta e três; 8. (77) setenta e sete.

Página 61

8 CADERNO DE ANA: duzentos e cinquenta (250), novecentos e vinte e dois (922), oitocentos (800), setecentos e doze (712).
CADERNO DE JÚLIA: setecentas (700), quinhentas e trinta e uma (531), quatrocentas e cinquenta (450), seiscentas e treze (613).

9 1. duzentos e oitenta e um; 2. setecentos e oitenta e nove; 3. setecentos e noventa e oito; 4. cinquenta e oito; 5. quatrocentos e onze; 6. cento e cinquenta e um; 7. cento e vinte e cinco; 8. cento e cinquenta e sete; 9. duzentos e trinta e seis.

Página 62

10 1. (4.179) quatro mil cento e setenta e nove; 2. (95.167) noventa e cinco mil cento e sessenta e sete; 3. (5.021) cinco mil e vinte e um; 4. (81.184) oitenta e um mil cento e oitenta e quatro;

5. (31.901) trinta e um mil novecentos e um;
6. (27.432) vinte e sete mil quatrocentos e trinta e dois.

Página 63

11 1. cento e quatro milhões, duzentos mil cento e sessenta e cinco; 2. vinte e cinco milhões, duzentos e oitenta e sete mil seiscentos e setenta; 3. quatorze *ou* catorze milhões, quatrocentos e quarenta e sete mil quatrocentos e noventa e quatro; 4. seis milhões, oitenta e quatro mil quatrocentos e noventa e um; 5. quatorze *ou* catorze milhões, trezentos e quatorze *ou* catorze mil e setenta e nove; 6. quarenta e um milhões, setenta e sete mil e cem; 7. dezesseis milhões, quatrocentos e noventa e oito mil novecentos e trinta

12 1. oito e cinquenta; 2. vinte e quatro e oitenta; 3. cento e vinte reais; 4. novecentos e oitenta e cinco reais; 5. cinquenta e quatro e setenta e seis; 6. quatorze *ou* catorze e quarenta e oito; 7. trinta e nove e doze; 8. onze e oitenta e nove.

10. Numerais ordinais: *primeiro, segundo, terceiro*, etc.

Página 64

1 1. terceiro; 2. quinta; 3. sexto; 4. quarto; 5. segunda; 6. sétimo.

2 1. Segundo; 2. Nono; 3. Oitavo; 4. Terceiro; 5. Primeira; 6. Terceira; 7. Primeiro.

3 1. Carlos Terceiro [3]; 2. Luís Quinto [5]; 3. Henrique Oitavo [8]; 4. Carlota Segunda [2]; 5. Papa João Primeiro [1].

Página 65

4 1. segundo; 2. oitava; 3. segundo; 4. quarto; 5. nona; 6. terceiro; 7. sexto; 8. quinta.

Página 66

5 1. Terceiro; 2. Segundo; 4. Quarto.

6 1. 69º; 2. 46º; 3. 91º; 4. 18º; 5. 11º; 6. 82º; 7. 76º; 8. 34º; 9. 50º; 10. 12º; 11. 99º.

7 1. décimo; 2. vigésimo sexto; 3. décima nona; 4. sexagésima nona.

11. Quantificadores: *demais, muito, bastante*, etc.

Página 68

1 1. Tem muita *ou* bastante água e poucos cubos de gelo. 2. Tem pouca água e poucos cubos de gelo. 3. Tem cubos de gelo demais e nenhuma água. 4. Tem água demais e nenhum cubo de gelo.

2 1. cafeína nenhuma; 2. dinheiro nenhum; 3. nenhuma garrafa *ou* garrafa nenhuma ; 4. nenhum cliente *ou* cliente nenhum; 5. açúcar nenhum; 6. nenhum comentário *ou* comentário nenhum.

Página 69

3 1. Alberto; 2. Marina; 3. Marina; 4. Alberto; 5. Alberto; 6. Marina; 7. Marina.

4 1. um pouco de; 2. pouco; 3. um pouco de; 4. pouco; 5. um pouco de; 6. pouco; 7. um pouco de; 8. um pouco de; 9. pouco.

Página 70

5 1. demais; 2. muito *ou* bastante; 3. demais; 4. muito; 5. demais; 6. Demais; 7. Demais; 8. muito; 9. muito.

6 1. demais; 2. bastante; 3. pouco; 4. demais, pouco; 5. demais.

12. Sujeito, objeto direto e objeto indireto

Página 73

1 1. Lorena; 2. Chico; 3. Maria das Dores; 4. Elisa; 5. Eduardo; 6. Maria; 7. a casa; 8. as plantas; 9. o café da manhã; 10. as compras; 11. as crianças; 12. a roupa; 13. a louça; 14. o almoço e o jantar; 15. para seus irmãos mais novos; 16. para todos eles.

2 1. O secretário sempre marca: a (OD). O secretário marca todas as reuniões: b (OI); 2. O professor ensina música: b (OI). O professor ensina: a (OD); 3. Alguém lava e passa a roupa: a (OI). A máquina lava e seca: b (OD); 4. Chico serve: a (OD). Chico serve a comida: b (OI).

13. Pronomes de sujeito: *eu, tu, ele*, etc.

Página 74

1 1. nós/a gente 2. nós/a gente 3. eles 4. você 5. ele 6. ela 7. elas 8. vocês 9. vocês.

2 1. h: você; 2. b: você; 3. d: a senhora; 4. a: você; 5. g: você; 6. e: o senhor; 7. f: você.

Página 75

3 Ricardo: eu era / ~~Eu~~ estudei / ~~eu~~ nunca participei / ~~eu~~ acho; Patrícia: ~~Nós~~ vamos / você tem; Ricardo: ~~Nós~~ sempre estudamos; Patrícia: Vocês dois podem / vocês têm; Ricardo: a gente tem / Você acha; Patrícia: ~~Eu~~ acho / ~~Eu~~ já conversei / elas também só podem; Ricardo: Você me manda; Patrícia: ~~Eu~~ mando.

14. Pronomes com preposição: *sem mim, para ti, com ele*, etc.

Página 76

1 1. b: vocês / a gente; 2. a: a senhora / mim; 3. f: você / você; 4. d: vocês / nós; 5. e: mim / vocês / vocês.

Página 78

2 1. você 2. ela 3. a gente 4. ela 5. com você 6. a gente 7. ele 8. nela.

3 1. comigo; 2. contigo; 3. para eles; 4. a você; 5. entre você e eu *ou* entre nós; 6. sem nós; 7. de mim; 8. até eu; 9. de ti; 10. segundo você; 11. por mim; 12. sobre ti.

15. Pronomes de objeto: *me, te, o*, etc.; *me, te, lhe*, etc.

Página 79

1 1. a; 2. o; 3. o; 4. o; 5. o; 6. os; 7. nos; 8. me; 9. me.

Página 80

2 1. o; 2. os; 3. os; 4. o; 5. me; 6. me; 7. me; 8. os.

Página 81

3 lhe, nos, me, lhe, lhes, lhes, nos, nos, me, me, me.

4 me, lhe, lhe, o, o, os, as, me, lhes.

Página 82

5 1. a; 2. o; 3. o; 4. o; 5. os; 6. o; 7. as; 8. a; 9. a; 10. os; 11. a.

6 1. lhe perguntei; 2. me olhou; 3. me ofereceu; 4. lhe mandei; 5. me pediu; 6. queria lhe enviar; 7. posso lhe mandar.

Página 84

7 1. Maria quer comprá-lo. 2. Giovana vai lê-lo. 3. Samuel quer bebê-lo. 4. Rogério vai abri-la. 5. Pietra quer vendê-lo. 6. Marília quer visitá-la. 7. Sérgio vai limpá-la. 8. Júlio quer dirigi-lo.

8 1. Maria os comprou. 2. Giovana o leu. 3. Samuel o bebeu. 4. Rogério a abriu. 5. Pietra o vendeu. 6. Marília a visitou. 7. Sérgio a limpou. 8. Júlio o dirigiu.

Página 85

9 1. Disse-lhes; 2. correto; 3. correto; 4. correto; 5. Contratei-os; 6. correto; 7. querem comprá-los; 8. correto; 9. preferiu não irritá-lo; 10. correto; 11. correto; 12. Convidei-os.

Página 86

10 1. elas; 2. elas; 3. ela; 4. ele; 5. me; 6. a gente; 7. me; 8. ele; 9. me; 10. você; 11. você; 12. ele.

Página 87

11 1. Quando voltar, vou entregar para você um presente lindo que comprei para dar para você como símbolo de gratidão. 2. Vou deixar a chave do apartamento com minha vizinha Glória e você pode pedir a chave para ela no dia em que for lá. 3. Quero que você dê bastante ração e carinho para ela. 4. Quero que você troque ela para evitar o cheiro ruim. 5. Quero que você molhe elas nos dois dias. 6. Também quero que você veja se tem cartas para mim e traga elas para dentro. 7. Se você vir os vizinhos, não diga para eles que viajei. 8. No último dia, fale com minha vizinha Glória e devolva a chave para ela.

Página 88

12 1. Miriam e Wagner vão dar um DVD para ele. 2. Alex vai dar uma assinatura de uma revista para mim.
3. Letícia vai dar uma canga de praia para a gente.
4. Eu vou dar uma sandália de praia para você.
5. Daniela vai dar uma capa de telefone para ele.
6. Érica vai dar uma caixa de canetas para ti / você.
7. Fernando vai dar um livro para mim.

13 1. É. Quero experimentar ~~ele~~ e, se eu gostar, vou comprar ~~ele~~. 2. Telefono ~~para você~~ sim. Mais ou menos no fim da tarde ligo ~~para você~~, tá? 3. Não, ainda não entregou ~~ela~~. Talvez entregue ~~ela~~ amanhã. 4. Não, não tenho ~~ele~~, não, mas acho que Priscila tem ~~ele~~.

16. Construções reflexivas

Página 90

1 1. Me empresta cinquenta reais? 2. Você se maquia sempre tão cedo? 3. Vi você hoje de tarde no shopping. 4. A Laura já se formou na faculdade?
5. Comprei um casaco para a Vera. 6. A gente se arruma e sai, tá? 7. As pessoas estão nos olhando de um jeito esquisito aqui na festa! 8. Se sairmos hoje à noite, chamamos vocês. 9. Se vocês ficarem na frente da televisão, não consigo ver nada. 10. Trouxe um presente da minha viagem para os meus pais.
11. Meus pais se chatearam com meus tios, mas não sei por quê.

2 1. ab / ba; 2. aa / bb; 3. ab / ba; 4. aa / bb.

3 1. f; 2. g; 3. a; 4. c; 5. h; 6. b; 7. e.

Página 91

4 1. nos; 2. se; 3. se; 4. se; 5. nos; 6. se apaixonaram; 7. se deram bem; 8. se beijaram; 9. se entendem.

Página 92

5 1. Doam-se filhotes de cachorro de raça. 2. Aluga-se roupa para festas. 3. Precisa-se de intérpretes português-inglês. 4. Vendem-se móveis usados.
5. Fala-se espanhol. 6. Consertam-se sapatos usados.
7. Procura-se vendedor com experiência. 8. Precisa-se de motoristas de ônibus com cinco anos de carteira.

17. Conjugação. Elementos básicos

Página 94

1 **Verbos em -ar**: chamar, entrar.
Verbos em -er: aprender, dizer, haver, poder, pôr, ser, ter.
Verbos em -ir: abrir, conduzir, ouvir, partir, reproduzir, sair.

Página 95

2 **Verbos em -ar**: 1. canta; 2. cozinha; 3. está; 4. sentamos; 5. trabalham.
Verbos em -er: 6. comemos; 7. escrevemos; 8. lê; 9. vemos; 10. vivemos.

Verbos em -ir: 12. abrimos; 13. dormimos; 14. pedimos; 15. saímos; 16. sentimos.

3 1. abr+**ir**; 2. termin+**ar**; 3. escrev+**er**; 4. aprend+**er**; 5. com+**er**; 6. cant+**ar**; 7. pod+**er**; 8. conduz+**ir**; 9. ped+**ir**; 10. receb+**er**; 11. sa+**ir**; 12. quer+**er**; 13. beb+**er**; 14. nasc+**er**; 15. gost+**ar**; 16. romp+**er**; 17. proib+**ir**; 18. sonh+**ar**; 19. dorm+**ir**; 20. pens+**ar**.

Página 97

4 **Eu**: comunico, envio.
Tu: escreves, sabes.
Ele, ela, você, a gente: sabe, veio.
Nós: abrimos, cantamos, sabemos, saímos, sairemos, temos.
Eles, elas, vocês: chamaram, comerão, diziam, estavam, fizeram, foram, traduziram.

5 1. chegaremos; 2. podem; 3. sai; 4. jantam; 5. levamos; 6. podem; 7. gostariam; 8. vão.

18. Formas impessoais: *falar, falando, falado*, etc.

Página 98

1 1. pular; 2. contar; 3. rodar; 4. sair; 5 . entrar; 6. chegar; 7. vender; 8. comer; 9. sentir; 10. ir; 11. amar; 12. correr; 13. voltar; 14. ligar.

Página 99

2 1. ~~viajando no verão~~.
2. ~~dirigindo no horário de pico~~.
3. ~~Aprendendo português é ótimo~~.
4. ~~Tomando um antibiótico~~.

3 1. Proibido entrar à direita.
2. Proibido buzinar.
3. Proibido ultrapassar.
4. Proibido comer.
5. Proibido usar o banheiro.
6. Proibido beijar.
7. Proibido dormir.

4 1. nadando; 2. fazendo; 3. dando; 4. mordendo.

Página 100

5 1. explicando; 2. correndo; 3. indo; 4. dançando; 5. comendo; 6. lendo; 7. vendo.

6 1. f; 2. e; 3. c; 4. d; 5. b.

Página 101

7 1. ~~morando~~ morar; 2. ~~Jogando~~ Jogar; 3. correto; 4. correto; 5. ~~procurando~~ procurar; 6. correto; 7. ~~conversando~~ conversar; 8. ~~morando~~ morar; 9. correto.

Página 102

8 1. feito; 2. escrito; 3. correto (2); 4. descoberto; 5. pago / correto.

9 1. posta; 2. dito; 3. quebrados; 4. abertas; 5. assustados; 6. escritas; 7. feitas.

Página 103

10 1. Os cientistas têm resolvido bem os problemas.
2. Helena não tinha me convencido com aquela explicação.
3. Ontem, você já tinha devolvido os livros.
4. Os economistas já haviam previsto uma crise.

11 1. quebradas; 2. quebrada; 3. quebrado; 4. quebrado; 5. aberta; 6. aberto; 7.abertas; 8. aberta; 9. resolvido; 10. resolvidos; 11. resolvido; 12. resolvido; 13. lidos; 14. lido; 15. lido; 16. lidos.

Página 105

12 1. acendido / acesa / acendido.
2. aceita / aceitas.
3. isentado / isenta / isenta / isentas.
4. eleita / elegido / eleitas / elegido.

13 1. eleito / elegido; 2. entregado / entregues; 3. salvado / salvas; 4. expressos / expressado; 5. expulsos / expulsado; 6. aceito / aceitado; 7. limpado / limpo; 8. suspendido / suspensos; 9. mortas / matado; 10. imprimido / impressos.

19. Presente do Indicativo

Página 106

1 1. almoç**o**: eu; 2. pod**e**: a gente, o amigo de Clara; 3. estud**a**: a gente, o amigo de Clara; 4. mor**as**: tu; 5. olh**am**: Luíza e Pedro, você e seu marido; 6. estuda**mos**: José e eu; 7. faz**es**: tu; 8. jant**o**: eu; 9. escrev**e**: a gente, o amigo de Clara; 10. toca**mos**: José e eu; 11. danç**am**: Luíza e Pedro, você e seu marido.

2 1. toc**o** / toc**a** / deix**a**; 2. levant**a** / signific**a** / madrug**a**; 3. pass**am**; 4. precis**o** / com**e**; 5. fal**am** / pratic**o** / estud**a**; 6. mor**am**; 7. visita**mos**.

Página 107

3 1. dirijo; 2. desapareço; 3. reconheço; 4. sigo; 5. finjo; 6. ajo; 7. venço; 8. desço; 9. consigo.

Página 108

4 1. *Repito* ou *Repito, sim* ou *Não, não repito.*
2. *Cubro* ou *Cubro, sim* ou *Não, não cubro.*
3. *Tusso* ou *Tusso, sim* ou *Não, não tusso.*
4. *Consigo* ou *Consigo, sim* ou *Não, não consigo.*
5. *Engulo* ou *Engulo, sim* ou *Não, não engulo.*
6. *Sigo* ou *Sigo, sim* ou *Não, não sigo.*
7. *Me divirto* ou *Me divirto, sim* ou *Não, não me divirto.*
8. *Durmo* ou *Durmo, sim* ou *Não, não durmo.*
9. *Compito* ou *Compito, sim* ou *Não, não compito.*
10. *Prefiro* ou *Prefiro, sim* ou *Não, não prefiro.*
11. *Visto* ou *Visto, sim* ou *Não, não visto.*

Página 109

5 1. servem; 2. sigo; 3. repetem; 4. sinto; 5. divirto; 6. prefiro; 7. durmo.

6 1. perde / perco; 2. ouço / ouve; 3. peço / pede; 4. posso / pode.

Página 110

7 1. some; 2. sobe; 3. acode; 4. foge.

Página 111

8 1. bloqueio; 2. passeamos; 3. recheio; 4. chateiam / chateio; 5. barbeio / barbeia; 6. semeamos; 7. baseiam; 8. despenteio.

9 1. Odeio; 2. constroem; 3. destroem; 4. medeia; 5. odeiam; 6. destruo; 7. incendeio; 8. remedeio.

Página 112

10 1. traz; 2. faz; 3. faço; 4. dizem; 5. fazem; 6. digo; 7. trago; 8. faz.

Página 113

11 1. dá / é; 2. são / estão; 3. vou / sou; 4. é / vou / estou; 5. está / é / vai.

12 1. venho; 2. põe / ponho; 3. tem / tenho; 4. vêm / vêm / vem; 5. temos / temos / tem / tenho; 6. põem / põe.

Página 114

13 1. riem; 2. lê / ri; 3. leio / saio; 4. rio / creio; 5. saem / leem; 6. creem / leem / saem.

14 1. quero / queremos / querem; 2. sabe / sei / sabe / sabem; 3. veem / vejo / veem / vê / vê.

Página 115

15 1. É verdade; 2. É verdade; 3. Não sabemos; 4. É verdade; 5. Não sabemos; 6. É verdade.

Página 116

16 1. tenho; 2. voltam; 3. tenho; 4. tem; 5. vou; 6. tenho.

17 1. pode; 2. têm; 3. ajuda; 4. podem; 5. mede; 6. pesam; 7. alimenta; 8. mantém; 9. aprecia; 10. precisa; 11. gosta; 12. nada.

Página 117

18 1. P; 2. F; 3. P; 4. P; 5. G; 6. F; 7. G; 8. F; 9. F.

19 1. f: pensa; 2. e: é; 3. b: sente; 4. i: fica; 5. j: compra; 6. a: gasta; 7. c: ri; 8. g: vê; 9. h: tem; 10. d: reage.

20 1. e: mora / dirige / protege; 2. a: chama / Usa / pilota; 3. b: veste / ajuda / 4. c: anda / está; 5. d: sobe / desce / consegue.

20. Pretérito perfeito do indicativo

Página 118

1 1. abriste; 2. fechei, fechou; 3. dançou; 4. cantei; 5. (Pretérito perfeito); 6. ouvi, ouviu; 7. falei; 8. escreveram; 9. decidi; 10. (Pretérito perfeito); 11. convidei, convidou; 12. (Pretérito perfeito); 13. (Pretérito perfeito); 14. (Pretérito perfeito); 15. terminaram; 16. (Pretérito perfeito); 17. acreditou; 18. bebi; 19. li; 20. (Pretérito perfeito); 21. encontrou; 22. entraram; 23. (Pretérito perfeito); 24. (Pretérito perfeito); 25. (Pretérito perfeito); 26. estudei, estudou; 27. escondeu; 28. decidiste.

Página 119

2 1. Presente; 2. Pretérito perfeito; 3. Pretérito perfeito; 4. Presente; 5. Presente; 6. Pretérito perfeito; 7. Pretérito perfeito; 8. Presente.

3 1. aluguei; 2. brinquei; 3. conheci; 4. fabriquei; 5. liguei; 6. machuquei; 7. peguei; 8. pesquei.

Página 120

4 1. fiz; 2. tive; 3. esteve; 4. teve; 5. fez; 6. estiveram; 7. fizeram; 8. tiveram.

5 1. pude; 2. pôs / pôde; 3. puderam / puseram; 4. pôs / pôde; 5. pusemos.

Página 121

6 1. disse; 2. soubeste; 3. disse; 4. quis; 5. disse; 6. trouxe; 7. couberam; 8. couberam; 9. disseram; 10. trouxe; 11. disse; 12. soube; 13. couberam; 14. trouxe.

Página 122

7 1. dei / deu / deram; 2. vimos / vi / viu / viram; 3. viemos / veio / vim / vieram; 4. fomos / foi / fomos / fui / foi / foi / foram.

21. Pretérito perfeito composto

Página 124

1 1. Ela tem estudado muito; 2. Ele tem malhado muito; 3. Ela tem conhecido novos lugares; 4. Ela não tem comido muito; 5. Ele tem comido demais; 6. Ela tem economizado muito; 7. Ele tem ido ao cinema.

2 1. Ele teve três reuniões; 2. Ele tem tido várias reuniões; 3. Ele tem trabalhado muito; 4. Ele fez exercício na academia; 5. Ele não tem tido muito tempo para a família; 6. 6. Ele não foi às festas da família; 7. Ele ganhou muito dinheiro; 8. Ele tem ganho muito dinheiro.

22. Pretérito imperfeito

Página 125

1 1. Não gostava de ir a restaurantes. / Nunca come em casa. 2. Não convidava ninguém para visitá-la. / Recebe muitos amigos em casa. 3. Queria ter muitos filhos. / Tem três cachorros. 4. Não gostava de futebol. Conhece todos os nomes de times e jogadores.

Página 126

2 parava / estava / estava / conversava / dormiam / jogavam.

Página 127

3 1. punha; 2. éramos; 3. tinha; 4. punham; 5. vinham; 6. era; 7. tínhamos; 8. era.

Página 128

4 1. tinha / ficava / brincava; 2. era / parecia / tinha / usava; 3. fumava / tinha / gostava / ficavam; 4. Era / custava / chegava / gastava.

5 1. cozinhávamos / era / compramos; 2. podemos / víamos; 3. matávamos / usamos; 4. está / temos / dormia.

Página 129

6 1. era; 2. morava; 3. tinha; 4. caminhava; 5. punha; 6. levava; 7. gostava; 8. chegava; 9. cozinhava; 10. adorava; 11. fazia; 12. ia; 13. ficava.

7 1. Eram; 2. Era; 3. brilhava; 4. tinha; 5. cantavam; 6. passeavam; 7. corriam; 8. estava; 9. olhava; 10. era; 11. conhecia; 12. parecia; 13. dançava; 14. olhava; 15. conseguia; 16. era; 17. estava; 18. queria; 19. era.

23. Pretérito perfeito ou imperfeito

Página 130

1 1. Às 11:05 estava no escritório / estava trabalhando com meu chefe; 2. Às 14:20 estava em casa / estava comendo sozinho; 3. Às 16:00 estava no shopping / estava comprando roupa com uma colega; 4. Às 21:45 estava no carro / estava beijando minha namorada.

Página 131

2 1. a: chegamos, 1. b: estávamos chegando; 2. a: levamos, 2. b: estávamos levando; 3. a: soube, 3. b: sabia; 4. a: estava se vestindo, 4. b: se vestiu; 5. a: estavam escondendo, 5 b: esconderam.

Página 132

3 1. Às 7:48, ele estava tomando banho; 2. Ele ficou tomando banho até 8:00; 3. Às 8:15, ele estava tomando café; 4. Ficou tomando café até 8:30; 5. Às 8:40, ele pegou o metrô; 6. Às 10.00, ele estava estudando português; 7. Ele ficou estudando português até 10:15; 8. Às 10:20, ele estava conversando com os amigos; 9. Ele ficou conversando com os amigos até 10:35; 10. Às 10:50, ele estava comendo um sanduíche; 11. Ele ficou comendo um sanduíche até 11:00

Página 133

4 1. Como era sua primeira casa?
2. Como foi o jogo de futebol?
3. Como era o cachorro que você tinha?
4. Como era a saia que Luiza estava usando?
5. Como foi seu primeiro dia de trabalho?
6. Como era sua irmã mais nova?
7. Como era o ladrão?
8. Como foi a palestra?
9. Como era o hotel onde você dormiu?
10. Como foi a viagem de férias?
11. Como foi o curso de francês?
12. Como era o relógio que te deram?

5 1. era; 2. foi; 3. esteve; 4. estava; 5. era; 6. foi; 7. teve; 8. tinha.

Página 134

6 1a. fui (acontecimento completo), 1b. ia (repetição habitual); 2a. ficamos (acontecimento completo), 2b. ficávamos (repetição habitual); 3a. levava (repetição habitual), 3b. levou (acontecimento completo); 4a. foi (acontecimento completo), 4b. eram (repetição habitual); 5a. chamaram (acontecimento completo), 5b. chamavam (repetição habitual).

Página 135

7 Ontem eu estava caminhando (*ou* caminhava) tranquilamente pelo cemitério porque estava indo (*ou* ia) ao castelo de Mortícia para levar uns biscoitos de serpente. De repente, no caminho, um homem lobo muito bravo saiu de trás das árvores e ficou na minha frente mostrando os dentes. Eu estava com muito medo, mas, mesmo assim, saí correndo e finalmente consegui escapar dele. Podia fazer duas coisas: ou eu voltava a minha casa ou tentava chegar ao castelo de Mortícia. Decidi continuar andando para visitá-la. Quando entrei no castelo, ela estava na cama, mas tinha uma aparência muito estranha, com muitos pelos no rosto. Por causa disso, deixei a comida ao lado da cama e voltei para meu castelo correndo.

8 1. fui; 2. conheci; 3. era; 4. falei; 5. convidou; 6. queria; 7. fui; 8. chamei; 9. conhecia; 10. disse; 11. era; 12. acreditou; 13. foi; 14. estava ;15. era; 16. tive; 17. foi

Página 136

9 1. trabalhava; 2. era; 3. tinha; 4. perguntou; 5. menti; 6. estava; 7. disse; 8. era; 9. estava; 10. era; 11. tinha; 12. convidava; 13. contava; 14. fomos; 15. convidou; 16. sabia; 17. gostava; 18. chamei; 19. fomos; 20. disse; 21. era; 22. ficou; 23. foi.

24. Pretérito mais-que-perfeito composto

Página 138

1 1. Tinham deixado (b); 2. tinha ido (d); 3. tinham ficado (e); 4. tinha dormido (f); 5. tinha visto (a).

Página 139

2 1. tinham ajeitado; 2. tinha preparado; 3. tinha sido; 4. tinha estudado; 5. tínhamos esquecido; 6. tinha ido.

3 1. tinham comprado; 2. tinha contado; 3. tinha estudado; 4. tinha feito; 5. tinham ido.

Página 140

4 1. correto; 2. ~~tinha viajado~~ viajei; 3. ~~tinha mandado~~ mandou; 4. correto; 5. correto; 6. ~~tinha vindo~~ veio; 7. ~~tinha instalado~~ instalou.

25. Futuro do Presente

Página 141

1 1. Ela vai sentir / sentirá muito frio; 2. Ele não vai ter / terá dinheiro para comprar outras coisas;

3. Eles vão ter / terão dificuldades para se comunicar com as pessoas; 4. Ele vai aprender / aprenderá a falar português; 5. Ele vai fazer / fará uma lista de compras; 6. Ele vai fazer / fará exercício.

Página 142

2 1. Francisca e Sávio vão estudar biologia de manhã.
2. Eu e Francisca vamos almoçar ao meio-dia.
3. Sávio vai trabalhar à tarde na academia.
4. Eu vou dormir depois do almoço.
5. Francisca e Letícia vão à academia à noite.
6. Sávio e Letícia vão jantar às 7 da noite.
7. Eu vou estudar em casa à noite.
8. Francisca, Letícia e eu vamos conversar à noite.

Página 143

3 1. Ela vai dançar; 2. Eles vão entrar; 3. Vai chover; 4. Ela vai comer; 5. Ele vai saltar.

4 1. vão estudar / estudarão; 2. vai comer / comerá; 3. vai voltar / voltará; 4. vai comprar / comprará; 5. vão viajar / viajarão.

Página 144

5 1. fará, correto; 2. correto, trará; 3. farão, trará; 4. fará; 5. correto, dirá.

6 1. caberá / vai caber; 2. serão / vão ser; 3. dirão / vão dizer; 4. procurarão / vão procurar; 5. sairão / vão sair; 6. farão / vão fazer; 7. saberão / vão saber; 8. servirão / vão servir; 9. poderei / vou poder; 10. terei / vou ter.

Página 145

7 1. vai conhecer; 2. vai ter; 3. vai tentar; 4. vai ter; 5. vai precisar; 6. vai receber; 7. vai conversar; 8. vai ser; 9. vai ficar; 10. vai trazer.

Página 146

8 1. vai conhecer, vai sentir; 2. vai mudar; 3. vai abandonar; 4. vai ganhar; 5. vai tentar; 6. vai morrer.

9 1. Sairá / Vai sair com outra mulher.
2. Conhecerá / Vai conhecer outra pessoa mais interessante que ele.
3. Eles empobrecerão / vão empobrecer.
4. No próximo Natal não estarão / não vão estar juntos.
5. Se separarão / Vão se separar.

Página 147

10 1. Será que está estudando? 2. Será que ela brigou com o namorado? 3. Será que ela não recebeu o salário do mês? 4. Será que ele vai sair com a namorada? 5. Será que prefere ficar em casa? 6. Será que ela está em Recife? 7. Será que ela tem prova? 8. Será que ela está mentindo?

11 1. e: Ele deve ser americano; 2. d: Ela deve estudar retórica; 3. b: Ele deve ser ambicioso; 4. h: Ela deve gostar de línguas; 5. i: Ela deve gostar de moda; 6. f: Ele deve ter estudado em uma boa universidade; 7. g: Ela deve ter família em outro país; 8. a: Ele deve gostar de praia.

12 1. tem / será que ele tem; 2. é / será que ele é; 3. conhece / será que ele conhece; 4. gosta / será que ele gosta; 5. quer / será que ele quer; 6. faz / será que ele faz.

26. Futuro do Presente Composto

Página 148

1 1. Cláudio já vai ter ligado para os pais dele.
2. Os alunos já vão ter feito as tarefas.
3. Já vou ter visto o novo documentário sobre o Brasil.
4. Marcos já vai ter comprado um telefone novo.
5. Já vou ter estudado para a prova de português.
6. Carlos já vai ter telefonado para a menina que ele conheceu no metrô.

Página 149

2 1. Sim; 2. Não; 3. Não; 4. Sim; 5. Não; 6. Sim.

3 1. a: vou ter voltado; 2. b: vou ter diagramado o livro; 3. c: vou ter lido; 4. d: vou ter falado com minha namorada; 5. e: vou ter pedido emprestada.

27. Futuro do Pretérito

Página 150

1 1. ~~fazeria~~ faria; 2. correto / ~~fazeríamos~~ faríamos; 3. correto / correto; 4. ~~trazeríamos~~ traríamos; 5. ~~fazeria~~ faria; 6. correto.

Página 151

2 1. Gosto / ~~Gostaria~~; 2. ~~será~~ / seria; 3. ~~levará~~ / levaria; 4. ~~Casarei~~ / Casaria; 5. ~~contratarei~~ / contrataria; 6. ~~será~~ / seria; 7. ~~Gosto~~ / Gostaria; 8. importa / importaria; 9. Pode / Poderia; 10. devemos / deveriamos; 11. Queria / Quero; 12. Poderíamos / Podemos.

28. Futuro do Pretérito Composto

Página 152

1 teria entrado / teria se assustado / teriam corrido / teria tido / teriam explicado.

Página 153

2 1. Eu teria consertado o telefone.
2. Eu teria molhado as plantas.
3. Eu teria ajudado a colega de Vinícius.
4. Eu teria conversado com o namorado.
5. Eu teria salvado o documento.
6. Eu teria estudado.
7. Eu teria levado um guarda-chuva.
8. Eu teria lavado os pratos.
9. Eu teria passado filtro solar.

3 1. ela teria escutado com muito prazer.
2. ela também teria brigado com ele.
3. ela teria perguntado quem.
4. ela teria dado outro nele.

5. ela teria consolado ele.
6. ela teria se surpreendido muito, mas teria entendido.
7. ela teria se sentido ofendida e recusado.
8. ela também teria jurado amar para sempre.

29. Infinitivo Pessoal

Página 154

1 1. mandar; 2. comunicarmos / fazermos / informarmos; 3. lerem / jogarem; 4. falares / anotares / jogares.

Página 155

2 1. d: Este telefone moderno é para a gente poder ver e-mails em qualquer lugar; 2. a: Este documentário é para nós aprendermos sobre a história do Brasil; 3. g: Este mapa é para Paulo e eu não nos perdermos no Brasil; 4. b: Este repelente de insetos é para eu não ser picada pelos mosquitos da floresta tropical; 5. i: Este filtro solar é para nosso filho poder tomar sol sem problemas; 6. f: Esta máquina fotográfica é para nós registrarmos todos os momentos maravilhosos que vamos passar no Brasil; 7. e: Este biquíni bem pequeno é para eu me sentir à vontade nas praias brasileiras; 8. h: Estes presentes são para meus amigos brasileiros verem como sou grata pela amizade que eles têm por mim.

Página 156

3 1. a: Para conseguir o visto, é necessário vocês tirarem uma foto em branco; 2. e: É bom vocês tomarem cuidado com o sol entre meio-dia e 3 da tarde; 3. d: Para uma atividade diferente, é legal vocês fazerem turismo rural; 4. c: Para as crianças, é interessante vocês tentarem fazer amizade com outros casais que também tenham filhos; 5. g: Para conhecer as bebidas brasileiras, é essencial vocês provarem açaí na tigela; 6. b: Como lembrança de viagem, é bom vocês comprarem vários pares de Havaianas para dar aos seus amigos do Timor Leste.

4 1. chegarem; 2. ouvirem; 3. entrarem; 4. terminarem / terem; 5. falarem / mudarem; 6. ficarem / pensarem / aproveitarem.

30. Formas de Subjuntivo: *fale, tenha falado,* etc.

Página 157

1 1. I / bebas; 2. I / ande; 3. I / perdoe; 4. I / quebre; 5. I / vivamos; 6. I / olhes; 7. limpas / S; 8. I / cozinhe; 9. cuido *ou* cuida / S; 10. caminho *ou* caminha / S; 11. corro *ou* corre / S; 12. quebro *ou* quebra / S; 13. I / limpemos; 14. olho *ou* olha / S; 15. partilho *ou* partilha / S; 16. I / partamos; 17. comem / S; 18. I / corra; 19. I / melhorem; 20. divido *ou* divide / S.

Página 158

2 1. minta; 2. durma; 3. corrija; 4. pegue; 5. dance; 6. cresça; 7. jogue; 8. fique; 9. reaja; 10. finja.

Página 159

3 1. conseguem / consigam; 2. tossem / cubram; 3. ajudam / compitam; 4. gostam / prefiram; 5. dorme / durma.

4 1. ~~marce~~ marque; 2. ~~conhecam~~ conheçam; 3. correto ; 4. correto; 5. ~~reaga~~ reaja; 6. ~~fingam~~ finjam; 7. ~~crescam~~ cresçam; 8. correto; 9. correto; 10. ~~jogem~~ joguem; 11. ~~dançem~~ dancem; 12. ~~agradeca~~ agradeça.

Página 160

5 1. ~~poamos~~ ponhamos / correto; 2. ~~vea~~ veja / ~~poda~~ possa; 3. ~~faza~~ faça / ~~ouva~~ ouça.

Página 161

6 1. ponha; 2. veja; 3. venha; 4. faça; 5. tenha; 6. ouça; 7. diga.

7 1. dê; 2. esteja; 3. vá; 4. seja; 5. fale.

31. Indicativo ou subjuntivo?

Página 163

1 1. não; 2. sim; 3. sim; 4. sim; 5. não; 6. não; 7. não; 8. não; 9. não; 10. não.

Página 164

2 Indicativo: Me parece que...; Estamos certos que...; Sei que...; Me contaram que...; Pensamos que...; Todos imaginam que...
Subjuntivo: Ela permite que...?; É fundamental que...; Eles não preferem que...?; Ele me sugere que...?; Ele precisa que...?; Ela não pode me pedir que...

Página 165

3 1. nós; 2. você; 3. em geral; 4. você; 5. nós; 6. vocês; 7. você; 8. você; 9. eu.

4 1. ver; 2. que eu converse; 3. que eu fale; 4. que eu não pense; 5. que eu ligue / eu ligar; 6. que ele ligue; 7. que ele pense; 8. que possamos / nós podermos; 9. que eu confesse; 10. que eu espere / eu esperar; 11. que eu saiba / eu saber.

5 1. falar; 2. insista; 3. tente encontrar; 4. mude; 5. esteja; 6. confesse; 7. espere; 8. está; 9. esteja; 10. ajudar.

Página 167

6 **Introduzimos uma afirmação**: É evidente que...; Te garanto que...
Introduzimos uma suposição: Eles supõem que...; Eles acham que...; Desconfio que...
Negamos uma ideia: Não é certo que...; É falso que...
Consideramos uma possibilidade: Parece provável que...; É bem provável que...; Talvez.

Página 168

7 1. são / têm; 2. aprendem / são / têm; 3. aprendam / sejam / tenham; 4. sejam / tenham; 5. aprendam / sejam / tenham; 6. aprendem / sejam / tenham.

8 1. ...**levam** sua casa nas costas. 2. ...**são** muito lentos. 3. ...**são** muito pacíficos. 4. ...**possam** levar comida a vários quilômetros de distância. 5. ... **tenham** uma inteligência muito parecida com a humana. 6. ...**subam** nas cabeças dos pássaros.

Página 170

9 INDICATIVO: Seu marido pensa que...; Ouvi dizer que...; Ana te contou que...; Vi que...; Parece que... SUBJUNTIVO: Imagino que...; É difícil que..., É ótimo que..., É estranho que..., Você acha que é importante que..., Não me importa que..., Odeio que...

10 **Sugestão:**
1. *É curioso* que Minnesota **suspenda** o festival de inverno por causa de uma onda de calor.
2. *É preocupante* que dois ladrões **apresentem** um programa de televisão sobre roubos.
3. *Acho muito justo* que mais da metade dos ministros do governo brasileiro **sejam** mulheres.
4. *Acho ótimo* que os japoneses já **possam** pagar contas nos supermercados usando a impressão digital.
5. *Me parece ridículo* que uma marca conhecida de sorvetes **estude** a fabricação de um sorvete para cachorros.
6. *Me parece exagerado* que um juiz **mande** para a prisão um homem que fez piadas sexistas.
7. *É curioso* que um cachorro **espere** dez dias na porta da delegacia até até **liberarem** seu dono.
8. *Me parece exagerado* que o governo **pague** 500 reais mensais para cada criança menor de três anos.

Página 171

11 1. João; 2. Rodrigo; 3. eu; 4. a senhora; 5. eu; 6. as crianças; 7. Luíza; 8. em geral; 9. em geral.

Página 172

12 1. b; 2. a; 3. a; 4. a; 5. b.

Página 173

13 1. a; 2. c; 3. c.

Página 174

14 1. a; 2. b; 3. a; 4. b; 5. a.

15 1. até que / nem que / a não ser que / mesmo que / antes que / por mais que; 2. a não ser que / antes que / até que / mesmo que / nem que / por mais que; 3. antes que / caso; 4. a não ser que / mesmo que / nem que / por mais que; 5. Desde que; 6. a não ser que / mesmo que / nem que / por mais que.

16 1. a: canse; 2. h: precise; 3. c: esteja; 4. g: faça; 5. i: haja; 6. b: possa / saiba; 7. f: precise; 8. e: invada.

32. Formas do Pretérito perfeito do subjuntivo: *tenha falado / comido / decidido, etc.*

Página 176

1 1. tenha chegado / tenha visitado / tenha conhecido / tenha provado / tenha visto; 2. tenha tirado / tenha passado / tenha escrito / tenha feito / tenha ficado / tenha conseguido.

2 1. Que bom que ele tenha proibido o uso de celulares; 2. Não acredito que a polícia tenha prendido esse ladrão; 3. É provável que ela tenha vencido; 4. Talvez Paulo tenha publicado um novo livro esotérico; 5. Tomara que Crumengo e Vastico tenham feito a decisão do campeonato; 6. Que pena que a novela Final Feliz tenha terminado; 7. Imagino que o preço da cesta básica tenha caído em sete estados; 8. Espero que Frey Galvão tenha sido canonizado pelo Vaticano.

33. Pretérito Imperfeito do Subjuntivo: *falasse, comesse, decidisse, etc.*

Página 177

1 1. dissesse; 2. falasse / saísse; 3. ficasse; 4. lesse / gostasse; 5. fizesse / ajudasse; 6. pusesse / passasse; 7. fosse / ajudasse; 8. fosse.

Página 178

2 1. andasse; 2. brincasse; 3. visse; 4. viesse; 5. fosse; 6. comprasse; 7. fizesse; 8. nadasse.

3 1. fizesse uma hora de almoço; 2. fosse a festas do trabalho; 3. vestisse roupas formais; 4. soubesse falar espanhol; 5. usasse o Facebook; 6. tivesse contato com pessoas de outra empresa; 7. falasse no celular; 8. flertasse com os(as) colegas.

Página 179

4 1. tivéssemos tempo de fazer tarefas o dia todo; 2. não tivesse nenhuma diferença física ou de personalidade; 3. estivéssemos com muita pressa; 4. pudéssemos correr 10 quilômetros todo dia; 5. soubesse nadar muito bem; 6. quisesse ficar acordada até as 3 da manhã; 7. viesse de uma família rica.

5 1. estivessem / respeitem / estivessem; 2. casassem / casem / adotem; 3. sejam / saibam / fossem / soubessem / fossem; 4. responda / faça / respondesse / fizesse; 5. façam / tenham / alimentassem / praticassem.

Página 180

6 1. mesmo que fosse sem açúcar; 2. embora eu gostasse muito; 3. desde que eu fizesse o dever de casa antes; 4. a não ser que alguém batesse na porta de casa; 5. a menos que fizesse muito frio; 6. ainda que eu tivesse que estudar muitas horas por dia; 7. por mais que eu quisesse; 8. sem que tivesse terminado o jantar.

7 **Sugestão**
1. Ainda que / pedisse; 2. embora / tivesse; 3. visse / desde que / fossem; 4. saísse / a não ser que / convidasse; 5. pedisse / por mais que / estivesse.

34. Futuro do subjuntivo: *falar, comer, decidir*, etc.

Página 181

1 1. puder; 2. organizar; 3. formos; 4. tiver; 5. virem; 6. vierem; 7. trouxerem; 8. chegarmos; 9. quiser.

Página 182

2 1. F; 2. P; 3. F; 4. P; 5. F; 6. P; 7. P; 8. F; 9. F.

Página 183

3 1. terminar / termina; 2. viajar / viajo; 3. terminar / terminam; 4. comprar / compro.

4 **Sugestão:**
1. Laura vai se mudar de casa assim que casar.
2. Marco vai casar logo que encontrar o amor da sua vida. 3. Patrícia vai conseguir um bom trabalho depois que terminar a universidade. 4. Rebeca vai malhar na academia sempre que tiver tempo. 5. Sofia vai mudar para o interior quando for mais velha. 6. Graça e Pedro vão limpar a casa depois que voltarem do trabalho.
7. Eu vou comprar um telefone novo quando o meu parar de funcionar. 8. Marlene e eu vamos dormir quando estivermos cansados. 9. Gustavo vai aprender a surfar assim que chegar ao Rio de Janeiro. 10. Nós vamos trocar de carro logo que pagarmos o novo apartamento.

Página 184

5 1. tiver; 2. estiver; 3. ficar; 4. nevar; 5. faltar; 6. fizer; 7. cozinhar; 8. sair; 9. trouxer; 10. quiser.

6 1. forem; 2. preferirem; 3. gostarem; 4. falarem; 5. acharem; 6. puser; 7. decidirem; 8. tiverem.

35. Futuro composto do subjuntivo: *tiver cantado, comido, decidido*, etc.

Página 185

1 1. tiver feito, tiver conseguido; 2. tiver comprado / tiver alugado; 3. tiver viajado / tiver conhecido.

36. Orações condicionais com Futuro do subjuntivo ou Pretérito imperfeito do subjuntivo

Página 186

1 1. tiver / tivesse; 2. fizer / tivesse; 3. trouxerem / trouxessem; 4. estiver / estivesse; 5. disser / dissesse.

Página 187

2 1. Se ele passar muito perfume, o cheiro vai ser muito forte. 2. Se ele comprar uma roupa muito formal para ir à festa, vai parecer velho demais.
3. Se ele chegar à festa na hora exata marcada, vai ser o primeiro a entrar. 4. Se ele comer muito, vai ficar com o estômago pesado. 5. Se ele pegar o metrô para ir à festa, vai chegar tarde. 6. Se ele não conversar com ninguém desconhecido, nenhuma menina vai se interessar por ele. 7. Se ele ficar sozinho durante a festa toda, não vai ver os outros convidados. 8. Se ele sair da festa pouco tempo depois de ter chegado, ele vai chegar cedo em casa.

3 1. Se ele viajasse com os amigos, conheceria muitos lugares. 2. Se ele conhecesse o museu com os amigos, veria muitas obras de arte. 3. Se ele fizesse exercício com os amigos, teria uma saúde melhor. 4. Se ele saísse para jantar com os amigos, comeria uma comida boa. 5. Se ele estudasse com os amigos, tiraria notas melhores. 6. Se ele fizesse uma festa de aniversário, ganharia muitos presentes. 7. Se ele fosse ao cinema com os amigos, aprenderia mais sobre filmes.

37. Orações condicionais compostas

Página 188

1 1. Se vocês não tivessem assistido tanto a televisão, teriam lido nossos e-mails. 2. Se vocês tivessem dado comida para os cachorros, eles não teriam ficado tão magrinhos. 3. Se vocês tivessem molhado as plantas, elas não teriam morrido. 4. Se vocês não tivessem feito festas, os vizinhos não teriam reclamado do barulho. 5. Se vocês tivessem apagado as luzes, a gente não teria pago uma conta de luz tão cara.
6. Se vocês tivessem feito os deveres de casa, não teriam tirado notas baixas. 7. Se vocês tivessem jogado menos videogame, teriam feito mais dever de casa. 8. Se vocês tivessem almoçadp em casa todo dia, não teriam gasto tanto com a comida.

38. Verbos modais em orações compostas

Página 190

1.1. Ele não deveria ter trocado tanto de trabalho.
2. Ele não deveria ter casado. / Ele não deveria ter tido filhos. 3. Ele não deveria ter começado a jogar.
4. Ele deveria ter pago as contas de casa. 5. Ele deveria ter feito um plano de aposentadoria. 6. Ele poderia ter trabalhado menos. 7. Ele poderia ter se divertido mais. 8. Ele poderia ter feito mais pausas durante o dia. 9. Ele poderia ter tirado mais férias.
10. Ele poderia ter aproveitado mais a vida. 11. Ela poderia ter economizado mais. 12. Ela poderia ter passado mais tempo com os amigos. 13. Ela poderia ter descansado nos fins de semana. 14. Ela poderia ter dividido as responsabilidades de sua empresa.
15. Ela poderia ter ido ao médico mais vezes. 16. Ela poderia ter pintado mais.

Página 191

2 1. deve ter feito uma reserva; 2. deve ter trabalhado; 3. devem ter ido; 4. devem ter dançado; 5. devem ter tomado sol; 6. deve ter estudado / praticado; 7. deve ter visto.

39. Imperativo

Página 192

1 1. súplica; 2. ordem; 3. instrução; 4. dar permissão; 5. convite; 6. conselho.

Página 193

2 1. Acenda; 2. Chore; 3. Suba / desça; 4. Beba; 5. Dance; 6. Seja; 7. Venha; 8. Vá; 9. Ponha; 10. Diga; 11. Saia; 12. Faça; 13. Proponha.

3 1. fume; 2. saia / fique; 3. beba; 4. dirija; 5. pense; 6. tenha; 7. durma, faça.

Página 194

4 1. cheguem / saiam; 2. copiem; 3. peçam; 4. falem; 5. façam; 6. percam; 7. estudem; 8. mandem / chequem.

5 1. põe; 2. joga; 3. destrói; 4. chora; 5. conversa; 6. vai.

Página 195

6 (Nota: Tanto ***dever*** quanto ***precisar*** são corretos.) 1. Não devia se preocupar com sua nota. 2. Você devia ir para um lugar mais barato. 3. Você precisa procurar uma imobiliária. 4. Você precisa fazer uma pesquisa sobre a empresa na internet. 5. Você precisa conversar com ela para saber o que aconteceu.
6. Você devia levar o cachorro ao veterinário. 7. Você devia dar um vaso de plantas para ela. 8. Você precisa comprar pela internet.

7 1. Continue; 2. Estude; 3. vá; 4. Esteja; 5. façam; 6. Mantenham; 7. preocupe; 8. paguem.

40. *Ser* e *estar*

Página 197

1 **Minhas luvas** são de lã. São vermelhas. São pequenas. **Meus óculos** são de sol. São muito escuros. São quadrados. **Meu celular** é vermelho. É Ricsson. É um pouco antigo.

2 1. são / é; 2. são / são; 3. é / é; 4. é / é; 5. é / é / é.

Página 198

3 1. estão; 2. estão; 3. está; 4. estou; 5. Estou; 6. estão; 7. Estão.

4 1. a: é *ou* fica, 1. b: (incorreto); 2. a: é, 2. b: (incorreto); 3. a: (incorreto), 3. b: é; 4. a: é, 4. b: (incorreto); 5. a: (incorreto), 5. b: é; 6. a: é *ou* fica, 6. b: (incorreto); 7. a: (incorreto), 7. b: é; 8. a: está *ou* fica, 8. b: (incorreta); 9. a: é, 9. b: (incorreto); 10. a: (incorreto), 10. b: é *ou* fica; 11. a: (incorreto), 11. b: é.

5 1. estávamos; 2. era; 3. sou; 4. tinha; 5. estava; 6. é; 7. está; 8. é; 9. estão; 10. são; 11. são; 12. é; 13. era; 14. está; 15. é; 16. é; 17. estava.

Página 199

6 João é calvo. Está sentado. É mais velho. É secretário. Está contente. É alto.
Pedro é jovem. É loiro. Está triste. É baixo. É atleta.

Página 200

7 1. l; 2. b; 3. f; 4. g; 5. e; 6. a; 7. k; 8. m; 9. j; 10. h; 11. d; 12. i.

8 1. ficou; 2. está; 3. ficou; 4. fica; 5. está; 6. tem; 7. está *ou* ficou; 8. ficou; 9. está; 10. tem; 11. está; 12. ficou; 13. fica; 14. ficou *ou* está.

41. *Haver, ter* e *estar*

Página 202

1 1. Teve; 2. tinha; 3. tem; 4. tenha; 5. vai ter; 6. Teve.

Página 203

2 1. tinha; 2. tínhamos; 3. correto; 4. havia; 5. correto; 6. teve; 7. correto; 8. terá.

3 1. Tinha; 2. teve; 3. teve; 4. Tem; 5. vai ter.

4 1. **Vegetação**: Em Marsates há plantas. Em Vepiturno não há plantas, mas há árvores.
2. **Geografia**: Em Vepiturno há um rio. Em Marsates não há rios, mas há montanhas e mares.
3. **Habitação**: Em Vepiturno há casas. Em Marsates não há casas, mas há arranha-céus.
4. **Habitantes**: Em Vepiturno há muitas crianças. Em Marsates não há crianças e há poucas pessoas idosas.

Página 205

5 1. Tem; 2. tem; 3. tem; 4. ficam *ou* são; 5. tem; 6. tem. 7. tem; 8. ficam *ou* são; 9. tem; 10. tem; 11. tem; 12. fica *ou* é; 13. tem; 14. ficam *ou* são; 15. fica *ou* é; 16. tem; 17. Tem; 18. tem.

6 Querido Papai Noel:
Este ano mudamos de casa e quero te explicar onde → ~~*tem*~~ / é a nova. Em Belo Horizonte (1) tem / ~~está~~ uma rua que se chama Rua Ceará. Minha casa não (2) fica / ~~tem~~ nessa rua, mas essa (3) é / ~~há~~ uma rua grande, que sai na praça. Nessa rua (4) tem / ~~estão~~ muitos prédios bem altos. No meio da rua, (5) tem / ~~está~~ um canteiro cheio de palmeiras. Em frente às palmeiras (6) tem / ~~está~~ uma rua muito estreita e na esquina (7) tem / ~~é~~ uma loja chamada "O Bonequinho Doce". Bom, ao lado dessa loja (8) tem / ~~está~~ uma porta muito grande de madeira. Essa é / ~~está~~ (9) a porta da minha casa. Quando você entrar, (10) tem / ~~está~~ uma porta de ferro muito grande, que (11) é / ~~há~~ a porta do elevador. Você tem que subir até o quinto andar. Quando você sair do elevador (12) tem / ~~estão~~ duas portas: uma à esquerda e outra à direita. A porta da direita é a da minha casa. Na minha casa (13) tem / ~~estão~~ quatro quartos. Muito cuidado porque meu quarto (14) ~~tem~~ / fica no final do corredor. Na porta (15) tem / ~~está~~ uma placa em que está escrito "Aninha". Eu sou Aninha. Traga muitos presentes para mim porque fui muito boa este ano.
Um beijo,
Aninha

42. Voz passiva

Página 207

1 1. A população do planeta é composta igualmente por homens e mulheres. 2. O poder político é dividido igualmente por homens e mulheres. 3. O planeta é comandado por quatro presidentes (dois homens e duas mulheres). 4. Em 2010 Mortis foi derrotado por Vermarte em uma guerra sanguinária. 5. Um programa de imigração foi aberto por Vermarte para povoar o planeta. 6. Espero que Vermarte seja colonizado por uma civilização avançada. 7. Um regime parlamentarista deveria ter sido criado pela população de Vermarte. 8. Um novo sistema de abastecimento de água para Vermarte está sendo construído pelo governo. 9. Os primeiros Jogos Olímpicos vão ser realizados por Vermarte em 2020. 10. Muitos esportes violentos eram praticados antigamente pelos habitantes de Vermarte. 11. Se Vermarte tivesse sido descoberto por outro astronauta, tudo seria diferente

43. Perífrases verbais

Página 208

1 1. Eles iam almoçar; 2. Ela ia explodir; 3. Ele ia tirar uma nota baixa; 4. Ia chover; 5. Ele ia pular.

Página 209

2 1. tenho que ajudar; 2. tenho que limpar; 3. têm que fazer; 4. tem que consertar; 5. tenho que ficar; 6. têm que viajar; 7. tenho que fazer; 8. tenho que terminar.

Página 210

3 1. acha; 2. estão fazendo / está dormindo; 3. estamos assistindo / Está; 4. estava: 5. estava cortando, estava; 6. queria *ou* estava querendo / estava fazendo / sabia.

4 1. Você podia levar para consertar; 2. Você podia pedir dinheiro emprestado para seus pais; 3. Você devia procurar emprego na internet; 4. Você devia estudar mais; 5. Você devia fazer uma lista de prioridades; 6. Você podia comer menos e fazer exercício; 7. Você podia conversar com os colegas das aulas.

44 Preposições (I): *a, até, de, desde, em, entre, por*, etc.

Página 214

1 1. de; 2. no; 3. em *ou* numa; 4. da; 5. ao; 6. no; 7. de; 8. em; 9. de; 10. da; 11. a; 12. do; 13. de *ou* do; 14. de; 15. na; 16. da; 17. no; 18. do; 19. de; 20. da; 21. Ao; 22. de *ou* duma; 23. da; 24. de *ou* dum; 25. na; 26. no; 27. do; 28. a; 29. na; 30. da.

Página 215

2 1. Tenho uma passagem ~~a~~ **de** avião ~~com~~ **de** ida e volta. 2. correta; 3. correta; 4. Por que não me trouxeram ~~de~~ **a** cavalo? 5. Vocês vieram ~~de esse~~ desse país só para nos interrogar?; 6. correta; 7. Desculpe, inspetor, tem um telefone perto ~~a~~ **daqui**? Preciso falar com minha mulher.

3 1. à; 2. a; 3. ao; 4. à / à; 5. ao; 6. à; 7. ao; 8. às; 9. à; 10. a; 11. a.

Página 216

4 1. aa / bb; 2. aa / bb; 3. ab / ba; 4. aa / bb; 5. aa / bb; 6. ab / ba; 7. ab / ba; 8. aa / bb.

Página 217

5 1. b; 2. b; 3. b; 4. a; 5. a; 6. b.

Página 218

6 1. de / nos / a; 2. de; 3. No / de; 4. No / de / de *ou* duma / em *ou* numa; 5. Na / a; 6. no.

Página 219

7 1. c: no / entre; 2. a: na / na; 3. b: em / na; 4. f: entre / no; 5. e: na / no; 6. d: no / na / entre.

8 1. ~~A~~ **Em** uma floresta que fica muito perto da residência dele na Arábia; 2. correta; 3. ~~Entre~~ **Em** uma das barracas; 4. ~~Ao~~ **No** centro de uma duna; 5. correta; 6. ~~No~~ Em um buraco junto a uma poça d'água; 7. Embrulhado ~~a~~ **em** um tapete; 8. correta.

Página 221

9 1. pelo; 2. por; 3. pela; 4. pela / por; 5. Para; 6. para; 7. para / por; 8. por; 9. para; 10. para; 11. pela; 12. por.

10 1. aa / bb; 2. aa / bb; 3. ab / ba; 4. ab / ba.

11 1. Descobriram tudo **por** / ~~para~~ causa dos problemas com as preposições. 2. Os inocentes já podem voltar ~~por~~ / **para** suas casas. 3. Mas os culpados têm que ir para a prisão ~~por~~ / **para** serem julgados. 4. O julgamento está previsto ~~por~~ / **para** o próximo mês. 5. A polícia está muito agradecida **por** / ~~para~~ seu trabalho e vai nomear você policial honorária do reino de Chilab.

Página 222

12 1. correta; 2. correta; 3. correta; 4. correta; 5. correta; 6. correta; 7. ...ele queria trocar o negócio dele ~~para o~~ pelo meu. 8. Fiquei morando na casa dele e a comprei ~~para~~ por 400.000 reais. 9. O trabalho é como uma brincadeira ~~por~~ para mim. 10. correta; 11. correta; 12. ...e ~~para a~~ pela tarde pego. 13. Soube da morte do Conde Lawrence ~~para~~ pelo meu irmão 14. ...que ligou ~~pelo~~ para meu celular. 15. correta; 16. correta; 17. correta; 18. correta; 19. correta; 20. correta; 21. correta; 22. correta; 23. correta; 24. correta; 25. ...comprando um tapete ~~por~~ para minha mulher. 26. ...comprei ~~para~~ por 280 dólares. 27. correta; 28. Até ontem ~~para~~ pela manhã... 29. ...eu estive no quarto do meu hotel ~~para~~ por causa de um resfriado. 30. correta.
Os assassinos são: **Romicram** e **Alcides**.

Página 223

13 **Sugestão:**
1. com / sem; 2. com / sem / com / sem / com; 3. sem; 4. com / sem; 5. com / sem; 6. com / sem;

7. com / sem; 8. com; 9. com; 10. com / com; 11. sem; 12. com.

Página 224

14 1. contra; 2. a favor do; 3. Contra; 4. a favor da; 5. Para; 6. Para; 7. para; 8. a favor de; 9. a favor de; 10. a favor de; 11. a favor de; 12. Contra; 13. a favor da.

45 Preposições (II): *debaixo* (*de*), *em cima* (*de*), etc.

Página 226

1 1. na frente; 2. atrás; 3. debaixo; 4. longe; 5. em cima.

2 1. ao lado; 2. debaixo da; 3. em cima da; 4. em cima da; 5. ao lado do; 6. em cima da; 7. ao redor da; 8. debaixo da; 9. debaixo da; 10. Em cima da; 11. em cima da; 12. em cima da; 13. em cima da; 14. atrás da; 15. em frente do.

Página 227

3 1. atrás de Ivan; 2. em frente ao Banco Capital; 3. em frente da vizinha loira; 4. atrás do carro vermelho; 5. à esquerda da moto; 6. na frente de João; 7. em frente de Joana; 8. na frente da televisão; 9. à esquerda de, na frente de; 10. debaixo dos.

Página 228

4 1. no final *ou* no fundo; 2. do outro lado 3. antes de; 4. no meio *ou* no centro; 5. depois da 6. no final *ou* no fundo; 7. Dentro do; 8. No final *ou* No fundo; 9. dentro do; 10. depois de; 11. dentro de; 12. fora do; 13. No final *ou* No fundo; 14. dentro do.

46. Perguntar e exclamar

Página 231

1 1. Vou / Moro; 2. Quero / Podemos; 3. Gosto / Já; 4. Quero; 5. Sei; 6. Vamos.

Página 232

2 1. d: Quando; 2. a: Onde; 3. b: Onde; 4. e: Quando; 5. c: Como.

3 1. Como / Como é que você se chama? 2. Quando / Quando é que você estuda? 3. Quando / Quando é que você começou a estudar? 4. Onde / Onde é que você vai agora? 5. Como / Como é que você vai para casa?

Página 233

4 1. g: Quanto; 2. f: Quantas; 3. e: Quantos; 4. c: Quanto; 5. a: Quantos; 6. d: Quantas.

5 1. Quanto; 2. Quanto; 3. Quantas; 4. Quanto; 5. quantas; 6. Quanto; 7. Quantas.

Página 234

6 1. Por que / Por que não; 2. por quê? / porquê / porque; 3. Por que / porque; 4. Por quê? / Porque 5. Por que / porquê / por que; 6. porquê / porque / Por que.

7 1. Onde; 2. como; 3. Quando; 4. Quanto; 5. quanto; 6. Por que não; 7. Por que; 8. como.

Página 236

8 1. que / qual; 2. Qual; 3. Que / Qual; 4. Que; 5. Que; 6. o que / qual / qual; 7. Quais.

Página 237

9 1. Que ou Qual; 2. quem ou qual; 3. O que; 4. Que; 5. Quem; 6. Quem; 7. quem ou qual; 8. quem / Qual; 9. Quem.

10 1. a: Quem; 2. c: O que; 3. b: Quem; 4. e: Que; 5. g: Qual; 6. f: quais; 7. h: Que.

11 1. Onde; 2. o que; 3. quem; 4. Quantos; 5. Como; 6. Por que; 7. como; 8. o que.

Página 238

12 1. (I) b / (II) a; 2. (I) a / (II) b; 3. (I) b / (II) a; 4. (I) b / (II) a; 5. (I) b / (II) a; 6. (I) a / (II) b; 7. (I) b / (II) a.

Página 239

13 1. O que 2. Quem 3. O que 4. Qual 5. Onde 6. O que 7. Quais 8. Que *ou* Qual.

14 1. De quem; 2. Em que; 3. Com quem; 4. De quem; 5. Com o que; 6. Para onde; 7. Com quem.

15 1. Com quantos passageiros o avião desapareceu? 2. Até quando Ivete Sangalo permanecerá em nossa cidade? 3. Para onde ela vai depois de fazer um show beneficente? 4. Por quanto o Banco do Brasil comprou a InterGas? 5. Desde quando a InterGas pertencia a Kaike Ametista?

Página 240

16 1. que; 2. Se; 3. quem; 4. Se; 5. onde; 6. Qual; 7. quais; 8. Qual; 9. Se; 10. Se; 11. Quantos; 12. Como; 13. Quantas; 14. Se; 15. Que; 16. Qual; 17. Se; 18. Qual; 19. O que; 20. Onde.

Página 241

17 1. d; 2. c; 3. b; 4. h; 5. f; 6. e; 7. g; 8. k; 9. j; 10. l; 11. i.

Página 242

18 **Sugestão:**
1. Quantos filhos ele tem! 2. Como ele está magro! 3. Como ele bebe refrigerante! 4. Como ele gosta de música e cinema! 5. Como ele tem CDs e DVDs! / Quantos CDs e DVDs ele tem! 6. Como ele vai ao cinema!

19 1. Como Mariana cresceu! 2. Como Frederico ficou peludo! 3. Como a cozinha está desorganizada e suja! 4. Como o jardim está mal cuidado e feio! 5. Como os preços das comidas subiram! ou Como tudo custa caro!

47. Comparar

Página 243

1 1. Os Verdis têm menos olhos (do) que os Rosis; 2. Os Verdis são mais altos (do) que os Rosis; 3. Os Rosis são menos inteligentes (do) que os Verdis; 4. Os Rosis levantam mais cedo (do) que os Verdis; 5. Os Verdis deitam mais tarde (do) que os Rosis; 6. Os Verdis bebem mais guaraná (do) que os Rosis; 7. Os Rosis vivem menos (do) que os Verdis.

Página 244

2 1. A vida era mais tranquila que agora; 2. Os trens andavam mais devagar que agora; 3. As pessoas se casavam mais jovens que agora; 4. A fruta tinha mais sabor; 5. Há mais igualdade entre homens e mulheres que antes; 6. As pessoas se divorciam mais que antes; 7. As pessoas vivem mais que antes; 8. As pessoas viajam mais que antes.

Página 245

3 1. Maria Vitória é tão alta quanto Carmen Paula; 2. Maria Vitoria não é tão magra quanto Carmen Paula; 3. Maria Vitória toma o café da manhã tão tarde quanto Carmen Paula; 4. Maria Vitória dirige tão rápido quanto Carmen Paula; 5. Carmen Paula não mora tão perto do trabalho quanto Maria Vitória; 6. Maria Vitória não é tão rica quanto Carmen Paula.

4 1. Maria come tantos brigadeiros quanto Carmen ou Maria come a mesma quantidade de brigadeiros que Carmen; 2. Maria fala com sotaque baiano tão perfeito quanto Carmen; 3. Maria bebe tanto leite quanto Carmen ou Maria bebe o mesmo tipo de leite que Carmen; 4. Carmen não se pinta tanto quanto Maria ou Carmen não se pinta igual a Maria; 5. Maria dorme igual a Carmen; 6. Carmen não come tanto quanto Maria no café da manhã ou Carmen mão toma o mesmo café da manhã que Maria.

Página 247

5 1. a mesma; 2. o mesmo; 3. tanto / quanto / o mesmo; 4. menos / da mesma; 5. tantos; 6. tantas / íntimas / tem as mesmas; 7. o mesmo / que.

6 1. o mesmo; 2. tão / quanto; 3. o mesmo; 4. a mesma; 5. os mesmos; 6. mesmos; 7. o mesmo; 8. mesmo; 9. à mesma; 10. a mesma.

Página 248

7 1. ce; 2. ea; 3. bf; 4. fc; 5. ad; 6. kh; 7. jg; 8. hj; 9. gk; 10. ii.

Página 249

8 felicíssimo(a) / contentíssimo(a) / simpaticíssimos / interessantíssimos(as) / antipaticíssimo / sequíssimas / agradabilíssimo(a) / divertidíssimo / facílimo(a) / responsabilíssimo(a) / riquíssimas.

9 fortes / bobo / felizes / branco / ricos / difíceis / cansadas / chateado / nobre.

10 1. curtíssimo; 2. loiríssimo; 3. longuíssimo; 4. altíssimo; 5. antiquíssima; 6. feíssimo; 7. compridíssima; 8. despenteadíssimo; 9. velhíssima; 10. breguíssima; 11. baratíssima; 12. belíssimo; 13. Simpaticíssimo; 14. elegantíssimo; 15. alinhadíssimo; 16. educadíssimo; 17. musculosíssimo; 18. divertidíssima; 19. muitíssimo.
Primeira pergunta: Euclides.
Segunda pergunta: Alex.

11 1. caríssimo; 2. chatíssimo; 3. simpaticíssimo; 4. interessantíssimo; 5. complicadíssima.

Página 250

12. 1. melhor; 2. pior; 3. melhor; 4. maior; 5. melhores; 6. piores; 7. melhores.

42. Juntar frases: *e, ou, mas, porque, quando, se, que*, etc.

Página 251

1 1. a; 2. d; 3. f; 4. c; 5. e; 6. j; 7. g; 8. h; 9. i; 10. l; 11. m.

Página 252

2 1. 1; 2. 1; 3. 1; 4. 0; 5. 2; 6. 2; 7. 2; 8. 1.

3 1. e; 2. ou; 3. ou; 4. nem; 5. nem; 6. ou; 7. nem; 8. nem; 9. e; 10. e.

4 1. e; 2. e; 3. nem / nem; 4. nem; 5. e; 6. nem / nem; 7. nem / nem; 8. nem / nem 9. e.
O marido de Cristina é o primeiro homem do desenho.

Página 253

5 1. mas / ou / e; 2. ou / mas / e; 3. ou / e / mas; 4. mas / ou / e; 5. ou / mas / e.

Página 254

6 1. Ela não tem mais casa em Hollywood, mas tem casas em Paris e Roma; 2. Robert de Niro nunca quis namorar com ela, mas ela teve romances com vários atores de Hollywood; 3. Os críticos profissionais nunca a elogiaram, mas ela ganhou muito dinheiro com o cinema; 4. Ela nunca fez um filme de aventura, mas escreveu vários romances.

Página 255

7 1. Como Catarina sabe latim pedi que ela me ajudasse com a tradução desaa citação "nulla dies sine linea" de Apeles. 2. As crianças não estão em casa porque elas foram ao parque com a mãe. 3. Como o banco estava fechado, tive que pedir dinheiro ao meu irmão. 4. Não te telefonei porque a bateria do meu telefone acabou. 5. Como a gente já tinha os ingressos para o show não tivemos que entrar na fila. 6. Pusemos um exemplo a mais porque precisávamos de oito. 7. Como vai chover muito hoje, preciso levar minha sombrinha. 8. Os meninos vão chegar mais tarde hoje porque vão brincar na casa de uma colega.

8 1. É que não tinha ovos; 2. Sim, porque o peixe vai esfriar; 3. Não, porque a gente não tem ninguém com quem deixar as crianças, então vamos ficar em casa; 4. É que não tenho escova; 5. Não, porque ainda tenho muito trabalho no escritório e vou passar a noite lá; 6. É que meu pai é do Brasil; 7. Porque já estamos em dezembro e os dias são maiores.

Página 256

9 1. que anda; 2. que canta; 3. que vi ontem no cinema; 4. que se apaixona e se casa; 5. que vive em um país; 6. que ganhou o Festival; 7. que tem nove anos; 8. que ela quer comprar.

Página 257

10 1. Um primo meu é casado com uma japonesa que se chama Takako Takamura; 2. Minha mãe é tradutora de uma empresa que fica a 10 km de nossa casa; 3. Denise, minha irmã, escreve romances que são muito famosos; 4. Douglas, meu irmão, tem uma máquina fotográfica que era do meu avô e seu hobby é fotografia; 5. Hoje à noite vou a uma festa que vai ter muita gente divertida.

11 1. Bianca é aeromoça de uma companhia aérea onde ela ganha muito dinheiro; 2. Sílvia trabalhava antes em uma editora onde eu já trabalhei, mas agora trabalha escrevendo guias de turismo; 3. Guilherme morou o ano todo em um hotel de São Paulo onde não podem entrar nem crianças nem cachorros; 4. Ivan mora em uma reserva indígena da Amazônia onde ainda não tem nem luz nem telefone; 5. Fernanda é professora de uma escola onde só tem 20 alunos, mas quer parar de dar aula.

Página 258

12 1. Querem que a gente jante essa noite em um restaurante mexicano; 2. Correto; 3. Correto; 4. É necessário que eu ponha gravata? 5. Ele gosta que façam massagem nos pés dele; 6. Correto; 7. Correto.

13 1. ...onde ela está morando agora: na casa dos pais dela. / ...como só ela sabe fazer: fantástico! / ...quando os pais dela foram viajar; 2. ...onde Carlos come, em um restaurante no Centro. / ...como sempre, com pressa. / ...quando terminei de fazer as coisas no banco; 3. ...onde costuma tocar todo sábado: no Auditório Geral. / ...como costuma tocar: pessimamente mal. / ...quando ninguém imaginava: durante o intervalo; 4. ...onde sua mãe comprou a dela: nas Lojas Brasileiras. / ...como a da sua mãe, com cinto, só que preto e branco. / ...quando começaram as promoções de fim de ano.

Página 259

14 1. e: quando; 2. b: onde; 3. a: Como; 4. d: Quando; 5. c: Como; 6. h: Como; 7. f: Onde; 8. i: Como; 9. g: Quando.

15 como / quando / quando / onde / quando / onde / quando.

Página 260

16 1. toma banho; 2. se veste; 3. toma café da manhã / vê televisão; 4. desliga a televisão; 5. sai de casa.

17 B. IV; C. I; D. III.I

Página 262

18 1. sempre que; 2. quando; 3. até que; 4. enquanto; 5. Sempre que; 6. enquanto; 7. desde que.

19 1. antes de; 2. desde; 3. Sempre que ou Quando; 4. enquanto; 5. Depois de; 6. até que; 7. Depois que ou Quando; 8. Antes de; 9. Depois de; 10. desde que.

Página 263

20 1. vai ficar; 2. vender; 3. casar; 4. vai receber; 5. voltar; 6. tiver; 7. vai dirigir; 8. sair; 9. parar; 10. vai morar; 11. abandonar 12. voltar.

Página 264

21 1. Ele vai ter que vir no sábado se não puder trabalhar hoje. (C)
2. Se você for viajar para o Rio de Janeiro, traz uma canga de praia para mim? (M) ou (F)
3. Se acabar o trabalho antes das 2 da tarde, me convida para tomar um café? (C)
4. Papai, você me leva ao parque de diversões se eu tirar uma boa nota na prova? (F)
5. Se você tiver tempo, passa pelo banco para sacar um dinheiro? (M)
6. Papai, não vou conseguir dormir se você não ler uma historinha para mim! (F)
7. Me telefone se você tiver algum problema no escritório sábado. (C)

Página 265

22 1. b: Tristão / Felizardo; 2. e: Felizardo / Tristão; 3. d: Felizardo / Tristão; 4. a: Tristão / Felizardo; 5. f: Felizardo, Tristão.

23 1. Se eu parar de trabalhar por um ano...; 2. Se eu mudar para Vitória...; 3. Se eu viajar para Paris...; 4. Se eu comprar uma casa para seus pais...; 5. Se eu parasse de trabalhar para sempre...; 6. Se eu pudesse comprar todas as casas do vilarejo onde eu moro...; 7. Se eu perdesse o medo de viajar de avião...; 8. Se eu morasse em Nova York...

Página 266

24 1. não teria sido picado; 2. Se não fosse alérgico; 3. teria ficado; 4. Se não tivesse ficado; 5. não teria levado; 6. Se não tivesse ido; 7. não teria se apaixonado pela; 8. Se não tivesse se apaixonado pela; 9. não teria se casado; 10. se não tivesse se casado; 11. não teria nascido; 12. não tivesse nascido 13. não estaria 14. não poderia contar.

49. Letras e sons

Página 269

1. 1. queijo; 2.chá / chimarrão; 3. vinho; 4. moqueca; 5. galinha / molho; 6. farinha; 7.quindim; 8. churrasco / picanha.

Página 271

2. a. carro, riso, escrever, Rio, rosa, enredo, rato, Brasil, Sara, remédio, calor, fraco, familiar, serra, rural, raro, estacionar, caro, cheiro, enrugar.
b. coisa, copo, velocidade, Urca, cerca, cintura, colher, ecologia, conta, capacete, costa, casa, creme, acima, cesta, cortar, boneco, curioso, circo, cedo.
c. guerra, gente, generoso, gesto, antigo, cegueira, grupo, grêmio, dirigir, tragédia, gentil, gás, agenda, gata, grito, gorro, gracioso, ágil, genro, cirurgia.
d. maçã, nacional, música, nem, mentira, mina, nunca, ministério, mel, manta, melão, perfume, molho, número, cem, lembrar, nuvem, memória, namorado, maracujá.
e. labial, lágrima, perfil, letreiro, limão, lateral, Olinda, ler, livro, Salvador, Pantanal, lição, solteiro, legal, lâmpada, papel, salto, hotel, lealdade, profissional.
f. saber, senhora, sem ,quase, sede, ansioso, salário, análise, setembro, desejo, visita, sete, curiosidade, seco, sapato, casamento, sou, subida, sotaque, coisa.
g. exterior, extenso, exame, extrovertido, experiência, exalar, executivo, êxito, sexta, exportação, exótico, explorar, exagerar, expansão, explodir, êxodo, exuberante, exigente, exílio, expressivo.

Página 274

3. 1. bossa nova; 2. zoológico; 3. cabeça; 4. azar; 5. círculo; 6. associação; 7. zero; 8. Amazônia; 9. circo.
4. 1. Querida, tudo bem com você? Vamos sair hoje à noite? 2. Por favor, você pode mandar o livro para mim? 3. Quando você chega? Te ligo mais tarde; 4. Estou com saudades; 5. Quero te falar uma coisa muito importante. Me liga depois.

Página 275

5. anjinho / energia / frágil / acarajé / jeito / gorjeta / lógico / gigante / projetor / garagem / urgente / página / girafa / estrangeiro / laranjeira / lojista / objeto / hoje / agente / cajueiro / vinho / samba / esteve / verde / obter / habitação / ver / possível / móvel / abraço / bomba / beber / vocabulário / vitamina / boca / beijo / árvore / objetivo / voo / viver.
6. 1. pássaros; 2. cachorro; 3. fogo; 4. quatro; 5. suco; 6. queijo; 7. ela; 8. rio; 9. xampu; 10. trem; 11. café; 12. ontem.
7. **Som [k] (1ª coluna):** cueca / culpa / mercado / quente / quilo.
Som [s] (2ª coluna): assento / atriz / caçula / céu / costa / descer / dificilmente / excitado / experiente / macio / sinal / xadrez.
Som [z] (3ª coluna): amizade / beleza / desejo / exato / exemplo / fazer / florzinha / visita / zelador / vizinho.
Som [ʒ] (4ª coluna): beijo / canjica / feijoada / general / gente / gigante / jejum / origem / página.
Som [ʃ] (5ª coluna): cachecol / cachorro / caixa / cheiro / chuveiro / embaixador / encher / enxurrada / ficha / xampu / xícara / xixi.

50. Acentuação

Página 277

1. gostam, marrom, rápido, gramática, túnel, cadáver, clímax, cachaça, ônibus, quilômetro, exame, papel, médium, mártir, bananas, informática, atores, agenda, matemática, ética, palavra, qualquer, húmus, tríceps, camisa, revista, velocidade, ginástica, abdômen, descontrole, pérola, fala, calados, computadores, dispensável, inteligente, hoje, flúor, amável, nordestina, limpeza

Página 278

2. plantas, atrás, beleza, caju, calor, tabu, melhor, ali, abril, iglu, bebê, o bisavô, metrô, aliás, hotel, imbecil, orixá, civil, computador, você, amor, dormir, estudarei, porém, karatê, time, urubu, subir, cipó, picolé, Malu, trabalhar, neném, escrever, feliz, platô, judô, maracujá, guru, gibi, cristal.
3. 1. caminhão; 2. árvore; 3. vários / túneis; 4. mãe; 5. café; 6. sofá; 7. Você / português; 8. música / é / violão / percussão / são; 9. jacarés / não / há / tubarões; 10. sabão / dominó / botão / pé / só; 11. alguém; 12. avó / é / chá / lê / eletrônicos.

Página 279

4. 1. recebê-lo; 2. escrevê-las; 3. cantá-la; 4. trazê-los; 5. colocá-la; 6. levá-las; 7. fazê-lo.
5. 1. Diariamente; 2. ultimamente; 3. Provavelmente; 4. perigosamente; 5. Infelizmente.

Página 280

6. 1. correta; 2. pôde; 3. correta; 4. têm; 5. correta; 6. pôr; 7. correta; 8. mantém; 9. mantêm; 10. intervêm; 11. intervém

Página 282

7. cueca, sauna, Laís, vitória, Raul, sueco, duo, Brasília, epopeia, pastéis, viagem, bienal, raiz, feio, fiel, estoico, dia, adeus, juízes, cruel, suave, depois, fiéis, sabíamos, confiávamos, proíbo, ingênuo, vídeo, rainha, aveia, baú, os pais, escreverei, ideia, tia, difíceis, vendia, tua, cachecóis, pinguim, Caetano, cuidado, seis, cliente, caracóis, teórico, prédio, portaria, ciúme, faróis, lisboeta, ruína, oito, sou, cheiro, igual, ódio, frio, proteína, óbvio.

Índice temático

A: ver **Preposições**: 212-228
contração com o artigo definido (*à, ao*): 32, 39, 212-218
com pronomes pessoais: 76-78
com objeto indireto (OI): 86
Acentuação: 276-282
com os pronomes *lo, la*, etc.: 278
dos monossílabos: 276, 278
das oxítonas: 277
das paroxítonas: 277
das proparoxítonas: 276
dos tempos verbais: 100
do Futuro do pretérito: 150
do Futuro: 141
do Pretérito imperfeito do indicativo: 126
do Pretérito imperfeito do subjuntivo: 177
acento gráfico: 276
agudo: 276
circunflexo : 276
grave: 276
til: 278
Adjetivo: 25-30
concordância com o substantivo: 27
com quantificadores: 69
gênero: 25
bom, boa: 250
de gênero invariável: 25
formação do feminino: 25-26
de nacionalidade ou procedência: 26
terminados em *-ão*: 25
terminados em consoante: 25
terminados em *-ente*: 25
terminados em *–ista*: 25
terminados em *–or*: 25
terminados em *-vel*: 25
terminados em vogal: 25
número: 26-27
formação do plural: 26-27
singular terminado em *-al, -el, -ul*: 26
singular terminado em *-i* átono + *-l*: 27
singular terminado em *-i* tônico + *-l*: 26
singular terminado em *-o* + *-l*: 27
singular terminado em vogal: 26
singular terminado em consoante: 26
plural em *-s*: 26
plural em *-es*: 26
usos: 28-30
antes do substantivo: 29
depois do substantivo: 28
possessivos: 49
particípio: 101-102
superlativo absoluto (-íssimo/*-a*, etc.): 248
melhor, pior, maior, menor: 250
Advérbio:
gerúndio:
superlativo absoluto (-íssimo/*-a*, etc.): 248
terminados em *–mente*: 279
acento nos advérbios terminados em *–mente*: 279
A gente: ver **Pronomes**: 74-75
nós vs. *a gente*: 75
Agora: 100
Ainda que: ver **Conjunções adverbiais**: 173-174
Alfabeto: 268
relação entre escrita e som: 268-273
k, w, y: 268
Algo, alguma coisa: ver **Indefinidos**: 53
Alguém: ver **Indefinidos**: 53
Algum, alguns: ver **Indefinidos**: 51
A menos que: ver **Conjunções adverbiais**: 173-174
A não ser que: ver **Conjunções adverbiais**: 173-174
Antes: ver **Preposições**: 227
Antes de (que): ver **Conjunções adverbiais**: 173-174
Aonde?: ver **Perguntar**: 213, 239
Ao: ver **Artigos**: 32, 39, 212
À direita / esquerda (de): 225
Ao final (de): 227
Ao lado (de): 225
Ao fundo: 227
Ao redor (de): ver **Preposições**: 225
Aquele/-a, etc.: ver **Demonstrativos**: 41-46
Artigos: 32-40
concordância com o substantivo: 32
contração (*ao, de, no*, etc.): 32, 39, 212
formas: 32
formas dos definidos (*o, a, os, as*): 32
formas dos indefinidos (*um, uma, uns, umas*): 32
usos: 33, 34, 35, 36, 38
artigo Ø com substantivos contáveis: 35-36
com os indefinidos *outro, outra*, etc.: 56
com o verbo *haver* (*há, havia, houve...*) e com o verbo *estar*: 201-202
com o superlativo: 247
Até que: ver **Conjunções adverbiais**: 173-174
Atrás de: ver **Preposições**: 225

Bastante: ver **Quantificadores**: 67
Bilhão: ver **Numerais**: 62
Bom: 250

Cardinais: ver **Numerais**: 58-62
Caso: ver **Conjunções adverbiais**: 173-174
Cem, cento: 60
Com: ver **Preposições**: 223
ver **Pronomes de sujeito**: 77
Como: 231, 240-242, 244, 254, 256, 258
para apresentar uma causa: 254
para unir frases (a maneira como se realiza uma ação): 258
Como?: ver **Perguntar**: 231
Como!: ver **Exclamar**: 241
Comparar: 243-246
superioridade ou inferioridade (*mais que, menos que*): 243
com quantificadores: 243
uso dos pronomes de sujeito: 243
igualdade (*igual, tanto/-a, o mesmo*): 244-245
superlativo relativo: 247
superlativo absoluto: 248
com *melhor, pior, maior, menor*: 250
Concordância:
com o substantivo: 14-15, 24

do adjetivo: 27
dos artigos: 32
dos quantificadores: 67-68
dos demonstrativos: 41
dos indefinidos: 51, 53, 56
dos numerais cardinais: 58-59, 61
dos numerais ordinais: 64-65
dos possessivos: 47, 49
do particípio como adjetivo: 102
do particípio e do adjetivo com *ser* e *estar*: 102
do particípio com *ter* ou *haver*: 104
do particípio com *ser* ou *estar*: 104
em perguntas com *quanto, quanta,* etc.: 232
em perguntas com *qual, quais*, etc.: 235-236, 238
em exclamações com *quanto, quanta,* etc.: 242
em comparações com *o/a mesmo/-a, tanto/-a*, etc.: 246
com a pessoa gramatical: 96
sujeito e verbo, o infinitivo como sujeito: 98
o sujeito do infinitivo: 98
o sujeito do verbo subordinado: 164, 171
Condicionais: ver **Orações condicionais**: 186, 188
Conjugação dos verbos: 94-97
ver **Verbo** e **Verbos conjugados**: 283-328
Conjunções: ver **Juntar frases**: 251-253
e, ou, nem: 251-252
mas: 253
porque, como, é que: 254
Conjunções adverbiais: ver **Presente do subjuntivo com conjunções**: 173
para que, embora, ainda que, mesmo que, nem que, por mais que, a não ser que, a menos que, caso, desde que, se: 173, 263-264
Conjunções adverbiais temporais:
quando, desde que, até que, enquanto, sempre que, antes de (que), depois de (que): 182, 260-262
Comigo, contigo: ver **Contrações de preposições e pronomes**: 77
Construções reflexivas: 89
Contável: ver **Substantivo contável**: 232
Contra: ver **Preposições**: 224
Crase: 215

De: 32, 38-39, 212-214
com frases preposicionais: 225-228
contração com o artigo definido: 32, 38-39, 212-213
ver **Preposições**: 212-213, 224-228
ver **Possessivos**: 47
ver **Indefinidos**: 51
ver **Numerais cardinais**: 61-62
ver **Pronomes pessoais**: 76
De quem...?: ver **Possessivos**: 47
Debaixo (de): 225
Definidos: ver **Artigos**: 32
Diante de: ver **Preposições**: 225
Demais: ver **Quantificadores**: 67
Demonstrativos: 41-44
formas (*este, esse, aquele*, etc.): 41
adjetivos (*este, esse, aquele*, etc.): 43
pronomes (*este, esse, aquele*, etc.): 43
pronomes neutros (*isto*, isso, *aquilo*): 44
concordância: 41
usos:
em relação ao espaço: 41
em relação ao tempo: 43
neutros: 44
com o verbo *estar*: 204
Dentro (de): ver **Preposições**: 227
Depois de (que): ver **Conjunções adverbiais**: 173, 227, 260
Descrição de estados: 199
Desde (que): ver **Conjunções adverbiais**: 173, 261
Determinantes: ver **Artigos, Demonstrativos, Possessivos, Indefinidos, Quantificadores** e **numerais**: 32-70
Discurso monitorado: 79-80, 82-83, 85-86
Discurso não monitorado: 85-88
Ditongos: 281
Durante: 125, 131, 133
E: ver **Conjunções**: 251
***Ele, ela*, etc.**: ver **Pronomes de sujeito**: 74
Em: ver **Preposições**: 32, 39, 217
com expressões de tempo (*em setembro, em 2009*): 217
ver **Pronomes pessoais**: 76
Embora: ver **Conjunções adverbiais**: 173
Em frente: ver **Preposições**: 226-227
Em cima (de): ver **Preposições**: 225
Enquanto: ver **Conjunções adverbiais temporais**: 261
Entonação:
de orações exclamativas: 241
de orações interrogativas: 230
Entre: ver **Preposições**: 218
É que: ver **Juntar frases**: 231, 235, 254
Estar:
com artigos definidos, demonstrativos e possessivos: 204
estar ou *haver*: 204
estar ou *ser*: 104
concordância com o particípio: 102
Estar com: ver **Descrição de estados**: 199
***Estar* + GERÚNDIO**: 209
Verbo sem perífrase ou *Estar* + GERÚNDIO: 100, 130-131, 134, 209
***Este, esse*, etc.**: ver **Demonstrativos neutros**: 41
Exclamar: 241
sobre a intensidade (*que!*): 241
sobre a quantidade (*quanto/-a!*): 242
sobre o modo (*como!*): 241

Feminino: ver **Adjetivos, Artigos, Concordância, Demonstrativos, Indefinidos, Possessivos** e **Substantivos**
Ficar* + adjetivo, *ficar com: ver **Descrição de estados**: 199
***Final* (no final)**: 227
Formas impessoais do verbo (infinitivo, gerúndio, particípio): 98
posição dos pronomes pessoais: 83
Fora (de): ver **Preposições**: 227

Futuro do indicativo: 141-149
formas regulares: 142
formas irregulares: 143-144
usos: 145-146
predizer o futuro: 145
supor o presente: 146
Futuro ou Futuro do pretérito: 150-153
Presente ou Futuro: 141
Futuro, Presente ou *ir* + INFINITIVO: 142
em orações condicionais: 186
Futuro do presente composto:
significado e formas: 152
usos: 149
Futuro do pretérito composto:
formas: 148
usos: 153
fazer declarações hipotéticas sobre o passado: 153
Futuro do pretérito:
formas regulares: 150
formas irregulares: 150
usos: 151
fazer declarações hipotéticas sobre o presente ou o futuro: 151
Futuro do pretérito para pedir educadamente: 151

Gênero: ver **Adjetivo**, **Artigos**, **Concordância**, **Demonstrativos**, **Indefinidos**, **Possessivos** e **Substantivos**
Gente **(*família*, *grupo*, etc.)**: 24
Gerúndio: 99-100
significado: 99
usos: 100
sem preposições: 223

Haver: 201, 204
formas: 201
usos: 201, 204
forma pessoal: 201
forma impessoal: 201
como auxiliar de tempos compostos: 103-104, 137, 201
sem determinante ou acompanhados de determinantes indefinidos, numerais ou quantificadores: 204

Igual a: 244
Imperativo: 192-194
usos: 192
Imperativo afirmativo: 192
Imperativo negativo: 193
Imperativo na língua menos monitorada: 194
Imperfeito: ver **Pretérito imperfeito**
Impessoais com *se*: 91, 92
Indefinidos (*alguém*, *algum*, *nada*, *outro*, *todos*, etc.): 51-57
usos: 51-57
alguém, ninguém, nada, tudo: 53-54
dupla negativa: 55
outro, outra, outros, outras: 56-57
Indicativo: ver **Presente do indicativo**, **Pretérito perfeito do indicativo**, **Pretérito perfeito composto**, **Pretérito imperfeito**, **Pretérito mais-que-perfeito composto**, **Futuro do presente**, **Futuro do presente composto**, **Futuro do pretérito** e **Futuro do pretérito composto**
indicativo ou subjuntivo:
Infinitivo: 94, 98
formas e usos: 98
com preposições: 98, 223
em construções reflexivas: 89
como complemento direto: 98
com perífrase (*ir*, *ter que*): 209
Ir **+ INFINITIVO**: 142
-íssimo/a: 248

Jamais: 189, 193
Juntar frases: 251-265

Lhe, lhes: ver **Pronomes de objeto indireto**: 80
Linguagem formal:
adjetivos antes do substantivo: 30
Longe (de): ver **Preposições**: 225

Mas: ver **Conjunções**: 253
Maior: ver **Comparar**: 250
Mais (do) que: ver **Comparações**: 243
Mais-que-perfeito: ver **Pretérito mais-que-perfeito**: 103, 137-140, 201
Masculino: ver **Adjetivos**, **Artigos**, **Concordância**, **Demonstrativos**, **Indefinidos**, **Possessivos** e **Substantivos**
Me: ver **Pronomes pessoais** e **construções reflexivas**:
Melhor: ver **Comparações**: 250
Menor: ver **Comparações**: 250
Menos (do) que: ver **Comparações**: 247-248
Mesmo que: ver **Conjunções adverbiais**: 173, 180
O mesmo: 244-246
Meu, meus, o meu, **etc.**: ver **Possessivos**: 47-50
Mil: 61-62
Milhão, milhões: 62-63
Mim: 76
Modo (do verbo): ver **Verbo**
Monossílabos: 276, 278
Muito: 67-70

Nada: ver **Indefinidos**: 51-58
ver **Quantificadores**: 67-70
Não: ver **Negar, negação**
ver **Indefinidos,** dupla negativa: 55
com **Imperativo**: 276, 278
Por que não?: 234
Negar, negação:
dupla negativa e posição em relação ao verbo: 55
Imperativo negativo: 193
unir frases: 252
com *mas*: 253
Nem: ver **Juntar frases**: 252
dupla negativa: 55
Nem que: ver **Conjunções adverbiais**
Neutro:
substantivo: 14
demonstrativo: 44
Ninguém, nenhum: ver **Indefinidos**: 53-55
ver **Quantificadores**: 67-70
Nos: ver **Pronomes pessoais**, **Construções reflexivas**
Nós: ver **Pronomes de sujeito**: 74-75
Nosso, nossa, nossos, nossas: ver **Possessivos**: 47, 49-50

No centro: 227-228
No meio: 227-228
Numerais: 58-66
cardinais (*um, dois, três*, etc.): 58-63
concordância: 58-59, 61, 65
posição depois de *outros, outras*: 56-57
usos: 58-63
usos da preposição *de*: 62
usos de *e*: 59-62
usos com o dia do mês: 65
leitura de quantias de dinheiro: 63
unidades (de 0 a 19): 58
dezenas (de 20 a 99): 59
centenas (de 100 a 999): 60-61
milhares (de 1.000 a 999.999): 61-62
milhões: 62
usos com *haver* (*há, havia*, etc.): 214
ordinais (*primeiro, segundo, terceiro*, etc.): 64-66
concordância: 65
usos: 65
até 10º: 64
a partir de 10º: 66
escrita: 64
posição: 64, 65
sem substantivo: 65
para organizar as ideias: 65
Nunca: 55, 134, 189, 193, 230
dupla negativa: 55

O, a, etc.: ver **Artigos**: 32-40
O, a, os, as: ver **Pronomes pessoais**
Objeto direto (OD):
ver **Pronomes de objeto direto**: 79
o infinitivo: 83
Objeto indireto (OI):
ver **Pronomes de objeto indireto**: 80
o infinitivo: 83
Onde?: ver **Perguntar**: 231
com preposição (*de onde...?*): 239
Onde:
relativo: 256
Ontem: 130-132
Orações causais (*porque, como, é que*): 254
Orações comparativas ver **Comparar**: 243-250
Orações condicionais (*se*): 186-188, 263-266
Orações com pronome relativo (*que, onde, como, quando*): 162-174
Orações exclamativas: ver **Exclamar**: 230, 241-242
Orações interrogativas: ver **Perguntar**: 230-240
Orações subordinadas: 182
o infinitivo: 164
em indicativo ou em subjuntivo: 162-174
introduzidas por *que*: 163-164
Orações temporais (*antes de (que), até que, depois de (que), desde que, enquanto, quando, sempre que*): 260-262
Ordem das frases: 240-241, 254
Ordinais: ver **Numerais**: 64-66
Ortografia:
acentuação: 276-282
acento diferencial: 280
dígrafo: 268
ditongo: 281
b vs. *v*: 275
c vs. *s*: 272
g vs. *j*: 273
m vs. *n*: 269
ss vs. *ç* vs. *s*: 272
s vs. *z*: 273
x: 273
ponto de exclamação: 241
ponto de interrogação: 230
Os: ver **Pronomes de objeto**: 79
O(s) senhor(es), a(s) senhora(s): ver **Pronomes de sujeito**: 74
Ou: ver **Conjunções**: 251
Outro, outra, etc.: ver **Indefinidos**: 56

Para: ver **Preposições**: 220
ver **Pronomes com preposições**: 76
Para que: ver **Conjunções adverbiais**: 173
Parecer: 89
Particípio:
formas regulares e irregulares: 104
uso como adjetivo: 102
uso nas formas compostas do verbo: 103
particípio duplo: 104
Perfeito: ver **Pretérito perfeito**
Perguntar:
perguntas de respostas *sim* ou *não*: 230
por lugar, tempo ou modo (*onde?, quando?, como?*): 231
pela quantidade (*quanto?, quanto/-a?*, etc.): 232
sobre causa (*por quê?, porque, por que...?, porquê*): 233-234
por coisas (*o que?, que? qual?, quais?*): 235
por pessoas (*quem?, que? qual/quais?*): 236
interrogativos com preposição (*de onde?, até quando?, por quanto?, para que?*): 239
indiretas (*não sei se..., não sei qual...*): 240
Perífrases verbais:
dever / poder + INFINITIVO: 210
ir + INFINITIVO: 208
ter que + INFINITIVO: 209
estar + GERÚNDIO: 209
posição dos pronomes: 82
Perto de: 225
Pior: 250
Plural: ver **Adjetivos**, **Artigos**, **Concordância**, **Demonstrativos**, **Indefinidos**, **Possessivos** e **Substantivos**
Por: ver **Preposições**: 220
ver **Pronomes com preposições**: 76-77
Porque: 233
Por mais que: ver **Conjunções adverbiais**: 173
Por que...? Por que não?: 233-234
Pouco: ver **Quantificadores**: 67-69
Possessivos (*meu, seu, teu, nosso, etc.*): 47-50
concordância: 47, 49-50
formas: 47-50
antes do substantivo (*meu, teu, seu*, etc.): 47
depois do substantivo: 47, 49

sem substantivo (*o meu, o seu*, etc.):
usos: 50
determinantes (antes do substantivo): 41, 47, 51, 56
com o verbo *estar*: 204
Preposições:
a, até, de, desde, em, entre, por: 212-214
locuções prepositivas (*debaixo (de), em cima (de)*, etc.): 225-227
com interrogativos: 239
com pronomes pessoais (*sem mim, para ti, com ele*, etc.): 76
contrações de preposições e pronomes:
(*comigo, dele, nela*, etc.): 77
atrás (de), debaixo (de), em cima (de), em frente (ao, de), na frente (de), atrás (de), dentro (de), depois (de), no começo (de), no final (de): 225-228
Presente do indicativo:
formas regulares: 106-107
formas irregulares: 108-114
mudanças ortográficas: 107
formas irregulares sistemáticas:
e > i na forma *eu* (*conseguir, preferir, repetir, etc.*): 108
o > u na forma *eu* (*cobrir, dormir, tossir*, etc.): 158
mudanças consonantais na forma *eu* (*ouvir, perder, poder*, etc.): 109
mudanças na 2ª e 3ª pessoas do singular (*consumir, fugir, subir*, etc.): 109
verbos terminados em *-ear* (*bloquear, passear, pentear*, etc.): 110
verbos terminados em *-iar* ou *-uir* (*ansiar, odiar, remediar, construir, destruir*, etc.): 111
formas irregulares assistemáticas:
3ª pessoa em *-z* (*dizer, fazer, trazer*): 112
verbos terminados em *-ou* na forma *eu* e em *-ão* nas formas plurais (*dar, estar, ir, ser*): 112
verbos que têm vogal nasal em todas as formas (*pôr, ter, vir*): 113
verbos com *-io* na forma *eu* (*crer, ler, rir, sair*): 114
outras irregularidades (*querer, saber, ver*): 114
usos: 115-116
afirmar o presente: 115
afirmar o futuro: 115
afirmar em geral: 116
Presente do subjuntivo:
formas regulares: 157
formas irregulares:
mudanças vocálicas na raiz: 158
formas com radical irregular: 160
formas totalmente irregulares: 161
usos:
com conjunções: 173
declarar ou não declarar: 166-167
emitir juízos de valor: 169
expressar desejos e objetivos: 163-164
identificar ou não identificar pessoas: 171
matrizes que questionam uma informação: 167
Pretérito imperfeito do indicativo:
formas regulares: 126
formas irregulares: 126
usos:
descrever características: 127
descrever situações regulares: 128
descrever situações momentâneas: 129
Pretérito perfeito ou imperfeito: 130-136
Pretérito imperfeito do subjuntivo:
forma: 177
uso: 178
com conjunções: 180
Pretérito mais-que-perfeito composto:
significado e formas: 137
uso: 138-140
Pretérito perfeito composto:
significado e formas: 123-124
Pretérito perfeito do indicativo:
formas regulares: 118-119
mudanças ortográficas: 119
alternância entre *-e-* e *-i-* na raiz (*estar, fazer, ter*): 119
alternância entre *-o-* e *-u-* na raiz (*poder, pôr*): 120
somente uma raiz (*caber, dizer, querer, saber, trazer*): 121
outros verbos irregulares (*dar, ver, vir, ir, ser*): 122
Pretérito perfeito do subjuntivo:
forma e uso: 175-176
Pronomes: 71-92
contrações de preposições e pronomes (*comigo, dele, nela*, etc.): 77-78
nós vs. *a gente*: 75
o senhor, a senhora: 74
pronomes de sujeito (*eu, tu, ele*, etc.): 74
presença e ausência de pronomes: 75
pronomes com preposição (*sem mim, para ti, com ele*, etc.): 76
pronomes de objeto (*me, te, lhe*, etc.): 79-88
o, a, etc. vs. *lo, la*, etc.: 83-84
pronomes de objeto direto no discurso monitorado (*me, te, o*, etc.): 79-84
pronomes de objeto indireto no discurso monitorado (*me, te, lhe*, etc.): 80-82
colocação de pronomes de objeto no discurso monitorado: 82-84
pronomes de objeto no discurso não-monitorado (*me, ela, a gente*, etc.): 85-88
formas dos pronomes de objeto indireto no discurso não-monitorado (*me, para ela, para a gente*, etc.): 86-87
colocação de pronomes de objeto no discurso não-monitorado: 87-88
omissão pronominal no discurso não-monitorado: 88
pronomes reflexivos: 89-92
reciprocidade pronominal: 90-91
construções impessoais com *se*: 91-92
sujeito, objeto direto e objeto indireto: 72-73
verbos reflexivos: 89

Pronúncia: 268-275

Qual?, quais?: 235-239
Quando?: ver **Perguntar**: 231-232
Quando: ver **Conjunções adverbiais temporais**: 182-183
Quando: ver **Pronomes relativos**: 258
Quantificadores (*muito, bastante, suficiente*, etc.): 67-70
concordância: 67-69
formas com substantivos: 67-68
contáveis e incontáveis: 67-69
formas com adjetivos, advérbios e verbos: 69-70
sem substantivo: 67-68
usos: 67-70
usos de *muito, bastante, pouco, nenhum, demais, bem pouco,* etc.: 67-70
usos com comparativos (*mais que, menos que*): 243
Quanto? Quanto/-a?: ver **Perguntar**: 232
Quanto/-a!: ver **Exclamar**: 241-242
Quanto: 244-246
para introduzir o segundo termo da comparação: 244-246
Que:
como elemento de conjunções: 173, 180, 182
expressões com *que*: 173, 180, 182
para introduzir o segundo elemento da comparação: 243, 246, 247
pronome relativo: 256
que vs. *o que* vs. *qual*: 235, 236, 238
que vs. *quem*: 236
usado no subjuntivo: 162-169

Reflexivos: ver **Pronomes**: 89-92

Se: ver **Orações**: 263-265
Sem: ver **Preposições**: 223
Ser:
conjugação: 196-197
ser vs. *estar*: 197-199
estar, ficar e *ter*: 199-200
usos: 196-200
descrição de estados: 199-200
voz passiva: 206-207
Sempre que: ver **Conjunções adverbiais temporais**: 260-261, 182-183
Seu, seus, o seu, os seus: ver **Possessivos**: 50
Subjuntivo: ver **Presente do subjuntivo**, **Pretérito imperfeito do subjuntivo**, **Pretérito perfeito do subjuntivo**, **Futuro composto do subjuntivo**, **Futuro do subjuntivo**, **Orações condicionais com Futuro do subjuntivo ou Pretérito imperfeito do subjuntivo**: 157-188
Sílaba: 276
tônica: 276
ditongos: 281-282
Singular: ver **Adjetivos**, **Artigos**, **Concordância**, **Demonstrativos**, **Indefinidos**, **Possessivos** e **Substantivos**
Sons:
letras que representam apenas um som: 268
letras que podem representar sons diferentes: 269-271
letras diferentes que representam o mesmo som: 272-273
Substantivo: 13-30
gênero: 14-20
metafonia: 20
nomes de pessoas e animais: 17-20
regra geral: 14
regras especiais: 14-20
terminados em *-a*: 14
terminados em -á: 14
terminados em *-agem*: 15
terminados em *-ante*: 18
terminados em *-ente*: 18
terminados em -ão: 20
terminados em *-ase*: 15
terminados em *-ese*: 15
terminados em *-ise*: 15
terminados em *-ose*: 15
terminados em -ção: 15
terminados em *-dade*: 15
terminados em *-ista*: 18
terminados em *-ema*: 14
terminados em *-oma*: 14
terminados em *-o*: 14
terminados em *-or*: 15
terminados em *-são*: 15
terminados em *-ssão*: 15
terminados em *-triz*: 15
número:
formação do plural: 21-24
metafonia: 21
palavras terminadas em *-ção*: 22
palavras terminadas em *-l*: 22
palavras terminadas em *-n, -r, -s*, ou *-z*: 21
palavras terminadas em *-são*: 22
palavras terminadas em *-ssão*: 22
palavras terminadas em vogal: 21
palavras terminadas em vogal + *-m*: 21
substantivos não contáveis: 23-24
Sujeito:
com determinantes: 36, 47
ver **Pronomes de sujeito**: 74-75
concordância com o verbo: 96-97
o infinitivo como sujeito: 98
o sujeito do infinitivo: 164, 171
Superlativo: 247-248

Talvez: ver **Matrizes que questionam uma informação**: 167
Tão / tanto/-a... (quanto): ver **comparações**: 244-246
Te: ver **Pronomes pessoais de segunda pessoa** e **Verbos reflexivos**: 74-89
Tempos verbais: ver **Verbo**: 93-210
Ter: 113, 119, 126
***Ter que* + INFINITIVO**: 209
Ter* vs. *haver: 104
Todo/-a/-os/-as, tudo: ver **Indefinidos**: 51-57
Tomara que: ver **Expressar desejos e objetivos**: 164
Trazer: 112, 121
Tu: ver **Pronomes de sujeito**: 74

Ultimamente: 123
Um, uma, uns, umas: ver **Artigos**: 32-38
ver **Numerais**: 58
Um pouco de: 68

Verbo:
compostos (derivados): 103, 123-124, 137-140, 148-149, 152-153, 185, 188-190, 201, 265
com quantificadores: 69, 204
complementos do verbo: 72-73, 79 ver **Pronomes de objeto direto** e **Pronomes de objeto indireto**: 79-88
conjugação: ver **Verbos conjugados**: 283-326
conjugar um verbo: 95-97
formas regulares:
terminados em *-ar*: 98
terminados em *-er*: 98
terminados em *-ir*: 98
no Futuro composto do subjuntivo: 185
no Futuro do presente do indicativo: 141-147
no Futuro do presente composto: 148-149
no Futuro do pretérito: 150-151
no Futuro do pretérito composto: 152-153
no Futuro do subjuntivo: 181-184
no Gerúndio: 99-101
no Imperativo: 192-195
no Infinitivo: 98-99
no Infinitivo pessoal: 154-156
no Particípio: 101-105
no Presente do indicativo: 106-117
no Presente do subjuntivo: 157-174
no Pretérito imperfeito do indicativo: 125-136
no Pretérito imperfeito do subjuntivo: 177-180
no Pretérito mais-que-perfeito composto: 137-140
no Pretérito perfeito do indicativo: 117-122
no Pretérito perfeito composto: 123-124
no Pretérito perfeito do subjuntivo: 175-176
formas irregulares: ver **Verbos conjugados**: 286-326
no Futuro do presente do indicativo: 143-144
no Futuro do pretérito: 150
no Imperativo: 192
no Particípio: 101-104
no Presente do indicativo: 108-114
no Presente do subjuntivo: 158, 160-161
no Pretérito imperfeito do indicativo: 126
no Pretérito perfeito do indicativo: 119-122
particípio irregular: 101
particípio duplo: 104
reflexivos: ver **Pronomes reflexivos**: 89-92
sem perífrase e com perífrase: 130, 134, 143, 145, 208-210
formação dos tempos compostos: *ter* + PARTICÍPIO: 103, 123, 148, 152, 175, 185, 188, 189, 191, 201
modos: ver **Indicativo**, **Subjuntivo** e **Imperativo**
terminações de pessoa: 95
tempos verbais:
do indicativo: ver **Presente**, **Pretérito perfeito**, **Pretérito perfeito composto**, **Pretérito imperfeito**, **Pretérito mais-que-perfeito composto**, **Futuro do presente**, **Futuro do presente composto**, **Futuro do pretérito**, **Futuro do pretérito composto**,
do subjuntivo: ver **Futuro**, **Futuro composto**, **Presente**, **Pretérito perfeito**, **Pretérito imperfeito**
Você, vocês: ver **Pronomes de sujeito**: 74
Verbos conjugados: 283-326
Ver: 114, 122
Vir: 113, 122
Vogal átona: 268
Vogal tônica: 278
Voz passiva: 206-207

Meu vocabulário

Português brasileiro	Minha língua	Português brasileiro	Minha língua

Meu vocabulário

Português brasileiro	Minha língua	Português brasileiro	Minha língua

Meu vocabulário

Português brasileiro	Minha língua	Português brasileiro	Minha língua

Meu vocabulário

Português brasileiro	Minha língua	Português brasileiro	Minha língua

Meu vocabulário

Português brasileiro	Minha língua	Português brasileiro	Minha língua